제 4 판

실무와 예제로 배우는

PCB 설계

PADS 9.5 활용

홍 춘 선 저

B.C.Info

머리말

앞서 2012년에 집필한 "따라하면서 익히는 PCB 설계 실무"에서는 PADS 2005를 기본으로 하고 회로도 역시 간단하면서도 PCB 설계에 필요한 사항들을 다루었었는데, 이번에 새로 집필하게 된 "실무와 예제로 배우는 PCB 설계(PADS 9.5 활용)"에서는 최신 버전인 PADS 9.5 소프트웨어를 적용하였고 지난번 보다는 좀 더 복잡한 회로를 사용하여 더 많은 라이브러리들을 생성해 봄으로써 기본적인 PCB 설계의 수준을 넘어 현업에 활용할 수 있을 정도의 내용으로 구성하였다.

본 교재의 특징은 소프트웨어 메뉴 사용법 등에 역점을 두는 대신 PCB 설계에 사용되는 해당 부품의 데이터 시트 등을 이용하여 PCB Decal이나 CAE Decal을 생성하는 방법과 이유를 자세하게 설명하였고 초보자도 쉽게 따라 할 수 있도록 설계 순서를 가능한 한 자세하게 기술한 데에 있다. 교재에서 언급되는 내용들을 끈기를 가지고 차분하게 순서에 따라 진행한다면 충분히 원하는 바를 이룰 수 있을 것이라 확신하며 다른 종류의 소프트웨어 사용자에게도 도움이 될 수 있으리라 본다. 그리고 교재의 부록에서는 PCB 설계용 회로도에 대한 기본적인 설명과 데이터 시트나 부품 등의 정보를 알 수 있는 사이트를 제시해 두었다.

본 교재의 전신인 "따라하면서 익히는 PCB 설계 실무"를 먼저 본다면 더욱 효율적일 것이라 생각하지만 본 교재 또한 PCB용 소프트웨어를 처음 접한 초보설계자에게 정말 소중하게 사용되었으면 하고, 더 나아가 어느 정도 PCB 설계를 하고 있는 설계자에게도 설계에 대한 개념을 확고히 하는데 쓰이기를 기대한다.

홍 춘 선

목 차

Chap 4 다층 기판(4-Layer) 설계 실습 | 267

■ 부록 | 303

Chap 1

일반적인 PCB 설계 절차

일반적으로 PCB를 설계할 때는 우선 어떤 제품에 사용되는 것인가를 알아야 하기 때문에 기구를 담당하는 부서의 구성원과 협의하여 기판의 크기 및 재질 등 여러 가지 부분을 결정하게 된다. 이후 회로설계 부서로부터 회로도가 오면 본격적으로 PCB 설계 단계에 접어든다.

CAD 소프트웨어를 사용하여 검증된 회로도를 정확하게 그린다. 물론 회로도를 그리는 과정이 그렇게 간단하진 않다. 완성된 회로도를 이용하여 레이아웃을 위한 Netlist를 추출하고 그 Netlist를 이용하여 레이아웃을 완성하게 된다. 물론 레이아웃 과정은 회로도를 그리는 과정보다 더 복잡하기 때문에 세심하게 작업을 해야 한다. 레이아웃이 완성되면 PCB 제작을 위한 CAM Data를 추출하여 검토한 후 이상이 없을 시 PCB 제작업체에 의뢰하여 샘플 PCB를 제작한다. 회로도를 그리는 과정이나 레이아웃을 하는 과정에 여러 절차가 있어 어려움을 느낄 수 있지만 본 교재는 초보자라도 순서대로 따라하다 보면 어느덧 CAM Data를 확인해볼 수 있는 능력을 갖도록 구성되어 있다. 하지만 PCB 설계를 위해 매우 중요하게 다루어야 할 전자파 문제 등은 본 교재의 집필 의도와는 거리가 있으므로 기회가 되면 나중에 다루도록 한다.

일반적으로 회로도를 그리기 위해서는 회로도용 심벌(PADS에서는 CAE Decal)을 직접 만들거나 또는 해당 소프트웨어에서 제공해 주는 심벌을 이용하기도 하지만 본 교재는 전자의 경우를 선택하여 직접 회로도용 심벌을 그린 후 불러와서 작업하도록 하였다. 현장에서는 대부분 회로도용 심벌의 경우 해당 소프트웨어에서 제공해 주는 심벌을 사용하고 예외의 심벌 등만 직접 그려서 사용한다. 레이아웃의 경우도 회로도와 마찬가지이긴 하지만 일반적으로 사용하는 부품(PADS에서는 PCB Decal)보다 고유한 부품 등을 사용하는 경우가 많아 직접 부품을 그려서 사용하는 경우가 많으므로 본 교재에서는 주어진 회로도를 바탕으로 해당 부품에 대한 데이터 시트 등을 참조하여 우선 PCB Decal과 CAE Decal을 만든 후 Part Type을 지정하여 생성된 Decal을 바탕으로 회로도를 그리고, Netlist를 추출하여 PCB Artwork를 함으로써 궁극적으로 CAM Data를 추출하는 순서로 진행하고 있음에 유의하기 바란다.

Chap 2

프로그램 시작 및 종료

2.1 PADS Logic 9.5의 시작 및 종료

① 컴퓨터를 기동한 후 프로그램 시작을 위해 바탕화면의 해당 Icon을 더블클릭한다. 바탕화면에 Icon이 없을 경우 탐색기를 열고 다음 경로 C:₩MentorGraphics₩9.5PADS₩SDD_HOME₩Programs₩Powerlogic.exe에서 프로그램을 실행하거나 바탕화면에 바로가기 Icon을 만들어 실행할 수 있다.

PADS Logic 9.5 Icon

② 프로그램을 시작하면 아래 그림과 같이 새로운 창이 나타나는데 처음에는  **Start a new design**이라고 되어 있는 곳을 클릭한다.

③ **Start a new design**을 클릭하면 아래 그림과 같이 Font Replacement 팝업창이 나타나는데 여기서는 그냥 OK 버튼을 누른다. 그러면 프로그램 작업창이 나타나고 창 상단 부문에는 작업하는 파일의 경로와 이름이 나타난다. 이 창에서 PCB Logic Schematic을 하는데, 시트설정, 부품 불러오기, 회로도 그리기를 한 후 Netlist를 생성할 수 있다.

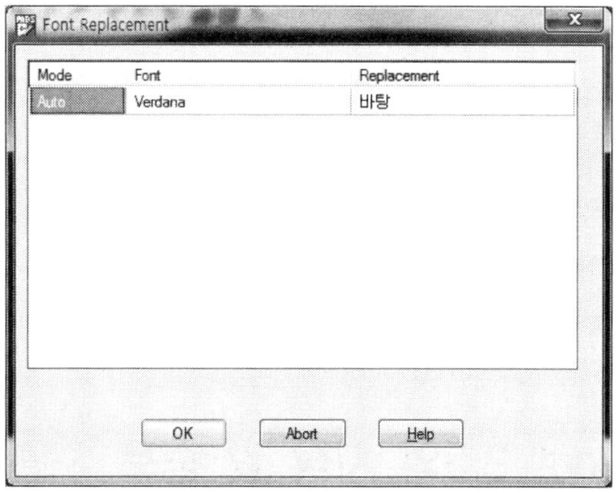

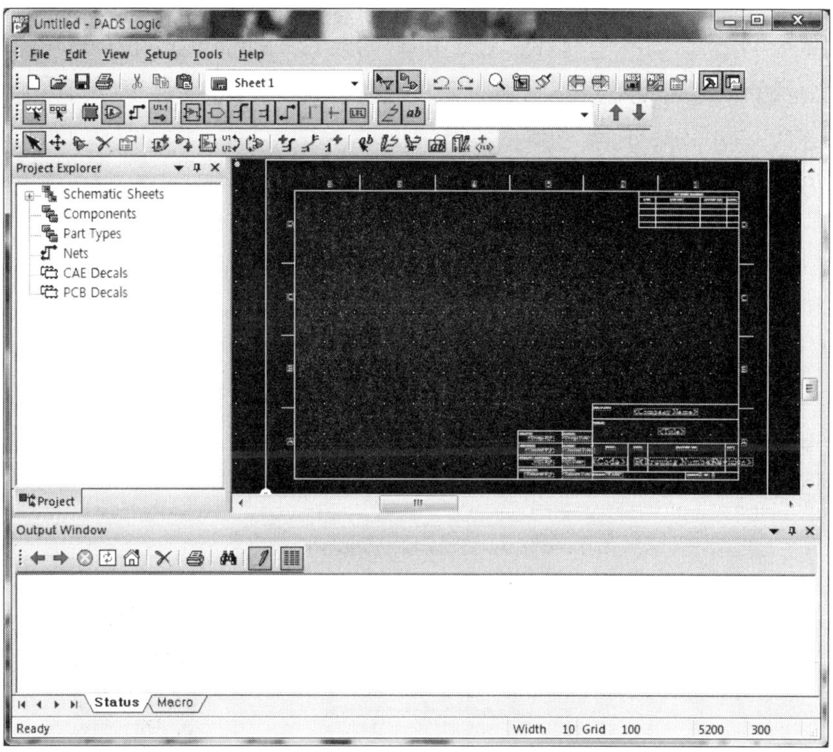

④ 프로그램 종료를 위해서는 위의 그림에서 File〉Exit를 선택하거나 오른쪽 맨 위의 닫기( )를 클릭하면 아래 그림과 같이 저장 여부를 묻는 팝업창이 나타나는데 지금으로서는 그냥 아니요(N) 버튼을 누른다.

2.2 PADS Layout 9.5의 시작 및 종료

① 컴퓨터를 기동한 후 프로그램 시작을 위해 바탕화면의 해당 Icon을 더블클릭한다. 바탕화면에 Icon이 없을 경우 탐색기를 열고 다음 경로 C:₩MentorGraphics₩9.5PADS₩SDD_HOME₩Programs₩Powerpcb.exe에서 프로그램을 실행하거나 바탕화면에 바로가기 Icon을 만들어 실행할 수 있다.

PADS Layout 9.5 Icon

② 프로그램을 시작하면 아래 그림과 같이 새로운 창이 나타나는데 처음에는 **Start a new design** 이라고 되어 있는 곳을 클릭한다.

③ Start a new design을 클릭하면 아래 그림과 같이 Set Start-up File 팝업창이 나타나는데 여기서는 그냥 OK 버튼을 누른다. 그러면 프로그램 작업창이 나타나고 창 상단부문에는 작업하는 파일의 경로와 이름이 나타난다. 이 창에서 PCB Layout을 하게 되는데 보드 만들기, 부품 불러오기, 라우팅 등을 한 후 CAM 파일도 생성할 수 있다.

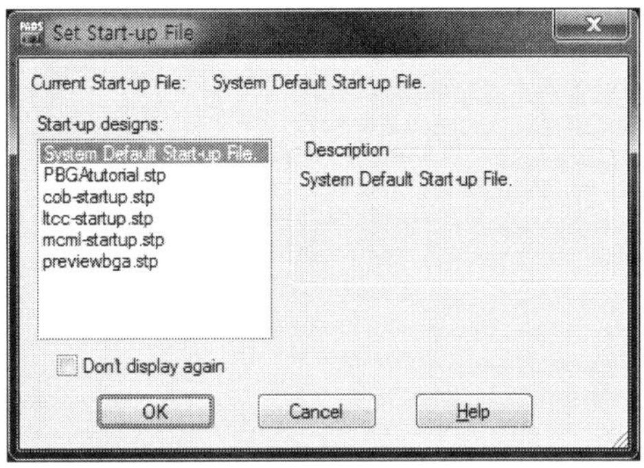

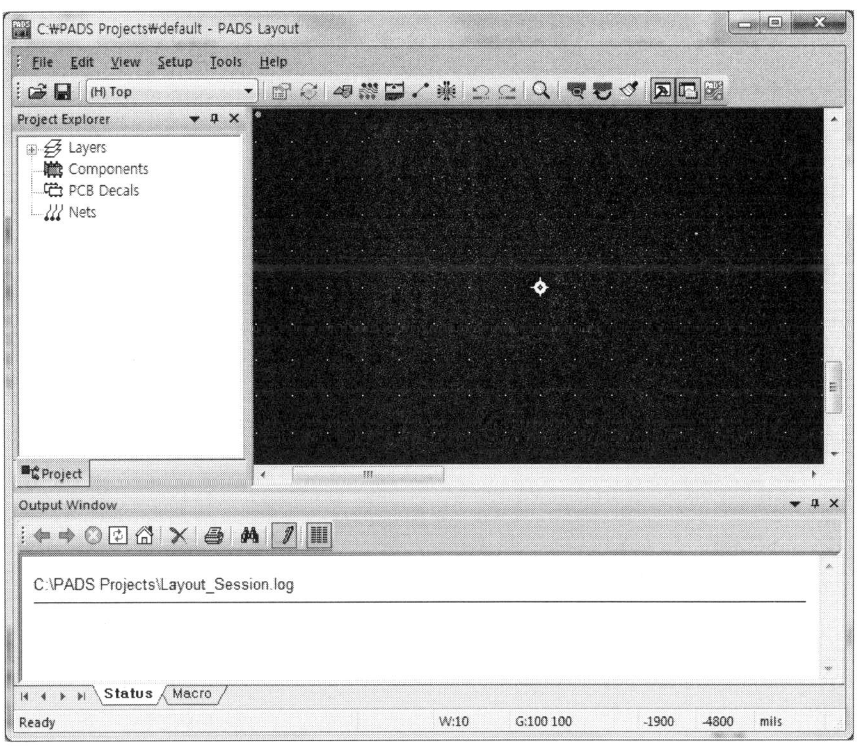

④ 프로그램 종료를 위해서는 위의 그림에서 File〉Exit를 선택하거나 오른쪽 맨 위의 닫기( ) 를 클릭한다.

Chap 3

양면기판(2-Layer) 설계 실습

양면기판 PCB 설계를 위한 회로도는 저항, 콘덴서 등과 같이 단일 부품으로 된 소자와 논리 게이트 등 한 패키지 내에 여러 심벌이 내장된 소자로 구성되어 있으며, 그러한 다양한 부품으로 구성된 Presettable Counter 회로이다.

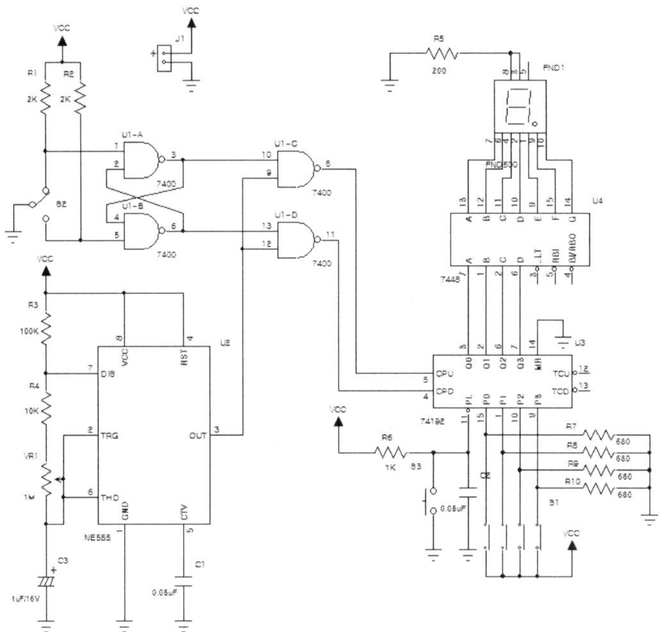

회로도에 사용된 부품은 다음과 같다.

순번	품명	규격	수량	비 고
1	저항	200, 1/4W	1	카본 색저항
2	저항	1K, 1/4W	1	카본 색저항
3	저항	10K, 1/4W	1	카본 색저항
4	저항	680, 1/4W	4	카본 색저항
5	저항	2K, 1/4W	2	카본 색저항
6	저항	100K, 1/4W	1	카본 색저항
7	IC	7448,DIP	1	BCD TO 7-SEGMENT DECODER
8	IC	74192,DIP	1	PRESETTABLE BCD/DECADE UP/DOWN COUNTER
9	IC	7400,DIP	1	2-Input NAND
10	IC	NE555	1	GENERAL PURPOSE SINGLE BIPOLAR TIMERS

11	스위치	토글소형	1	기판용
12	커넥터	2p	1	전원용
13	7-Segment LED	FND500	1	(C,K)
14	Dip Switch	4p	1	
15	Tact Switch	2p	1	
16	가변저항	1M	1	
17	세라믹콘덴서	0.05uF	2	
18	전해콘덴서	1uF/16V	1	

3.1 Library 방 만들기

PCB를 설계할 때, 매 PCB마다 심벌과 부품 등을 저장해 놓는 Library를 별도로 설정해 두는 것이 일반적이기에 우선 프로그램을 기동한 후 Library를 생성해 보자.

① 컴퓨터를 기동한 후 PADS Layout 9.5 프로그램을 실행한다.

② 프로그램을 실행하면 새로운 창이 나타나는데 이 창의 메뉴 중 **Start a new design**이라고 되어 있는 곳을 클릭한다.

③ Set Start-up File 팝업창이 나타나면 OK 버튼을 클릭한 후 아래 그림과 같은 프로그램 작업창에서 File〉Library를 선택한다.

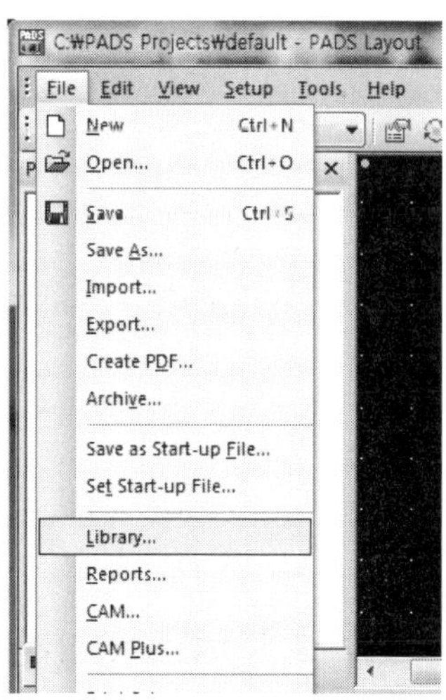

④ 팝업 된 Library Manager창에서 Create New Lib... 버튼을 클릭한다.

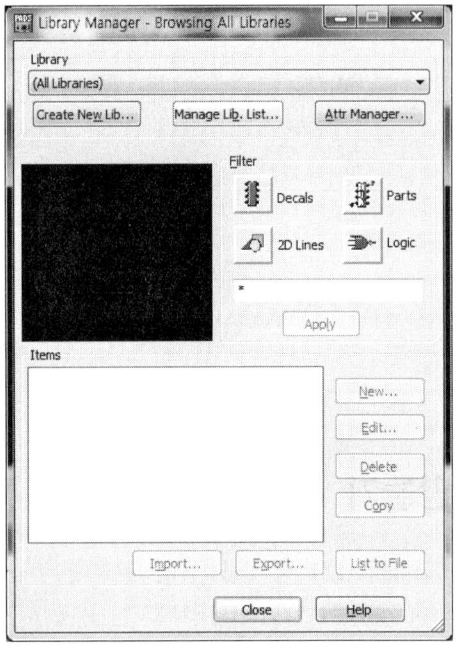

⑤ 팝업 된 New Library창에 파일 이름(preset)을 넣고 [저장(S)] 버튼을 클릭한다.

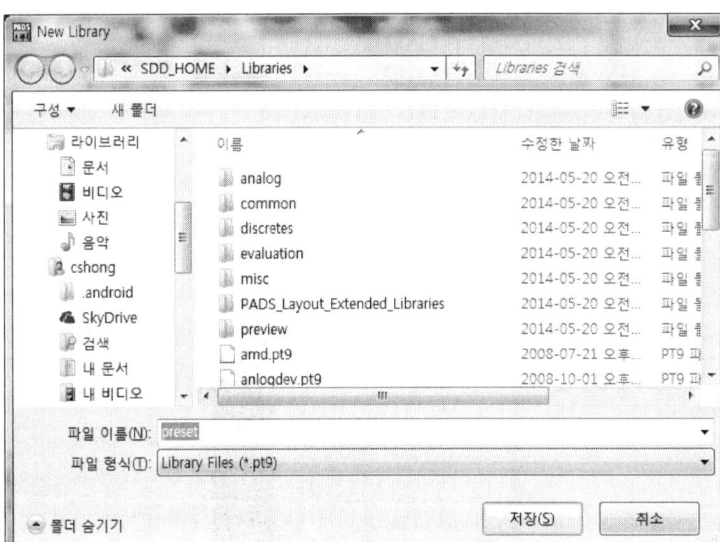

⑥ Library Manager창에서 [Manage Lib List...] 버튼을 클릭한 후 스크롤바를 맨 아래로 이동하면 위에서 만든 Library를 확인할 수 있다. 만든 Library를 선택한 후 [Up] 버튼을 계속 클릭하여 맨 위로 보낸 후 [OK] 버튼을 클릭한다.

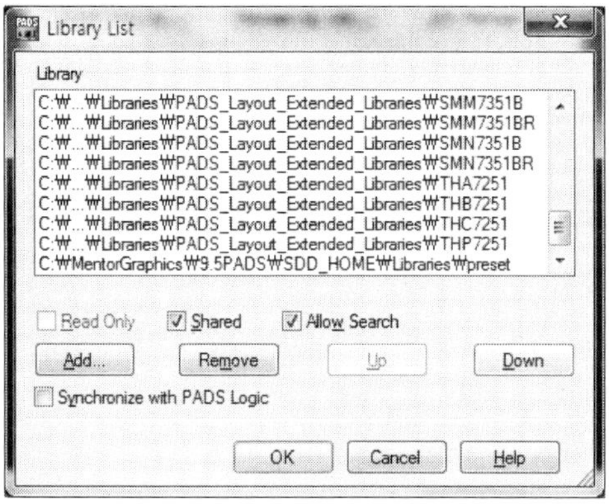

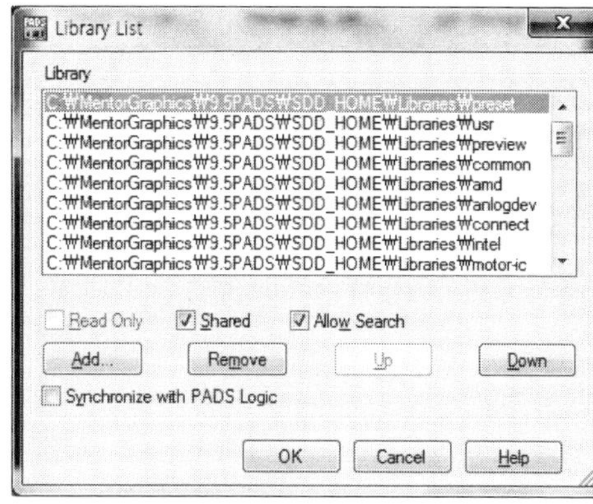

⑦ Library Manager창에서 Library 콤보 상자를 열어 생성된 Library의 경로를 지정한 후 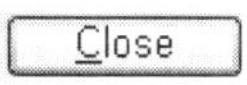 버튼을 클릭한다.

지금까지 프로그램 시작 후 Library 생성 및 지정에 대해 기술하였다.

3.2 단위 체계

PCB 설계에 사용되는 단위는 Inch, mm, mils 등이 있고 단위 상호 간의 관계는 다음과 같다.

$$1 \text{ inch} = 25.4 \text{ mm} = 1{,}000 \text{ mils}$$

일반적으로는 사용자나 회사에 따라 선호하는 단위를 선택하지만 mils 단위의 사용이 많다. 중요한 것은 단위 상호 간의 데이터 변환을 통해 정확한 작업을 해야 하기 때문에 반드시 단위 상호 간의 관계를 알고 있어야 한다는 것이다.

3.3 PCB Decal 만들기

3.3.1 R_1/4W 만들기

회로도에 나와 있는 부품 중에서 저항(1/4W)에 대한 PCB Decal을 만들어 보자. 우선 작업 화면으로 돌아와 Tools〉PCB Decal Editor 메뉴를 선택한다.

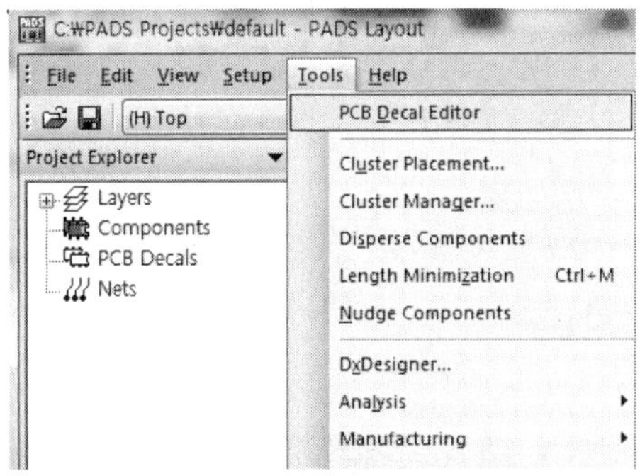

먼저 아래 데이터 시트의 스펙을 참조하여 카본 색저항(1/4W) Decal을 만들어보자. 여기서 중요한 데이터는 d, L2 및 D 정도이며 용도는 다음과 같다.

d : 드릴 크기 및 Pad Stack 크기 결정
L2, D : 부품간의 간격에 참조, 실크 스크린 데이터

그리고 저항과 같은 Axial Component의 경우 Pad Stack간의 거리는 1/4W 저항의 경우 일반적으로 400 mils 적용하고 저항의 크기에 따라 적당하게 선택하여 적용해 준다.

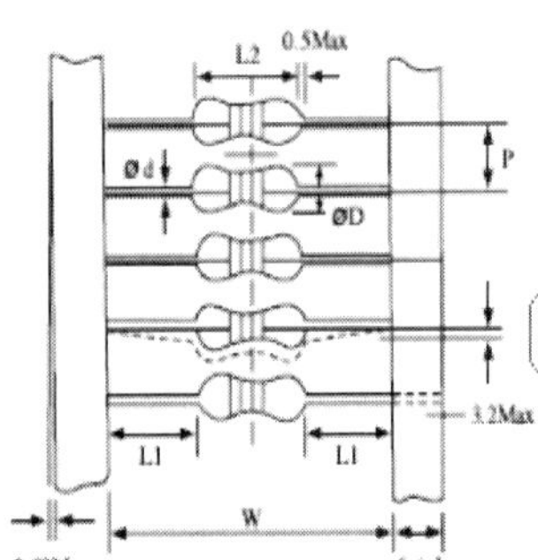

■ TAPING DIMENSIONS

Unit: mm

Type	W	L1	d	L2	P	D
CR 1/8W	52 ± 1.0	24.5 ± 1.0	0.45 ± 0.02	3.2 ± 0.2	5.0 ± 1.0	1.8 ± 0.2
CR 1/6W	52 ± 1.0	24.5 ± 1.0	0.45 ± 0.02	3.2 ± 0.2	5.0 ± 1.0	1.8 ± 0.2
CR 1/4W	52 ± 1.0	23.0 ± 1.0	0.58 ± 0.02	6.4 ± 0.2	5.0 ± 1.0	2.4 ± 0.2
CRS 1/2W	52 ± 1.0	23.0 ± 1.0	0.58 ± 0.02	6.4 ± 0.2	5.0 ± 1.0	2.4 ± 0.2
CR 1/2W	52 ± 1.0	21.5 ± 1.0	0.70 ± 0.02	9.0 ± 0.4	5.0 ± 1.0	3.3 ± 0.2

– 작업 화면에서 키보드로 g를 입력하면 아래 그림과 같이 Modeless Command창이 나타나는데 Grid를 100으로 설정하기 위하여 100을 입력한 후 Enter키를 친다.

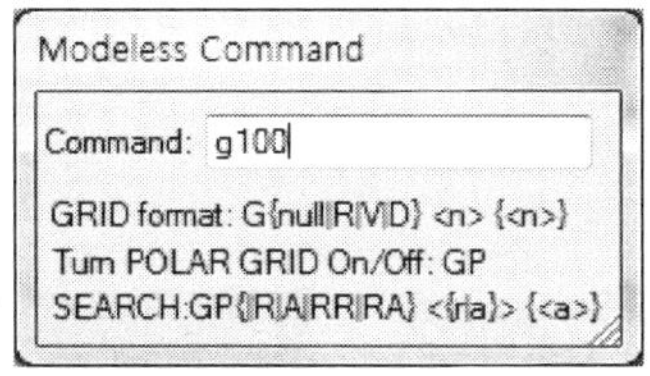

– 작업 화면에서 Drafting Toolbar Icon( )을 클릭하면 하부 메뉴의 Icon들이 나타난다.

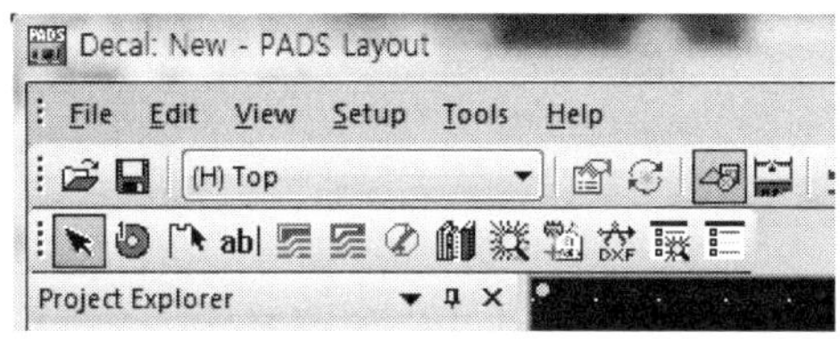

– Drafting Toolbar에서 Terminal Icon( )을 클릭한다. 이 명령으로 저항의 핀들(여기서는 Terminal이라고 함)을 그릴 것이다.

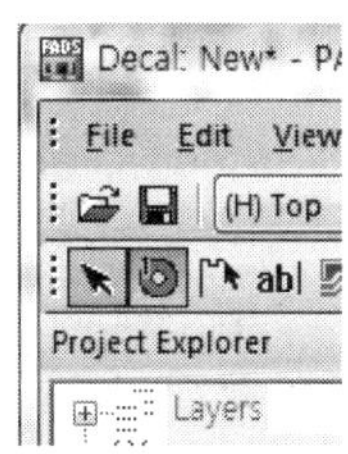

– Terminal Icon( )을 클릭하면 Add Terminal 팝업창이 나타나는데 이곳에서 Prefix 등 여러 선택사항을 적용할 수 있지만 저항의 경우 그냥 OK 버튼을 클릭한다.

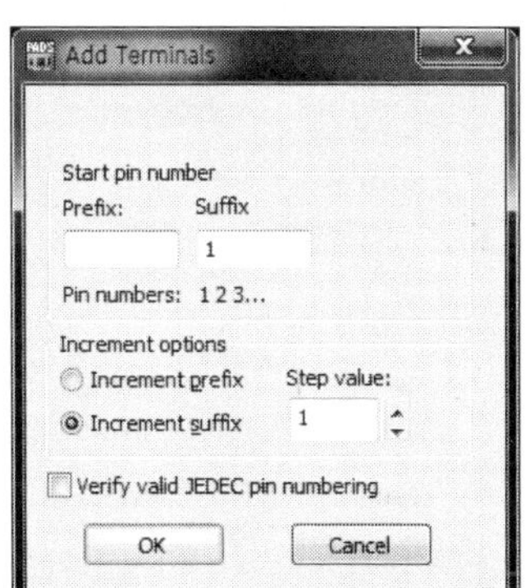

– 화면 오른쪽 아래 부분에 좌표가 표시되고 있는데 원점(0, 0) 좌표에서 클릭하여 첫 번째 터미널을 배치한다.

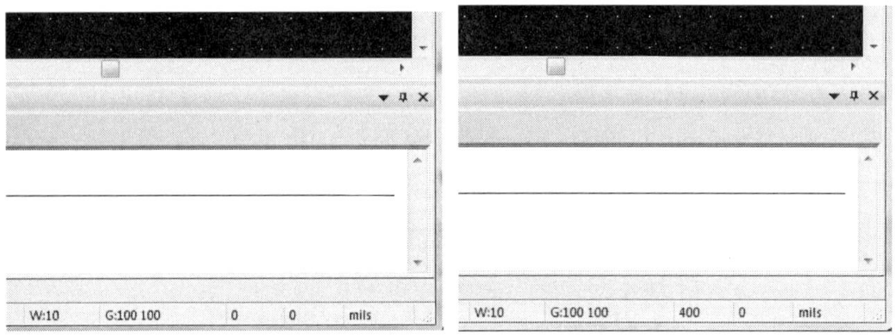

– 좌표(400, 0)로 이동하여 두 번째 터미널을 배치한다.

여기까지가 1/4W 저항을 PCB에 삽입하기 위해 거리를 400 mils로 하여 작업한 것이다.

– Drafting Toolbar에서 Select Icon( )을 선택한다.

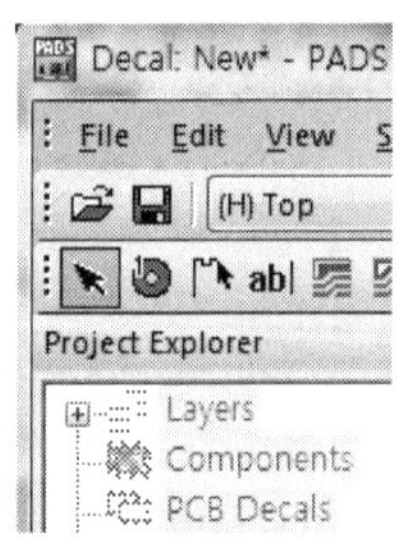

– 작업 화면에서 마우스 오른쪽 버튼(MRB)을 눌러 Select Terminals를 선택한다.

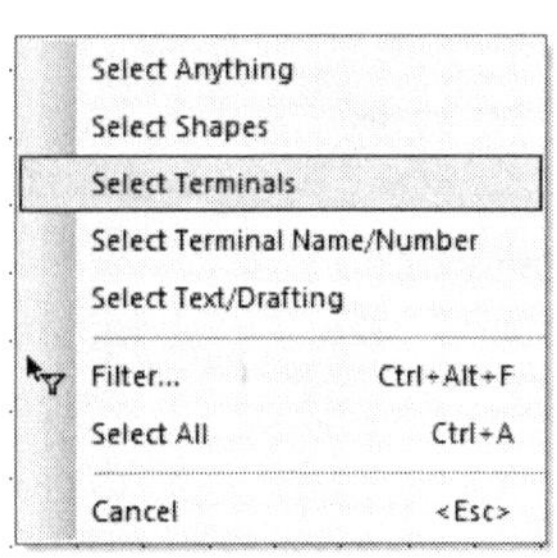

– 1번 터미널을 더블클릭하면 아래 그림과 같이 Terminal Properties 팝업창이 나타난다.

– 위의 팝업창에서  버튼을 클릭하면 Pad Stack Properties for Pin 팝업창이 나타난다.

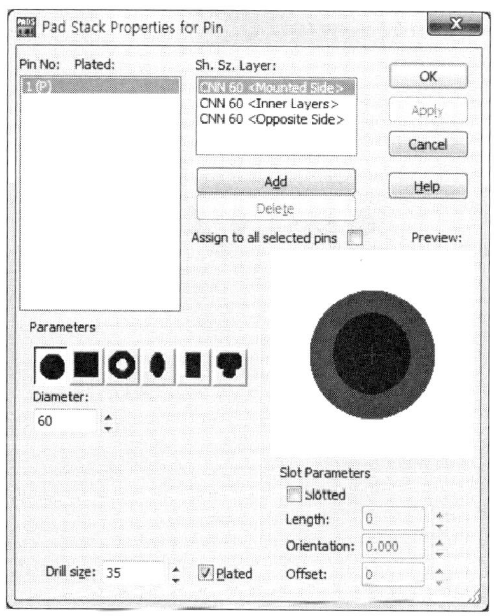

이 부분이 매우 중요한 부분으로 Drill Size, PAD Shape, PAD Size를 결정하는 곳이다. 위에서 중요하다고 언급한 저항의 스펙에서 d 데이터를 참조하여 작업하게 된다.

d = 0.58 ± 0.02인데 여기서는 드릴 가공을 위해서 +0.02를 적용하여 0.6 mm ≒24 mils이므로 이를 참조해야 한다. PAD Size를 60 mils = 1.524 mm 로 설정하고 만들어 보자.

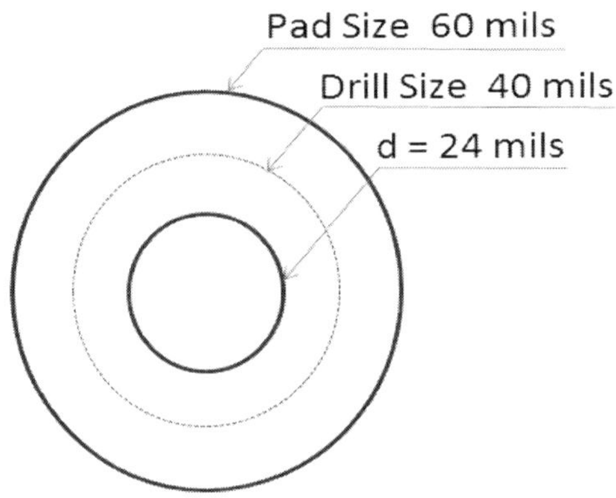

- 위의 팝업창에서 Sh. Sz. Layer : 항목에 보면 3개의 Layer가 있는데 우선 맨 위(CNN 60 〈Mounted Side〉) 레이어를 선택한 후 Drill Size : 40, Parameters : ●, Diameter : 60을 입력한다.

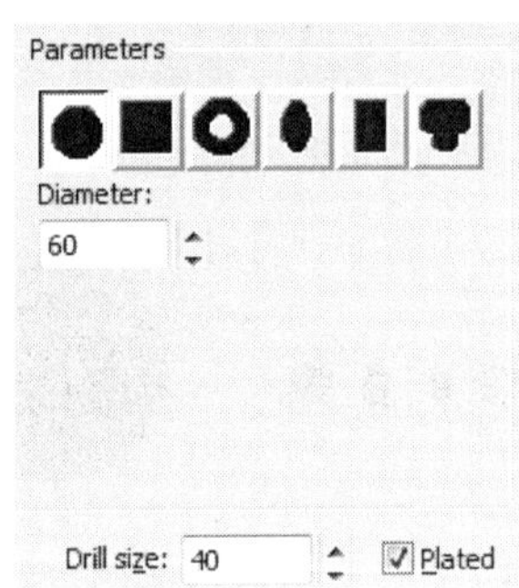

- 다음으로 CNN 60 〈Inner Layers〉 레이어를 선택한 후 Drill Size : 40, Parameters : ●, Diameter : 60을 확인한다.
- 다음으로 CNN 60 〈Opposite Side〉 레이어를 선택한 후 Drill Size : 40, Parameters : ●, Diameter : 60을 확인한 후 [OK] 버튼을 클릭한다.
- 먼저 올라온 창을 닫기 위해 [OK] 버튼을 클릭한다.
- 2번 터미널을 더블클릭하여 1번 터미널에 적용했던 데이터를 그대로 적용한다.
- 마우스 포인터를 1번 터미널과 2번 터미널 중간에 위치한 후 마우스 가운데 버튼을 아래 그림과 같이 위로 드래그(Drag)하여 화면을 확대한다.

이제부터는 실크 데이터를 형성할 부품의 외형을 그려야 한다.

- 키보드로 g10을 입력 후 Enter키를 친다.
- Drafting Toolbar에서 2D Line Icon()을 클릭한 후 작업 화면에서 마우스 MRB-을 눌러 Rectangle을 선택한다.

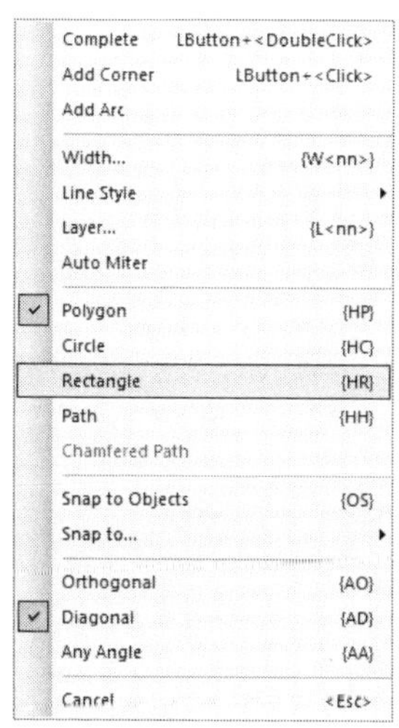

- 작업 화면 오른쪽 아래의 좌표를 참조하여 좌표(100, -50)로 이동하여 클릭한 후 좌표(300, 50)로 이동하여 클릭하면 가로 200, 세로 100의 크기인 사각형이 그려진다.

- 직선을 그리기 위해 작업 화면에서 MRB-Path를 선택한다.
- 좌표(50, 0)에서 클릭한 후 좌표(100, 0)에서 더블클릭한다.

- 좌표(300, 0)에서 클릭한 후 좌표(350, 0)에서 더블클릭한다.
- 작업을 마치면 아래 그림과 같이 완성된 부품을 확인한다.

- 키보드를 이용하여 g100 입력 후 Enter키를 친다. 이는 일반적으로 Grid 간격을 100 정도로 설정하여 작업하기 때문이다. 또한 효율적인 작업을 위해 상황에 따라 Grid 설정을 해야 한다.
- 작업 화면의 메뉴에서 File〉Save Decal을 선택하여 아래 그림과 같이 R_1/4W을 입력하고 OK 버튼을 클릭하여 저장한다.

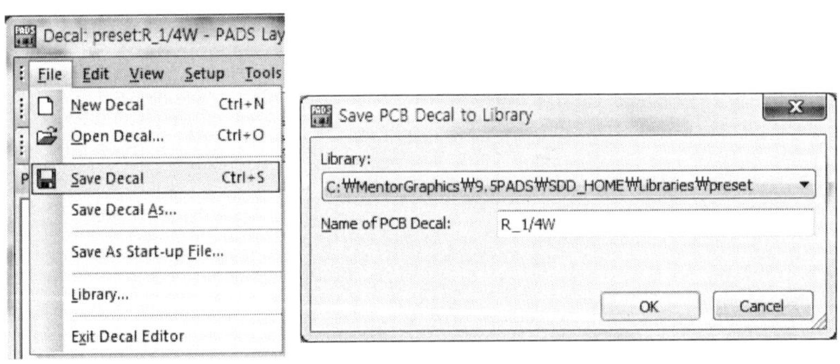

- 아래의 PADS Layout 팝업창이 나타나면 예(Y) 버튼을 클릭하고 다시 Part Information for Part 팝업창이 나타나면 그냥 OK 버튼을 클릭한다.

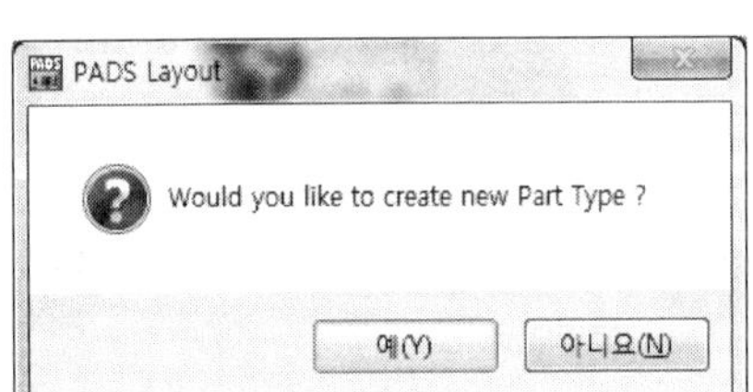

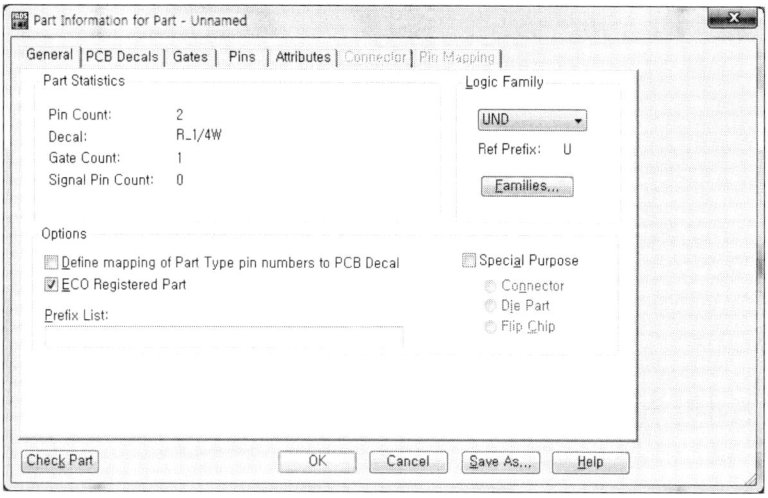

– Save Part Type to Library 팝업창에 R_1/4W을 입력한 후 OK 버튼을 클릭한다.

– 작업 화면의 메뉴에서 File〉Exit Decal Editor를 눌러 빠져나온다.

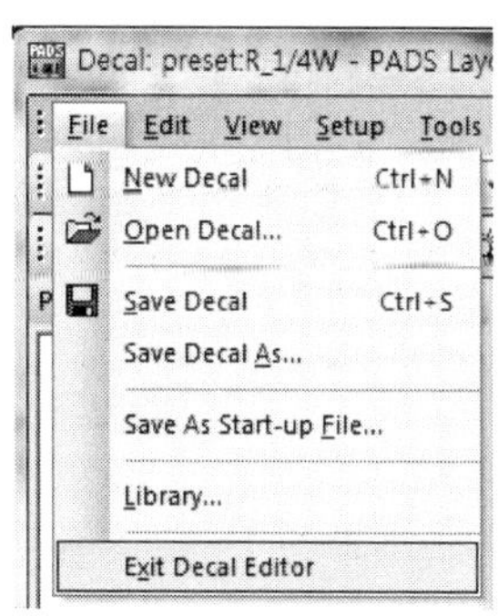

3.3.2 T_SW 만들기

펄스 생성용 토글 스위치용 PCB Decal을 만들기 위해 레이아웃 작업 화면에서 Tools〉PCB Decal Editor를 선택한다.

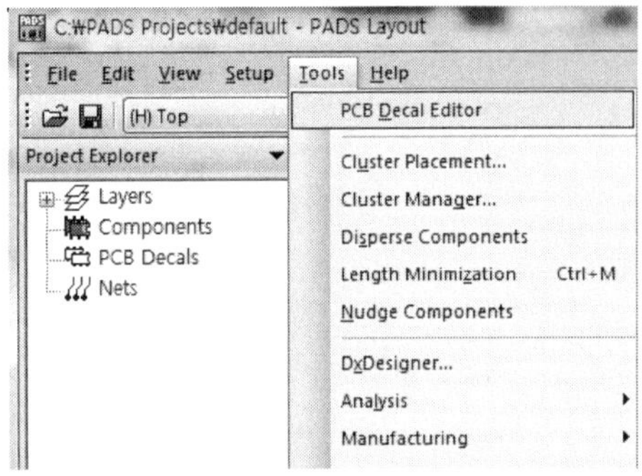

우선 아래 데이터 시트의 스펙을 참조하여 토글 스위치(기판용) Decal을 만들어 보자. 여기서 중요한 데이터는 다음과 같다. 필요에 따라서는 부품의 높이도 매우 중요할 수 있는데 여기서는 고려하지 않는 것으로 한다.

단자 사이 간격 : Pad Stack간의 거리

외형 크기 : 부품간의 간격에 참조, 실크 스크린 데이터

단자 두께 : 드릴 크기 및 Pad Stack 크기 결정

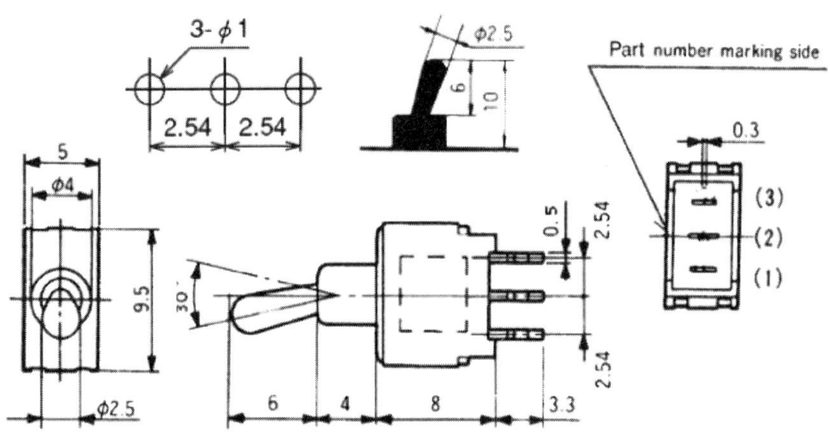

– 작업 화면에서 키보드로 g를 입력하면 Modeless Command창이 나타나는데 Grid를 100으로 설정하기 위하여 100을 입력한 후 Enter키를 친다.

– Drafting Toolbar에서 Terminal Icon( )을 클릭한다. 이 명령으로 토글 스위치의 핀들(여기서는 Terminal이라고 함)을 그릴 것이다.

– Terminal Icon( )을 클릭하면 Add Terminal 팝업창이 나타나는데 이곳에서 Prefix 등 여러 선택사항을 적용할 수 있지만 토글 스위치의 경우 그냥 OK 버튼을 클릭한다.

– 화면 오른쪽 아래 부분에 좌표가 표시되고 있는데 원점(0, 0) 좌표에서 클릭하여 첫 번째 터미널을 배치한다.

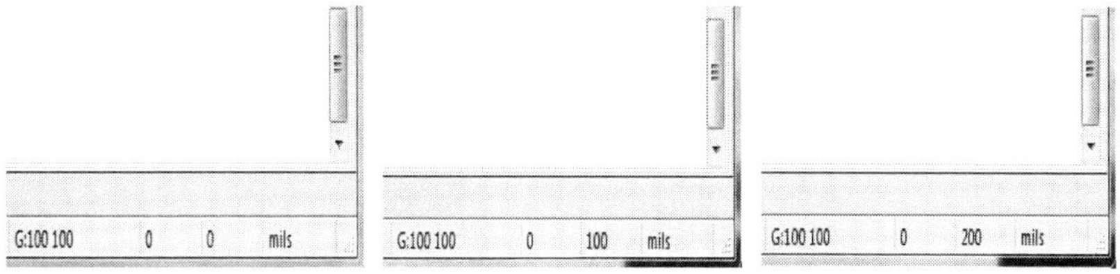

– 좌표(0, 100)로 이동하여 두 번째 터미널을 배치한다.
– 좌표(0, 200)로 이동하여 세 번째 터미널을 배치한다.

위의 스펙에서 보면 단자 간격이 2.54 mm = 100 mils임을 알 수 있다. 그리고 두 번째 터미널 즉, 가운데 터미널이 스위치의 공통 접점이라는 것도 중요한 부분이다.

여기까지가 토글 스위치를 PCB에 삽입하기 위해 단자 간격을 100 mils로 하여 작업한 것이다.(단자 간격 : 2.54 mm = 100 mils)

– Drafting Toolbar에서 Select Icon( )을 선택한다.
– 작업 화면에서 MRB를 눌러 Select Terminals를 선택한다.
– 마우스 가운데 버튼을 사용하여 화면을 확대한다.
– 1번 터미널을 더블클릭하면 아래 그림과 같은 Terminal Properties 팝업창이 나타난다.

– 위의 팝업창에서  버튼을 클릭하면 Pad Stack Properties for Pin 팝업창이 나타난다.

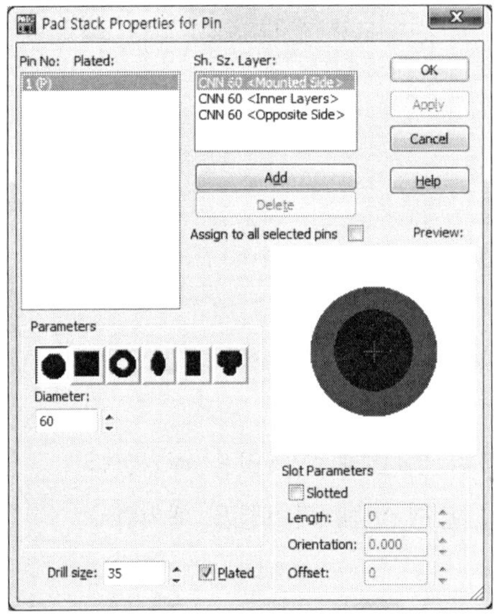

이 부분이 매우 중요한 부분으로 Drill Size, PAD Shape, PAD Size를 결정하는 곳이다. 위에서 중요하다고 언급한 토글 스위치의 스펙에서 외형 크기와 단자 두께 등의 정보를 참조하여 작업하게 된다.

단자 두께가 0.5 mm(≒20 mils)이고 리드 간격이 2.54 mm이므로 이것을 참조하여 PAD Size와 PAD Shape 및 Drill Size를 결정해야 한다. 위의 자료에서 보면 PCB Drill Size를 위해 단자 구멍의 크기를 φ1(1 mm)로 권고하고 있음을 알 수 있다.(1 mm≒40 mils)

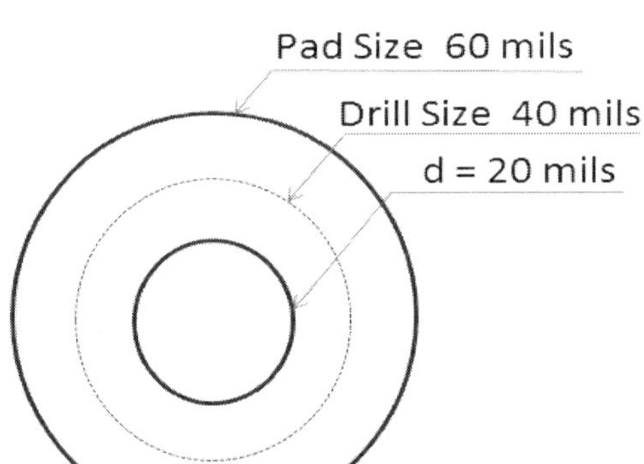

- 위의 팝업창에서 Sh. Sz. Layer : 항목에 보면 3개의 Layer가 있는데 우선 맨 위(CNN 60 〈Mounted Side〉) 레이어를 선택한 후 Drill Size : 40, Parameters : ●, Diameter : 60을 입력한다.

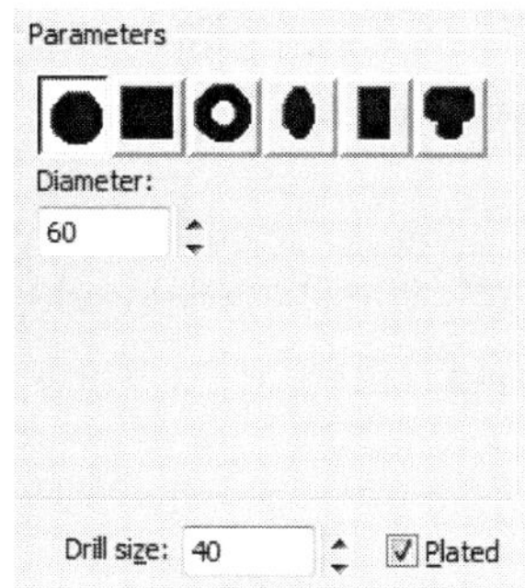

- 다음으로 CNN 60 〈Inner Layers〉 레이어를 선택한 후 Drill Size : 40, Parameters : ●, Diameter : 60을 확인한다.
- 다음으로 CNN 60 〈Opposite Side〉 레이어를 선택한 후 Drill Size : 40, Parameters : ●, Diameter : 60을 확인한 후 OK 버튼을 클릭한다.
- 먼저 올라온 창을 닫기 위해 OK 버튼을 클릭한다.
- 2번 터미널을 더블클릭하여 1번 터미널에 적용했던 데이터를 그대로 적용한다.
- 3번 터미널을 더블클릭하여 1번 터미널에 적용했던 데이터를 그대로 적용한다.

이제부터는 부품의 외형을 그려야 한다.

- 키보드로 g10을 입력 후 Enter키를 친다.
- Drafting Toolbar에서 2D Line Icon()을 클릭한 후 작업 화면에서 마우스 MRB -Rectangle을 선택한다.

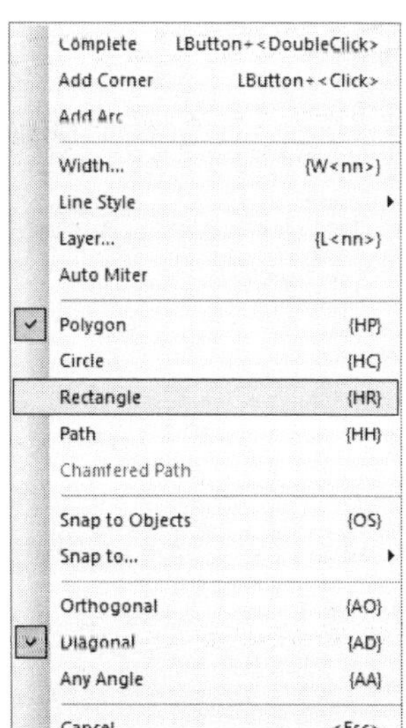

위의 스펙에서 보면 가로 크기는 5 mm(≒200 mils)이고 세로 크기는 9.5 mm(≒380 mils)이므로 이것을 참조하여 외형 크기를 그린다.

- 작업 화면 오른쪽 아래의 좌표를 참조하여 좌표(-100, -90)로 이동하여 클릭한 후 좌표(100, 290)로 이동하여 클릭하면 사각형이 그려진다.

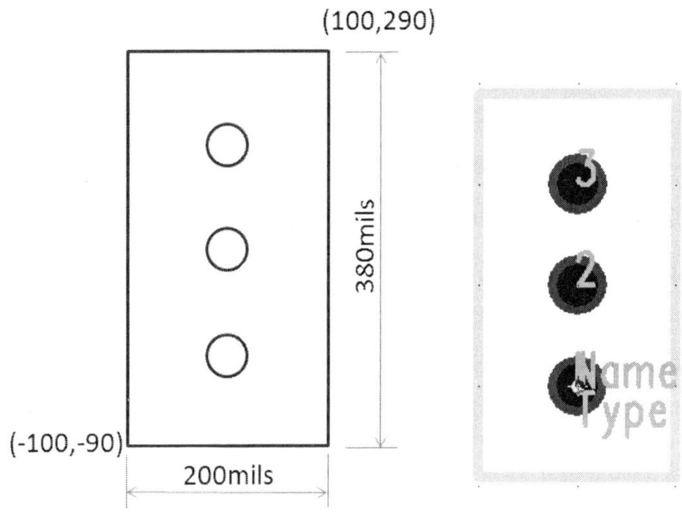

- 키보드를 이용하여 g100 입력 후 Enter키를 친다.
- 작업 화면의 메뉴에서 File〉Save Decal을 선택하여 아래 그림과 같이 T_SW를 입력하고 OK 버튼을 클릭하여 저장한다.

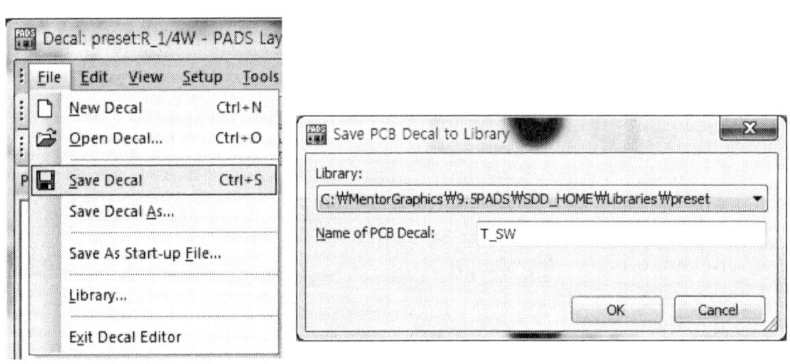

- 아래의 PADS Layout 팝업창이 나타나면 예(Y) 버튼을 클릭하고 다시 Part Information for Part 팝업창이 나타나면 그냥 OK 버튼을 클릭한다.

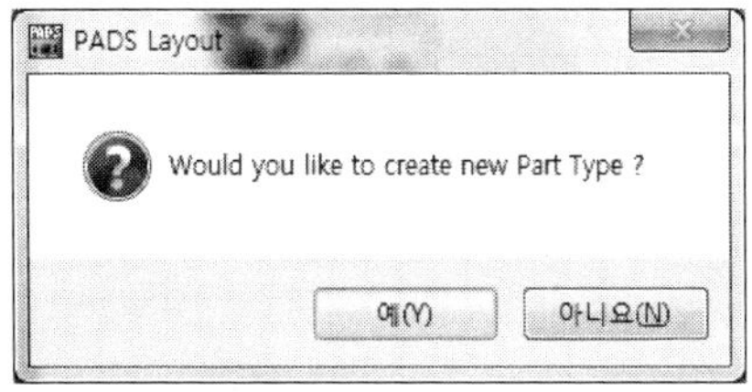

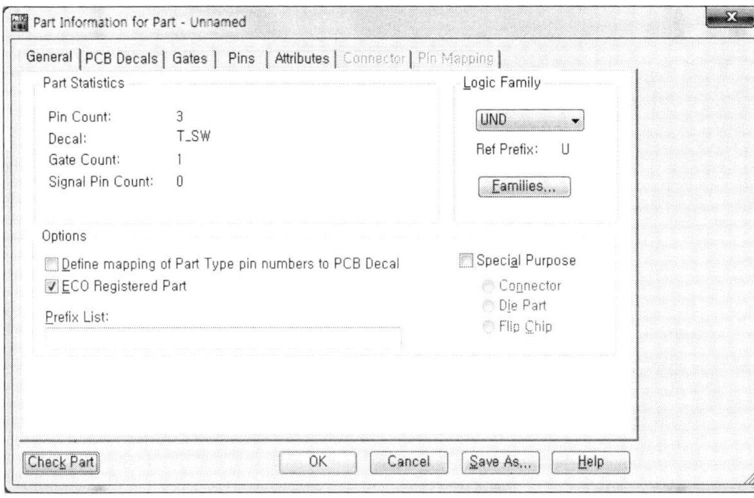

- Save Part Type to Library 팝업창에 T_SW을 입력한 후 OK 버튼을 클릭한다.

- 작업 화면의 메뉴에서 File〉Exit Decal Editor를 눌러 빠져나온다.

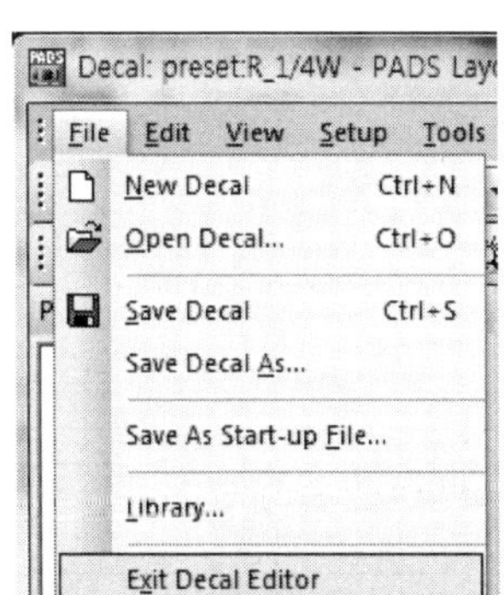

3.3.3 DIP_8(NE555) 만들기

펄스 생성용 회로 구성을 위한 NE555 IC의 PCB Decal을 만들기 위해 레이아웃 작업 화면에서 Tools〉PCB Decal Editor를 선택한다.

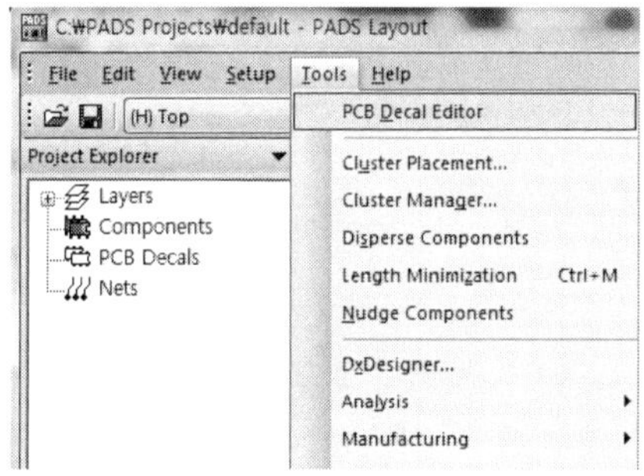

NE555 IC는 한 패키지 내에 1개의 Gate가 구성되어 있다는 것과 아래의 데이터 스펙을 참조하여 DIP_8 Decal을 만들어 보자. 여기서 중요한 데이터는 다음과 같다.

G, L : Pad Stack간의 거리
외형 크기 : 부품간의 간격에 참조, 실크 스크린 데이터
D : 드릴 크기 및 Pad Stack 크기 결정

PACKAGE MECHANICAL DATA
8 PINS - PLASTIC DIP

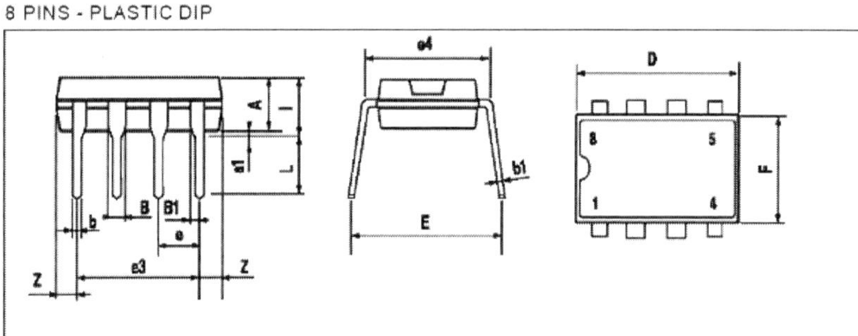

Dimensions	Millimeters			Inches		
	Min.	Typ.	Max.	Min.	Typ.	Max.
A		3.32			0.131	
a1	0.51			0.020		
B	1.15		1.65	0.045		0.065
b	0.356		0.55	0.014		0.022
b1	0.204		0.304	0.008		0.012
D			10.92			0.430
E	7.95		9.75	0.313		0.384
e		2.54			0.100	
e3		7.62			0.300	
e4		7.62			0.300	
F			6.6			0260
i			5.08			0.200
L	3.18		3.81	0.125		0.150
Z			1.52			0.060

- 작업 화면에서 키보드로 g를 입력하면 아래 그림과 같은 Modeless Command창이 나타나는데 Grid를 100으로 설정하기 위하여 100을 입력한 후 Enter키를 친다.
- Drafting Toolbar에서 Terminal Icon()을 클릭한다. 이 명령으로 DIP_8 IC의 핀들(여기서는 Terminal이라고 함)을 그릴 것이다.

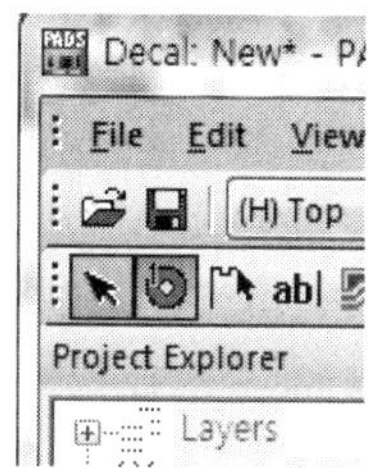

- Terminal Icon()을 클릭하면 Add Terminal 팝업창이 나타나는데 이곳에서 Prefix 등 여러 선택사항을 적용할 수 있지만 DIP_8 IC의 경우 그냥 OK 버튼을 클릭한다.

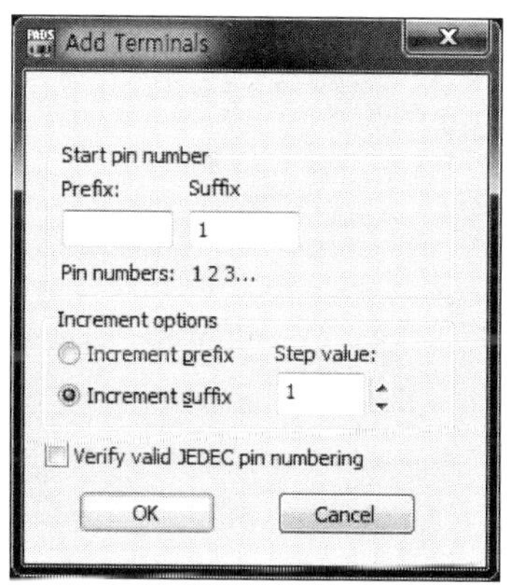

- 화면 오른쪽 아래 부분에 좌표가 표시되고 있는데 원점(0, 0) 좌표에서 클릭하여 첫 번째 터미널을 배치한다.

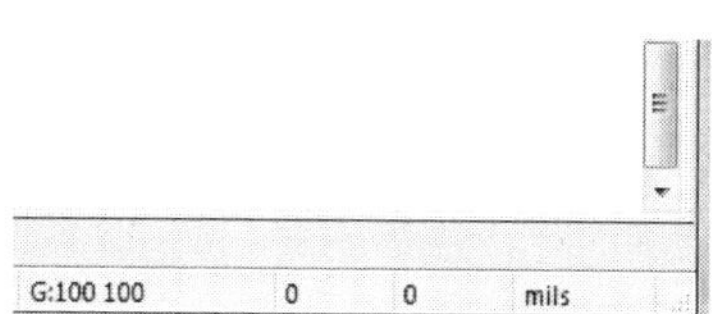

- 위의 스펙에서 e = 2.54 mm(100 mils)이므로 좌표(100, 0)로 이동하여 두 번째 터미널을 배치한다.
- 좌표(200, 0)로 이동하여 세 번째 터미널을 배치한다.

- 좌표(300, 0)로 이동하여 네 번째 터미널을 배치한다.
- 다음 터미널을 배치하기 위해 위의 스펙을 보면 e3 = 0.3 inch임을 확인할 수 있다. 일반적으로 DIP IC의 경우 e = 0.3 inch(300 mils)를 사용한다. 따라서 좌표(300, 300)로 이동하여 다섯 번째 터미널을 배치한다.
- 좌표(200, 300)로 이동하여 여섯 번째 터미널을 배치한다.
- 좌표(100, 300)로 이동하여 일곱 번째 터미널을 배치한다.
- 좌표(0, 300)로 이동하여 여덟 번째 터미널을 배치한다.

여기까지가 8핀 DIP IC를 PCB에 삽입하기 위해 작업한 것이다.

- Drafting Toolbar에서 Select Icon( )을 선택한다.

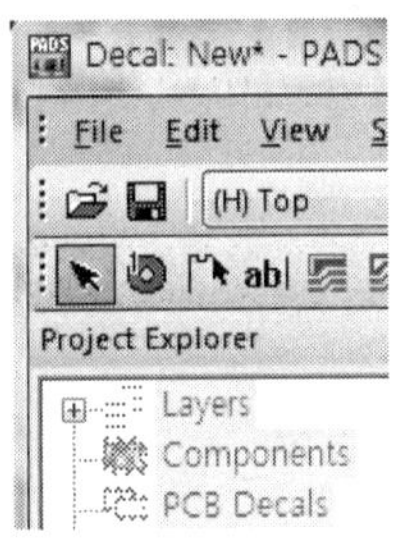

- 작업 화면에서 MRB를 눌러 Select Terminals을 선택한다.

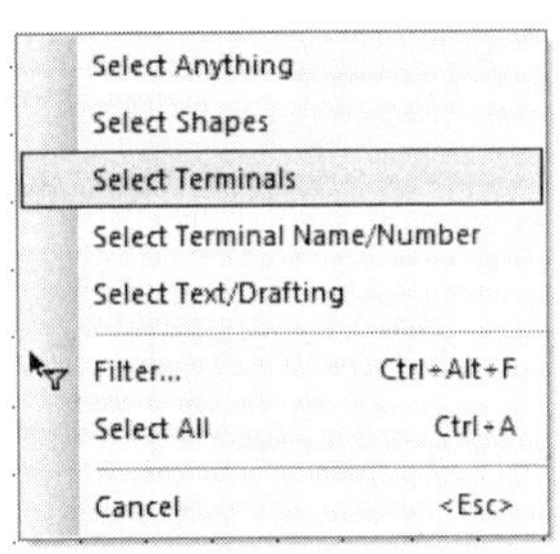

- 마우스 가운데 버튼을 사용하여 화면을 확대한다.
- 1번 터미널을 더블클릭하면 아래 그림과 같은 Terminal Properties 팝업창이 나타난다.

– 위의 팝업창에서  버튼을 클릭하면 Pad Stack Properties for Pin 팝업창이 나타난다.

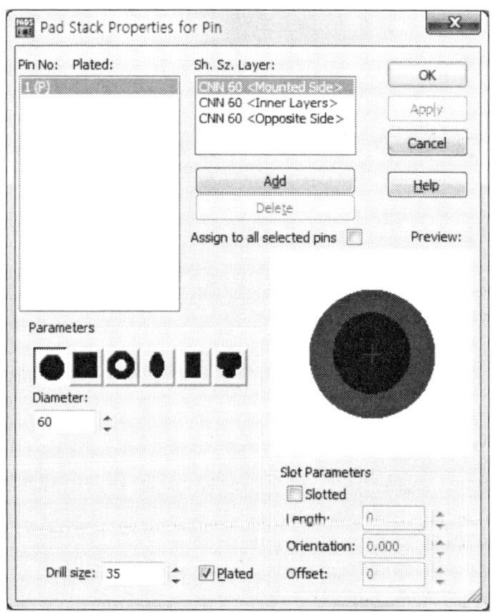

이 부분이 매우 중요한 부분으로 Drill Size, PAD Shape, PAD Size를 결정하는 곳이다. 위에서 중요하다고 언급한 DIP_8 IC의 스펙에서 외형 크기와 단자 두께 등의 정보를 참조하여 작업하게 된다.

리드 두께를 보면 b = 0.356 ~ 0.55 mm, b1 = 0.204 ~ 0.304 mm이므로 b 데이터를 선택한 후 일반적인 DIP IC의 두께인 21 mils로 하고, 리드 간격 e = 2.54 mm이다. 이러한 데이터를 참조하여 PAD Size와 PAD Shape 및 Drill Size를 결정해야 한다. 또한 일반적으로 IC의 1번 터미널은 부품 삽입 후 육안 확인을 위해 PAD 모양을 사각형으로 설정한다.

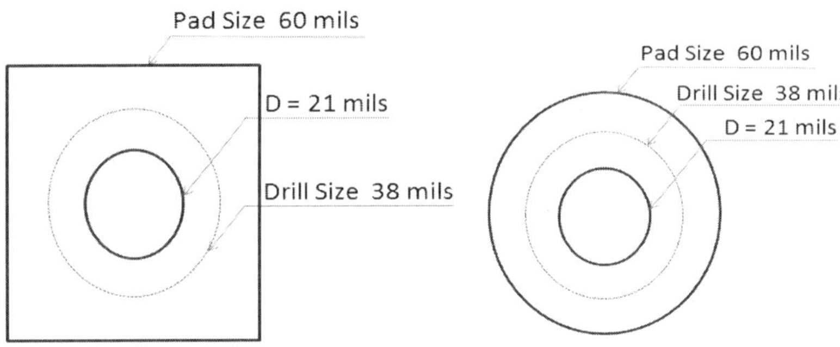

– 위의 팝업창에서 Sh. Sz. Layer : 항목에 보면 3개의 Layer가 있는데 우선 맨 위(CNN 60 〈Mounted Side〉) 레이어를 선택한 후 Drill Size : 38, Parameters : ■, Diameter : 60을 입력한다.

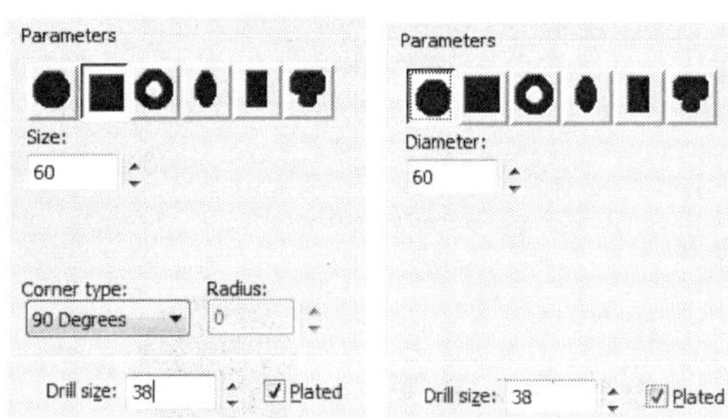

– 다음으로 CNN 60 〈Inner Layers〉 레이어를 선택한 후 Drill Size : 38, Parameters : ■, Diameter : 60을 확인한다.
– 다음으로 CNN 60 〈Opposite Side〉 레이어를 선택한 후 Drill Size : 38, Parameters : ■, Diameter : 60을 확인한 후 [OK] 버튼을 클릭한다.
– 먼저 올라온 창을 닫기 위해 [OK] 버튼을 클릭한다.
– 2번 터미널을 더블클릭하여 Parameter만 ●으로 변경하여 1번 터미널에 적용했던 데이터를 그대로 적용한다.
– 3번 ~ 8번 터미널에 대해서도 Parameter를 ●으로 설정하고 같은 데이터를 넣어준다.

이제부터는 부품의 외형을 그려야 한다.

– 키보드로 g10을 입력 후 Enter키를 친다.
– Drafting Toolbar에서 2D Line Icon( )을 클릭한 후 작업 화면에서 마우스 MRB -Rectangle을 선택한다.

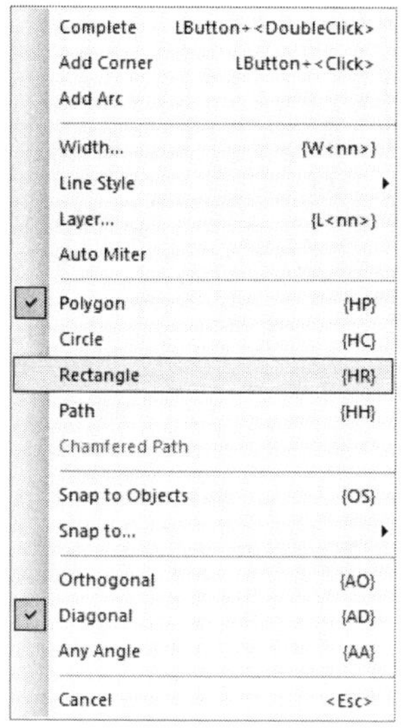

DIP IC의 실크 스크린 데이터는 터미널 전체를 포함하여 그리는 경우도 있지만 일반적으로는 A와 B의 데이터를 참조하여 적당히 그린다.

- 작업 화면 오른쪽 아래의 좌표를 참조하여 좌표(-50, 50)로 이동하여 클릭한 후 좌표(350, 250)로 이동하여 클릭하면 사각형이 그려진다.

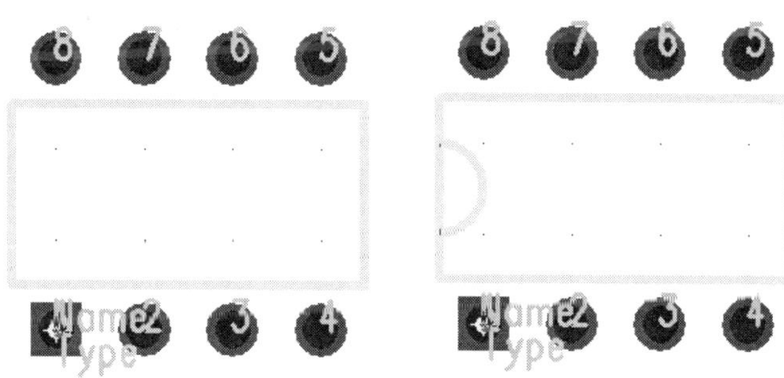

- IC의 방향을 표시하기 위해 1번 터미널 부근에 작은 원을 그려주기도 하고 IC 모양과 비슷하게 Arc를 그려주기도 하는데 여기서는 Arc만 그려준다.
- 작업 화면에서 MRB-Path를 선택한다.
- 좌표(-50, 100)에서 클릭 후 MRB-Add Arc를 선택하여 좌표(-50, 200)에서 더블클릭한다.
- 키보드를 이용하여 g100 입력 후 Enter키를 친다.
- 작업 화면의 메뉴에서 File>Save Decal을 선택하여 아래 그림과 같이 DIP_8을 입력하고  버튼을 클릭하여 저장한다.

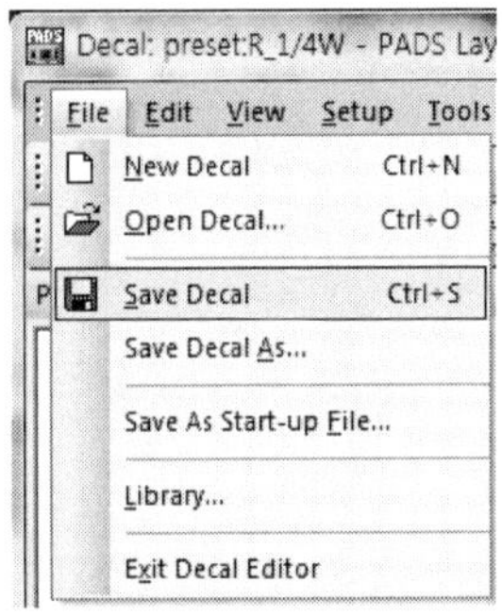

– 아래의 PADS Layout 팝업창이 나타나면 예(Y) 버튼을 클릭하고 다시 Part Information for Part 팝업창이 나타나면 그냥 OK 버튼을 클릭한다.

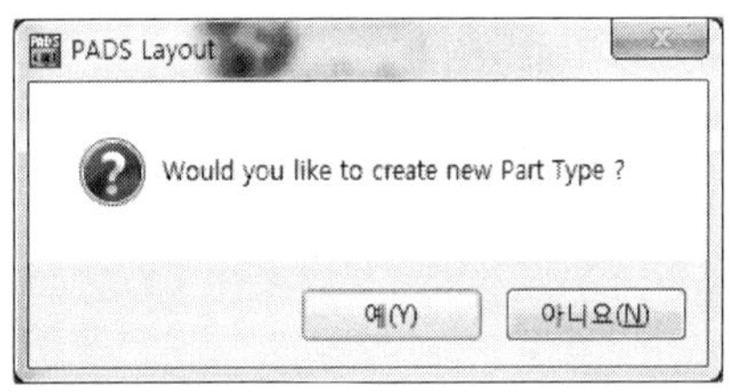

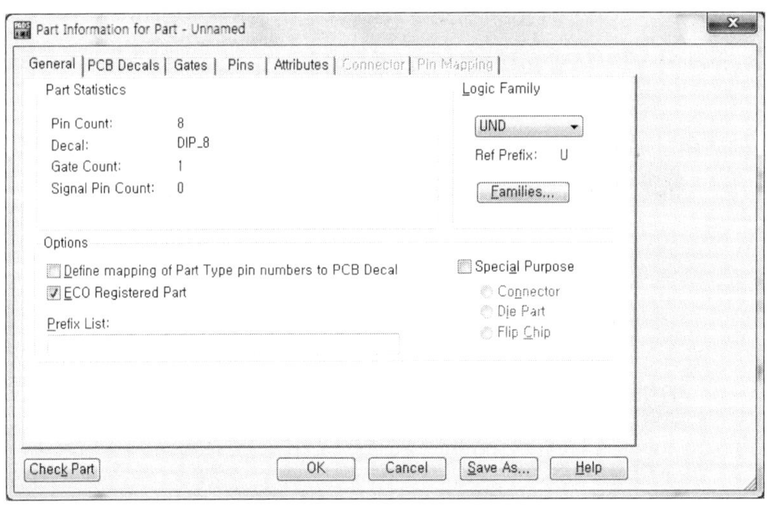

– Save Part Type to Library 팝업창에 DIP_8을 입력한 후 OK 버튼을 클릭한다.

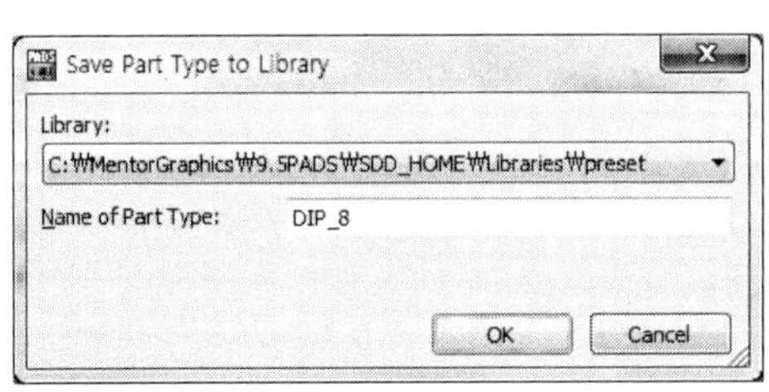

- 작업 화면의 메뉴에서 File〉Exit Decal Editor를 눌러 빠져나온다.

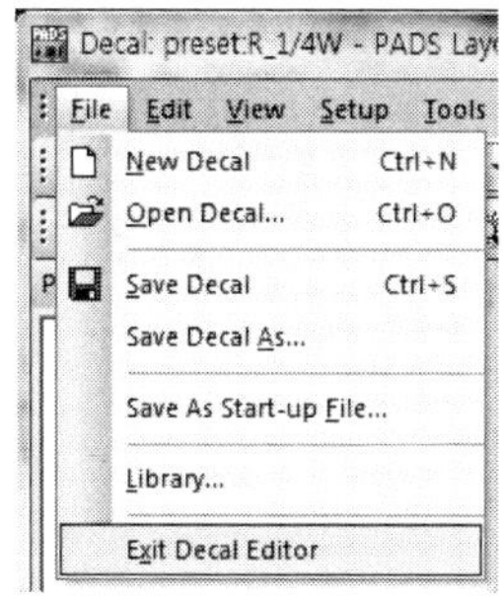

3.3.4 DIP_14(7400) 만들기

펄스 생성용 회로 구성을 위한 7400 IC의 PCB Decal을 만들기 위해 레이아웃 작업 화면에서 Tools〉PCB Decal Editor를 선택한다.

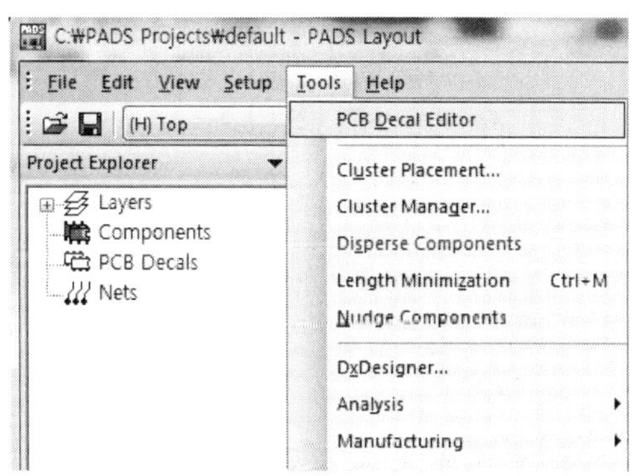

7400 IC는 한 패키지 내에 4개의 NAND Gate가 구성되어 있다는 것과 아래의 데이터 스펙을 참조하여 DIP_14 Decal을 만들어 보자. 여기서 중요한 데이터는 다음과 같다.

G, L : Pad Stack간의 거리
외형 크기 : 부품간의 간격에 참조, 실크 스크린 데이터
D : 드릴 크기 및 Pad Stack 크기 결정

PACKAGE DIMENSIONS

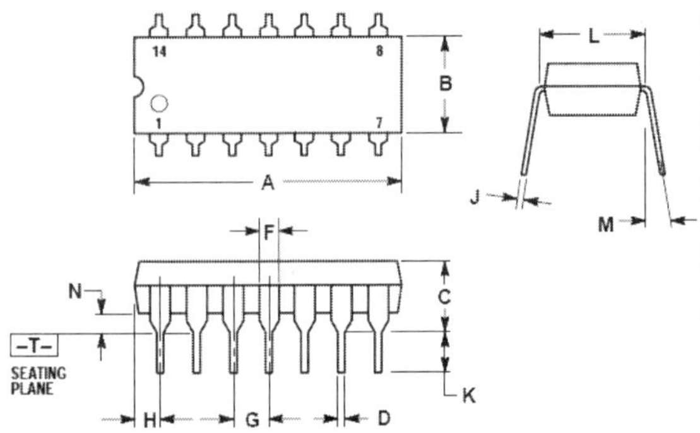

DIM	INCHES		MILLIMETERS	
	MIN	MAX	MIN	MAX
A	0.715	0.770	18.16	18.80
B	0.240	0.260	6.10	6.60
C	0.145	0.185	3.69	4.69
D	0.015	0.021	0.38	0.53
F	0.040	0.070	1.02	1.78
G	0.100 BSC		2.54 BSC	
H	0.052	0.095	1.32	2.41
J	0.008	0.015	0.20	0.38
K	0.115	0.135	2.92	3.43
L	0.290	0.310	7.37	7.87
M	---	10°	---	10°
N	0.015	0.039	0.38	1.01

– 작업 화면에서 키보드로 g를 입력하면 아래 그림과 같은 Modeless Command창이 나타나는데 Grid를 100으로 설정하기 위하여 100을 입력한 후 Enter키를 친다.

– Drafting Toolbar에서 Terminal Icon( )을 클릭한다. 이 명령으로 DIP_14 IC의 핀들(여기서는 Terminal이라고 함)을 그릴 것이다.

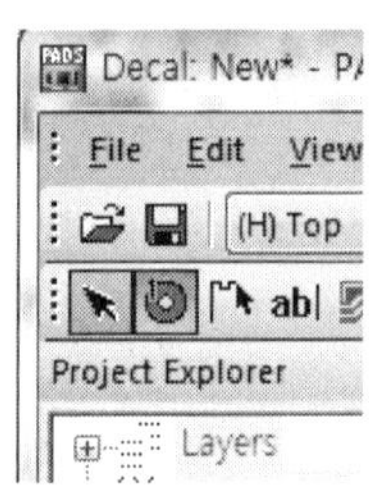

– Terminal Icon( )을 클릭하면 Add Terminal 팝업창이 나타나는데 이곳에서 Prefix 등 여러 선택사항을 적용할 수 있지만 DIP_14 IC의 경우 그냥 OK 버튼을 클릭한다.

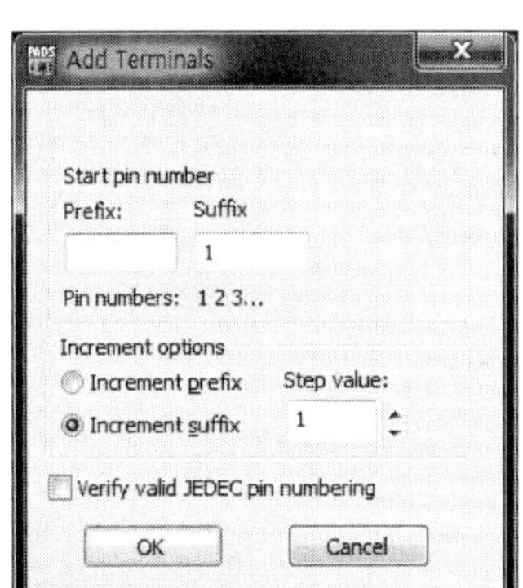

- 화면 오른쪽 아래 부분에 좌표가 표시되고 있는데 원점(0, 0) 좌표에서 클릭하여 첫 번째 터미널을 배치한다.

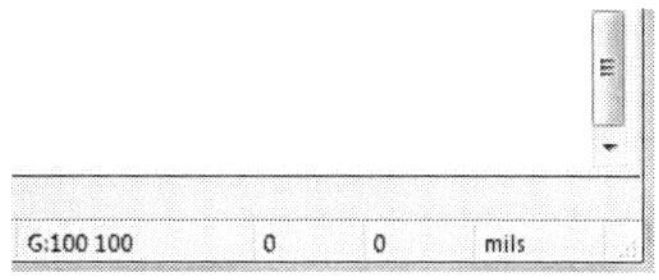

- 위의 스펙에서 G = 2.54 mm(100 mils)이므로 좌표(100, 0)로 이동하여 두 번째 터미널을 배치한다.
- 좌표(200, 0)로 이동하여 세 번째 터미널을 배치한다.
- 좌표(300, 0)로 이동하여 네 번째 터미널을 배치한다.
- 좌표(400, 0)로 이동하여 다섯 번째 터미널을 배치한다.
- 좌표(500, 0)로 이동하여 여섯 번째 터미널을 배치한다.
- 좌표(600, 0)로 이동하여 일곱 번째 터미널을 배치한다.
- 다음 터미널을 배치하기 위해 위의 스펙을 보면 L=0.290 min inch, 0.310 max inch임을 확인할 수 있다. 일반적으로 DIP IC의 경우 L=0.3 inch(300 mils)를 사용한다. 따라서 좌표(600, 300)로 이동하여 여덟 번째 터미널을 배치한다.
- 좌표(500, 300)로 이동하여 아홉 번째 터미널을 배치한다.
- 좌표(400, 300)로 이동하여 열 번째 터미널을 배치한다.
- 좌표(300, 300)로 이동하여 열한 번째 터미널을 배치한다.
- 좌표(200, 300)로 이동하여 열두 번째 터미널을 배치한다.
- 좌표(100, 300)로 이동하여 열세 번째 터미널을 배치한다.
- 좌표(0, 300)로 이동하여 열네 번째 터미널을 배치한다.

여기까지가 14핀 DIP IC를 PCB에 삽입하기 위해 작업한 것이다.

- Drafting Toolbar에서 Select Icon(↖)을 선택한다.

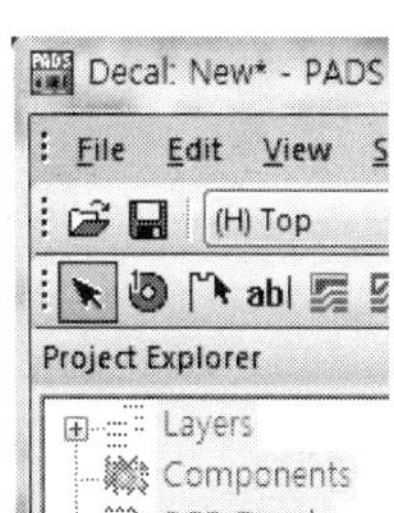

– 작업 화면에서 MRB를 눌러 Select Terminals를 선택한다.

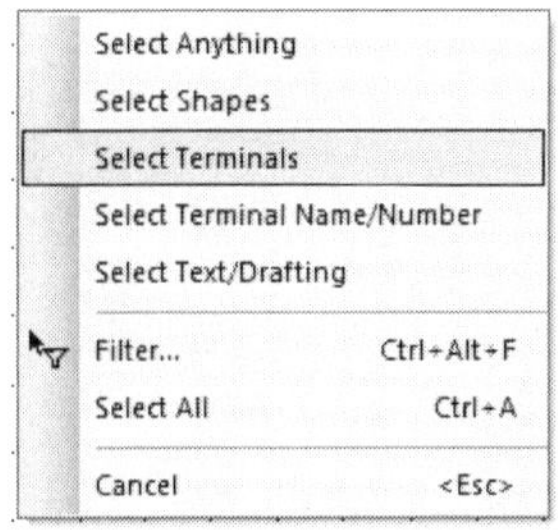

– 마우스 가운데 버튼을 사용하여 화면을 확대한다.

– 1번 터미널을 더블클릭하면 아래 그림과 같은 Terminal Properties 팝업창이 나타난다.

– 위의 팝업창에서  버튼을 클릭하면 Pad Stack Properties for Pin 팝업창이 나타난다.

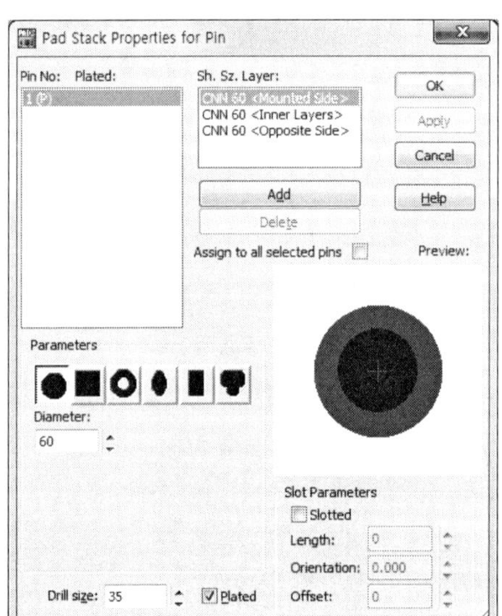

이 부분이 매우 중요한 부분으로 Drill Size, PAD Shape, PAD Size를 결정하는 곳이다. 위에서 중요하다고 언급한 DIP_14 IC의 스펙에서 외형 크기와 단자 두께 등의 정보를 참조하여 작업하게 된다.

리드 두께를 보면 Dmax = 0.53 mm(≒21 mils), Jmax = 0.38 mm이므로 Dmax 데이터를 선택한다. 리드 간격 G = 2.54 mm이다. 이러한 데이터를 참조하여 PAD Size와 PAD Shape 및 Drill Size를 결정해야 한다. 또한 일반적으로 IC의 1번 터미널은 부품 삽입 후 육안 확인을 위해 PAD 모양을 사각형으로 설정한다.

- 위의 팝업창에서 Sh. Sz. Layer : 항목에 보면 3개의 Layer가 있는데 우선 맨 위(CNN 60 〈Mounted Side〉) 레이어를 선택한 후 Drill Size : 38, Parameters : , Diameter : 60을 입력한다.

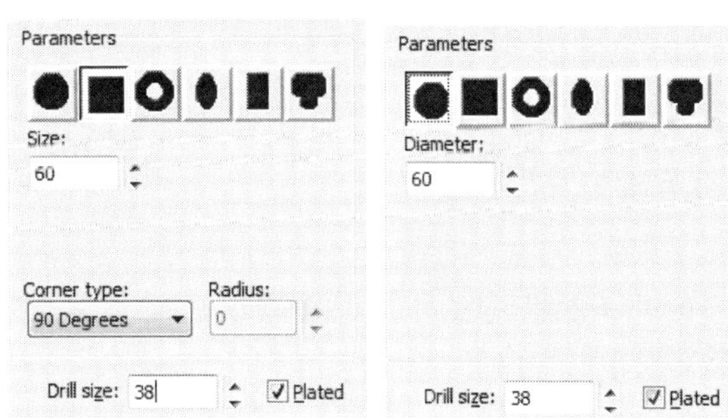

- 다음으로 CNN 60 〈Inner Layers〉 레이어를 선택한 후 Drill Size : 38, Parameters : , Diameter : 60을 확인한다.
- 다음으로 CNN 60 〈Opposite Side〉 레이어를 선택한 후 Drill Size : 38, Parameters : , Diamcter : 60을 확인한 후 

버튼을 클릭한다.
- 먼저 올라온 창을 닫기 위해 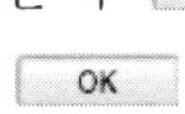

버튼을 클릭한다.

- 2번 터미널을 더블클릭하여 Parameter만 ●으로 변경하여 1번 터미널에 적용했던 데이터를 그대로 적용한다.
- 3번 ~ 14번 터미널에 대해서도 Parameter를 ●으로 설정하고 같은 데이터를 넣어준다.

이제부터는 부품의 외형을 그려야 한다.

- 키보드로 g10을 입력 후 Enter키를 친다.
- Drafting Toolbar에서 2D Line Icon( )을 클릭한 후 작업 화면에서 마우스 MRB -Rectangle을 선택한다.

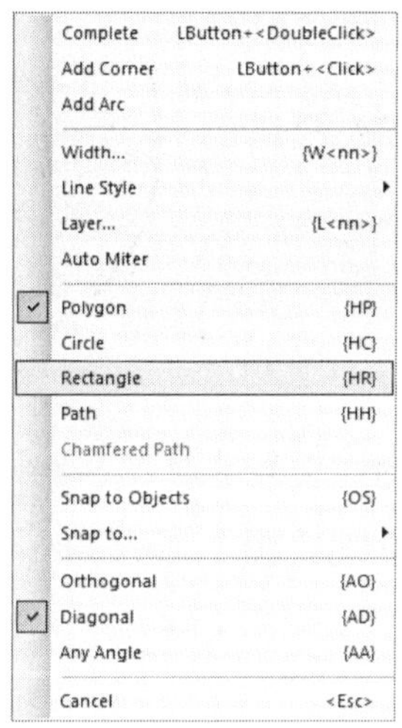

DIP IC의 실크 스크린 데이터는 터미널 전체를 포함하여 그리는 경우도 있지만 일반적으로는 A와 B의 데이터를 참조하여 적당히 그린다.

- 작업 화면 오른쪽 아래의 좌표를 참조하여 좌표(-50, 50)로 이동하여 클릭한 후 좌표(650, 250)로 이동하여 클릭하면 사각형이 그려진다.

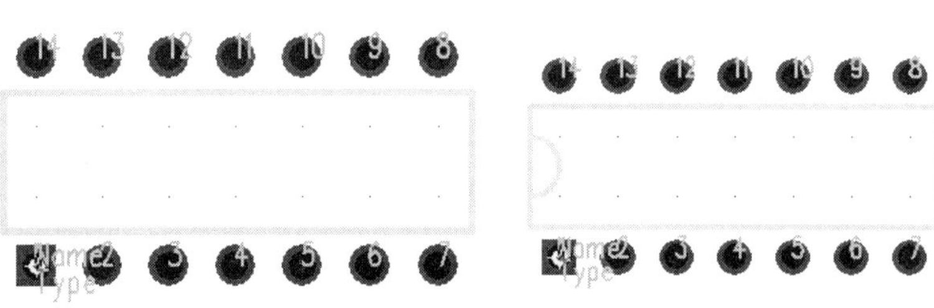

- IC의 방향을 표시하기 위해 1번 터미널 부근에 작은 원을 그려주기도 하고 IC 모양과 비슷하게 Arc를 그려주기도 하는데 여기서는 Arc만 그려준다.
- 작업 화면에서 MRB-Path를 선택한다.
- 좌표(-50, 100)에서 클릭 후 MRB-Add Arc를 선택하여 좌표(-50, 200)에서 더블클릭한다.
- 키보드를 이용하여 g100 입력 후 Enter키를 친다.
- 작업 화면의 메뉴에서 File〉Save Decal을 선택하여 아래 그림과 같이 DIP_14를 입력하고 OK 버튼을 클릭하여 저장한다.

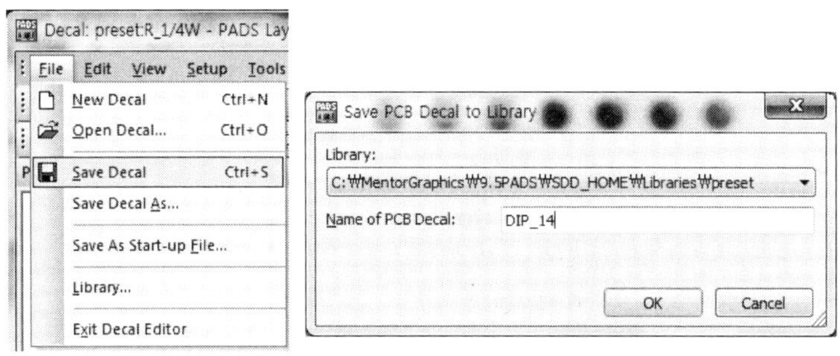

- 아래의 PADS Layout 팝업창이 나타나면 예(Y) 버튼을 클릭하고 다시 Part Information for Part 팝업창이 나타나면 그냥 OK 버튼을 클릭한다.

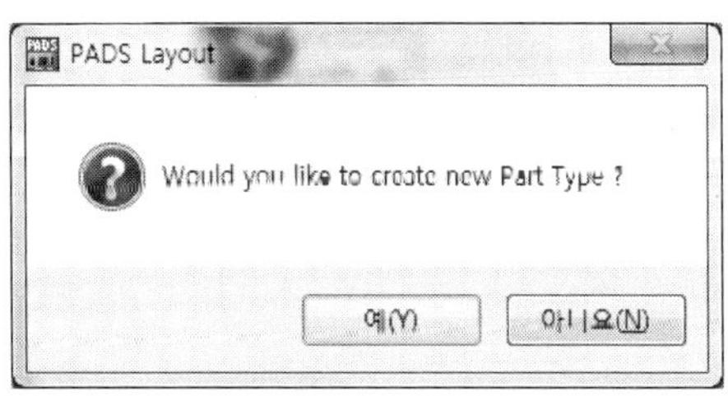

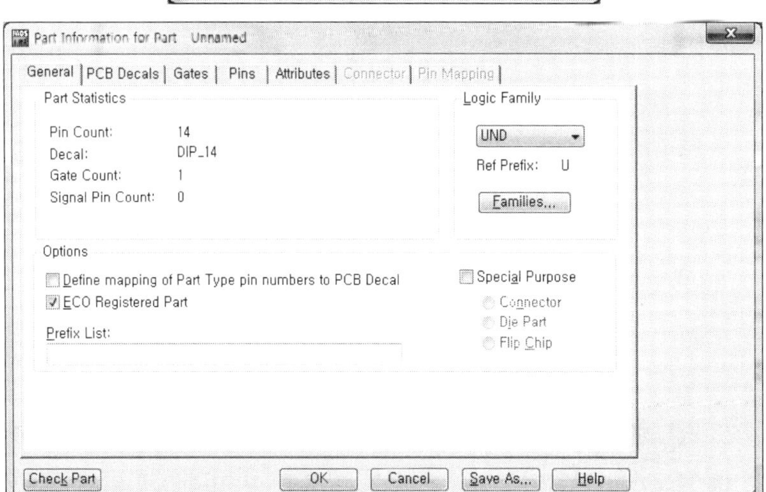

- Save Part Type to Library 팝업창에 DIP_14를 입력한 후 OK 버튼을 클릭한다.

- 작업 화면의 메뉴에서 File>Exit Decal Editor를 눌러 빠져나온다.

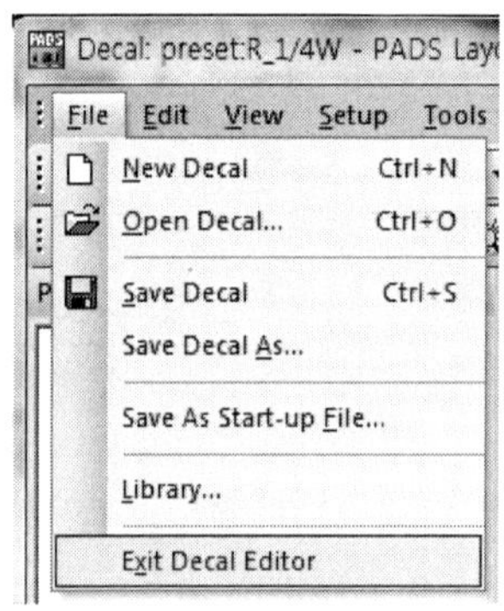

3.3.5 DIP_16(7448, 74192) 만들기

7448 IC와 74192 IC는 패키지 형태가 같은 16핀이기 때문에 한 개의 PCB Decal을 만들어 함께 공유할 수 있다. 이를 위해 레이아웃 작업 화면에서 Tools>PCB Decal Editor를 선택한다.

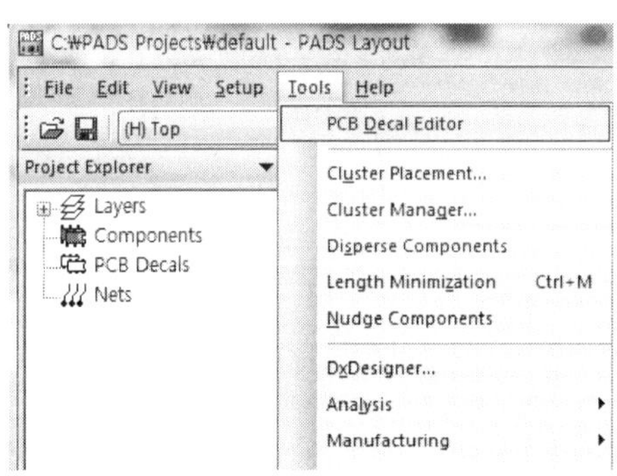

16핀 두 IC 모두 한 패키지 내에 1개의 Gate가 구성되어 있다는 것과 아래의 데이터 스펙을 참조하여 DIP_16 Decal을 만들어 보자. 여기서 중요한 데이터는 다음과 같다.

G, L : Pad Stack간의 거리

외형 크기 : 부품간의 간격에 참조, 실크 스크린 데이터

D : 드릴 크기 및 Pad Stack 크기 결정

PACKAGE DIMENSIONS

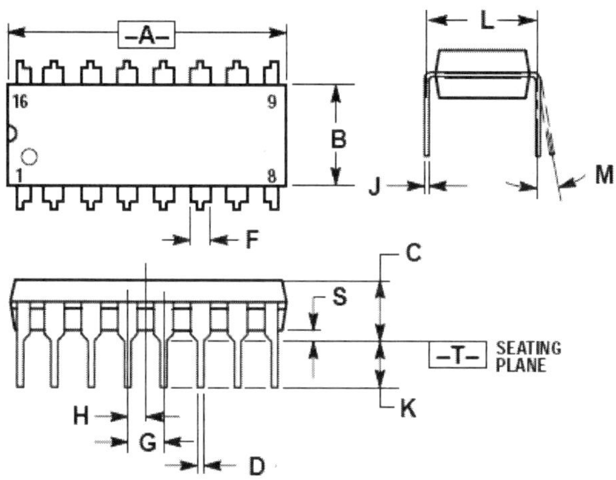

DIM	INCHES		MILLIMETERS	
	MIN	MAX	MIN	MAX
A	0.740	0.770	18.80	19.55
B	0.250	0.270	6.35	6.85
C	0.145	0.175	3.69	4.44
D	0.015	0.021	0.39	0.53
F	0.040	0.70	1.02	1.77
G	0.100 BSC		2.54 BSC	
H	0.050 BSC		1.27 BSC	
J	0.008	0.015	0.21	0.38
K	0.110	0.130	2.80	3.30
L	0.295	0.305	7.50	7.74
M	0°	10°	0°	10°
S	0.020	0.040	0.51	1.01

– 작업 화면에서 키보드로 g를 입력하면 아래 그림과 같은 Modeless Command창이 나타나는데 Grid를 100으로 설정하기 위하여 100을 입력한 후 Enter키를 친다.

– Drafting Toolbar에서 Terminal Icon( )을 클릭한다. 이 명령으로 DIP_16 IC의 핀들(여기서는 Terminal이라고 함)을 그릴 것이다.

– Terminal Icon( )을 클릭하면 Add Terminal 팝업창이 나타나는데 이곳에서 Prefix 등 여러 선택사항을 적용할 수 있지만 DIP_16 IC의 경우 그냥 OK 버튼을 클릭한다.

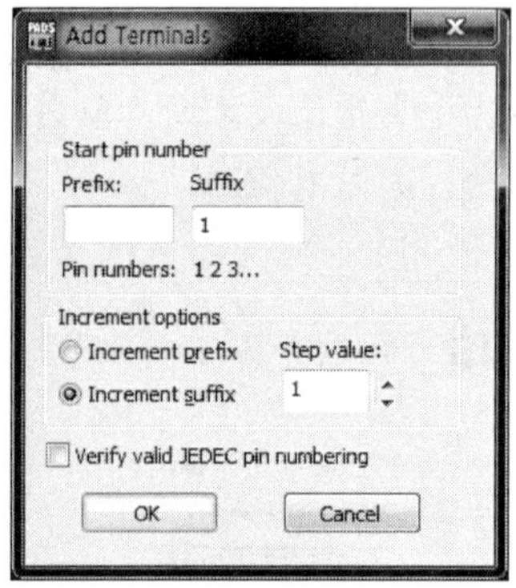

- 화면 오른쪽 아래 부분에 좌표가 표시되고 있는데 원점(0, 0) 좌표에서 클릭하여 첫 번째 터미널을 배치한다.

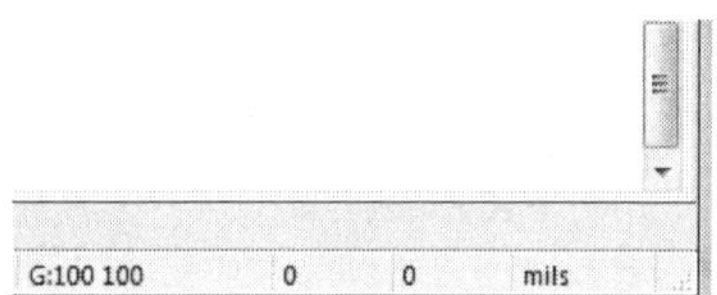

- 위의 스펙에서 G = 2.54 mm(100 mils) 이므로 좌표(100, 0)로 이동하여 두 번 째 터미널을 배치한다.
- 좌표(200, 0)로 이동하여 세 번째 터미널을 배치한다.
- 좌표(300, 0)로 이동하여 네 번째 터미널을 배치한다.
- 좌표(400, 0)로 이동하여 다섯 번째 터미널을 배치한다.
- 좌표(500, 0)로 이동하여 여섯 번째 터미널을 배치한다.
- 좌표(600, 0)로 이동하여 일곱 번째 터미널을 배치한다.
- 좌표(700, 0)로 이동하여 여덟 번째 터미널을 배치한다.
- 다음 터미널을 배치하기 위해 위의 스펙을 보면 L=0.295 min inch, 0.305 max inch임을 확인할 수 있다. 일반적으로 DIP IC의 경우 L=0.3 inch(300 mils)를 사용한다. 따라서 좌표(700, 300)로 이동하여 아홉 번째 터미널을 배치한다.
- 좌표(600, 300)로 이동하여 열 번째 터미널을 배치한다.
- 좌표(500, 300)로 이동하여 열한 번째 터미널을 배치한다.
- 좌표(400, 300)로 이동하여 열두 번째 터미널을 배치한다.
- 좌표(300, 300)로 이동하여 열세 번째 터미널을 배치한다.
- 좌표(200, 300)로 이동하여 열네 번째 터미널을 배치한다.
- 좌표(100, 300)로 이동하여 열다섯 번째 터미널을 배치한다.
- 좌표(0, 300)로 이동하여 열여섯 번째 터미널을 배치한다.

여기까지가 16핀 DIP IC를 PCB에 삽입하기 위해 작업한 것이다.

- Drafting Toolbar에서 Select Icon( )을 선택한다.

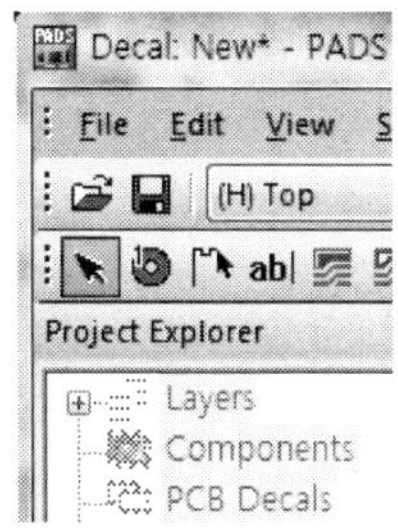

- 작업 화면에서 MRB를 눌러 Select Terminals를 선택한다.

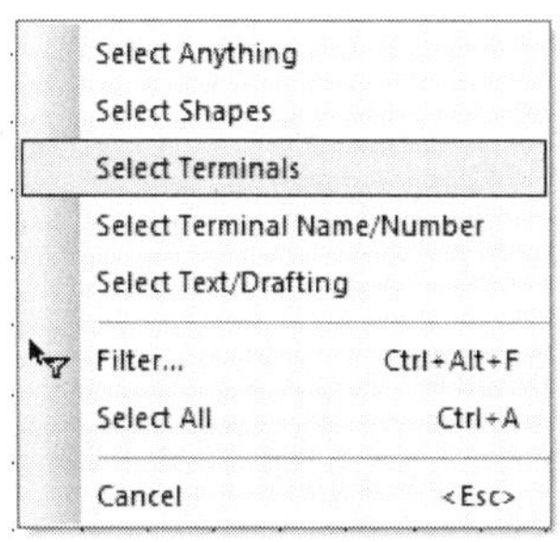

- 마우스 가운데 버튼을 사용하여 화면을 확대한디.
- 1번 터미널을 더블클릭하면 아래 그림과 같은 Terminal Properties 팝업창이 나타난다.

- 위의 팝업창에서  버튼을 클릭하면 Pad Stack Properties for Pin 팝업창이 나타난다.

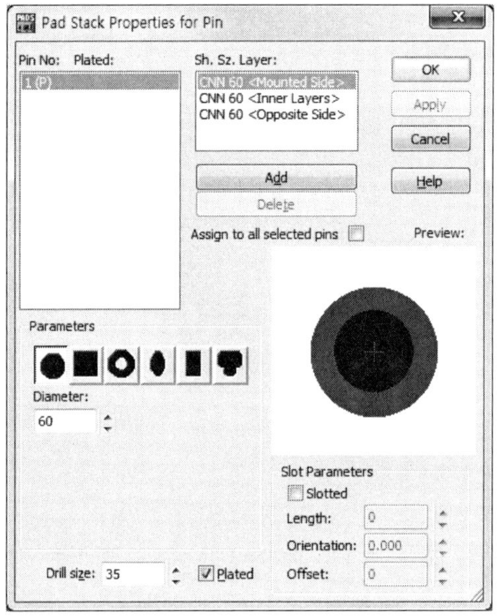

이 부분이 매우 중요한 부분으로 Drill Size, PAD Shape, PAD Size를 결정하는 곳이다. 위에서 중요하다고 언급한 DIP_16 IC의 스펙에서 외형 크기와 단자 두께 등의 정보를 참조하여 작업하게 된다.

리드 두께를 보면 Dmax = 0.53 mm(≒21 mils), Jmax = 0.38 mm 이므로 Dmax 데이터를 선택한다. 리드 간격 G = 2.54 mm이다. 이러한 데이터를 참조하여 PAD Size와 PAD Shape 및 Drill Size를 결정해야 한다. 또한 일반적으로 IC의 1번 터미널은 부품 삽입 후 육안 확인을 위해 PAD 모양을 사각형으로 설정한다.

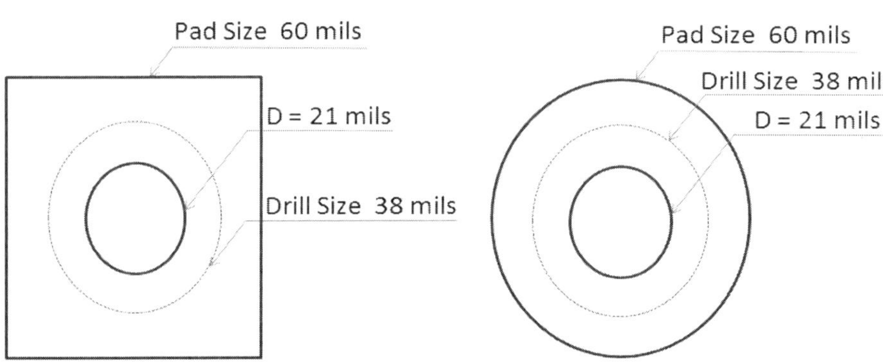

- 위의 팝업창에서 Sh. Sz. Layer : 항목에 보면 3개의 Layer가 있는데 우선 맨 위(CNN 60 〈Mounted Side〉) 레이어를 선택한 후 Drill Size : 38, Parameters : ■, Diameter : 60을 입력한다.

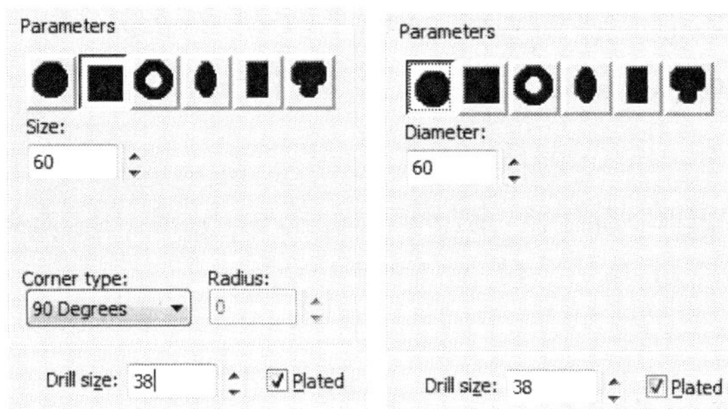

- 다음으로 CNN 60 〈Inner Layers〉 레이어를 선택한 후 Drill Size : 38, Parameters : ■, Diameter : 60을 확인한다.
- 다음으로 CNN 60 〈Opposite Side〉 레이어를 선택한 후 Drill Size : 38, Parameters : ■, Diameter : 60을 확인한 후 OK 버튼을 클릭한다.
- 먼저 올라온 창을 닫기 위해 OK 버튼을 클릭한다.
- 2번 터미널을 더블클릭하여 Parameter만 ●으로 변경하여 1번 터미널에 적용했던 데이터를 그대로 적용한다.
- 3번 ~ 16번 터미널에 대해서도 Parameter를 ●으로 설정하고 같은 데이터를 넣어준다.

이제부터는 부품의 외형을 그려야 한다.

- 키보드로 g10을 입력 후 Enter키를 친다.
- Drafting Toolbar에서 2D Line Icon( )을 클릭한 후 작업 화면에서 마우스 MRB -Rectangle을 선택한다.

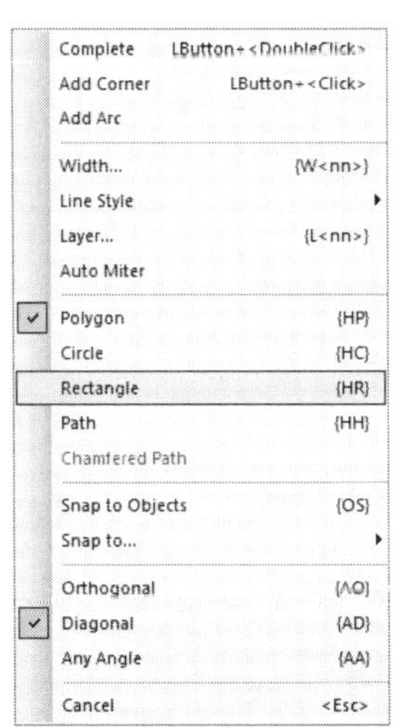

DIP IC의 실크 스크린 데이터는 터미널 전체를 포함하여 그리는 경우도 있지만 일반적으로는 A와 B의 데이터를 참조하여 적당히 그린다.

- 작업 화면 오른쪽 아래의 좌표를 참조하여 좌표(-50, 50)로 이동하여 클릭한 후 좌표(750, 250)로 이동하여 클릭하면 사각형이 그려진다.

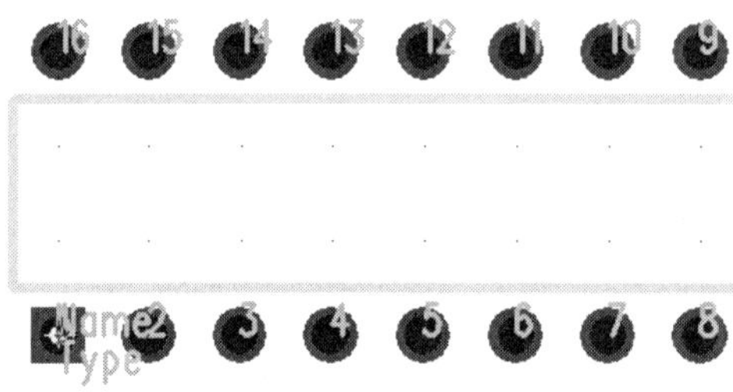

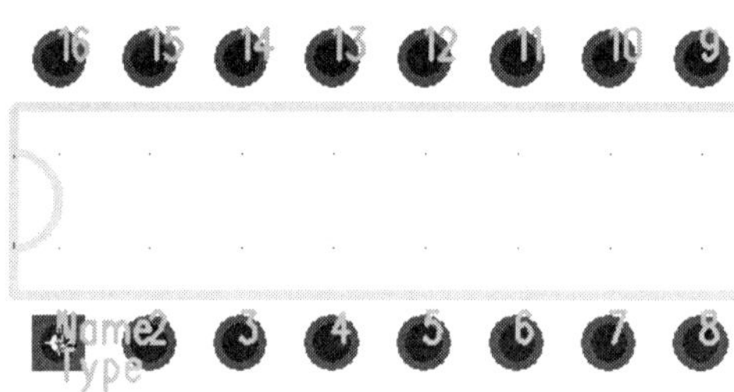

- IC의 방향을 표시하기 위해 1번 터미널 부근에 작은 원을 그려주기도 하고 IC 모양과 비슷하게 Arc를 그려주기도 하는데 여기서는 Arc만 그려준다.
- 작업 화면에서 MRB-Path를 선택한다.
- 좌표(-50, 100)에서 클릭 후 MRB-Add Arc를 선택하여 좌표(-50, 200)에서 더블클릭한다.
- 키보드를 이용하여 g100 입력 후 Enter키를 친다.
- 작업 화면의 메뉴에서 File〉Save Decal을 선택하여 아래 그림과 같이 DIP_16을 입력하고  버튼을 클릭하여 저장한다.

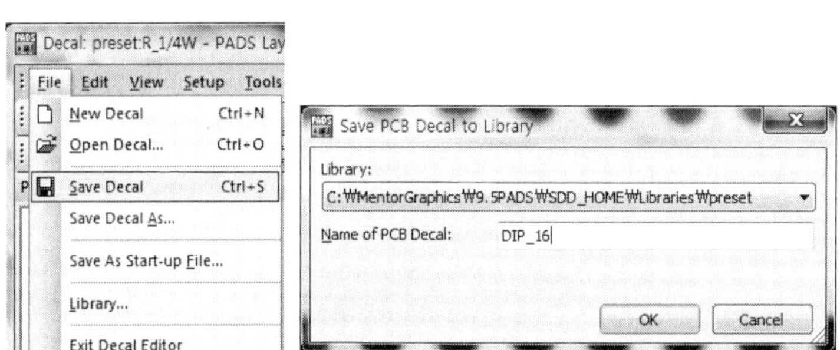

- 아래의 PADS Layout 팝업창이 나타나면 [예(Y)] 버튼을 클릭하고 다시 Part Information for Part 팝업창이 나타나면 그냥 [OK] 버튼을 클릭한다.

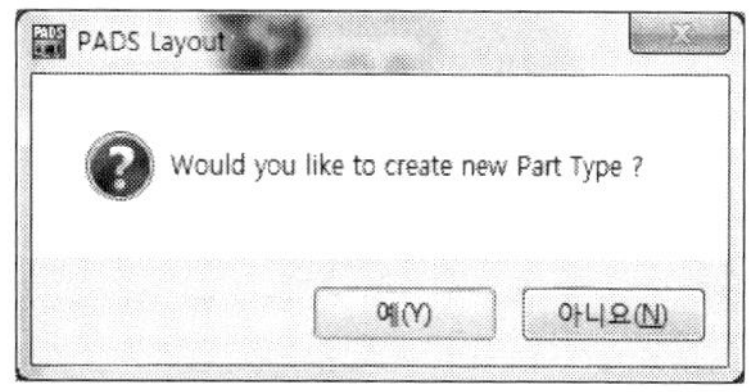

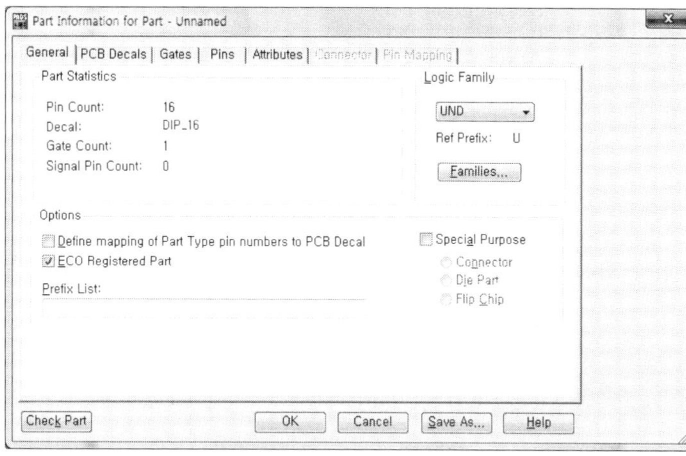

- Save Part Type to Library 팝업창에 DIP_16을 입력한 후 [OK] 버튼을 클릭한다.

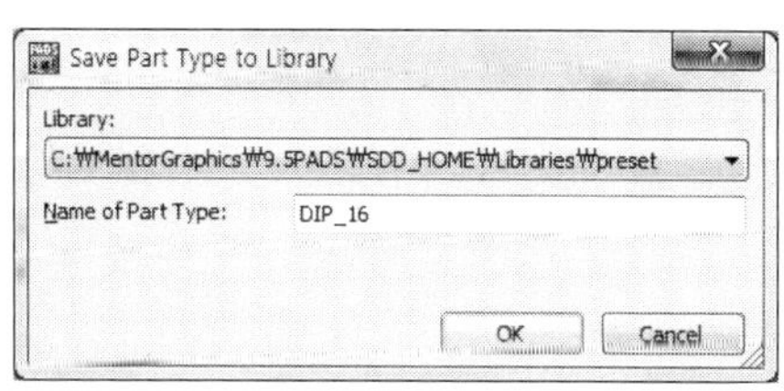

- 작업 화면의 메뉴에서 File〉Exit Decal Editor를 눌러 빠져나온다.

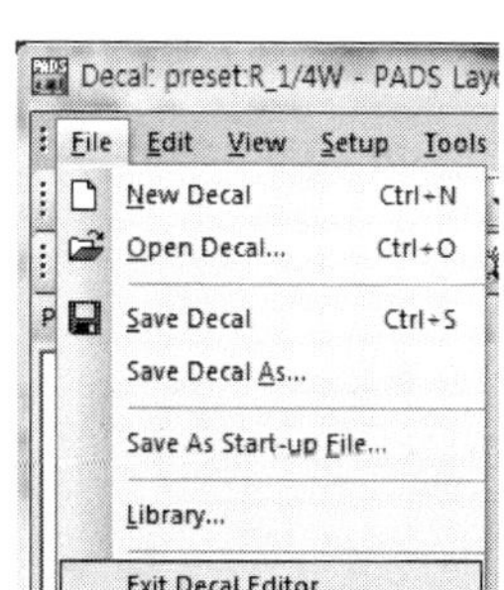

3.3.6 CONN_2 만들기

전원 연결용 커넥터의 PCB Decal을 만들기 위해 레이아웃 작업 화면에서 Tools〉PCB Decal Editor를 선택한다.

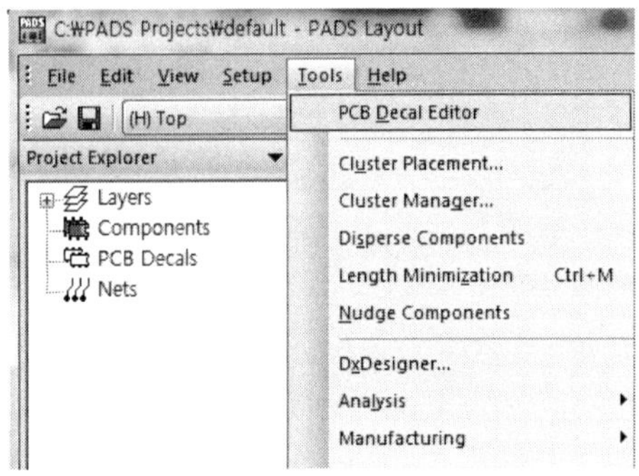

우선 아래의 스펙을 참조하여 CONN_2 Decal을 만들어 보자. 여기서 중요한 데이터는 다음과 같다.

핀 사이 간격 : Pad Stack간의 거리
외형 크기 : 부품간의 간격에 참조, 실크 스크린 데이터
핀 두께 : 드릴 크기 및 Pad Stack 크기 결정
핀 번호 : 핀 번호는 CAE Decal과 일치해야 함

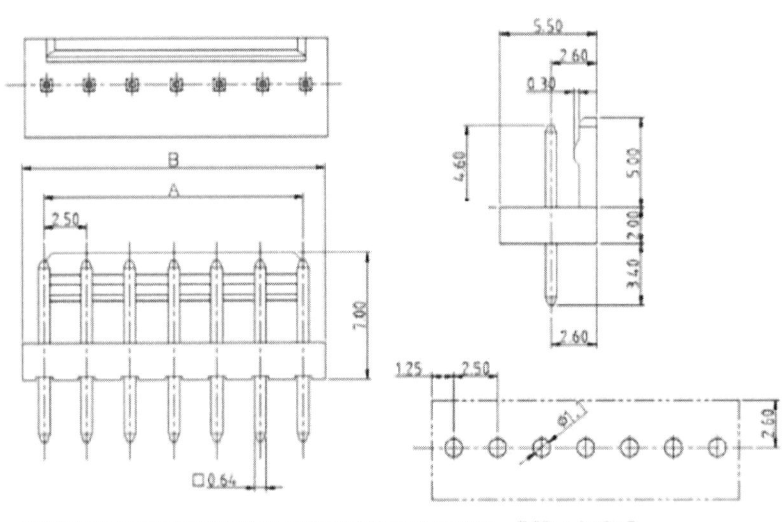

CKT	MODEL NO.	A	B
2	LWL0640-02	2.5	5.0

- 이번에 그릴 Decal은 핀 사이의 간격이 2.5 mm(≒98.4 mils)이기 때문에 Grid를 아주 작게 설정한 후 작업을 하는데 핀 사이 간격을 98 mils로 하여 작업할 것이다.
- 작업 화면에서 키보드로 g를 입력하면 아래 그림과 같은 Modeless Command창이 나타나는데 2(Grid를 2로 설정)를 입력한 후 Enter키를 친다.
- Drafting Toolbar에서 Terminal Icon( )을 클릭한다. 이 명령으로 2핀 커넥터의 핀들(여기서는 Terminal이라고 함)을 그릴 것이다.

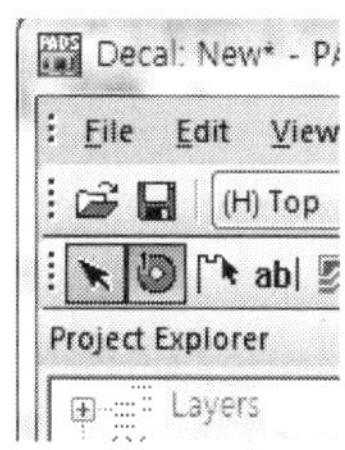

- Terminal Icon( )을 클릭하면 Add Terminal 팝업창이 나타나는데 이곳에서 Prefix 등 여러 선택사항을 적용할 수 있지만 2핀 커넥터의 경우 그냥 OK 버튼을 클릭한다.

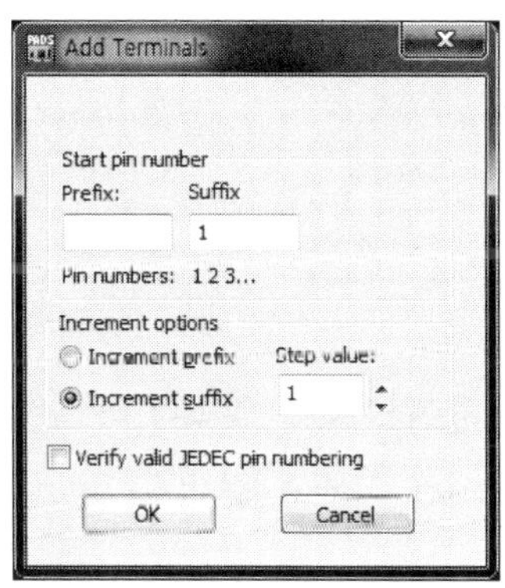

- 화면 오른쪽 아래 부분에 좌표가 표시되고 있는데 원점(0, 0) 좌표에서 클릭하여 첫 번째 터미널을 배치한다.

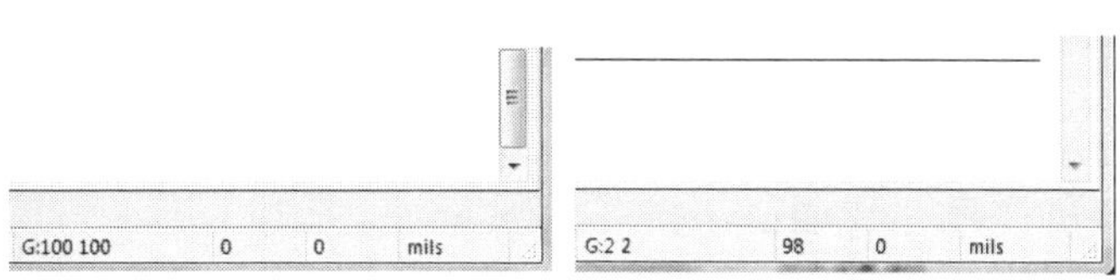

- 위의 스펙에서 터미널 간격이 2.5 mm(≒98.4 mils)이므로 좌표(98, 0)로 이동 하여 두 번째 터미널을 배치한다.

여기까지가 2핀 커넥터를 PCB에 삽입하기 위해 작업한 것이다.

- Drafting Toolbar에서 Select Icon(↖)을 선택한다.

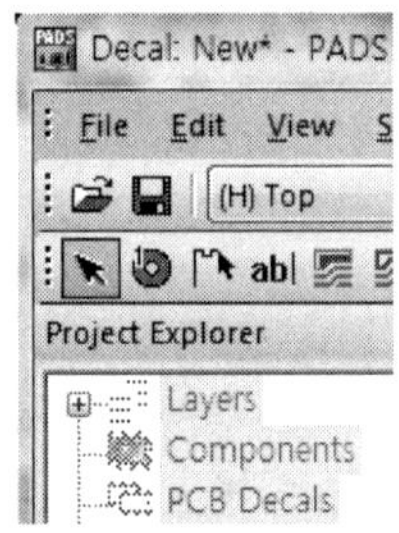

- 작업 화면에서 MRB-Select Terminals를 선택한다.

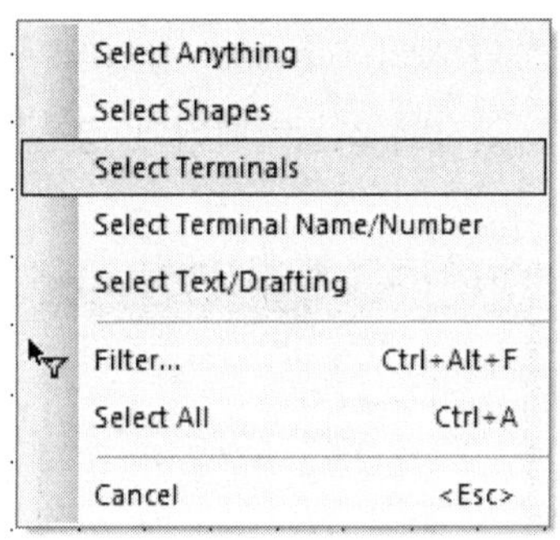

- 마우스 가운데 버튼을 사용하여 화면을 확대한다.
- 1번 터미널을 더블클릭하면 아래 그림과 같이 Terminal Properties 팝업창이 나타난다.

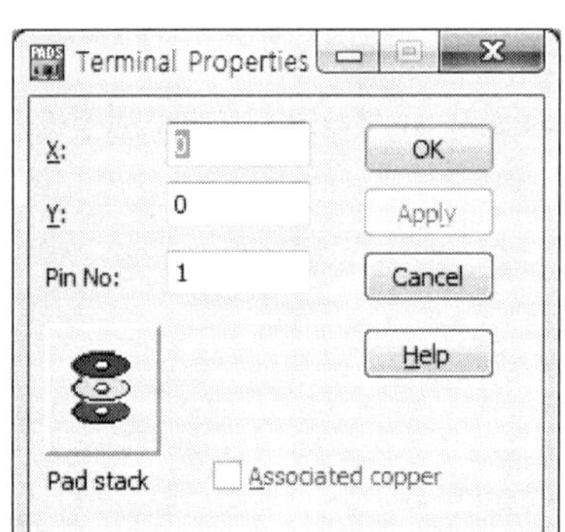

– 위의 팝업창에서  버튼을 클릭하면 Pad Stack Properties for Pin 팝업창이 나타난다.

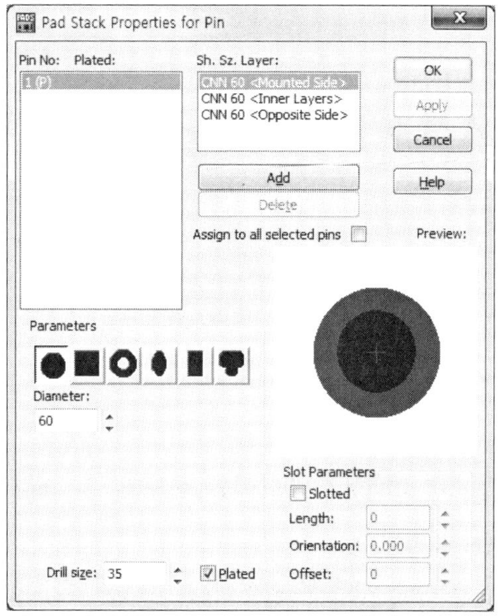

이 부분이 매우 중요한 부분으로 Drill Size, PAD Shape, PAD Size를 결정하는 곳이다. 위에서 중요하다고 언급한 2핀 커넥터 스펙에서 외형 크기와 리드 두께 등의 정보를 참조하여 작업하게 된다.

핀 두께가 0.64 mm(≒25 mils)이고 핀 간격이 2.5 mm이므로 이것을 참조하여 PAD Size와 PAD Shape 및 Drill Size를 결정해야 한다. 또한 일반적으로 커넥터의 경우 극성이 있는 부품은 아니지만 1번 핀이나 이번 회로도의 경우 전원 핀으로 사용하기 때문에 부품 삽입 후 육안 확인을 위해 PAD 모양을 사각형으로 하는 경우가 있다. 이번 작업의 경우 2번 핀(GND)을 사각형 PAD로 하여 작업한다. 또한 스펙에서 보면 PCB LAYOUT 자료에 드릴 크기가 φ1.1(≒44 mils)로 되어 있으므로 이것을 참조하여 작업한다.

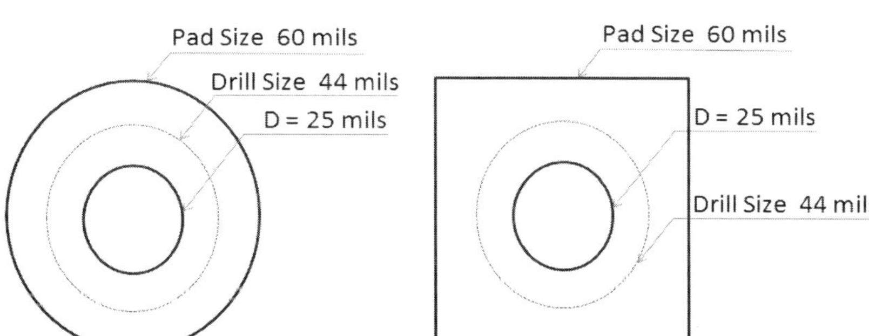

– 위의 팝업창에서 Sh. Sz. Layer : 항목에 보면 3개의 Layer가 있는데 우선 맨 위(CNN 60 〈Mounted Side〉) 레이어를 선택한 후 Drill Size : 44, Parameters : ●, Diameter : 60을 입력한다.

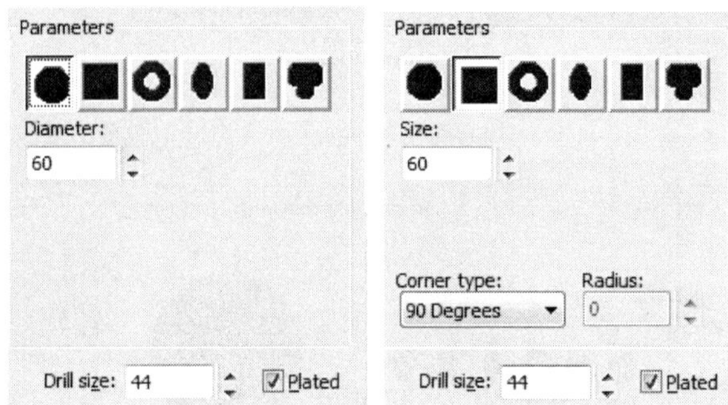

– 다음으로 CNN 60 〈Inner Layers〉 레이어를 선택한 후 Drill Size : 44, Parameters : ●, Diameter : 60을 입력한다.

– 다음으로 CNN 60 〈Opposite Side〉 레이어를 선택한 후 Drill Size : 44, Parameters : ●, Diameter : 60을 입력한 후 [OK] 버튼을 클릭한다.

– 먼저 올라온 창을 닫기 위해 [OK] 버튼을 클릭한다.

– 2번 터미널을 더블클릭하여 Parameters 모양만 ■으로 변경하고 1번 터미널에 적용했던 데이터를 그대로 적용한다.

이제는 실크 데이터인 부품의 외형을 그려야 한다. 외형의 크기는 세로 5.5 mm(≒220 mils), 가로 5 mm(≒200 mils)이므로 이 크기를 참조하여 사각형 을 그린다.

– Drafting Toolbar에서 2D Line Icon( )을 클릭한 후 작업 화면에서 마우스 MRB -Rectangle을 선택한다.

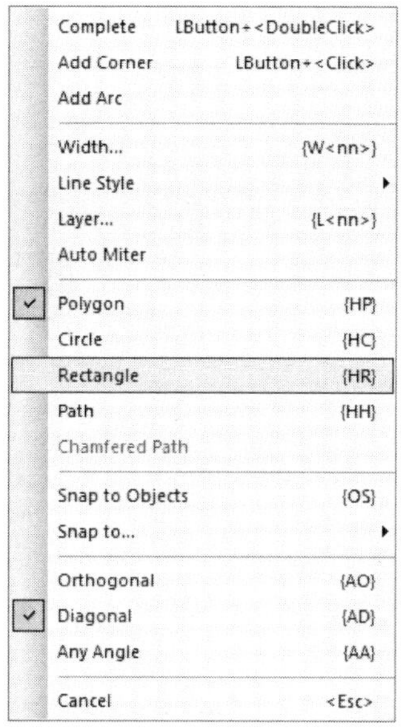

실크 스크린 데이터는 부품 실장 후 보일 수 있도록 부품의 외형 크기보다 약간 더 크게 그리는 것이 일반적이다.

- 키보드로 g를 입력하여 Modeless Command창이 나타나면 1(Grid를 1로 설정)을 입력한 후 Enter키를 친다.
- 작업 화면 오른쪽 아래의 좌표를 참조하여 좌표(-51, -110)로 이동하여 클릭한 후 좌표(149, 110)로 이동하여 클릭하면 사각형이 그려진다.
- 작업 화면에서 MRB-Path를 선택한다.
- Grid를 2로 설정한다.
- Drafting Toolbar에서 Text Icon(ab|)을 클릭한다. Add Free Text 팝업창이 나타나면 Text란에 +를 입력하고 Size는 150으로 설정한 후 OK 버튼을 클릭한 다음 좌표(-20, -200)에서 클릭한다.

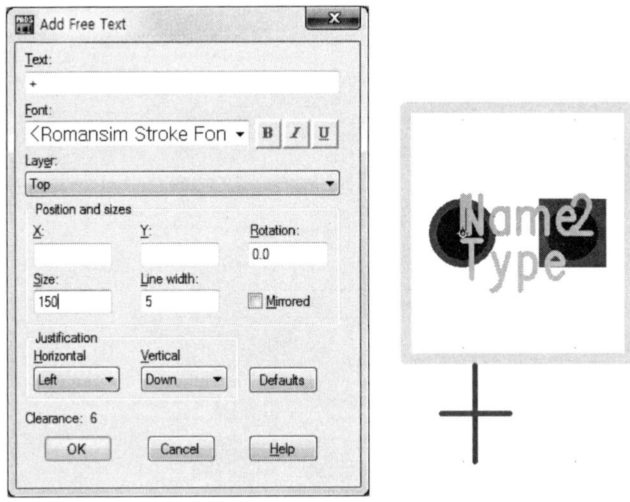

이것은 커넥터를 전원용으로 사용하기 때문에 전원의 + 즉, 일반적으로 적색선 연결을 확인하기 위한 것이다.

- 키보드를 이용하여 g100 입력 후 Enter키를 친다.
- 작업 화면의 메뉴에서 File〉Save Decal을 선택하여 아래 그림과 같이 CONN_2를 입력하고 OK 버튼을 클릭하여 저장한다.

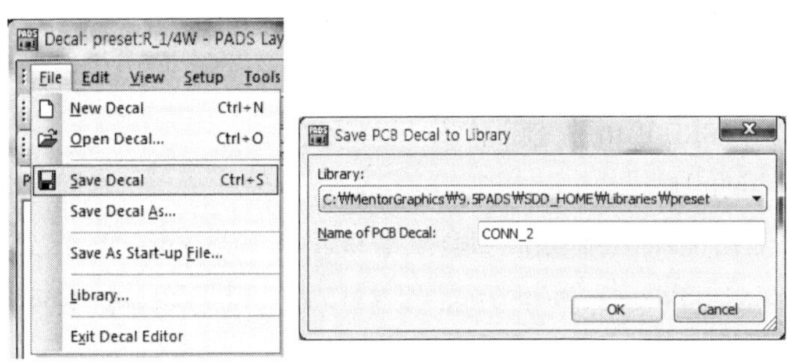

- 아래의 PADS Layout 팝업창이 나타나면 예(Y) 버튼을 클릭하고 다시 Part Information for Part 팝업창이 나타나면 그냥 OK 버튼을 클릭한다.

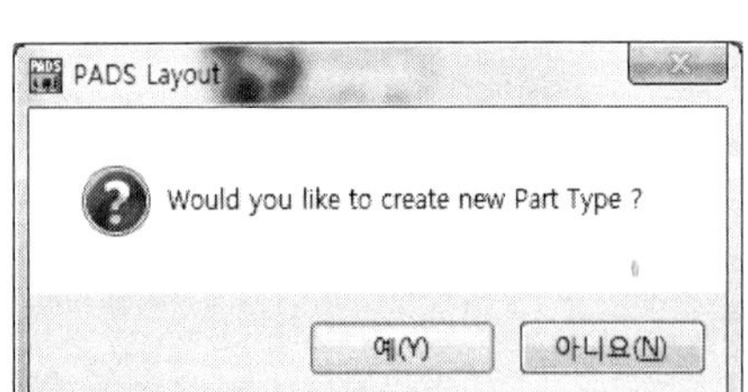

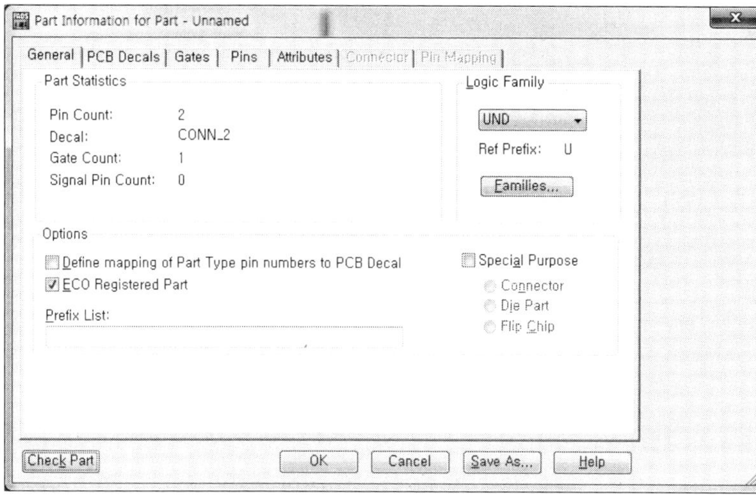

– Save Part Type to Library 팝업창에 CONN_2를 입력한 후 OK 버튼을 클릭한다.

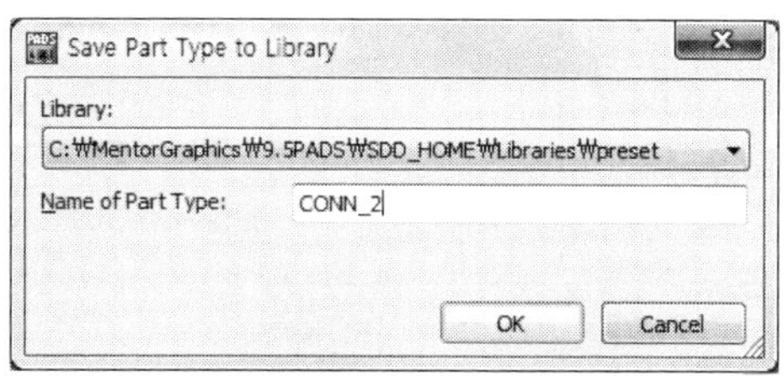

– 작업 화면의 메뉴에서 File〉Exit Decal Editor를 눌러 빠져나온다.

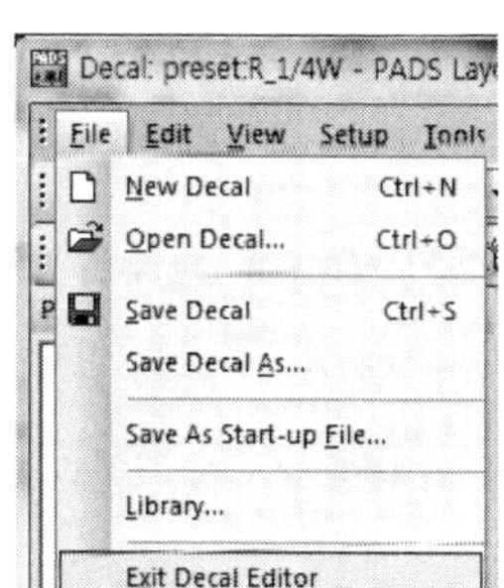

3.3.7 SEG_7(FND 500) 만들기

FND 500은 Cathode Common인 7-Segment LED이다. SEG_7 Decal을 만들기 위해 레이아웃 작업 화면에서 Tools〉PCB Decal Editor를 선택한다.

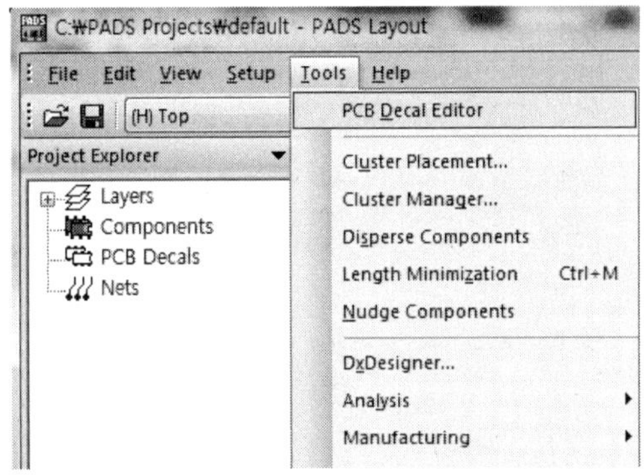

아래의 데이터 스펙을 참조하여 SEG_7 Decal을 만들어 보자. 여기서 중요한 데이터는 Pin pitch와 Row pitch 그리고 실크 스크린 데이터를 위한 외형 크기 정도이다.

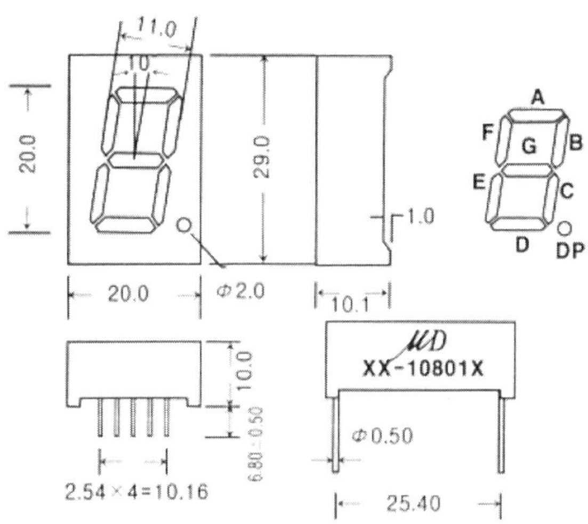

– 작업 화면에서 키보드로 g를 입력하면 아래 그림과 같은 Modeless Command창이 나타나는데 Grid를 100으로 설정하기 위하여 100을 입력한 후 Enter키를 친다.

– Drafting Toolbar에서 Terminal Icon( )을 클릭한다. 이 명령으로 FND 500의 핀들(여기서는 Terminal이라고 함)을 그릴 것이다.

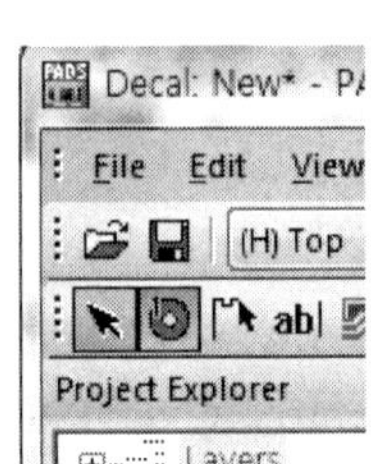

- Terminal Icon( )을 클릭하면 Add Terminal 팝업창이 나타나는데 이곳에서 Prefix 등 여러 선택사항을 적용할 수 있지만 FND 500의 경우 그냥 OK 버튼을 클릭한다.

- 화면 오른쪽 아래 부분에 좌표가 표시되고 있는데 원점(0, 0) 좌표에서 클릭하여 첫 번째 터미널을 배치한다.

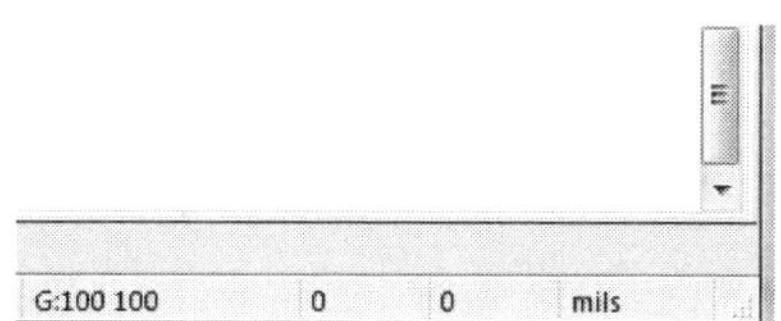

- 위의 스펙에서 Pin pitch는 2.54 mm(100 mils) 이므로 좌표(100, 0)로 이동하여 두 번째 터미널을 배치한다.
- 좌표(200, 0)로 이동하여 세 번째 터미널을 배치한다.
- 좌표(300, 0)로 이동하여 네 번째 터미널을 배치한다.
- 좌표(400, 0)로 이동하여 다섯 번째 터미널을 배치한다.
- 다음 터미널을 배치하기 위해 위의 스펙을 보면 Row pitch는 25.40 mm(1000 mils)임을 확인할 수 있다. 따라서 좌표(400, 1000)로 이동하여 여섯 번째 터미널을 배치한다.
- 좌표(300, 1000)로 이동하여 일곱 번째 터미널을 배치한다.
- 좌표(200, 1000)로 이동하여 여덟 번째 터미널을 배치한다.
- 좌표(100, 1000)로 이동하여 아홉 번째 터미널을 배치한다.
- 좌표(0, 1000)로 이동하여 열 번째 터미널을 배치한다.

여기까지가 FND 500을 PCB에 삽입하기 위해 작업한 것이다.

– Drafting Toolbar에서 Select Icon(↖)을 선택한다.

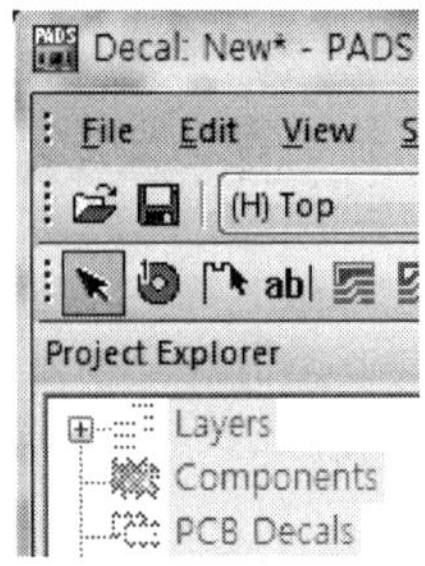

– 작업 화면에서 MRB를 눌러 Select Terminals를 선택한다.

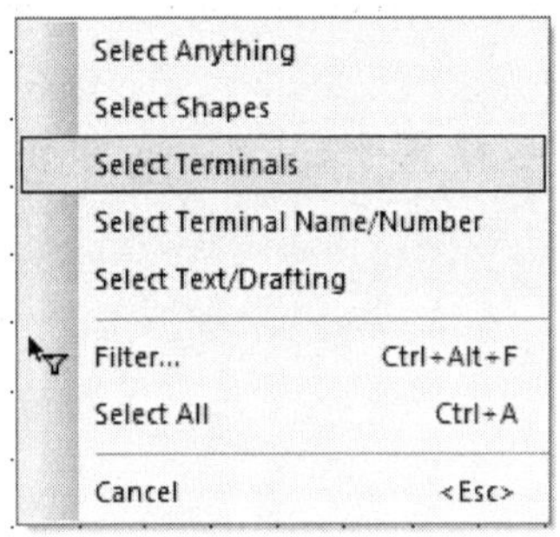

– 마우스 가운데 버튼을 사용하여 화면을 확대한다.

– 1번 터미널을 더블클릭하면 아래 그림과 같이 Terminal Properties 팝업창이 나타난다.

– 위의 팝업창에서 

버튼을 클릭하면 Pad Stack Properties for Pin 팝업창이 나타난다.

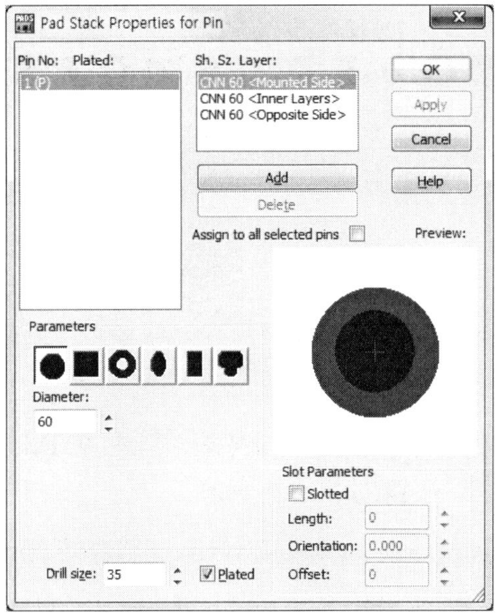

이 부분이 매우 중요한 부분으로 Drill Size, PAD Shape, PAD Size를 결정하는 곳이다. 위에서 중요하다고 언급한 FND 500의 스펙에서 외형 크기와 단자 두께 등의 정보를 참조하여 작업하게 된다.

리드 두께를 보면 φ0.50(≒20 mils)이고 Pin pitch는 2.54 mm이다. 이러한 데이터를 참조하여 PAD Size와 PAD Shape 및 Drill Size를 결정해야 한다. 또한 FND의 경우 부품 삽입 후 육안 확인을 위해 Common 단자의 PAD 모양을 사각형으로 설정한다. 여기서는 3번, 8번 Terminal이 해당된다.

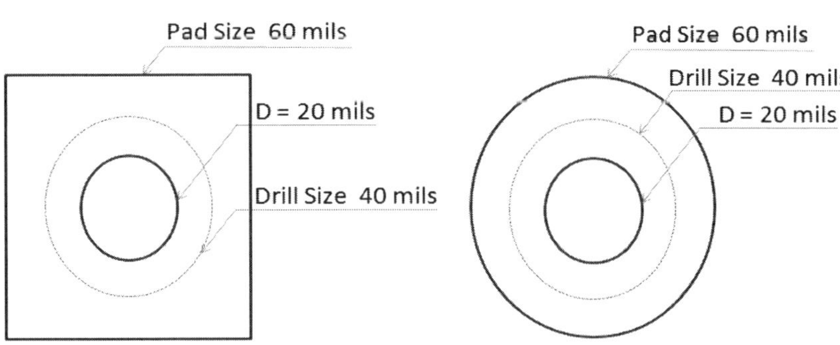

– 위의 팝업창에서 Sh. Sz. Layer : 항목에 보면 3개의 Layer가 있는데 우선 맨 위(CNN 60 〈Mounted Side〉) 레이어를 선택한 후 Drill Size : 40, Parameters : ●, Diameter : 60을 입력한다.

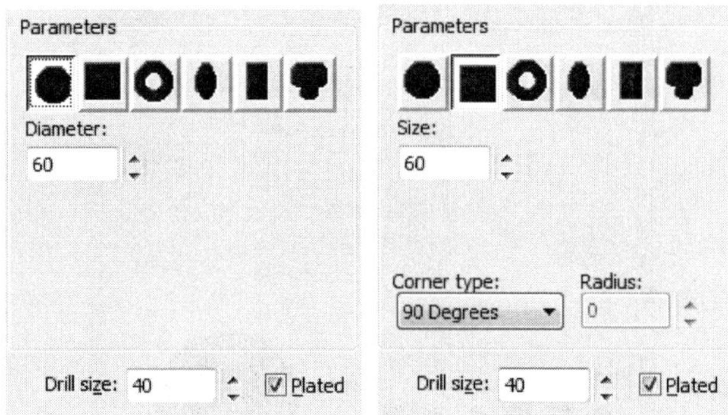

- 다음으로 CNN 60 〈Inner Layers〉 레이어를 선택한 후 Drill Size : 40, Parameters : ●, Diameter : 60을 확인한다.
- 다음으로 CNN 60 〈Opposite Side〉 레이어를 선택한 후 Drill Size : 40, Parameters : ●, Diameter : 60을 확인한 후 [OK] 버튼을 클릭한다.
- 먼저 올라온 창을 닫기 위해 [OK] 버튼을 클릭한다.
- 3번 터미널을 더블클릭하여 Parameter만 ■으로 변경하여 1번 터미널에 적용했던 데이터를 그대로 적용한다.
- 8번 터미널을 더블클릭하여 Parameter만 ■으로 변경하여 1번 터미널에 적용했던 데이터를 그대로 적용한다.
- 나머지 2, 4, 5, 6, 7, 9, 10터미널에 대해서도 Parameter를 ●으로 설정하고 같은 데이터를 넣어준다.

이제부터는 부품의 외형을 그려야 한다.

- 키보드를 이용하여 g1을 입력 후 Enter키를 친다.
- Drafting Toolbar에서 2D Line Icon( )을 클릭한 후 작업 화면에서 마우스 MRB-Rectangle을 선택한다.

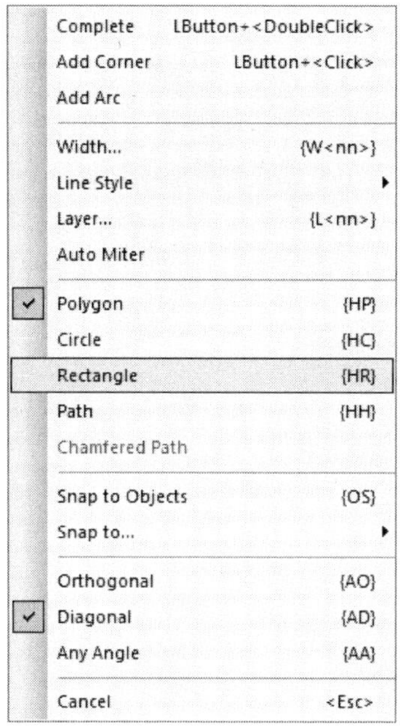

FND 500의 실크 스크린 데이터는 외형 크기(가로 20.0 mm, 세로 29.0 mm)를 참 조하여 그린다. 여기서는 가로를 866 mils(22 mm)로, 세로를 1220 mils(31 mm)로 설정하였다.

- 작업 화면 오른쪽 아래의 좌표를 참조하여 좌표(-233, -110)로 이동하여 클릭한 후 좌표(633, 1110)로 이동하여 클릭하면 사각형이 그려진다.
- 내부 모양을 그리기 위해 작업 화면에서 MRB-Path를 한 후 좌표(25, 894)에서 클릭한 후 좌표(425, 894)에시 더블클릭한나. 화면에 보이지 않을 때는 Esc를 누른다.
- Esc를 누른 후 MRB-Select Shapes를 선택한 후 위에서 그린 선을 더블클릭하면 Drafting Propertics 팝업창이 나오는데 이 창에서 Width에 40을 입력하고 OK 버튼을 클릭한다.

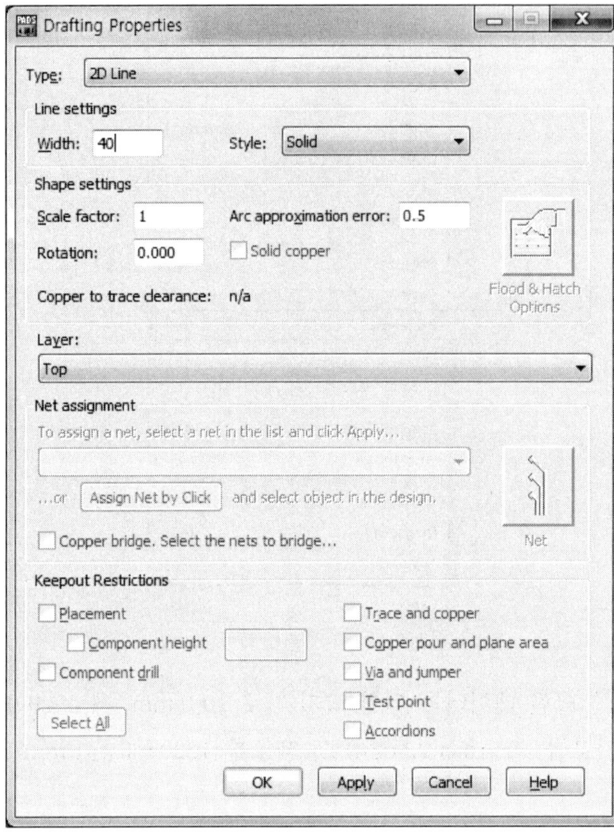

– 선의 굵기가 지정되었으므로 이제는 복사를 한다. MRB-Shapes를 하여 선을 클릭한 후 메뉴의 Edit/Copy를 선택하거나 단축키인 Ctrl+C를 누른 후 Edit/Paste 혹은 Ctrl+V를 하여 좌표(0, 500)에서 클릭하고, 다시 Ctrl+V를 하여 좌표(-25, 106)에서 클릭한다.

– 다시 2D Line Icon( )을 클릭한 후 작업 화면에서 MRB-Path를 선택하고 다시 MRB-Width를 선택하면 Modeless Command 팝업창이 나타나는데 여기에서 40을 입력하고 Enter를 누른다.

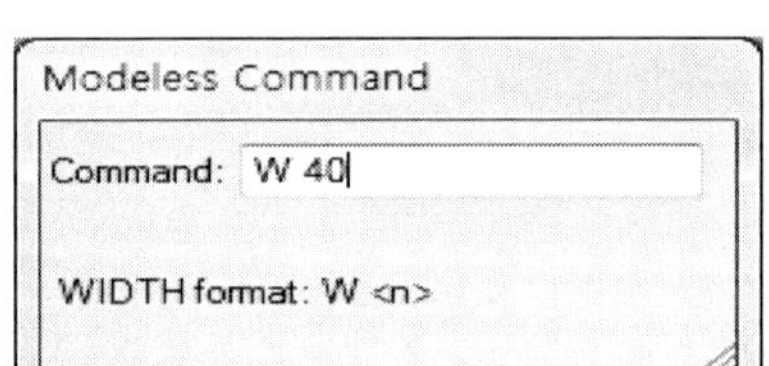

– s를 누른 후 0 Space bar 860을 아래 그림과 같이 입력한 후 Enter키를 친 후 Space bar를 누른다.

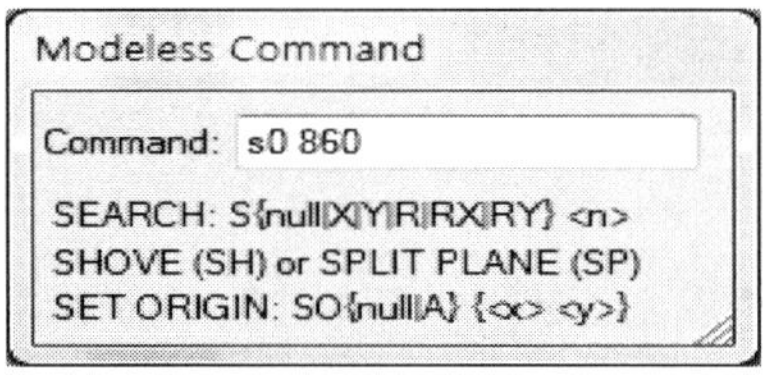

- 다시 s를 누른 후 -10 550을 입력하고 Enter와 Space bar를 누르고 MRB-Complete를 선택하여 선을 완성한 후 Esc를 누른다.
- MRB-Select Shapes를 선택한 후 위에서 그린 선을 클릭한 후 CTRL+C, Ctrl+V, 또 Ctrl+V하여 숫자모양을 만든 다음 Esc를 누른다.
- 원을 그리기 위해 다시 2D Line Icon( )을 클릭한 후 MRB-Circle를 선택하고 MRB-Width를 10으로 설정한 후 좌표(500, 100)에서 클릭한 다음 마우스를 드래그하여 적당한 크기의 원이 나타나면 클릭한다.

- 키보드를 이용하여 g100 입력 후 Enter키를 친다.
- 작업 화면의 메뉴에서 File〉Save Decal을 선택하여 아래 그림과 같이 SEG_7을 입력하고 OK 버튼을 클릭하여 저장한다.

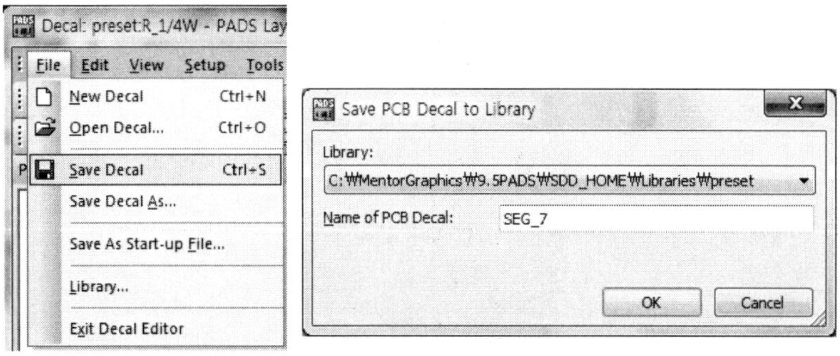

– 아래의 PADS Layout 팝업창이 나타나면 예(Y) 버튼을 클릭하고 다시 Part Information for Part 팝업창이 나타나면 그냥 OK 버튼을 클릭한다.

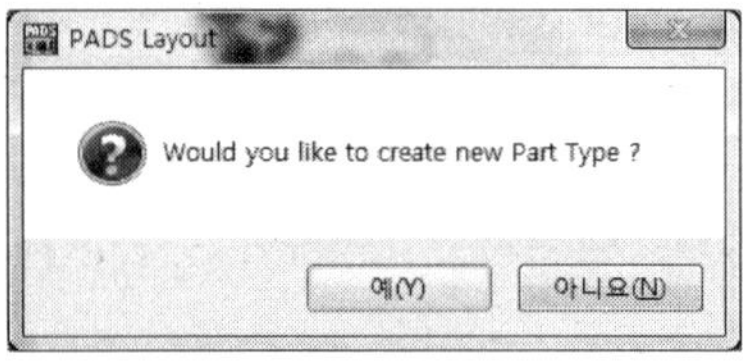

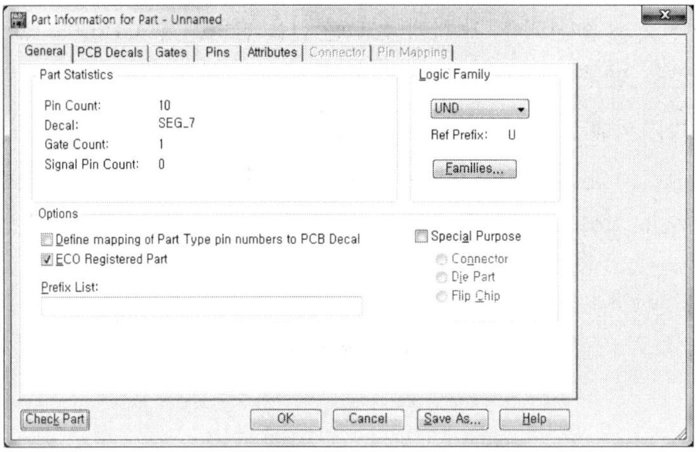

– Save Part Type to Library 팝업창에 SEG_7을 입력한 후 OK 버튼을 클릭한다.

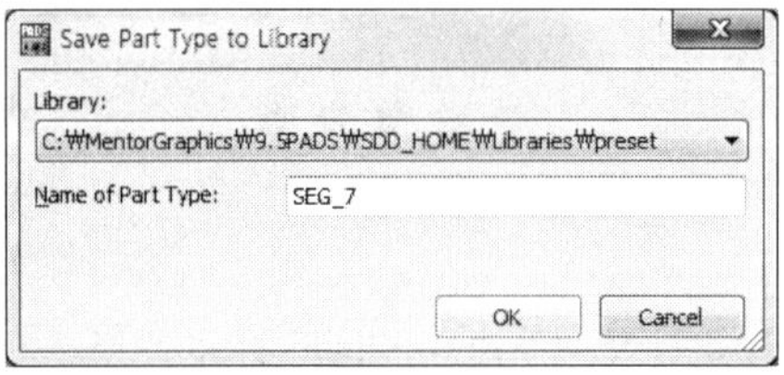

– 작업 화면의 메뉴에서 File>Exit Decal Editor를 눌러 빠져나온다.

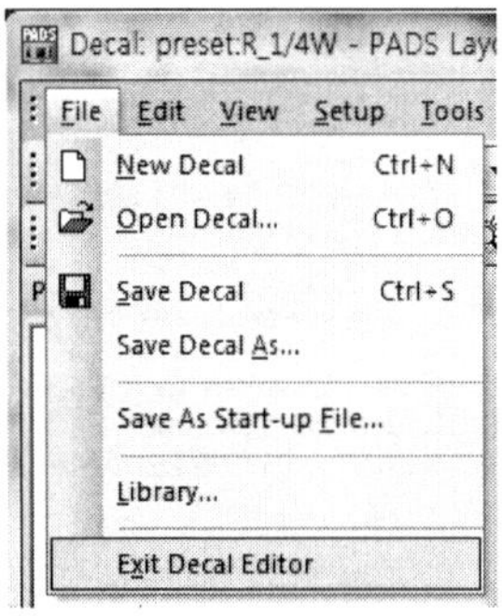

3.3.8 DIP_SW4 만들기

데이터 Preset을 위한 4핀 DIP Switch의 PCB Decal을 만들기 위해 레이아웃 작업 화면에서 Tools〉PCB Decal Editor를 선택한다.

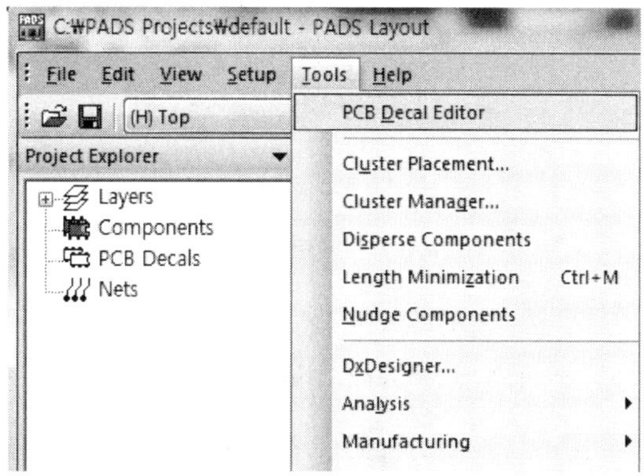

DIP Switch는 단일 부품이므로 아래의 데이터 스펙을 참조하여 DIP_SW4 Decal을 만들어 보자.

- 이 데이터 시트의 자료에는 PCB Artworking을 위한 Hole 치수를 제공하고 있으므로 이를 참고하여 Pin pitch와 Row pitch 및 Drill Data 등을 설정한다. 그리고 극수가 4개인 경우이므로 부품의 외형 크기를 참고하여 그린다.

★ KSS□□□

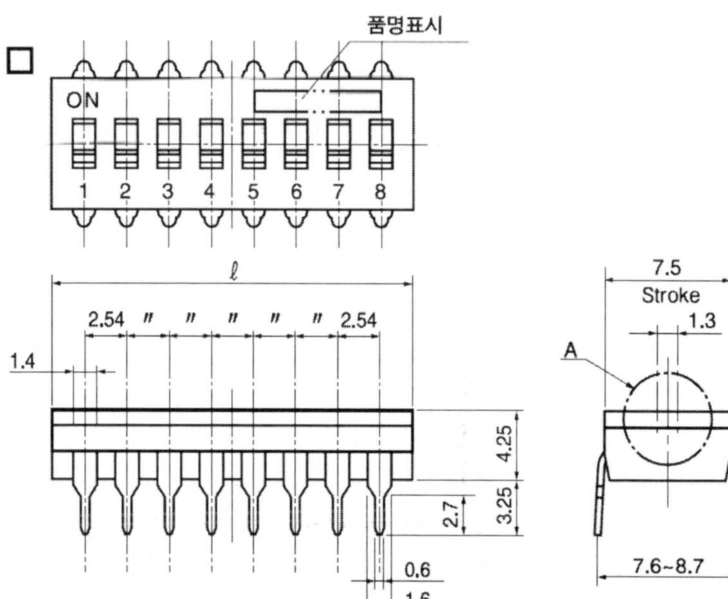

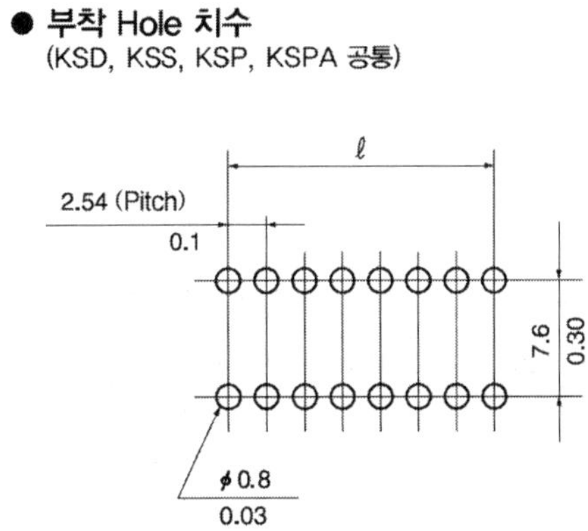

– 작업 화면에서 키보드로 g를 입력하면 아래 그림과 같은 Modeless Command창이 나타나는데 Grid를 100으로 설정하기 위하여 100을 입력한 후 Enter키를 친다.

– Drafting Toolbar에서 Terminal Icon( )을 클릭한다. 이 명령으로 DIP Switch의 핀들(여기서는 Terminal이라고 함)을 그릴 것이다.

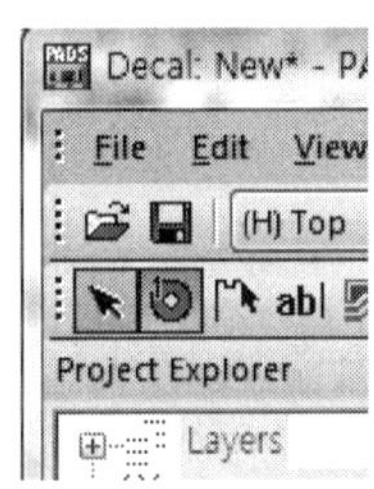

– Terminal Icon( )을 클릭하면 Add Terminal 팝업창이 나타나는데 이곳에서 Prefix 등 여러 선택사항을 적용할 수 있지만 DIP Switch의 경우 그냥 버튼을 클릭한다.

– 화면 오른쪽 아래 부분에 좌표가 표시되고 있는데 원점(0, 0) 좌표에서 클릭하여 첫 번째 터미널을 배치한다.

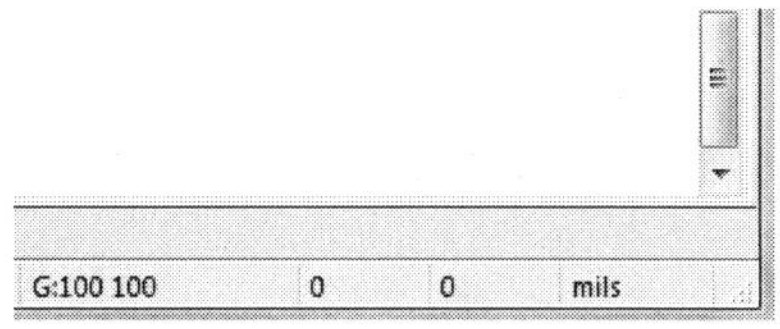

- 위의 스펙에서 Pin pitch가 2.54 mm(100 mils)이므로 좌표(100, 0)로 이동하여 두 번째 터미널을 배치한다.
- 좌표(200, 0)로 이동하여 세 번째 터미널을 배치한다.
- 좌표(300, 0)로 이동하여 네 번째 터미널을 배치한다.
- 다음 터미널을 배치하기 위해 위의 스펙을 보면 Row pitch가 7.6 mm(오차 0.30)으로 되어 있기에 일반적인 DIP IC의 Row pitch에 준하여 300 mils로 정하고 작업을 한다. 따라서 좌표(300, 300)로 이동하여 다섯 번째 터미널을 배치한다.
- 좌표(200, 300)로 이동하여 여섯 번째 터미널을 배치한다.
- 좌표(100, 300)로 이동하여 일곱 번째 터미널을 배치한다.
- 좌표(0, 300)로 이동하여 여덟 번째 터미널을 배치한다.

여기까지가 DIP Switch를 PCB에 삽입하기 위해 작업한 것이다.

- Drafting Toolbar에서 Select Icon( )을 선택한다.

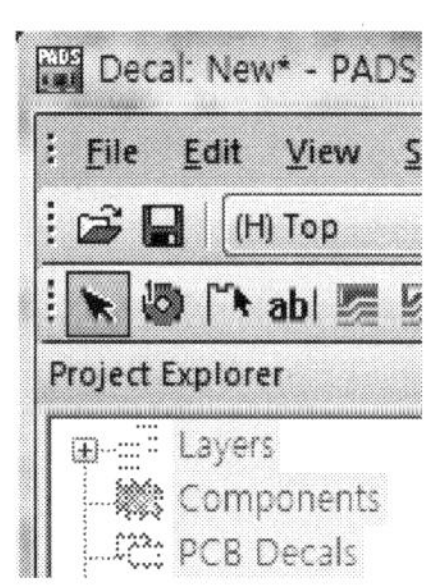

- 작업 화면에서 MRB를 눌러 Select Terminals를 선택한다.

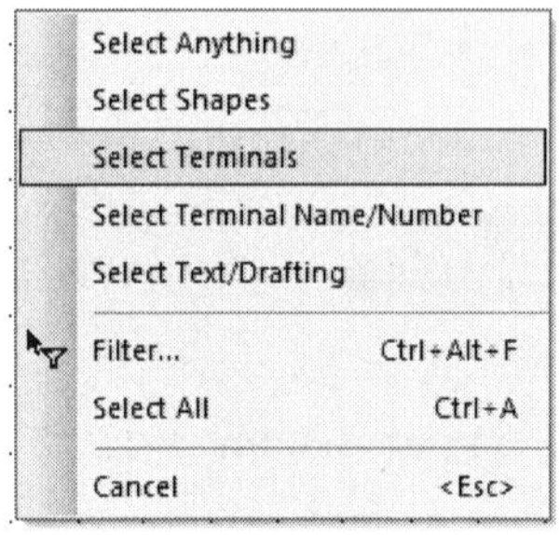

- 마우스 가운데 버튼을 사용하여 화면을 확대한다.
- 1번 터미널을 더블클릭하면 아래 그림과 같이 Terminal Properties 팝업창이 나타난다.

- 위의 팝업창에서  버튼을 클릭하면 Pad Stack Properties for Pin 팝업창이 나타난다.

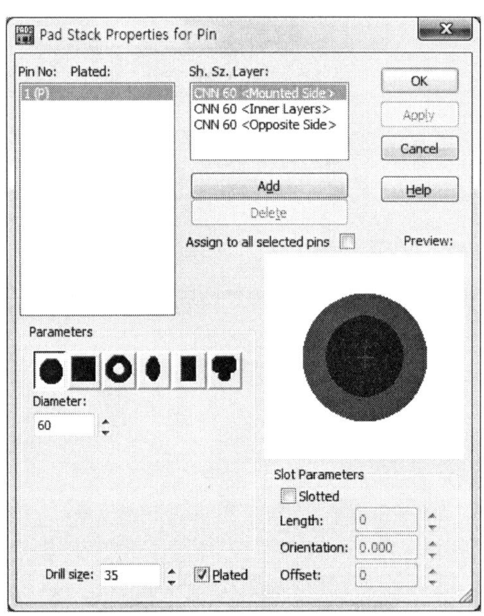

이 부분이 매우 중요한 부분으로 Drill Size, PAD Shape, PAD Size를 결정하는 곳이다. 위에서 중요하다고 언급한 DIP Switch의 스펙에서 외형 크기 등의 정보를 참조하여 작업하게 된다.

권고하고 있는 Hole의 크기가 φ0.8(≒32 mils)이므로 그대로 적용하여 준다.

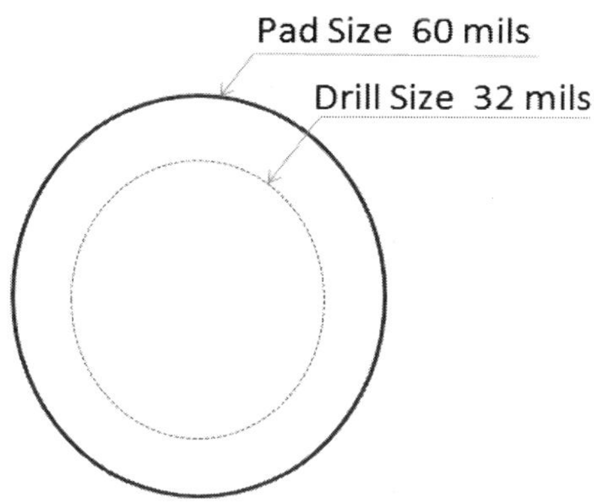

- 위의 팝업창에서 Sh. Sz. Layer : 항목에 보면 3개의 Layer가 있는데 우선 맨 위(CNN 60 〈Mounted Side〉) 레이어를 선택한 후 Drill Size : 32, Parameters : , Diameter : 60을 입력한다.

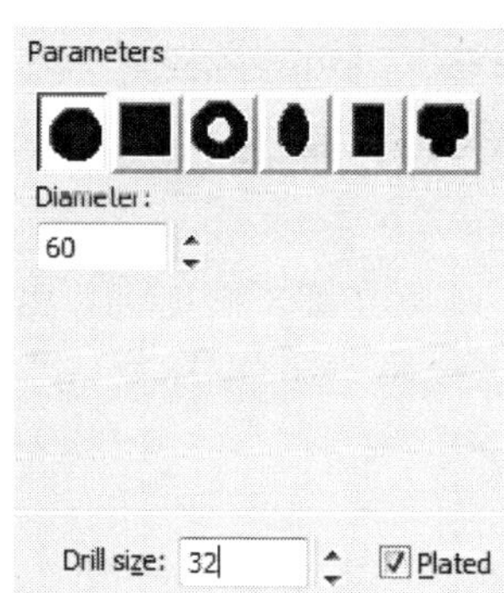

- 다음으로 CNN 60 〈Inner Layers〉 레이어를 선택한 후 Drill Size : 32, Parameters : , Diameter : 60을 확인한다.
- 다음으로 CNN 60 〈Opposite Side〉 레이어를 선택한 후 Drill Size : 32, Parameters : , Diameter : 60을 확인한 후 OK 버튼을 클릭한다.
- 먼저 올라온 창을 닫기 위해 OK 버튼을 클릭한다.
- 2번~8번 터미널에 대해서도 1번 터미널에 적용했던 데이터를 그대로 적 용한다.

이제부터는 부품의 외형을 그려야 한다.

- 키보드로 g10을 입력 후 Enter키를 친다.
- Drafting Toolbar에서 2D Line Icon( )을 클릭한 후 작업 화면에서 마우스 MRB -Rectangle을 선택한다.

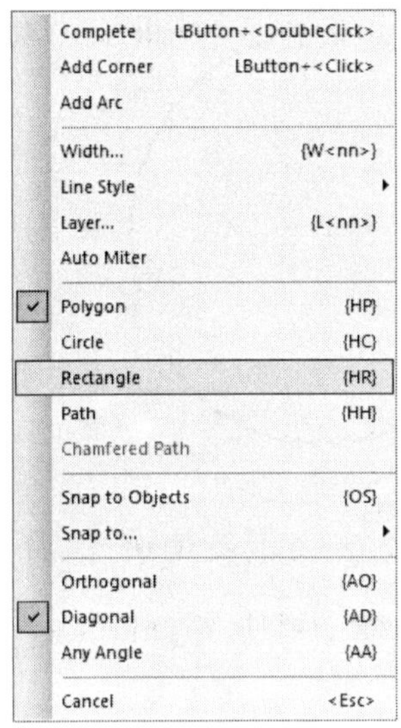

DIP Switch의 실크 스크린 데이터는 데이터 시트의 외형 크기를 참조하여 적당히 그리면 되는데 여기서는 가로 크기를 380 mils, 세로 크기를 220 mils로 하여 그릴 것이다.

- 작업 화면 오른쪽 아래의 좌표를 참조하여 좌표(-40, 40)로 이동하여 클릭한 후 좌표(340, 260)로 이동하여 클릭하면 사각형이 그려진다.(s를 눌러 Modeless Command창을 활용해도 된다)

DIP Switch의 내부 모양을 그려보자.

- 좌표(0, 100)에서 클릭 후 좌표(40, 200)에서 클릭한다.
- 좌표(0, 120)에서 클릭 후 좌표(40, 140)에서 클릭한다.
- Esc를 누른다.
- MRB-Shapes를 한 후 위에서 그린 내부모양을 드래그하여 선택한 후 Ctrl+C, Ctrl+V하여 적당히 배치하고 다시 Ctrl+V를 이용하여 나머지를 추가로 배치한다. 이동이 필요할 때는 드래그하여 선택한 후 Ctrl+X를 한 후 Ctrl+C 기능을 활용하여 작업할 수 있다.

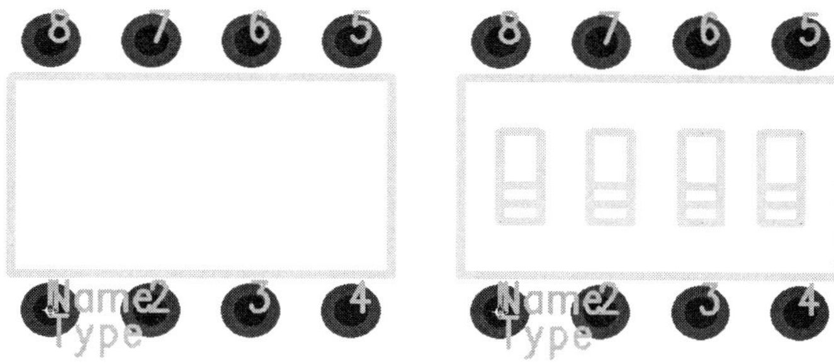

– 키보드를 이용하여 g100 입력 후 Enter키를 친다.

– 작업 화면의 메뉴에서 File〉Save Decal을 선택하여 아래 그림과 같이 DIP_SW4를 입력하고 OK 버튼을 클릭하여 저장한다.

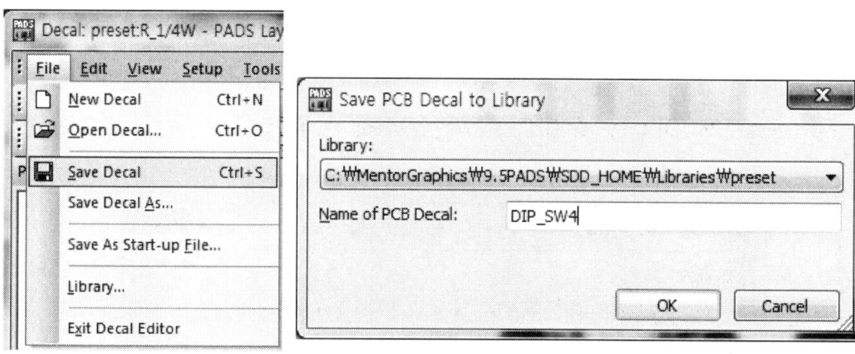

– 아래의 PADS Layout 팝업창이 나타나면 예(Y) 버튼을 클릭하고 다시 Part Information for Part 팝업창이 나타나면 그냥 OK 버튼을 클릭한다.

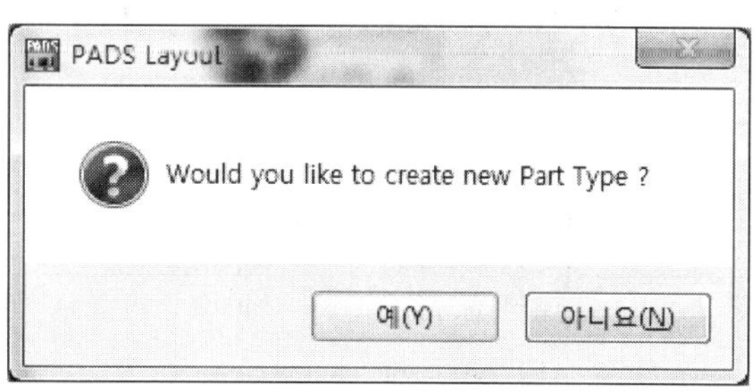

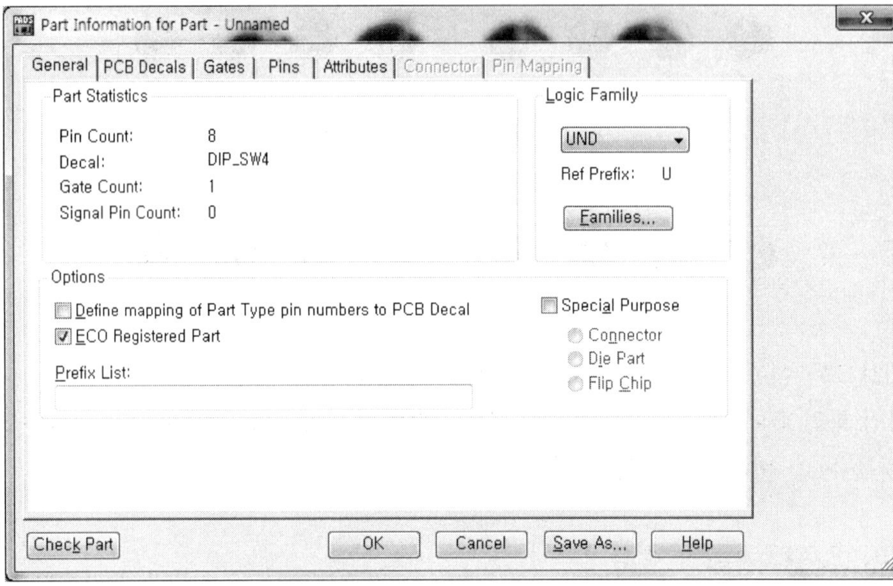

– Save Part Type to Library 팝업창에 DIP_SW4를 입력한 후 OK 버튼을 클릭한다.

– 작업 화면의 메뉴에서 File〉Exit Decal Editor를 눌러 빠져나온다.

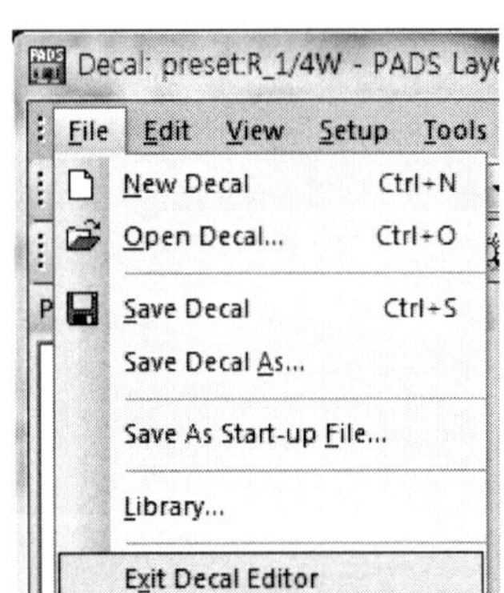

3.3.9 TACT_SW2 만들기

데이터 로드를 위한 Tact Switch의 PCB Decal을 만들기 위해 레이아웃 작업 화면에서 Tools〉PCB Decal Editor를 선택한다.

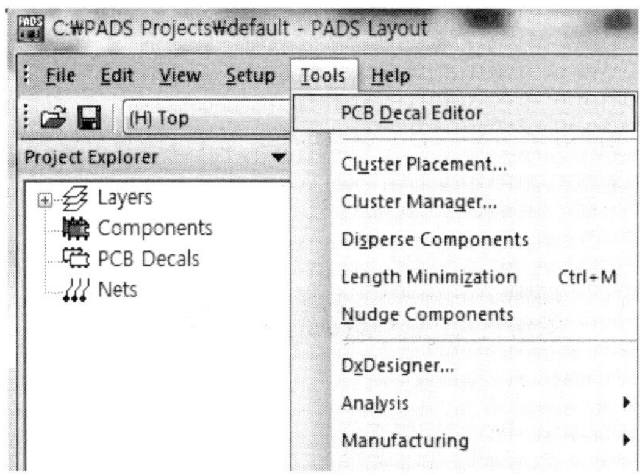

우선 아래의 스펙을 참조하여 TACT_SW2 Decal을 만들어 보자. 여기서 리드의 두께 0.5 mm(≒20 mils), 리드 사이 간격 5 mm(≒197 mils), 실크 스크린 가로, 세로 크기가 6.2 mm인데 7.2 mm(≒284 mils) 정도로 하여 작업한다.

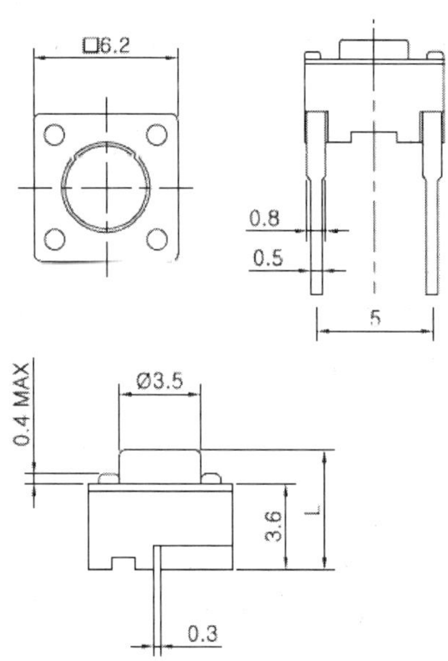

- Drafting Toolbar에서 Terminal Icon( )을 클릭한다. 이 명령으로 2핀 Tact Switch의 핀들(여기서는 Terminal이라고 함)을 그릴 것이다.

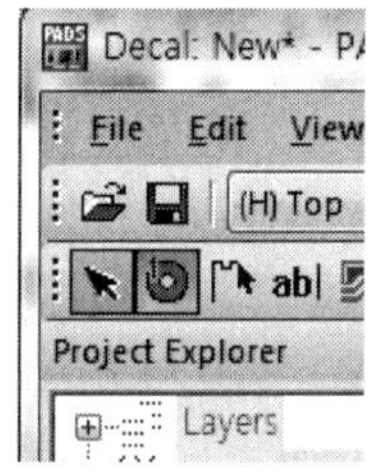

- Terminal Icon( )을 클릭하면 Add Terminal 팝업창이 나타나는데 이곳에서 Prefix 등 여러 선택사항을 적용할 수 있지만 2핀 Tact Switch의 경우 그냥 OK 버튼을 클릭한다.

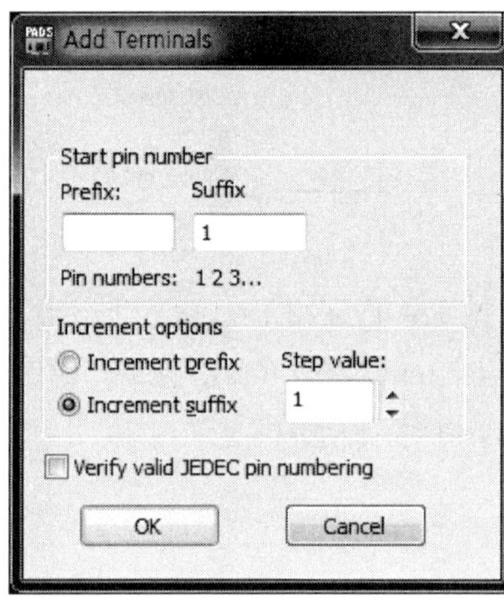

- 화면 오른쪽 아래 부분에 좌표가 표시되고 있는데 원점(0, 0) 좌표에서 클릭하여 첫 번째 터미널을 배치한다.
- 리드 사이 간격이 197 mils이므로 Grid를 아주 작게 설정하여야 한다.
- 작업 화면에서 키보드로 g를 입력하면 아래 그림과 같은 Modeless Command창이 나타나는데 1(Grid를 1로 설정)을 입력한 후 Enter키를 친다.

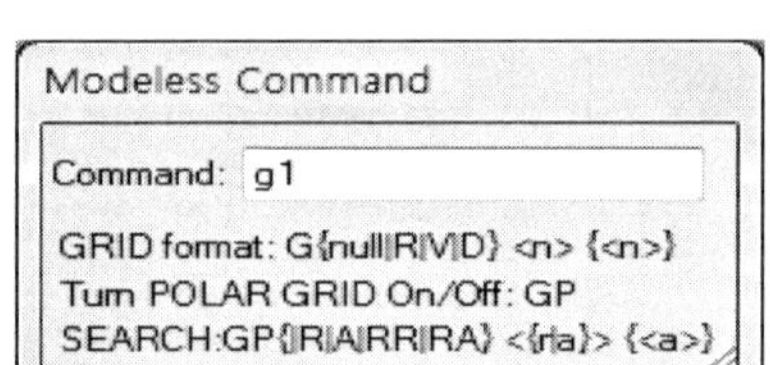

- 위의 스펙에서 터미널 간격이 5 mm(≒197 mils)이므로 좌표(197, 0)로 이동하여 두 번째 터미널을 배치한다. (s를 눌러 Modeless Command창을 활용해도 된다)

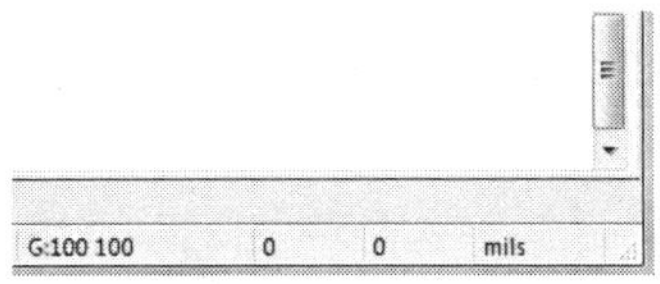

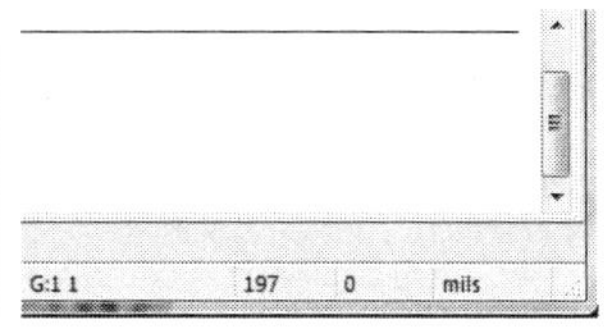

여기까지가 Tact Switch를 PCB에 삽입하기 위해 작업한 것이다.

– Drafting Toolbar에서 Select Icon( )을 선택한다.

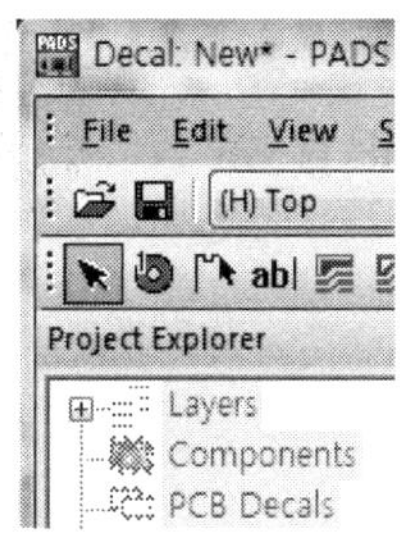

– 작업 화면에서 MRB를 눌러 Select Terminals를 선택한다.

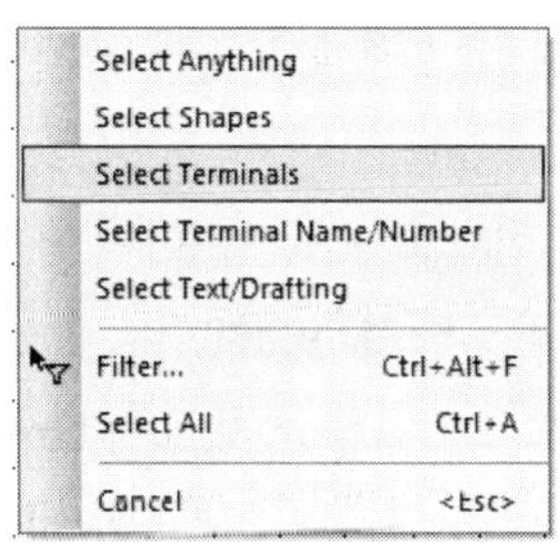

– 마우스 가운데 버튼을 사용하여 화면을 확대한다.

– 1번 터미널을 더블클릭하면 아래 그림과 같이 Terminal Properties 팝업창이 나타난다.

– 위의 팝업창에서 

버튼을 클릭하면 Pad Stack Properties for Pin 팝업창이 나타난다.

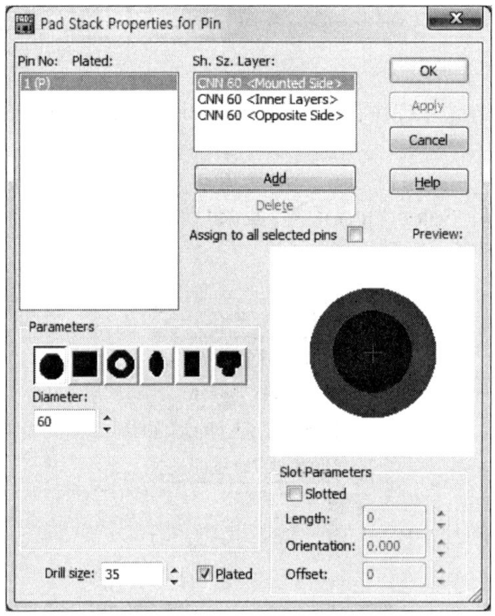

이 부분이 매우 중요한 부분으로 Drill Size, PAD Shape, PAD Size를 결정하는 곳이다. 위에서 중요하다고 언급한 Tact Switch 스펙에서 외형 크기와 리드 두께 등의 정보를 참조하여 작업하게 된다.

리드 두께가 0.3 mm와 0.5 mm이므로 큰 데이터인 0.5 mm(≒20 mils)를 선택하고 Drill Size는 Pad 크기와 리드 두께를 참조하여 40 mils로 결정하여 작업한다.

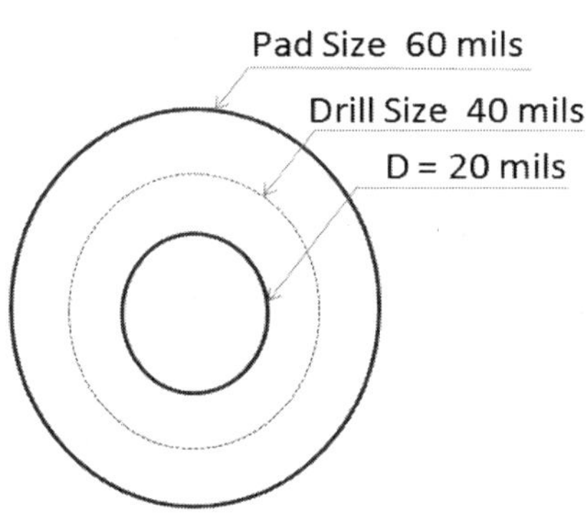

– 위의 팝업창에서 Sh. Sz. Layer : 항목에 보면 3개의 Layer가 있는데 우선 맨 위(CNN 60 〈Mounted Side〉) 레이어를 선택한 후 Drill Size : 40, Parameters : , Diameter : 60을 입력한다.

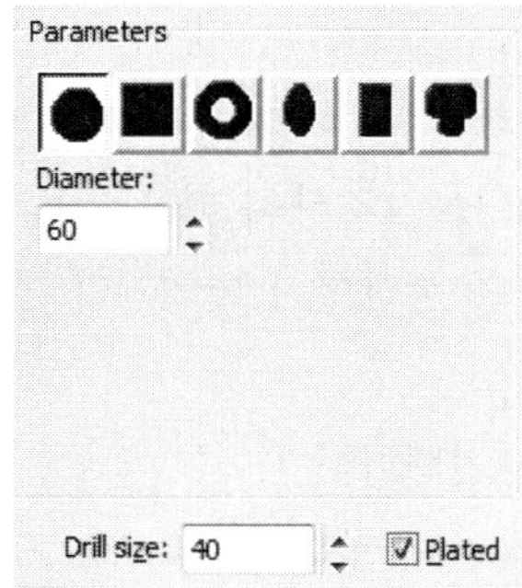

- 다음으로 CNN 60 〈Inner Layers〉 레이어를 선택한 후 Drill Size : 40, Parameters : ●, Diameter : 60을 입력한다.
- 다음으로 CNN 60 〈Opposite Side〉 레이어를 선택한 후 Drill Size : 40, Parameters : ●, Diameter : 60을 입력한 후 OK 버튼을 클릭한다.
- 먼저 올라온 창을 닫기 위해 OK 버튼을 클릭한다.
- 2번 터미널을 더블클릭하여 1번 터미널에 적용했던 데이터를 그대로 적용한다.

이제는 실크 데이터인 부품의 외형을 그려야 한다. 외형의 크기를 284 mils로 정했으므로 이것을 기준으로 그린다.

- Drafting Toolbar에서 2D Line Icon( )을 클릭한 후 작업 화면에서 마우스 MRB -Rectangle을 선택한다.

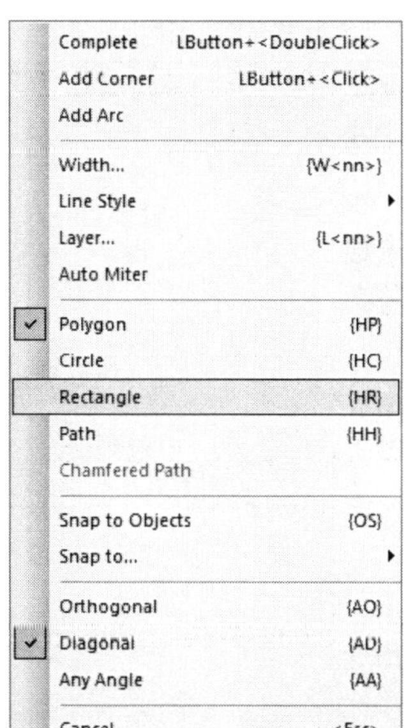

- 키보드로 g를 입력하여 Modeless Command창이 나타나면 1(Grid를 1로 설정)을 입력한 후 Enter키를 친다.
- 작업 화면 오른쪽 아래의 좌표를 참조하여 좌표(-43, -142)로 이동하여 클릭한 후 좌표(241, 142)로 이동하여 클릭하면 사각형이 그려진다. (s를 눌러 Modeless command창을 활용해도 된다)
- 작업 화면에서 MRB-Circle을 선택한다.
- s를 누르고 100 0을 입력한 후 Enter키를 친 후 Space bar를 누른 다음 마우스를 움직여 적당한 크기의 원이 형성되면 클릭한다.
- s를 누르고 0 100을 입력한 후 Enter키를 친 후 Space bar를 누른 다음 s를 누른 다음 0 80을 입력한 후 Enter키를 친 후 Space bar를 누른다.
- Esc를 누른 후 MRB-Select Shapes를 하여 위에서 그린 작은 원을 클릭한 다음 Ctrl+C, Ctrl+V하고 좌표(175, 75)에서 클릭한다. 또 Ctrl+V하고 좌표(-25, -125)에서 클릭한다. 한 번 더 Ctrl+V하고 좌표(175, -125)에서 클릭한 후 Esc를 누른다.

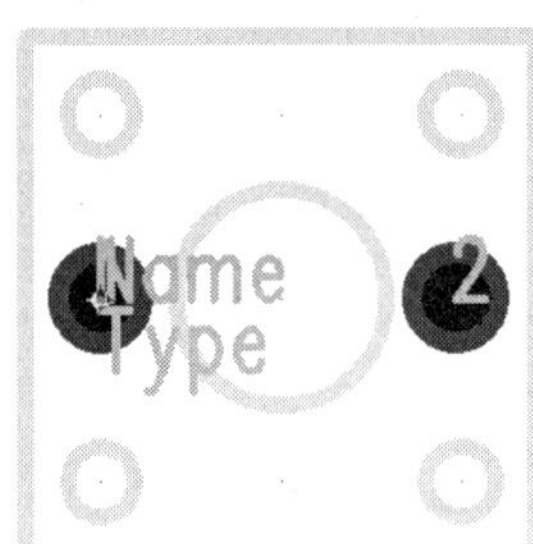

- 키보드를 이용하여 g100 입력 후 Enter키를 친다.
- 작업 화면의 메뉴에서 File〉Save Decal을 선택하여 아래 그림과 같이 TACT_SW2를 입력하고 OK 버튼을 클릭하여 저장한다.

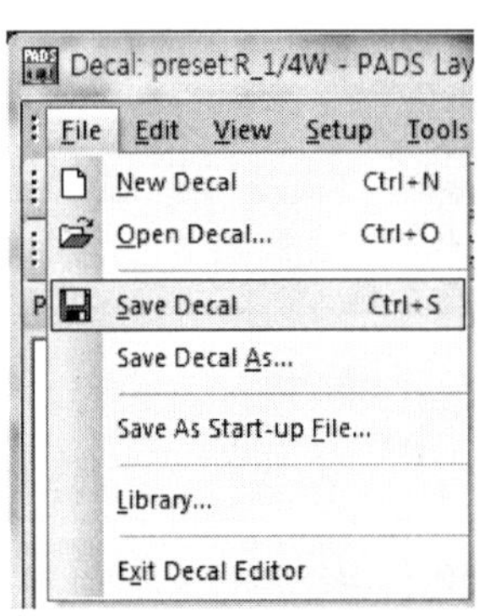

- 아래의 PADS Layout 팝업창이 나타나면 예(Y) 버튼을 클릭하고 다시 Part Information for Part 팝업창이 나타나면 그냥 OK 버튼을 클릭한다.

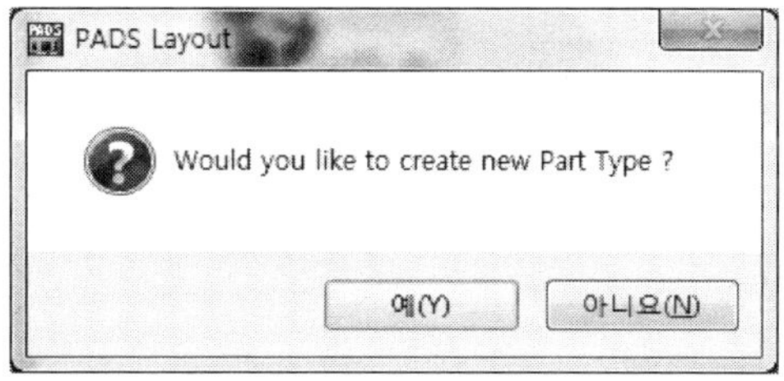

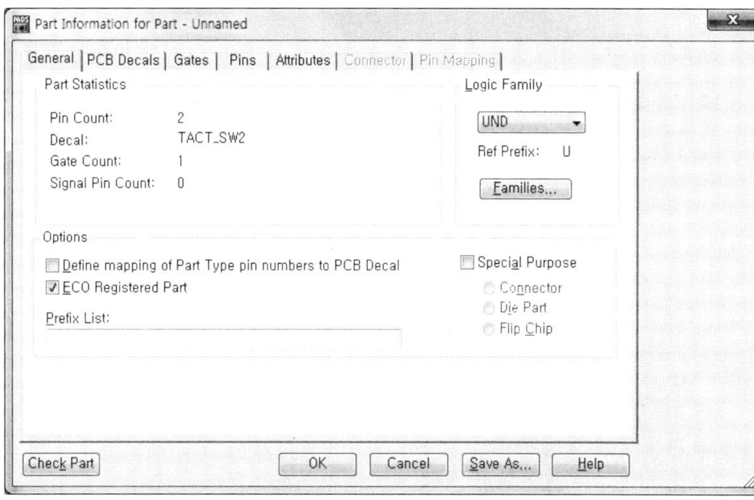

- Save Part Type to Library 팝업창에 TACT_SW2를 입력한 후 OK 버튼을 클릭한다.

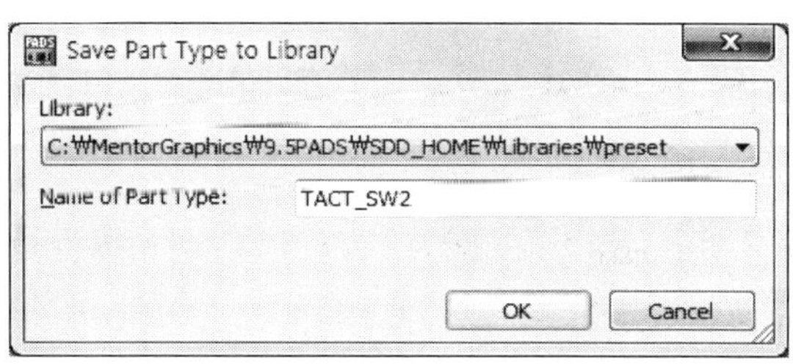

- 작업 화면의 메뉴에서 File〉Exit Decal Editor를 눌러 빠져나온다.

3.3.10 CAP_C 만들기

세라믹 콘덴서의 PCB Decal을 만들기 위해 레이아웃 작업 화면에서 Tools〉PCB Decal Editor를 선택한다.

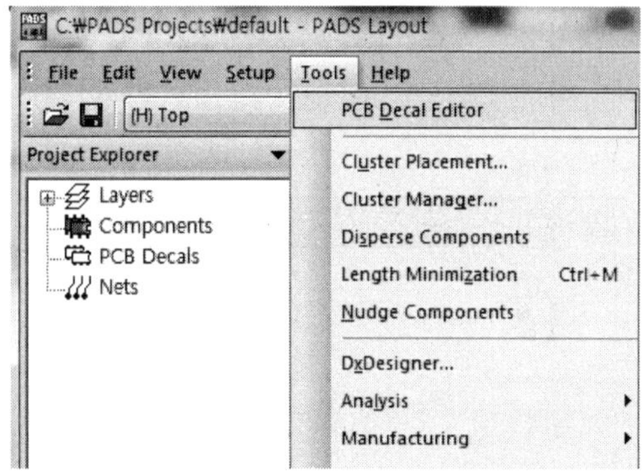

우선 아래의 스펙을 참조하여 CAP_C Decal을 만들어 보자. 여기서 리드의 두께 0.5 mm(≒ 20 mils), 리드 사이 간격 5 mm(≒197 mils), 실크 스크린 가로 6.3 mm를 7.3 mm(288 mils)로, 세로 3.0 mm를 4.0 mm(158 mils)의 크기로 작업한다.

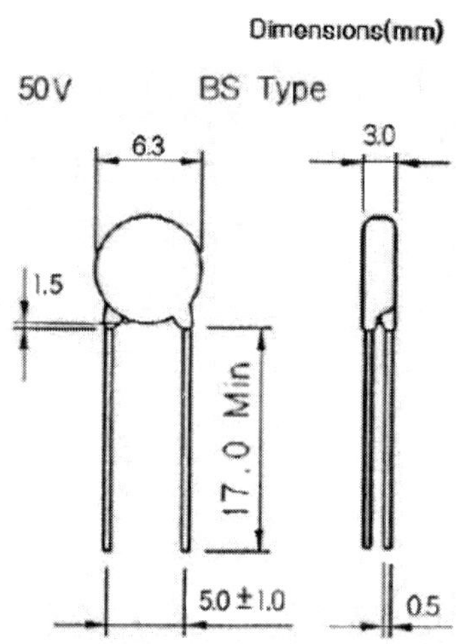

– Drafting Toolbar에서 Terminal Icon( )을 클릭한다. 이 명령으로 세라믹 콘덴서의 핀들 (여기서는 Terminal이라고 함)을 그릴 것이다.

- Terminal Icon( )을 클릭하면 Add Terminal 팝업창이 나타나는데 이곳에서 Prefix 등 여러 선택사항을 적용할 수 있지만 세라믹 콘덴서의 경우 그냥 OK 버튼을 클릭한다.

- 화면 오른쪽 아래 부분에 좌표가 표시되고 있는데 원점(0, 0) 좌표에서 클릭하여 첫 번째 터미널을 배치한다.
- 리드 사이 간격이 197 mils이므로 Grid를 아주 작게 설정하여야 한다.
- 작업 화면에서 키보드로 g를 입력하면 Modeless command창이 나타나는데 1(Grid를 1로 설정)을 입력한 후 Enter키를 친다.
- 위의 스펙에서 터미널 간격이 5 mm(≒197 mils)이므로 좌표(197, 0)로 이동하여 두 번째 터미널을 배치한다. (s를 눌러 Modeless command창을 활용해도 된다)

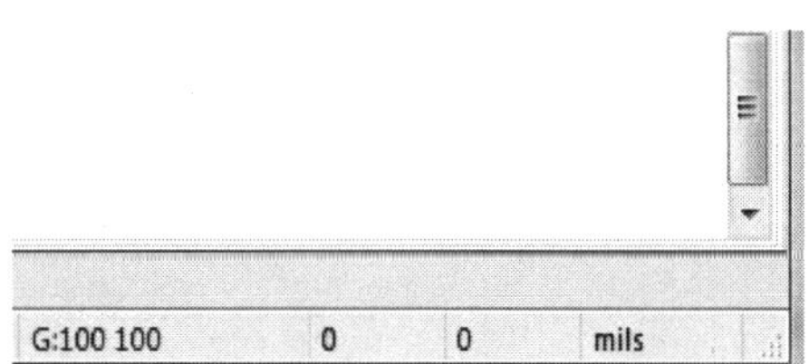

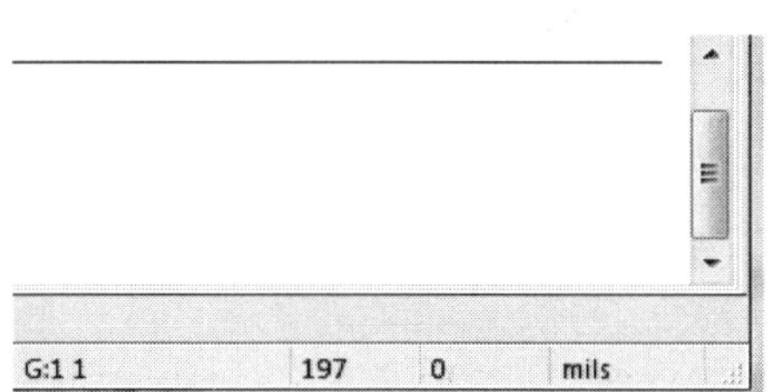

여기까지가 세라믹 콘덴서를 PCB에 삽입하기 위해 작업한 것이다.

– Drafting Toolbar에서 Select Icon()을 선택한다.

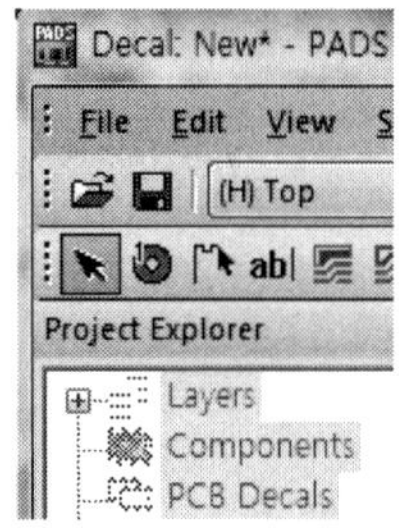

– 작업 화면에서 MRB를 눌러 Select Terminals를 선택한다.

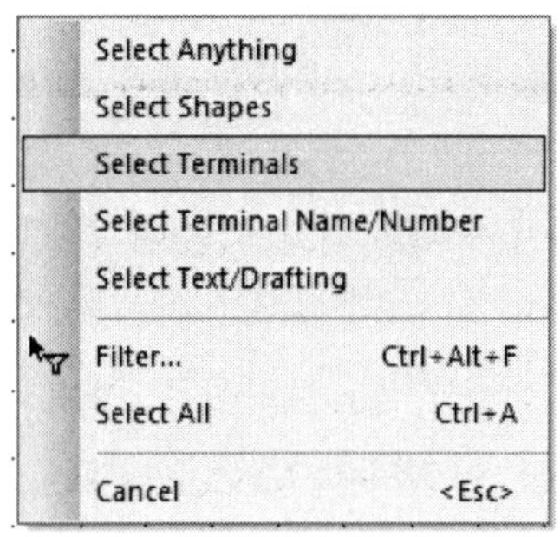

– 마우스 가운데 버튼을 사용하여 화면을 확대한다.
– 1번 터미널을 더블클릭하면 아래 그림과 같이 Terminal Properties 팝업창이 나타난다.

– 위의 팝업창에서  버튼을 클릭하면 Pad Stack Properties for Pin 팝업창이 나타난다.

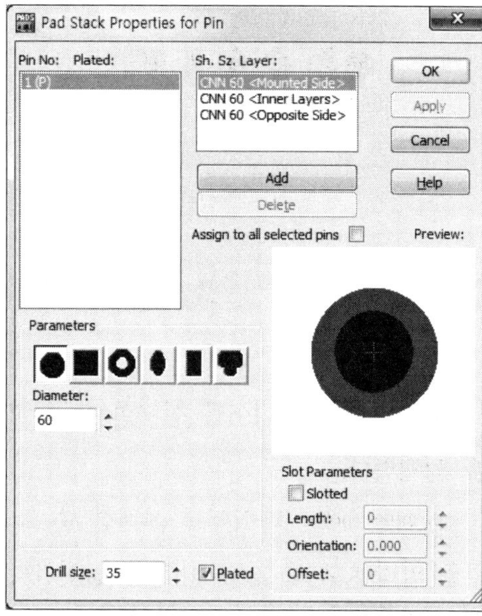

이 부분이 매우 중요한 부분으로 Drill Size, PAD Shape, PAD Size를 결정하는 곳이다. 위에서 언급한 세라믹 콘덴서의 스펙에서 외형 크기와 리드 두께 및 핀 사이의 거리 등의 정보를 참조하여 작업하게 된다.

리드 두께가 0.5 mm이므로 20 mils로 선택하고 Drill Size는 Pad 크기와 리드 두 께를 참조하여 40 mils로 결정하여 작업한다.

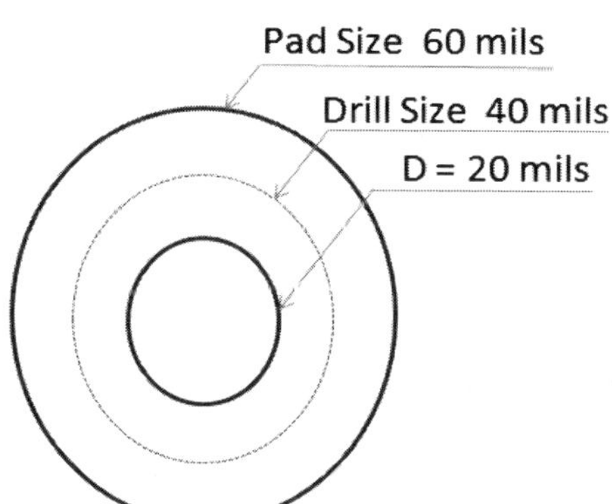

- 위의 팝업창에서 Sh. Sz. Layer : 항목에 보면 3개의 Layer가 있는데 우선 맨 위(CNN 60 〈Mounted Side〉) 레이어를 선택한 후 Drill Size : 40, Parameters : , Diameter : 60을 입력한다.

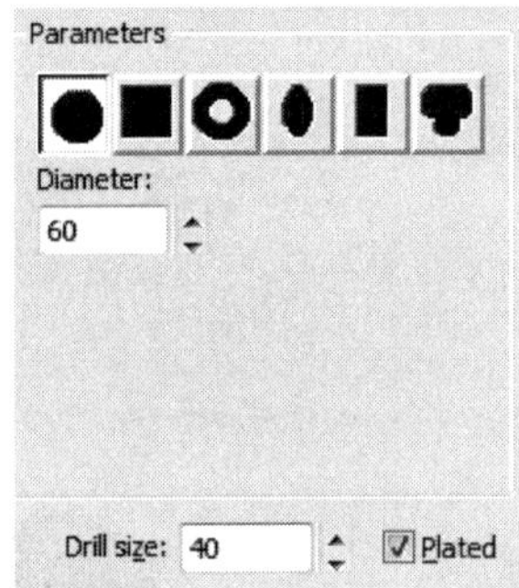

– 다음으로 CNN 60 〈Inner Layers〉 레이어를 선택한 후 Drill Size : 40, Parameters : ●, Diameter : 60을 입력한다.

– 다음으로 CNN 60 〈Opposite Side〉 레이어를 선택한 후 Drill Size : 40, Parameters : ●, Diameter : 60을 입력한 후 OK 버튼을 클릭한다.

– 먼저 올라온 창을 닫기 위해 OK 버튼을 클릭한다.

– 2번 터미널을 더블클릭하여 1번 터미널에 적용했던 데이터를 그대로 적용한다.

이제는 실크 데이터인 부품의 외형을 그려야 한다. 외형의 크기를 가로는 288 mils로, 세로는 158 mils로 하여 작업한다.

– Drafting Toolbar에서 2D Line Icon( )을 클릭한 후 작업 화면에서 마우스 MRB-Path를 선택한 후 MRB-Add Arc, MRB-Orthogonal을 선택한다.

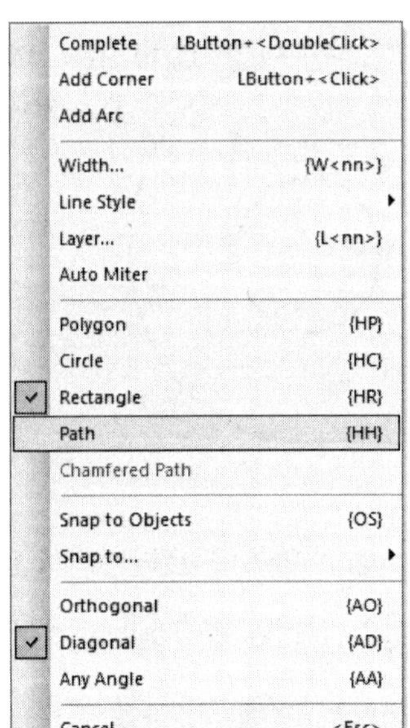

- 키보드로 g를 입력하여 Modeless command창이 나타나면 1(Grid를 1로 설정)을 입력한 후 Enter키를 친다.
- 작업 화면 오른쪽 아래의 좌표를 참조하여 좌표(34, 79)로 이동하여 클릭한 후 마우스를 오른쪽으로 약간 이동한 후 왼쪽으로 원을 그리듯 움직여 왼쪽으로 Arc가 형성되도록 한 다음 좌표(34, -79)로 이동하여 클릭하면 Arc가 그려진다. (s를 눌러 Modeless command창을 활용해도 된다)
- 이번에는 Modeless Command를 활용하여 오른쪽 Arc를 그려보자. s를 누른 다음 164 79를 입력하고 Enter키를 친 다음 Space Bar를 누르고, s164 -79를 입력한 후 Enter키를 치고 Space Bar를 누른 후 더블클릭한다.
- Arc와 만나는 위·아래의 선을 그리기 위해 MRB-Add Arc하여 해제한 후 s34 -79 Enter/Space Bar, s164 -79 Enter/Space Bar, 더블클릭하여 완성한다.
- Esc를 누른다.

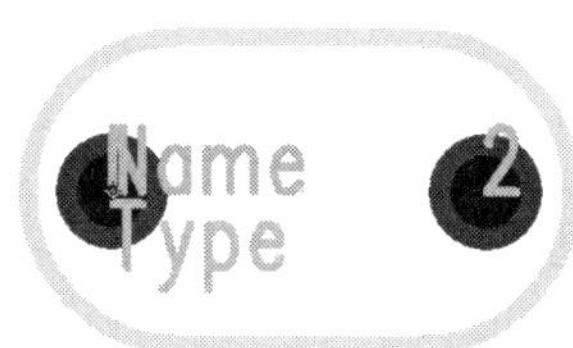

- 키보드를 이용하여 g100 입력 후 Enter키를 친다.
- 작업 화면의 메뉴에서 File〉Save Decal을 선택하여 아래 그림과 같이 CAP_C를 입력하고 OK 버튼을 클릭하여 저장한다.

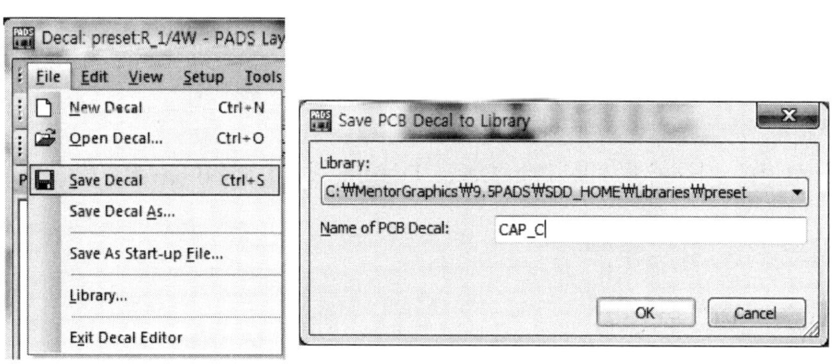

- 아래의 PADS Layout 팝업창이 나타나면 예(Y) 버튼을 클릭하고 다시 Part Information for Part 팝업창이 나타나면 그냥 OK 버튼을 클릭한다.

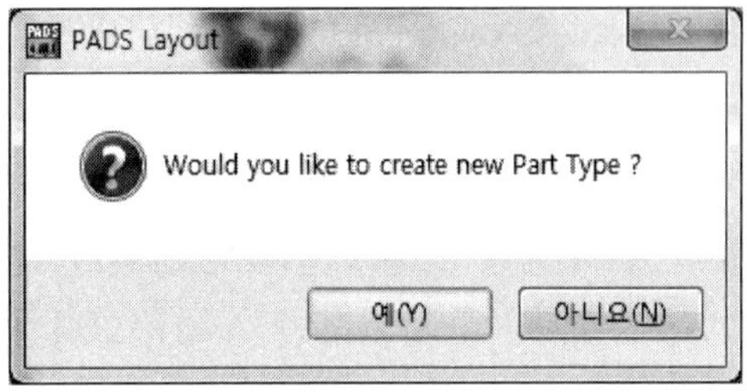

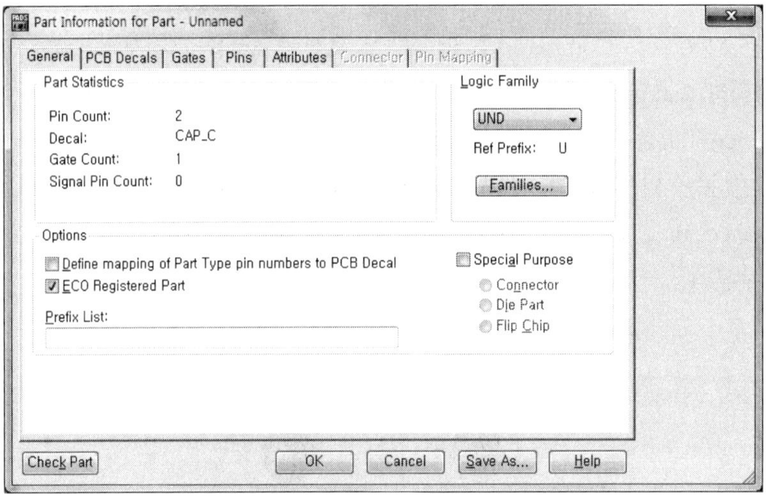

– Save Part Type to Library 팝업창에 CAP_C를 입력한 후 OK 버튼을 클릭한다.

– 작업 화면의 메뉴에서 File〉Exit Decal Editor를 눌러 빠져나온다.

3.3.11 CAP_EC 만들기

전해 콘덴서의 PCB Decal을 만들기 위해 레이아웃 작업 화면에서 Tools〉PCB Decal Editor를 선택한다.

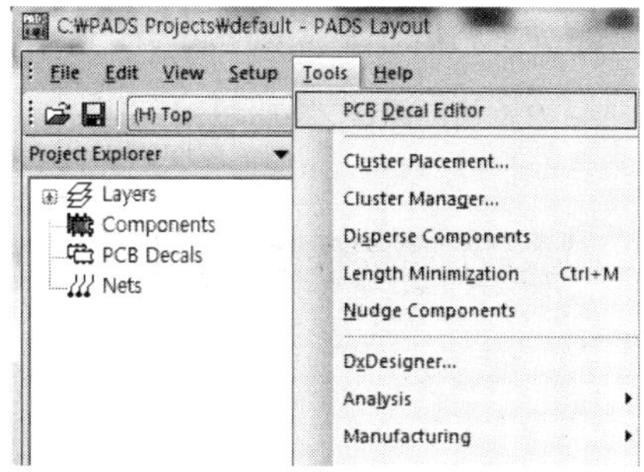

우선 아래의 스펙을 참조하여 CAP_EC를 만들어 보자. 여기서 중요한 데이터는 다음과 같다.

> 핀 사이 간격(F) : Pad Stack간의 거리
> 외형 크기(φD') : 부품간의 간격에 참조, 실크 스크린 데이터
> 핀 두께(d) : 드릴 크기 및 Pad Stack 크기 결정
> 핀 번호 : 핀 번호는 CAE Decal과 일치해야 함(중요함)

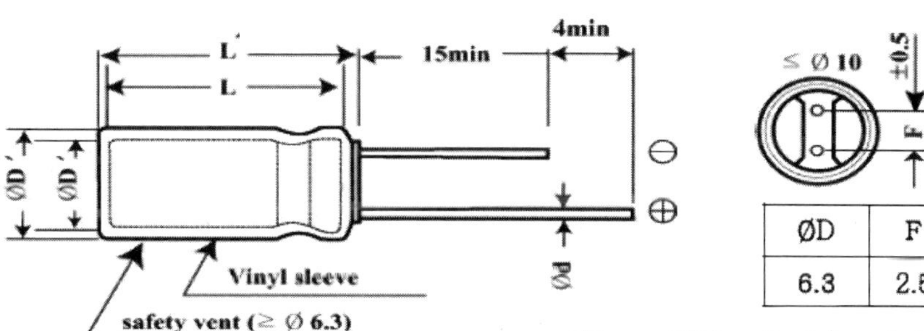

ØD	F	Ø d
6.3	2.5	0.5

ØD≤8, Ø D' ≤ D+0.5 and L' ≤ L+1.5

- 이번에 그릴 Decal은 핀 사이의 간격이 2.5 mm(≒98.4 mils)이기 때문에 Grid를 아주 작게 설정한 후 작업을 하는데 핀 사이 간격을 98 mils로 하여 작업할 것이다.
- Drafting Toolbar에서 Terminal Icon( )을 클릭한다. 이 명령으로 전해 콘덴서의 핀들(여기서는 Terminal이라고 함)을 그릴 것이다.

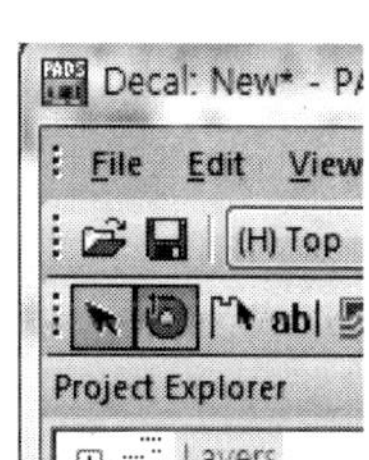

– Terminal Icon( )을 클릭하면 Add Terminal 팝업창이 나타나는데 이곳에서 Prefix 등 여러 선택사항을 적용할 수 있지만 전해 콘덴서의 경우 그냥 OK 버튼을 클릭한다.

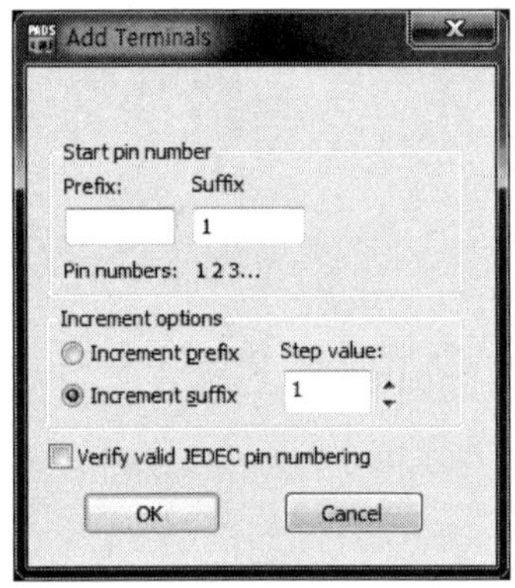

– 화면 오른쪽 아래 부분에 좌표가 표시되고 있는데 원점(0, 0) 좌표에서 클릭하여 첫 번째 터미널을 배치한다.

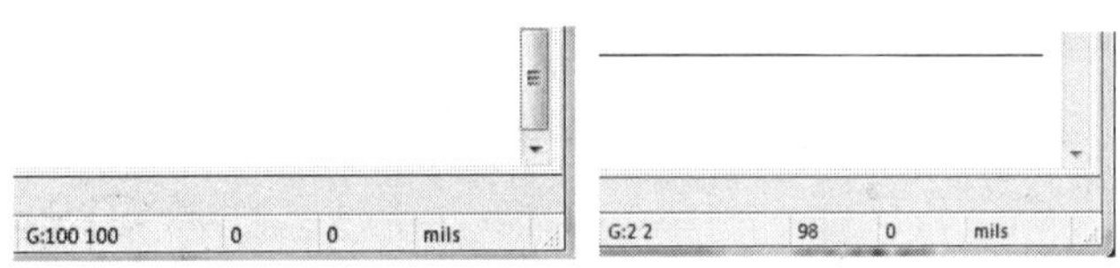

– 작업 화면에서 키보드로 g를 입력하면 아래 그림과 같은 Modeless command창이 나타나는데 2(Grid를 2로 설정)를 입력한 후 Enter키를 친다.
– 위의 스펙에서 터미널 간격이 2.5 mm(≒98.4 mils)이므로 좌표(98, 0)로 이동 하여 두 번째 터미널을 배치한다.(s98 0 Enter/Space Bar)

여기까지가 전해 콘덴서를 PCB에 삽입하기 위해 작업한 것이다.

– Drafting Toolbar에서 Select Icon( )을 선택한다.

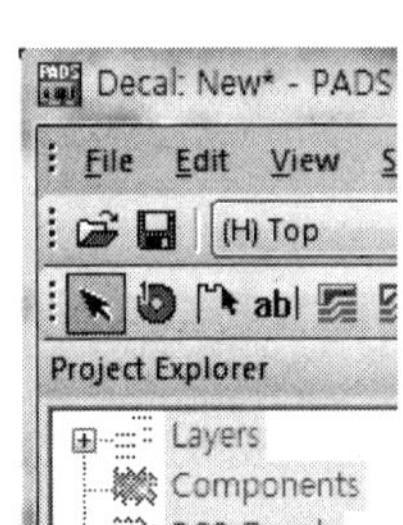

- 작업 화면에서 MRB를 눌러 Select Terminals를 선택한다.

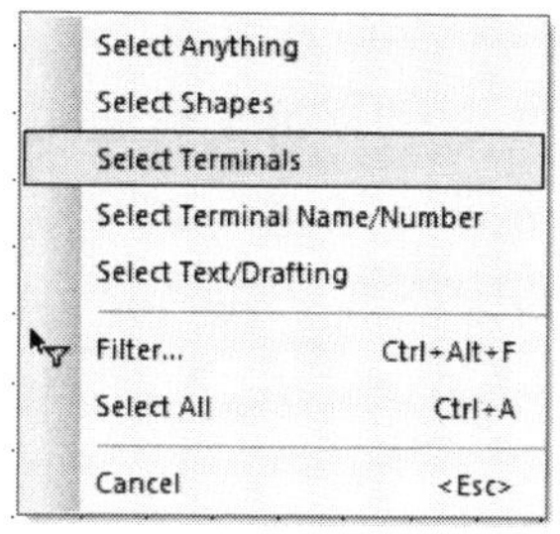

- 마우스 가운데 버튼을 사용하여 화면을 확대한다.
- 1번 터미널을 더블클릭하면 아래 그림과 같이 Terminal Properties 팝업창이 나타난다.

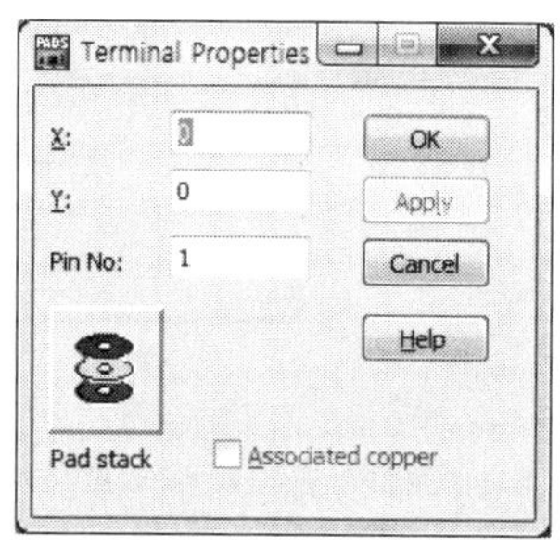

- 위의 팝업창에서  버튼을 클릭하면 Pad Stack Properties for Pin 팝업창이 나타난다.

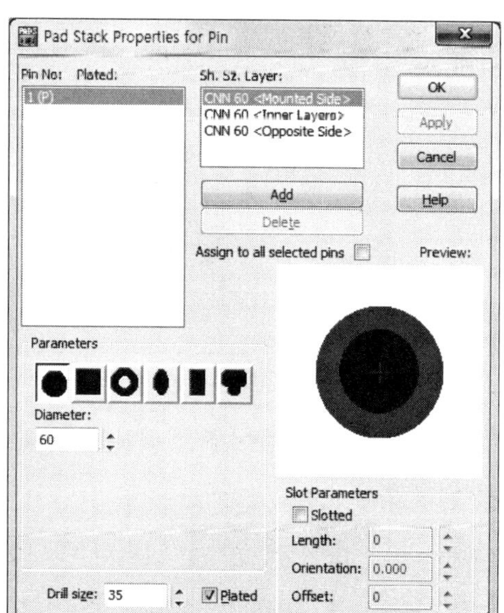

이 부분이 매우 중요한 부분으로 Drill Size, PAD Shape, PAD Size를 결정하는 곳이다. 위에서 중요하다고 언급한 전해 콘덴서의 스펙에서 외형 크기와 리드 두께 등의 정보를 참조하여 작업하게 된다.

핀 두께가 0.5 mm(≒20 mils)이고 핀 간격이 2.5 mm이므로 이것을 참조하여 PAD Size와 PAD Shape 및 Drill Size를 결정해야 한다. 또한 전해 콘덴서의 경우 극성이 있는 부품이므로 + 극성은 실크 스크린 데이터로 처리하고 - 극성은 PAD 모양을 사각형 모양으로 작업하는데 1번 터미널을 +, 2번 터미널을 -로 한다. 그리고 드릴 크기는 40 mils로 결정하여 작업한다.

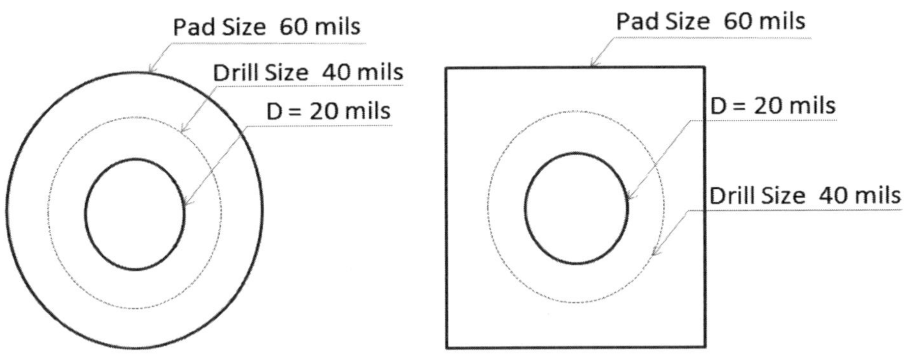

– 위의 팝업창에서 Sh. Sz. Layer : 항목에 보면 3개의 Layer가 있는데 우선 맨 위(CNN 60 〈Mounted Side〉) 레이어를 선택한 후 Drill Size : 40, Parameters : , Diameter : 60을 입력한다.

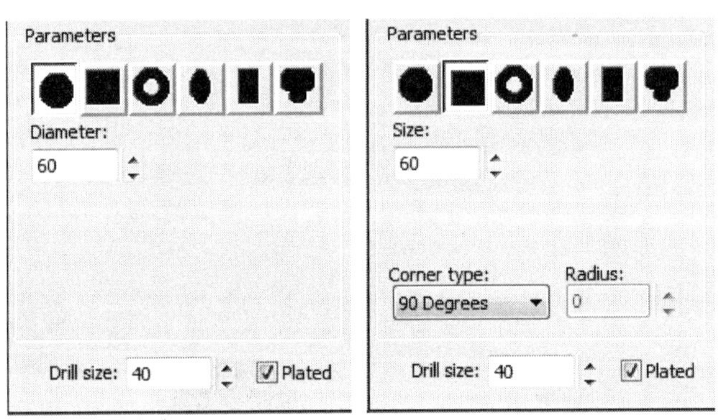

– 다음으로 CNN 60 〈Inner Layers〉 레이어를 선택한 후 Drill Size : 40, Parameters : , Diameter : 60을 입력한다.

– 다음으로 CNN 60 〈Opposite Side〉 레이어를 선택한 후 Drill Size : 40, Parameters : , Diameter : 60을 입력한 후 OK 버튼을 클릭한다.

- 먼저 올라온 창을 닫기 위해 OK 버튼을 클릭한다.
- 2번 터미널을 더블클릭하여 Parameters 모양만 ■으로 변경하고 1번 터미널에 적용했던 데이터를 그대로 적용한다.

이제는 실크 데이터인 부품의 외형을 그려야 한다. 외형의 크기는 φD+0.5의 데이터에서 1을 더하여 φ6.3+0.5+1(≒308 mils)로 원을 그린다.

- Drafting Toolbar에서 2D Line Icon( )을 클릭한 후 작업 화면에서 마우스 MRB-Circle을 선택한다.

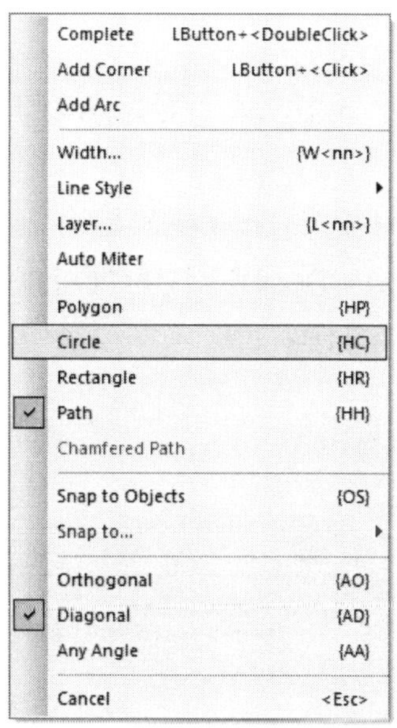

실크 스크린 데이터는 부품 실장 후 보일 수 있도록 부품의 외형 크기보다 약간 더 크게 그리는 것이 일반적이다.

- 키보드로 g를 입력하여 Modeless command창이 나타나면 1(Grid를 1로 설정)을 입력한 후 Enter키를 친다.
- 작업 화면 오른쪽 아래의 좌표를 참조하여 좌표(49, 0)로 이동하여 클릭한 후 좌표(203, 0)로 이동하여 클릭하면 원이 그려진다.
- Drafting Toolbar에서 Text Icon(**ab|**)을 클릭한다. Add Free Text 팝업창이 나타나면 Text란에 +를 입력하고 Size는 150으로 설정한 후 OK 버튼을 클릭한 다음 좌표(-160, 60)에서 클릭한다.

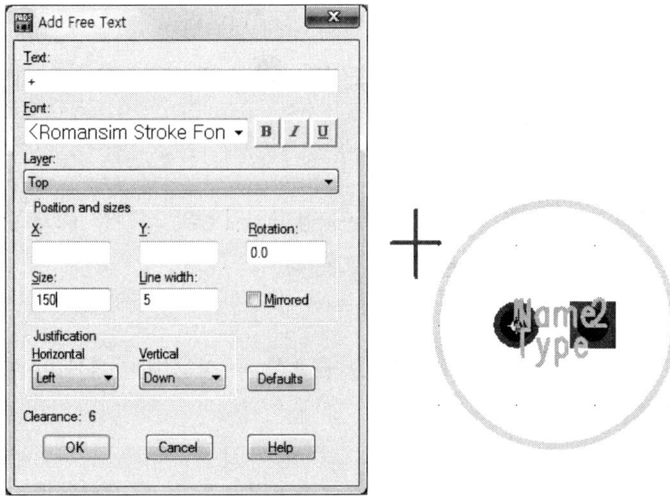

이것은 전해 콘덴서를 실장 후 육안으로 극성을 확인하기 위한 것이다.

- 키보드를 이용하여 g100 입력 후 Enter키를 친다.
- 작업 화면의 메뉴에서 File>Save Decal을 선택하여 아래 그림과 같이 CAP_EC를 입력하고  버튼을 클릭하여 저장한다.

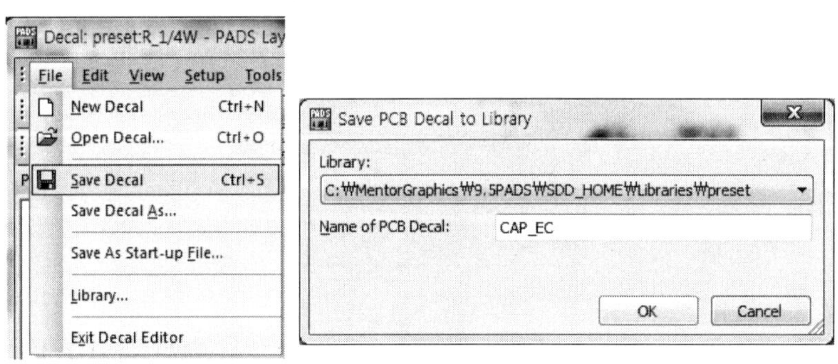

- 아래의 PADS Layout 팝업창이 나타나면  버튼을 클릭하고 다시 Part Information for Part 팝업창이 나타나면 그냥 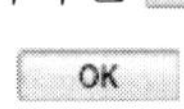 버튼을 클릭한다.

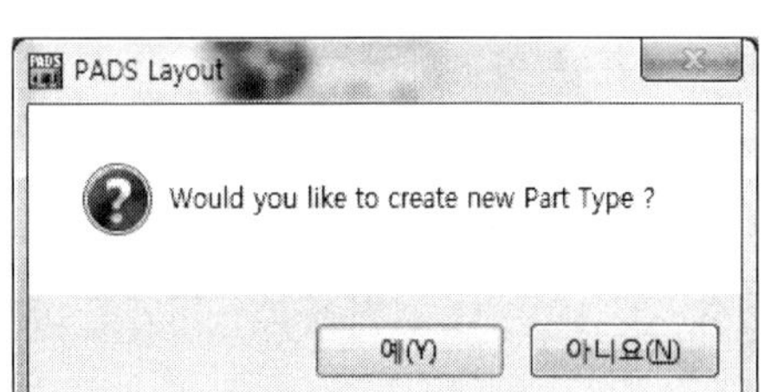

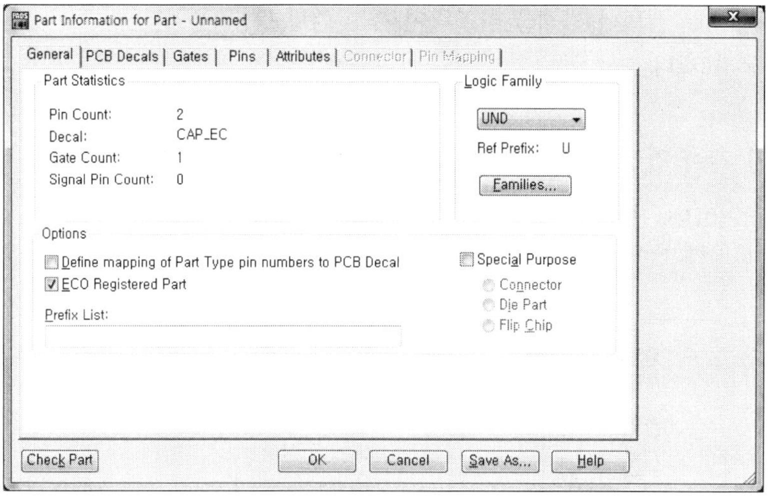

- Save Part Type to Library 팝업창에 CAP_EC를 입력한 후 OK 버튼을 클릭한다.

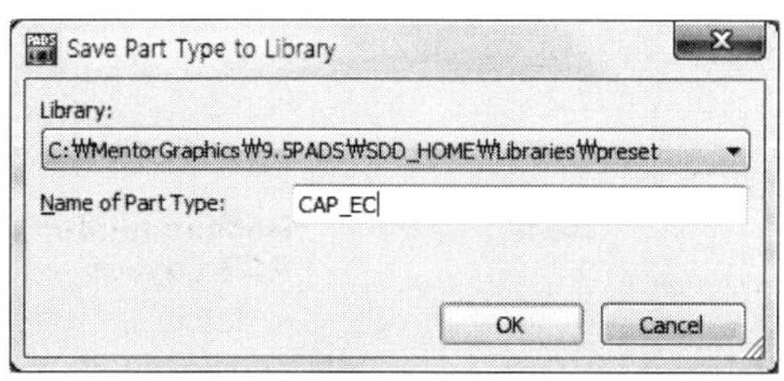

- 작업 화면의 메뉴에서 File〉Exit Decal Editor를 눌러 빠져나온다.

3.3.12 VR 만들기

가변 저항 PCB Decal을 만들기 위해 레이아웃 작업 화면에서 Tools〉PCB Decal Editor를 선택한다.

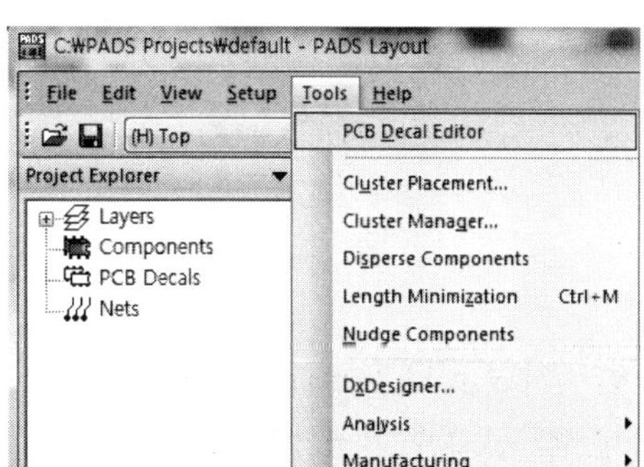

우선 아래 데이터 시트의 스펙을 참조하여 가변 저항 Decal을 만들어 보자. 여기서 중요한 데이터는 다음과 같다.

단자 사이 간격 : Pad Stack간의 거리
외형 크기 : 부품간의 간격에 참조, 실크 스크린 데이터
단자 두께 : 드릴 크기 및 Pad Stack 크기 결정

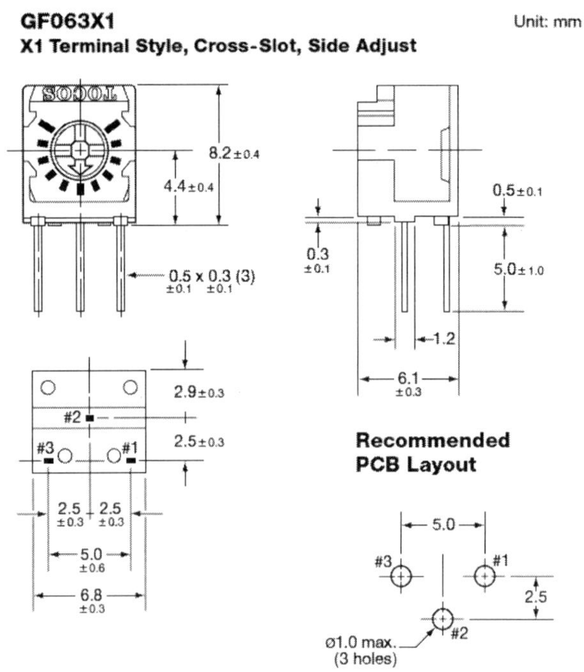

– Drafting Toolbar에서 Terminal Icon( )을 클릭한다. 이 명령으로 가변 저 항의 핀들(여기서는 Terminal이라고 함)을 그릴 것이다.

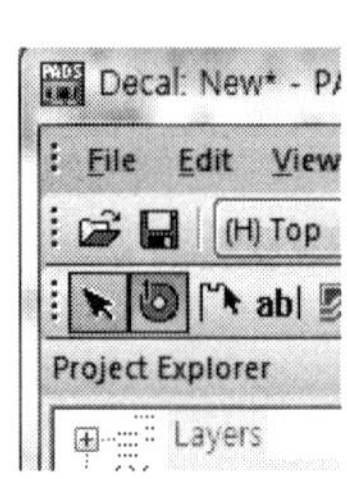

– Terminal Icon( )을 클릭하면 Add Terminal 팝업창이 나타나는데 이곳에서 Prefix 등 여러 선택사항을 적용할 수 있지만 가변 저항의 경우 그냥 OK 버튼을 클릭한다.

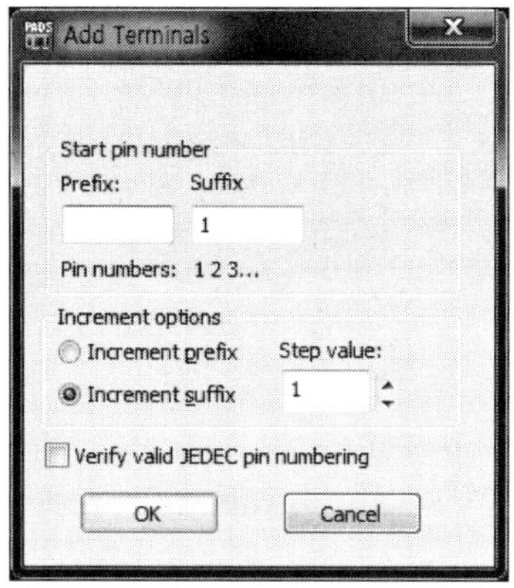

- 위의 스펙 중 Recommended PCB Layout의 자료를 보면 #1과 #3의 간격이 5.0 mm(≒197 mils인데 196 mils로 적용)이고, #1과 #2의 간격이 2.5 mm(≒98 mils) 이므로 아래 그림을 참조하여 터미널을 배치하도록 한다.

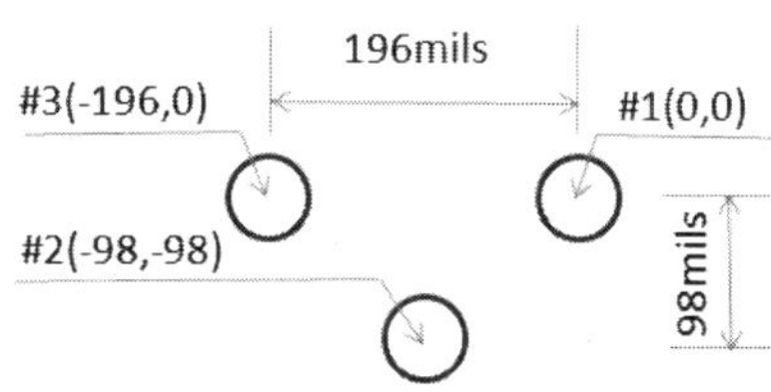

- 좌표(0, 0)에서 클릭하여 1번 터미널을 배치한다.
- 키보드로 g를 입력하여 Modeless command창이 나타나면 2(Grid를 2로 설정)를 입력한 후 Enter키를 친다.

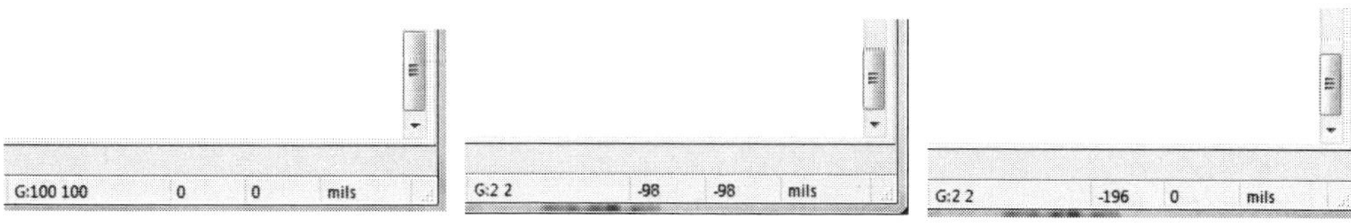

- 좌표(-98, -98)로 이동하여 두 번째 터미널을 배치한다.
- 좌표(-196, 0)로 이동하여 세 번째 터미널을 배치한다.

여기까지가 가변 저항을 PCB에 삽입하기 위해 작업한 것이다.

- Drafting Toolbar에서 Select Icon( )을 선택한다.

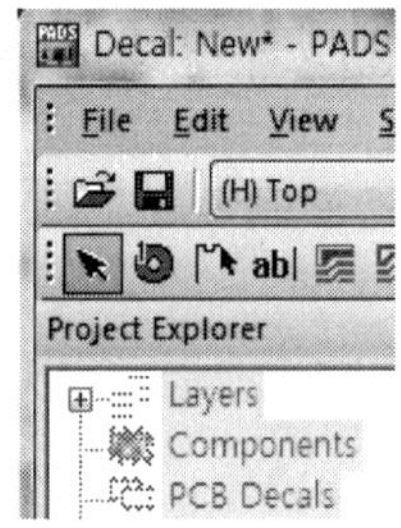

– 작업 화면에서 MRB를 눌러 Select Terminals를 선택한다.

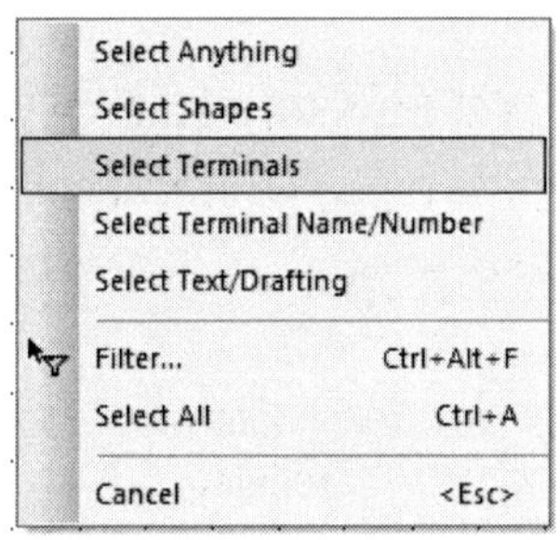

– 마우스 가운데 버튼을 사용하여 화면을 확대한다.
– 1번 터미널을 더블클릭하면 아래 그림과 같이 Terminal Properties 팝업창이 나타난다.

– 위의 팝업창에서  버튼을 클릭하면 Pad Stack Properties for Pin 팝업창이 나타난다.

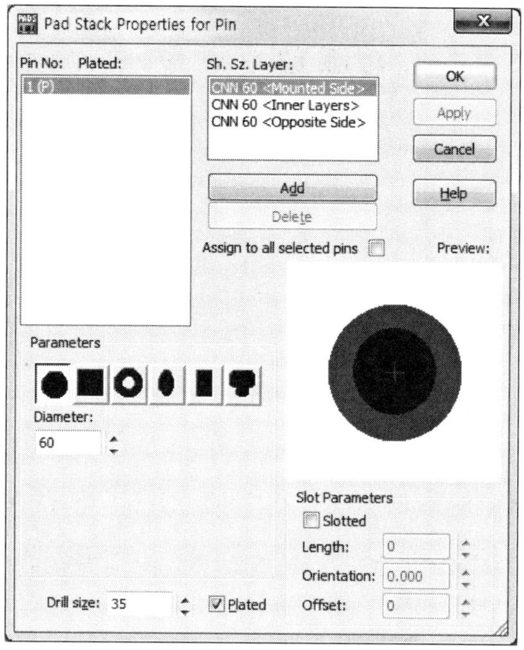

이 부분이 매우 중요한 부분으로 Drill Size, PAD Shape, PAD Size를 결정하는 곳이다. 위에서 중요하다고 언급한 가변 저항의 스펙에서 외형 크기와 단자 두께 등의 정보를 참조하여 작업하게 된다.

Recommended PCB Layout의 자료를 보면 드릴 크기를 1.0 mm(≒40 mils) 로 권고하고 있으므로 이것을 참조하여 PAD Size와 Drill Size를 결정해야 한다.

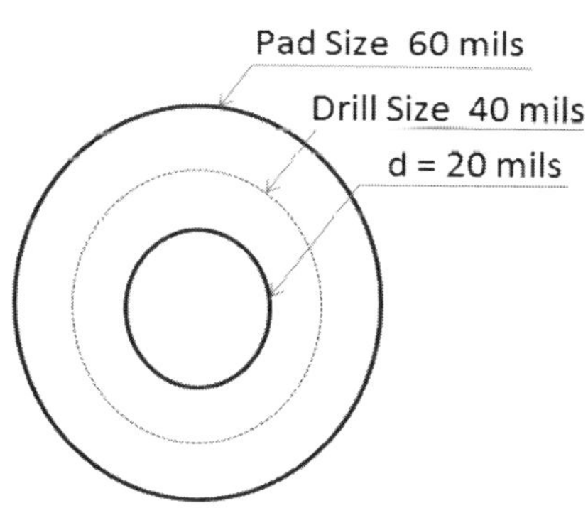

– 위의 팝업창에서 Sh. Sz. Layer : 항목에 보면 3개의 Layer가 있는데 우선 맨 위(CNN 60 〈Mounted Side〉) 레이어를 선택한 후 Drill Size : 40, Parameters : , Diameter : 60을 입력한다.

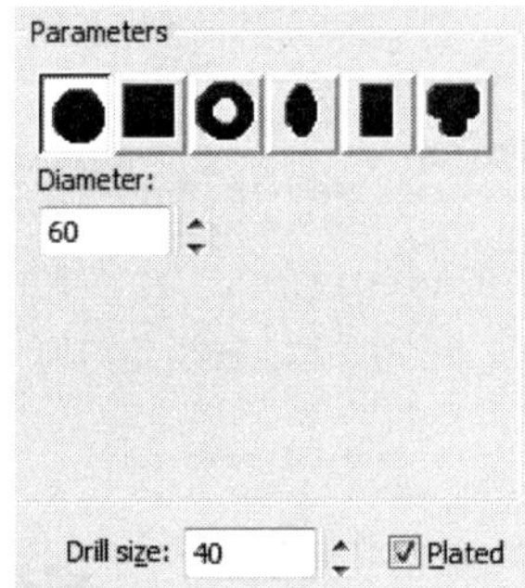

- 다음으로 CNN 60 〈Inner Layers〉 레이어를 선택한 후 Drill Size : 40, Parameters : ●, Diameter : 60을 확인한다.
- 다음으로 CNN 60 〈Opposite Side〉 레이어를 선택한 후 Drill Size : 40, Parameters : ●, Diameter : 60을 확인한 후 OK 버튼을 클릭한다.
- 먼저 올라온 창을 닫기 위해 OK 버튼을 클릭한다.
- 2번 터미널을 더블클릭하여 1번 터미널에 적용했던 데이터를 그대로 적용한다.
- 3번 터미널을 더블클릭하여 1번 터미널에 적용했던 데이터를 그대로 적용한다.

이제부터는 부품의 외형을 그려야 한다.

- 키보드를 이용하여 g1을 입력 후 Enter키를 친다.
- Drafting Toolbar에서 2D Line Icon( )을 클릭한 후 작업 화면에서 마우스 MRB -Rectangle을 선택한다.

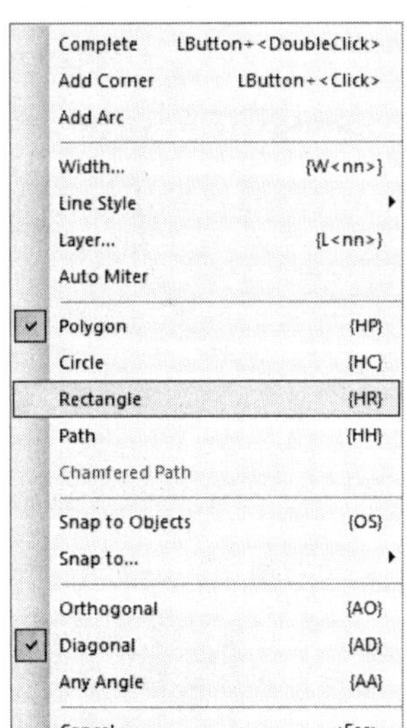

위의 스펙에서 보면 가로 크기는 6.8 mm인데 7.8 mm(≒308 mils)로, 세로 크기는 5.4 mm(2.9+2.59)인데 6.4 mm(≒252 mils)로 외형 크기를 그린다.

- 작업 화면 오른쪽 아래의 좌표를 참조하여 좌표(-252, -175)로 이동하여 클릭한 후 좌표(56, 77)로 이동하여 클릭하면 사각형이 그려진다. (s를 눌러 Modeless Command를 이용할 수도 있다)

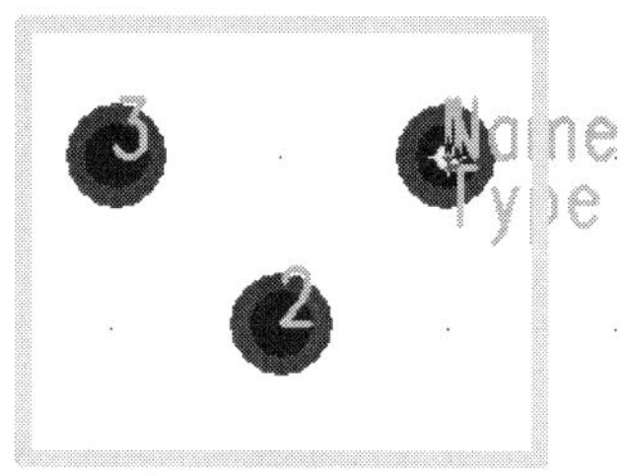

- 키보드를 이용하여 g100 입력 후 Enter키를 친다.
- 작업 화면의 메뉴에서 File〉Save Decal을 선택하여 아래 그림과 같이 VR을 입력하고 OK 버튼을 클릭하여 저장한다.

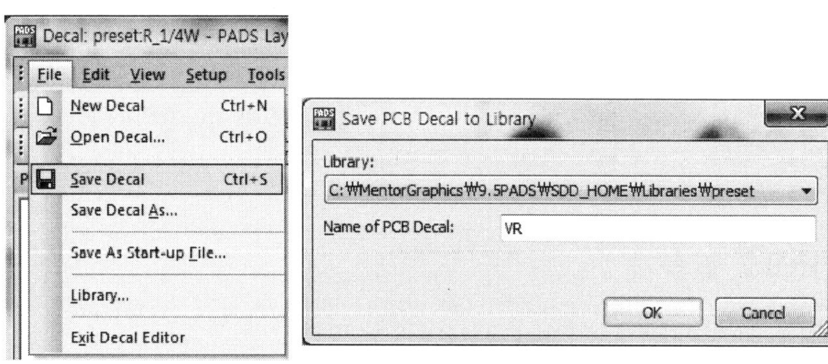

- 아래의 PADS Layout 팝업창이 나타나면 예(Y) 버튼을 클릭하고 다시 Part Information for Part 팝업창이 나타나면 그냥 OK 버튼을 클릭한다.

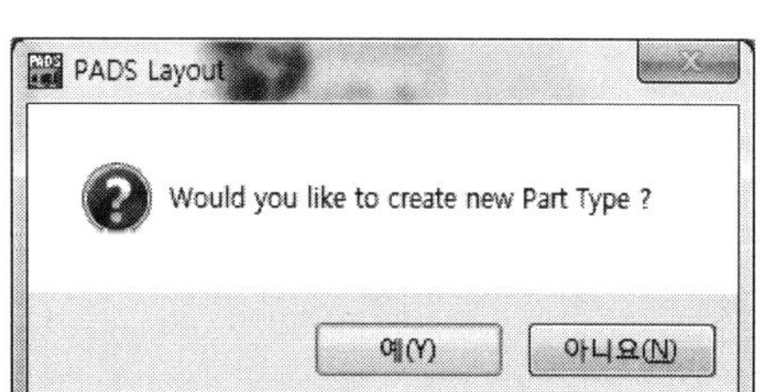

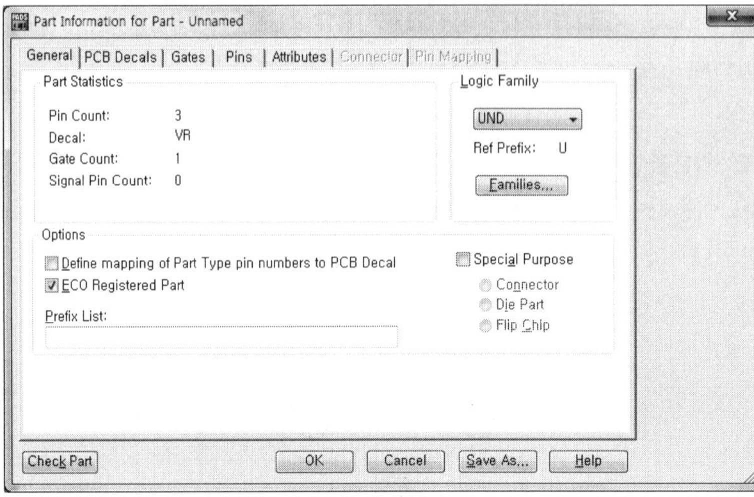

– Save Part Type to Library 팝업창에 VR을 입력한 후 OK 버튼을 클릭한다.

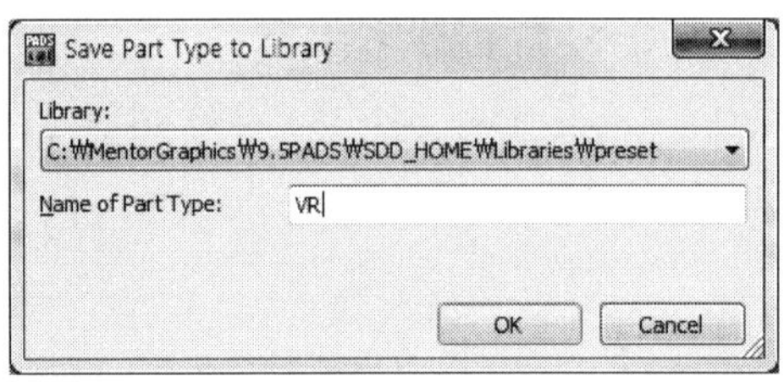

– 작업 화면의 메뉴에서 File〉Exit Decal Editor를 눌러 빠져나온다.

3.3.13 HOLE 만들기

PCB 고정용 Hole 가공을 위한 PCB Decal을 만들기 위해 레이아웃 작업 화면에서 Tools〉PCB Decal Editor를 선택한다.

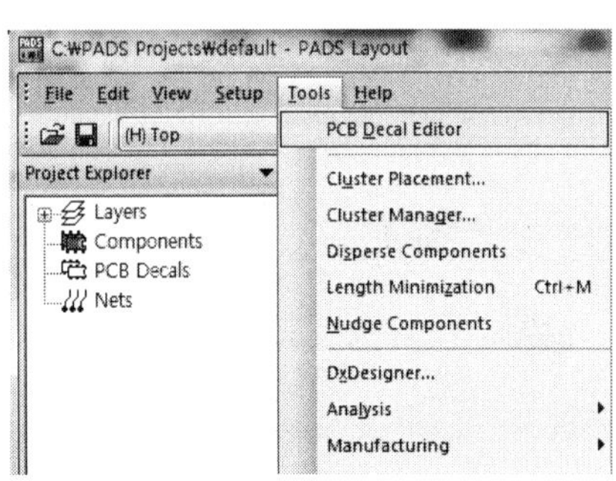

아래 그림은 PCB 서포터라는 부품으로 일반적으로 외경이 5 mm이고 내경이 3 mm이며 길이는 여러 종류의 것이 있다. PCB의 네 모퉁이에 각각 126 mils(약 3.2 mm)의 Drill Data를 적용하는 Decal을 만들어 배치하면 된다.

- Drafting Toolbar에서 Terminal Icon( )을 클릭한다.

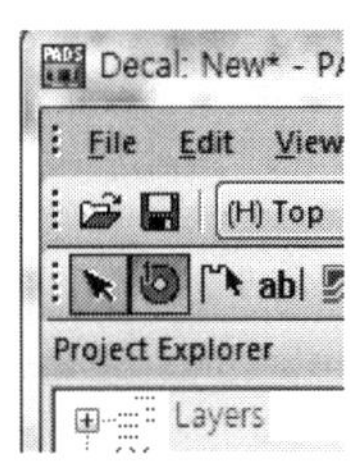

- Terminal Icon( )을 클릭하면 Add Terminal 팝업창이 나타나는데 이곳에서 Prefix 등 여러 선택사항을 적용할 수 있지만 이 경우는 그냥 OK 버튼을 클릭한다.

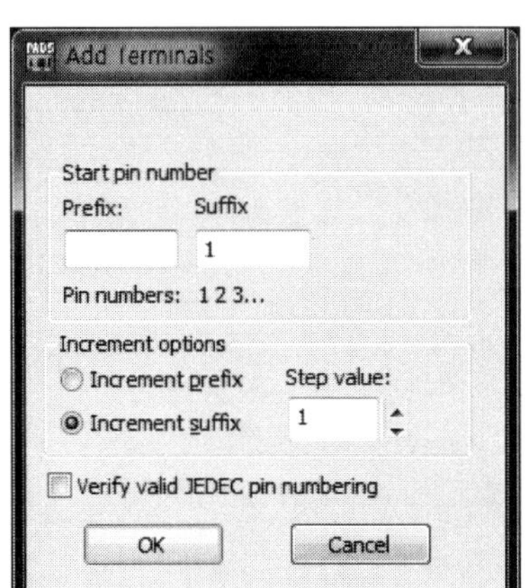

- 좌표(0, 0)에서 클릭하여 1번 터미널을 배치한다.

여기까지가 PCB 고정용 Hole을 PCB에 삽입하기 위해 작업한 것이다.

- Drafting Toolbar에서 Select Icon( )을 선택한다.

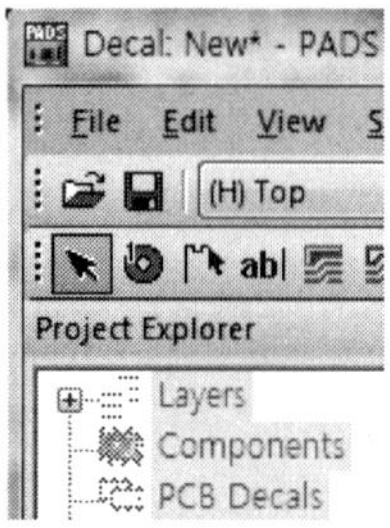

- 작업 화면에서 MRB를 눌러 Select Terminals를 선택한다.

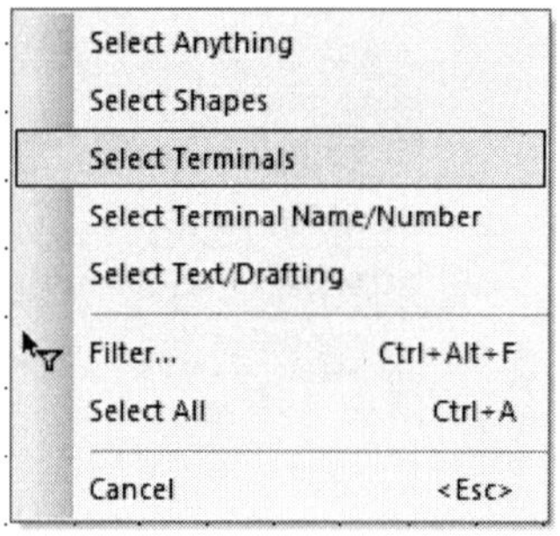

- 1번 터미널을 더블클릭하면 아래 그림과 같이 Terminal Properties 팝업창이 나타난다.

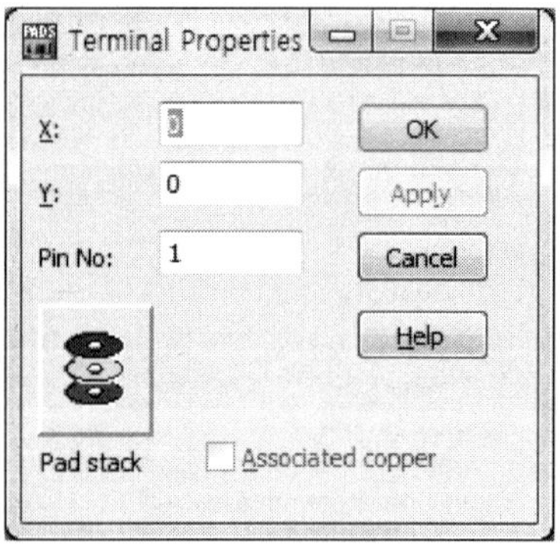

- 위의 팝업창에서  버튼을 클릭하면 Pad Stack Properties for Pin 팝업창이 나타난다.

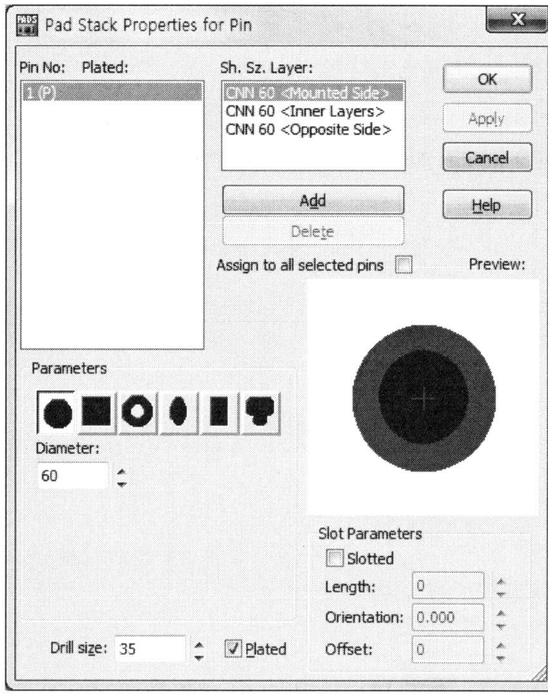

– 위의 팝업창에서 Sh. Sz. Layer : 항목에 보면 3개의 Layer가 있는데 우선 맨 위(CNN 60 〈Mounted Side〉) 레이어를 선택한 후 Drill Size : 126, Parameters : , Diameter : 126을 입력한다.

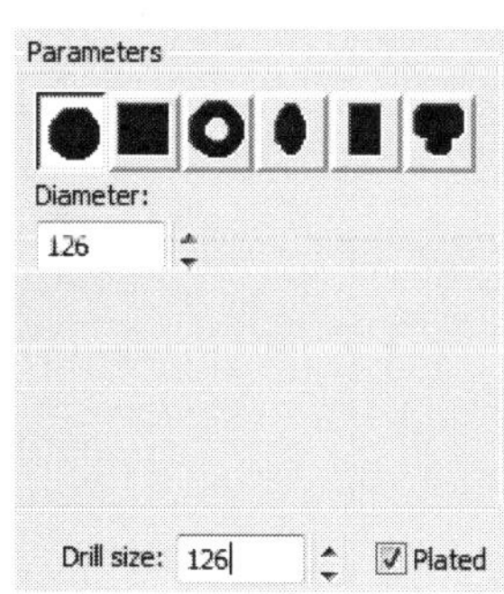

– 다음으로 CNN 60 〈Inner Layers〉 레이어를 선택한 후 Drill Size : 126, Parameters : , Diameter : 126을 확인한다.

– 다음으로 CNN 60 〈Opposite Side〉 레이어를 선택한 후 Drill Size : 126, Parameters : , Diameter : 126을 확인한 후 OK 버튼을 클릭한다.

– 먼저 올라온 창을 닫기 위해 OK 버튼을 클릭한다.

이 Decal은 드릴 크기와 패드 크기를 같게 하여 Hole에 패드가 남아 있지 않도록 하였고 실크 데이터가 필요하지 않은 부품이다.

– 작업 화면의 메뉴에서 File〉Save Decal을 선택하여 아래 그림과 같이 HOLE을 입력하고 OK 버튼을 클릭하여 저장한다.

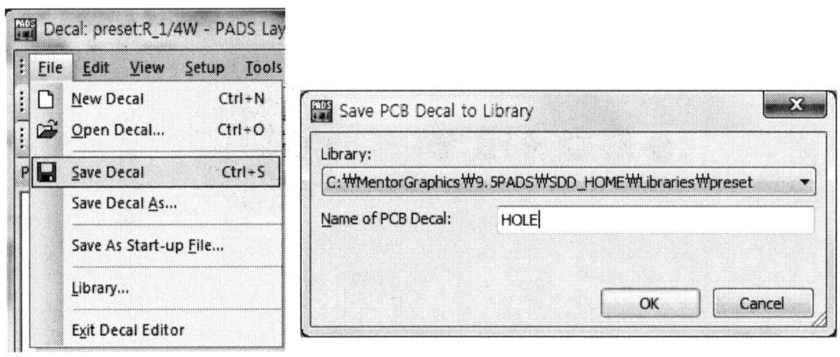

– 아래의 PADS Layout 팝업창이 나타나면 예(Y) 버튼을 클릭하고 다시 Part Information for Part 팝업창이 나타나면 그냥 OK 버튼을 클릭한다.

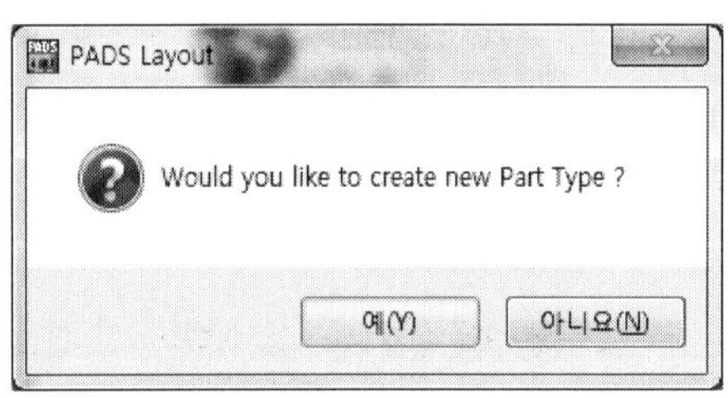

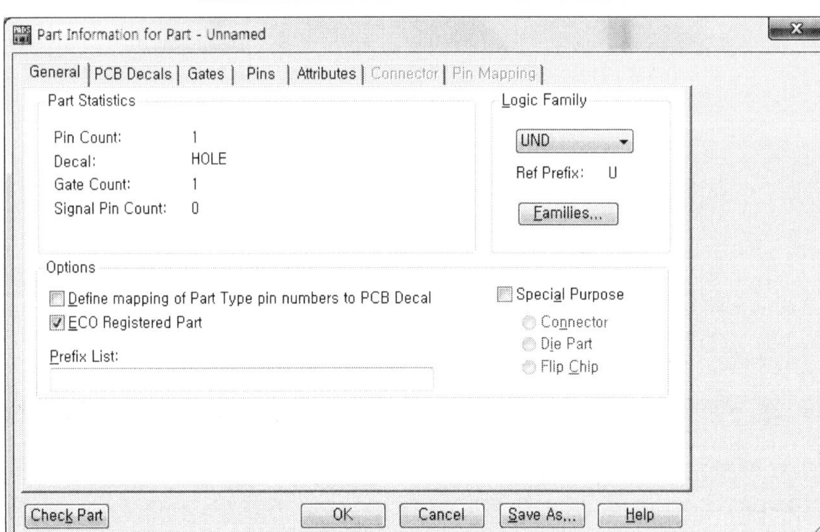

- Save Part Type to Library 팝업창에 HOLE을 입력한 후 OK 버튼을 클릭한다.

- 작업 화면의 메뉴에서 File〉Exit Decal Editor를 눌러 빠져나온다.

3.4 CAE Decal 및 Part Type 만들기

3.4.1 PADS Logic 시작 및 Library 지정

① 컴퓨터를 기동한 후 PADS Logic 9.5를 실행하여 프로그램을 시작한다.

② 프로그램을 시작하면 새로운 창이 나타나는데 이 창의 메뉴 중 **Start a new design**이라고 되어 있는 곳을 클릭한다.

③ 아래 그림과 같은 Font Replacement 팝업창이 나타나면 그냥 OK 버튼을 누른다.

④ 프로그램 작업창에서 File〉Library를 선택한다.

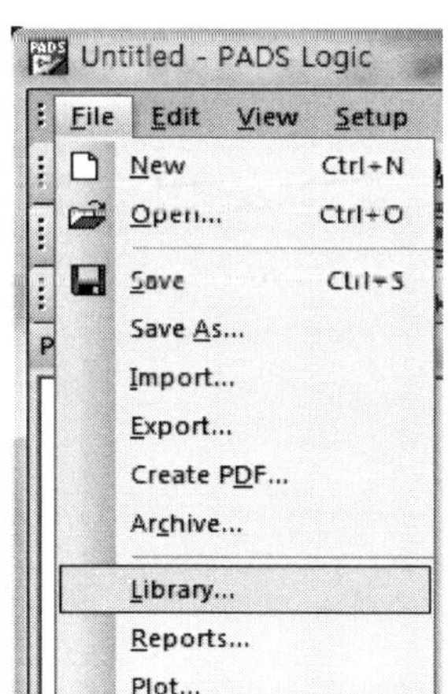

④ 팝업 된 Library Manager창에서 Manage Lib List... 버튼을 클릭한다.

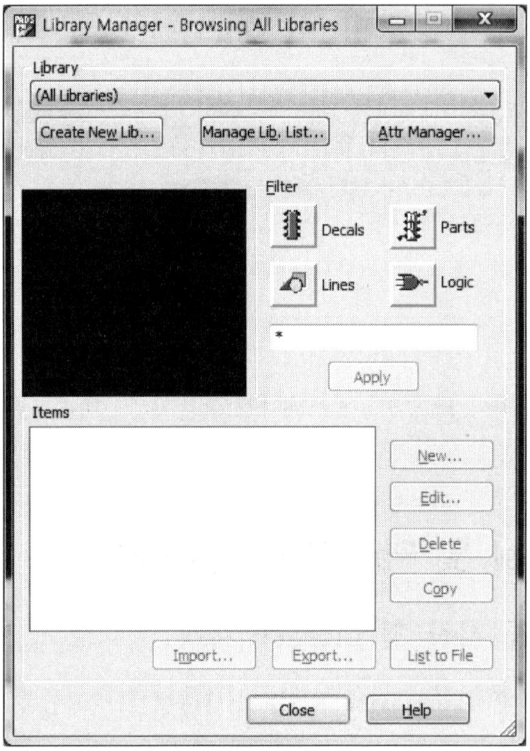

⑤ 팝업 된 Library List창에서 [Add...] 버튼을 클릭한다.

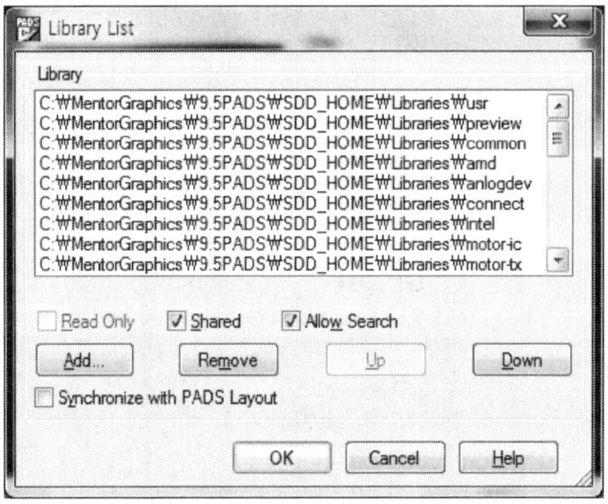

⑥ Add Library창에서 preset.pt9 파일을 클릭한 후 [열기(O)] 버튼을 누른다.

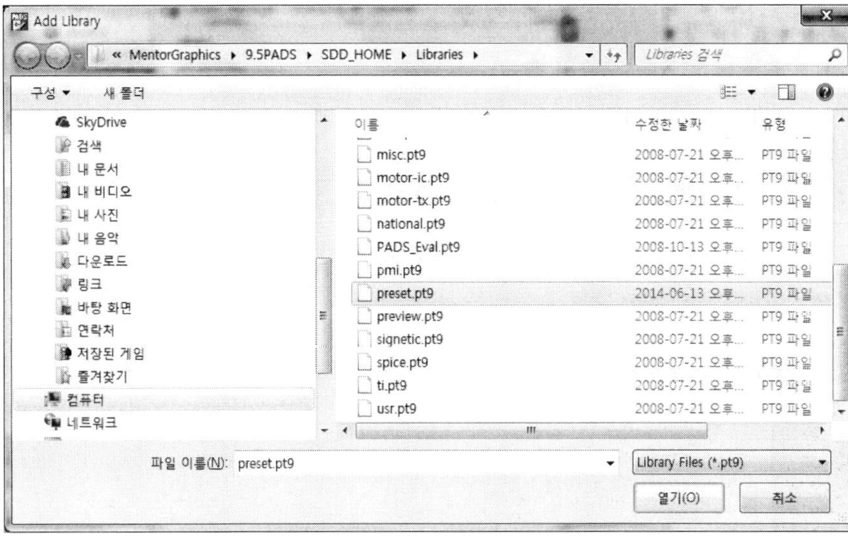

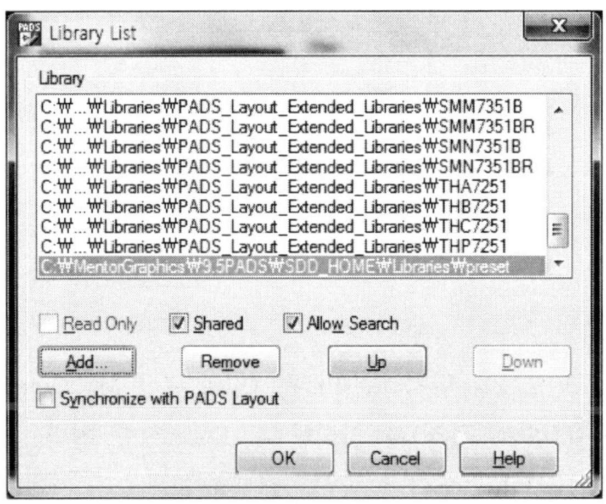

⑦ 다시 Library List창으로 오면 preset Library가 경로로 설정된 것을 확인할 수 있다. 여기에서 Up 버튼을 눌러 맨 위로 보낸 다음 OK 버튼을 누른다.

⑧ Library Manager창에서 Library 콤보 상자를 열어 생성된 Library의 경로를 지정한 후 Close 버튼을 클릭한다.

지금까지 프로그램 시작 후 Library를 지정하는 과정에 대해 설명하였다.

3.4.2 R_1/4W CAE Decal 만들기

- File〉Library를 선택한 후 Library Manager창에서 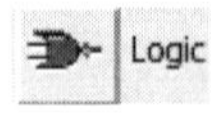 Icon을 누른 다음  버튼을 누른 후  버튼을 누른다.
- 아래 그림의 오른쪽과 같이 CAE Decal을 그릴 수 있는 작업 화면이 나타난다.

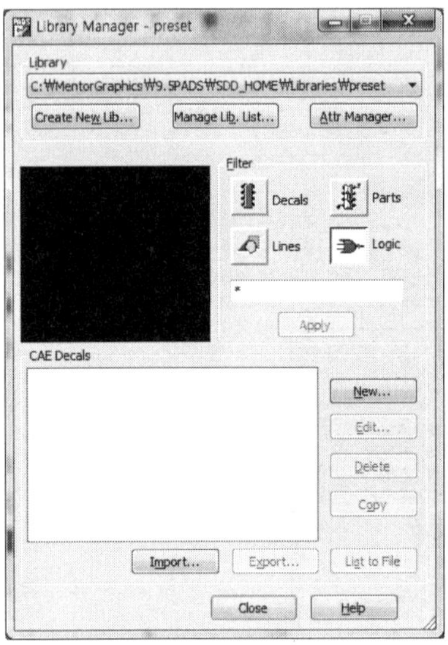

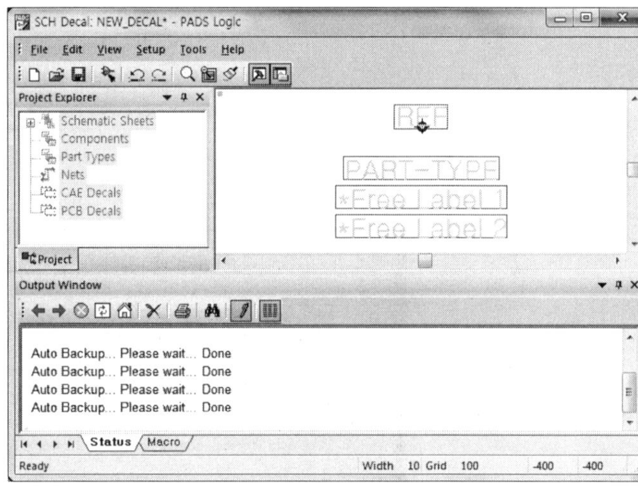

- 작업 화면에서 키보드로 g를 입력하면 아래 그림과 같은 Modeless Command창이 나타나는데 100(Grid를 100으로 설정)을 입력한 후 Enter키를 친다.
- View〉Toolbar〉Symbol Editor Toolbar를 선택한다.

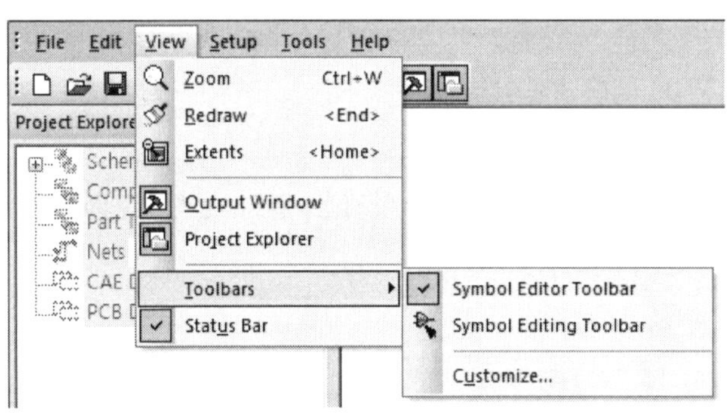

- 아래 그림과 같은 Decal Editing Toolbar Icon이 나타나고 이것을 클릭하면 세부 메뉴 Icon이 나타난다.

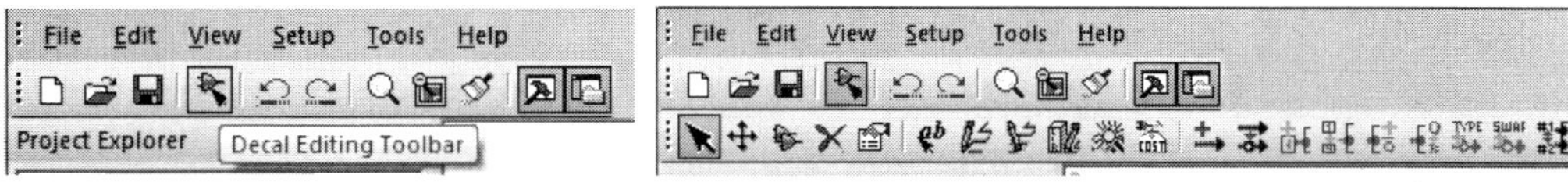

- Decal Editing Toolbar에서 Add Terminal Icon( )을 클릭하고 Pin Decal Browse 팝업창에서 Pins : PINSHORT를 선택한 다음 OK 버튼을 누른다.(특성에 맞게 핀을 선택해야 하는데 여기서는 특별한 특성이 없기 때문에 그냥 짧은 핀을 선택하였다)

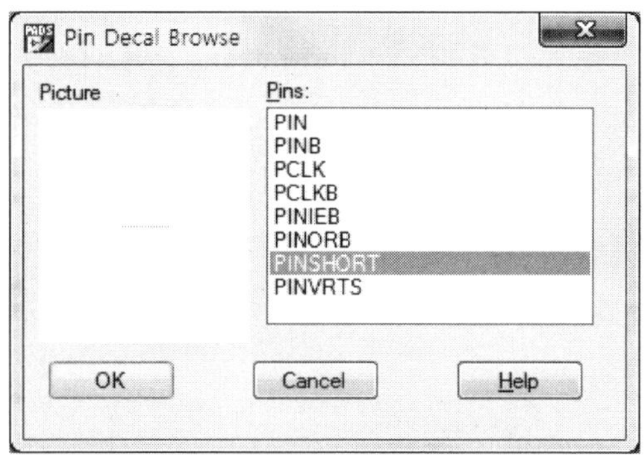

- 화면 오른쪽 아래 부분에 좌표가 표시되고 있는데 원점(0, 0) 좌표에서 클릭하여 1번 핀을 배치한 후 MRB-X Mirror를 선택한 다음 좌표(600, 0)에서 클릭하여 2번 핀을 배치하고 Esc키를 누른다.

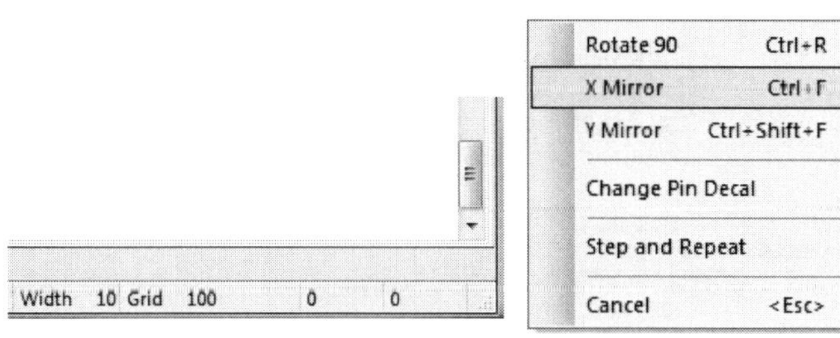

- 아래 그림과 같이 1번 핀, 2번 핀이 배치되었다.

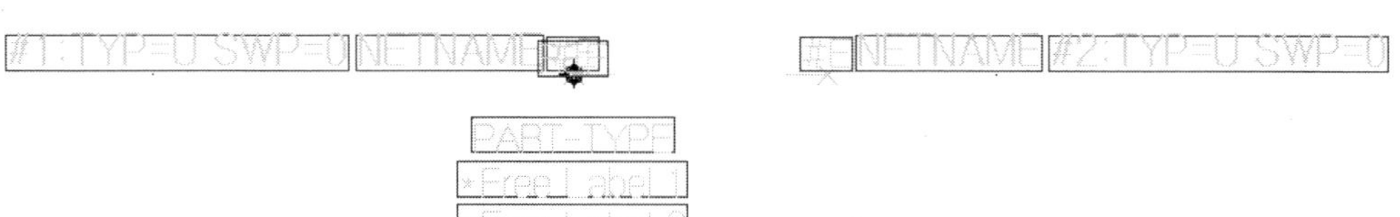

이제는 저항 모양을 그려보자.

- 키보드로 g10을 입력한 후 Enter키를 친다.
- 작업 화면의 메뉴에서 View〉Zoom을 하거나 해당 Icon을 클릭한 후 화면을 적당히 크게 한 다음 Esc키를 누른다. (MLB - 화면 확대, MRB - 화면 축소)
- Decal Editing Toolbar에서 Create 2D Line Icon( )을 클릭한 후 작업 화면에서 MRB-Path를 선택한다.
- 작업 화면 오른쪽 아래의 좌표를 참조하여 좌표(100, 0)에서 클릭하고 좌표(120, 0)에서 클릭한 후 키보드로 a를 누르면 Modless Command창이 나타나는데 저항 심벌을 그리기 위해서 임의의 각도로 그려야 하기 때문에(MRB-Any Angle을 선택할 수 있다) 옵션으로 a를 더 입력한 후 Enter키를 치고 다음의 좌표(150, 60), (210, -60), (270, 60), (330, -60), (390, 60), (450, -60), (480, 0)의 순서대로 클릭한 후 좌표(500, 0)에서 더블클릭한다.

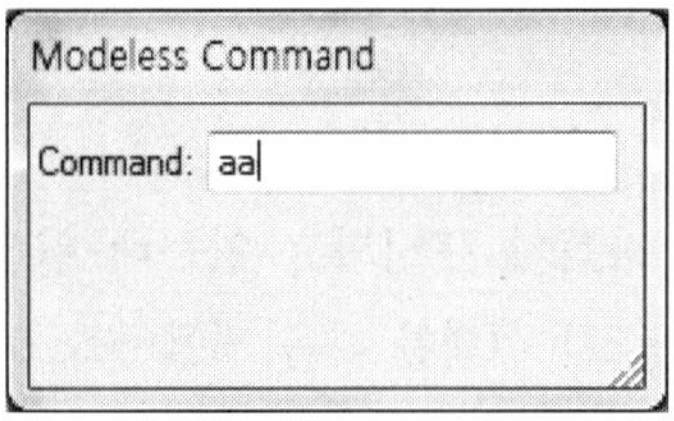

- 키보드를 이용하여 g100을 입력한다.
- 작업 화면에서 MRB-Select Anything을 선택한 후 REF를 클릭하여 심벌 위쪽에 배치한다.

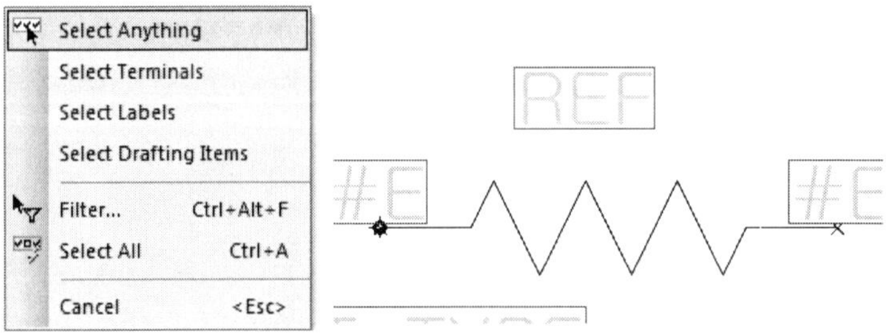

- 작업 화면의 메뉴에서 File〉Save를 선택하여 아래 그림과 같이 R_1/4W를 입력하고 OK 버튼을 눌러 저장한다.

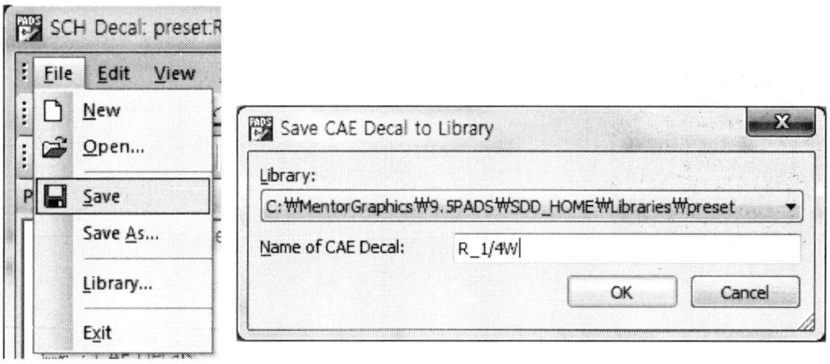

3.4.3 R_1/4W Part Type 만들기

PCB Decal과 CAE Decal을 만들었으니 이제 두 Decal간 서로 연결 작업을 해 주어야 한다.

- CAE Decal을 만들고 이어서 이 작업을 하는 경우에는 아래 순서에 맞게 진행하고 프로그램을 다시 시작하여 진행할 경우에는 Tools〉Part Editor를 선택하여 진행하면 된다.
- 작업 화면에서 File〉New를 선택하면 Select type of... 팝업창이 나타난다.

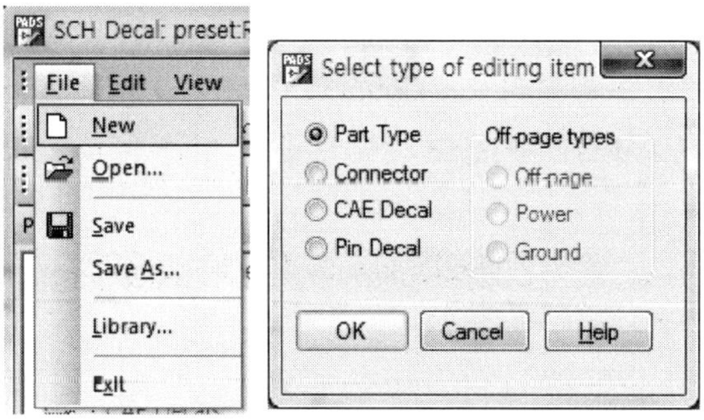

- Select type of... 팝업창에서 ◉ Part Type 을 선택한 후 OK 버튼을 누른다.
- Edit Electrical( ) Icon을 누르면 Part 정보를 입력할 수 있는 팝업창이 생긴다.

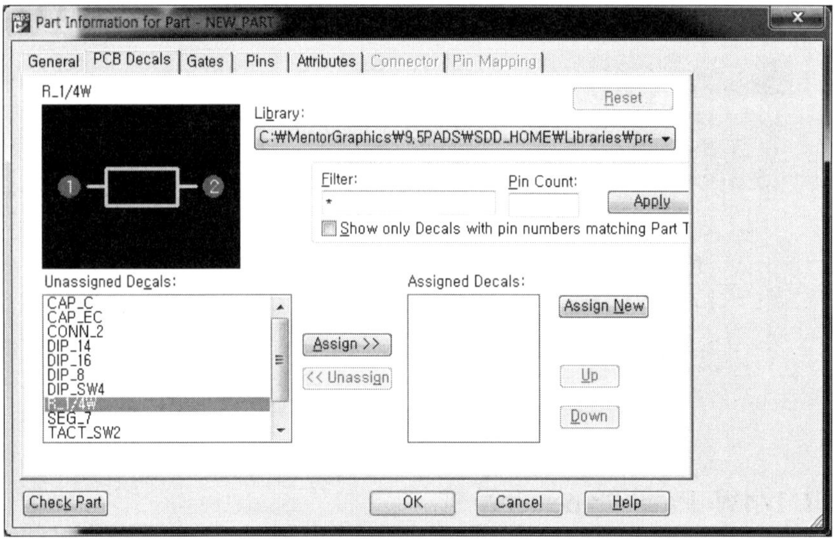

- PCB Decals Tab을 선택한다.
- Library : 의 콤보 상자를 클릭하여 미리 만들어 둔 preset Library 경로를 지정한다.
- Unassigned Decals: 란에 보면 이전에 만들어 둔 PCB Decal들이 보이는데 이 중에서 R_1/4W를 선택한 후 오른쪽의 [Assign >>] 버튼을 누른다.
- Assigned Decals: 란이 비어 있다가 R_1/4W가 지정된다.
- 그런 다음 General Tab을 누른다.
- 전 단계에서 지정해 준 부품의 Pin Count, Decal 등의 정보가 표시된다. 여기서 Logic Family의 Ref Prefix: R을 선택한다. (각 부품에 맞는 Reference를 선정)

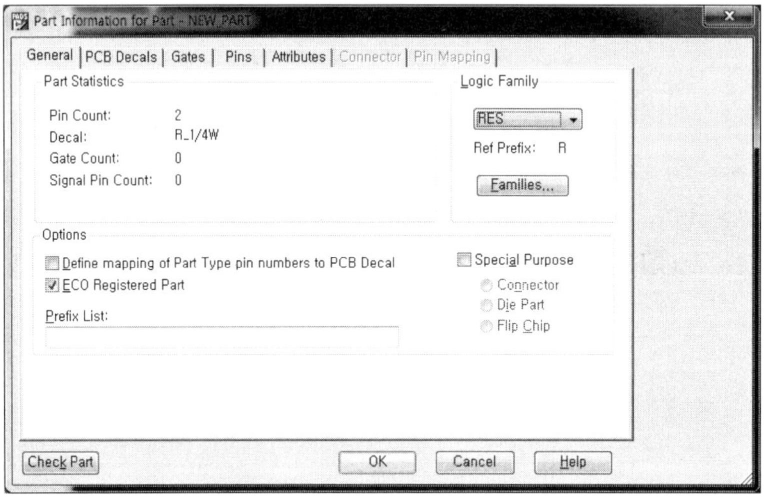

- 이번에는 Gates Tab을 누른 다음 [Add] 버튼을 누른다.

- CAE Decal1 항목의 아래 빈 칸을 더블클릭하면 아래 그림과 같이 된다.

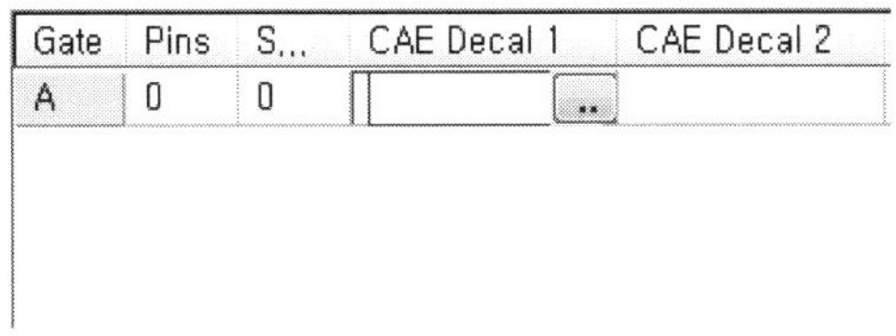

- 위의 그림에서 [...]을 누르면 Assign Decal 관련 창이 나타난다.

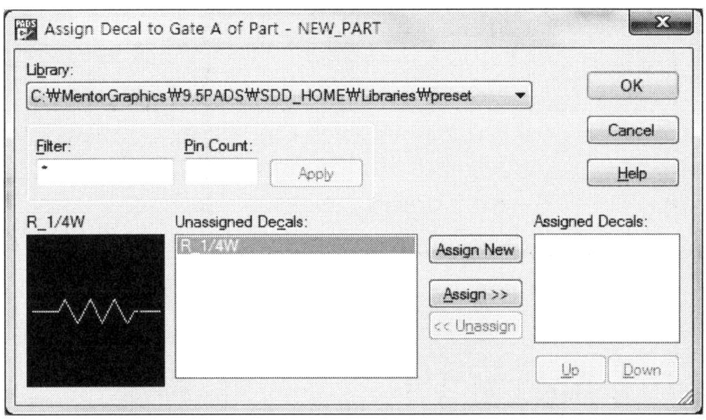

- 위의 그림에서 Unassigned Decals: R_1/4W를 선택한 후 오른쪽의 [Assign >>] 버튼을 누르고 [OK] 버튼을 눌러 팝업창을 닫는다.
- Pins Tab을 선택한다.
- Pin Group 밑을 클릭하여 1번 핀에 대해 Gate-A로 설정한다.
- 2번 핀도 마찬가지로 위와 같이 설정한다.

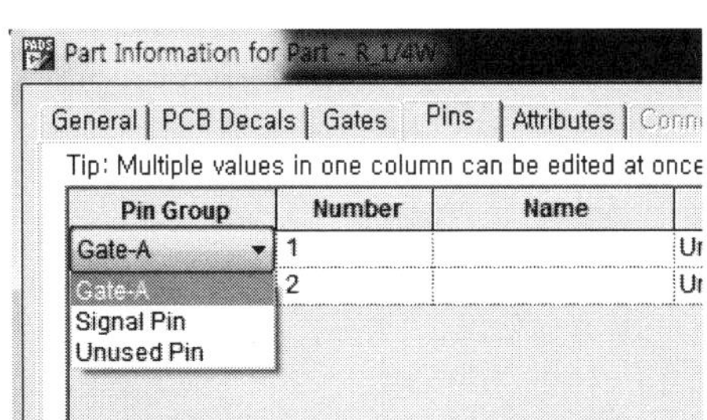

- 저항의 경우 Attributes Tab은 다루지 않는다.
- Part 정보 입력 창에서 [OK] 버튼을 누르면 PCB Decal과 CAE Decal 사이의 정보

연결 작업이 완료된다.
- 작업 화면의 메뉴에서 File>Save하여 R_1/4W로 저장한다.
- Part Type item exists < R_1/4W > Overwrite item Y/N? 메시지가 나올 경우 [예(Y)] 버튼을 누른다.
- 작업 화면의 메뉴에서 File>Exit Part Editor를 눌러 빠져나온다.

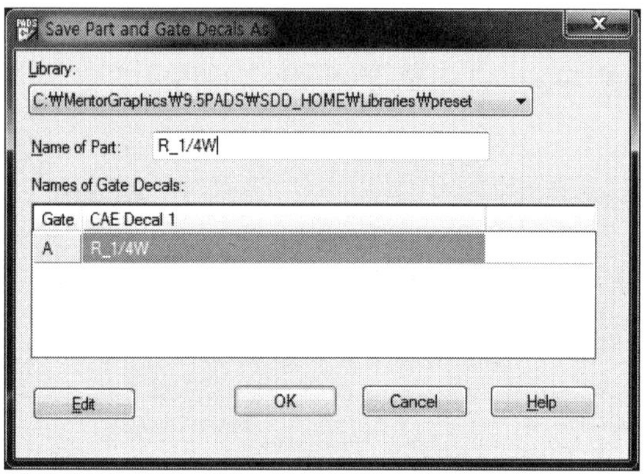

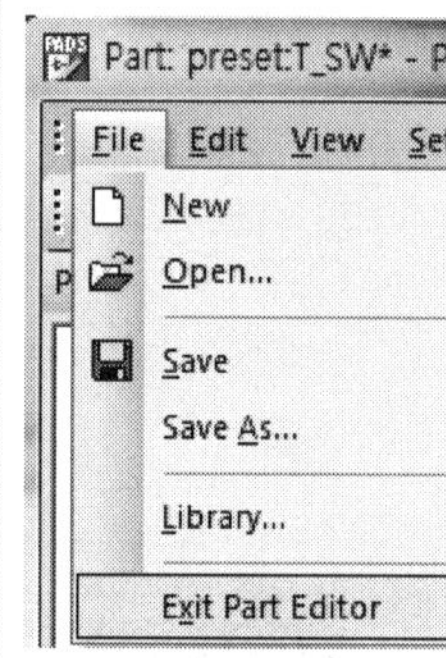

3.4.4 T_SW CAE Decal 만들기

- File>Library를 선택한 후 Library Manager창에서 [Logic] Icon을 누른 다음 [New...] 버튼을 누른 후 [Close] 버튼을 누른다.
- 아래 그림의 오른쪽과 같이 CAE Decal을 그릴 수 있는 작업 화면이 나타난다.

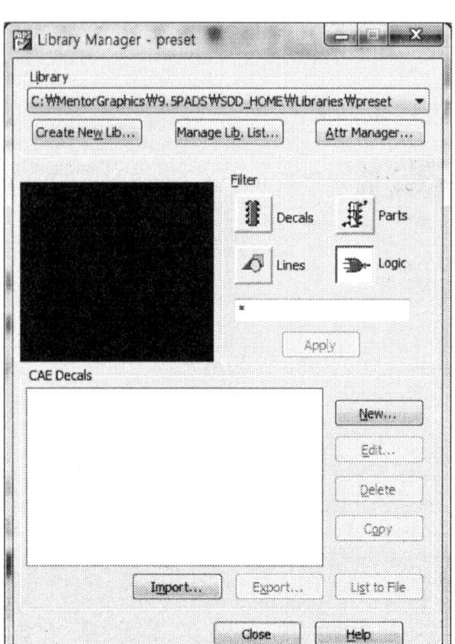

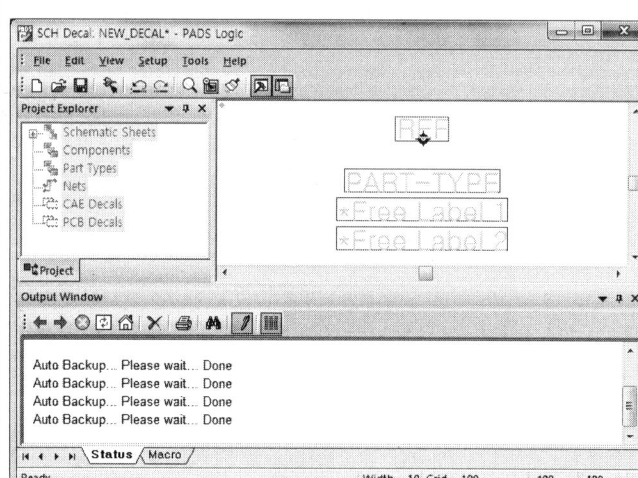

- 작업 화면에서 키보드를 이용하여 g100을 입력한 후 Enter키를 친다. (Grid가 100으로 설정되어 있는 경우 생략)
- View〉Toolbar〉Symbol Editor Toolbar를 선택한다.

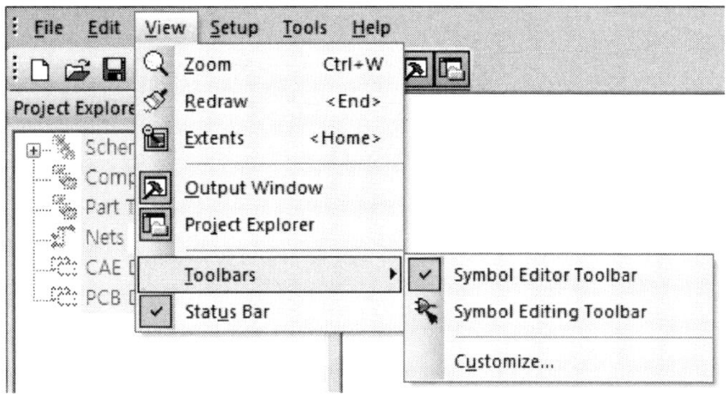

- 아래 그림과 같은 Decal Editing Toolbar Icon이 나타나고 이것을 클릭하면 세부 메뉴 Icon이 나타난다.

- Decal Editing Toolbar에서 Add Terminal Icon( )을 클릭하고 Pin Decal Browse 팝업창에서 Pins : PINSHORT를 선택한 다음 OK 버튼을 누른다.(특성에 맞게 핀을 선택해야 하는데 여기서는 특별한 특성이 없기 때문에 그냥 짧은 핀을 선택하였다)

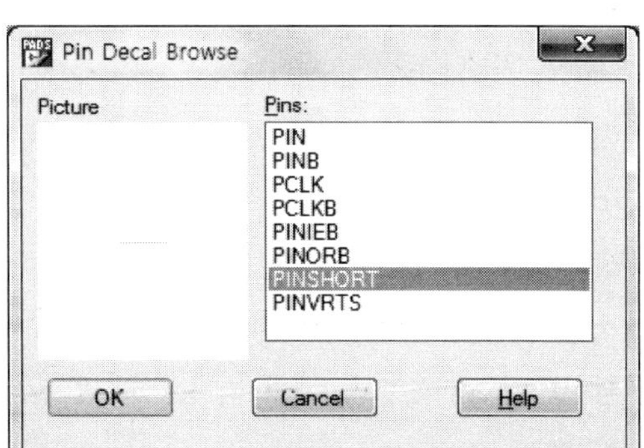

- 작업 화면에서 MRB-Rotate 90을 하여 좌표(0, -300)에 1번 핀을 배치하고 다시 MRB-Rotate 90을 하여 좌표(-300, 0)에 2번 핀을 배치한 다음 다시 MRB-Rotate 90, MRB-Y Mirror를 하여 좌표(0, 300)에 3번 핀을 배치한 후 Esc를 누른다.(중요 : PCB Decal에서 2번 터미널이 스위치의 중성 접점임을 기억하자)

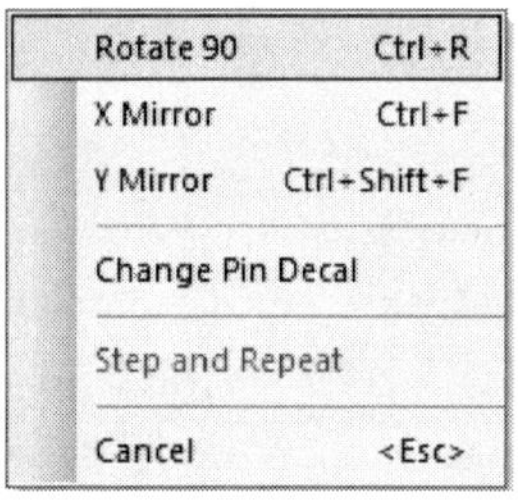

- 아래 그림과 같이 1번 핀, 2번 핀 그리고 3번 핀이 배치되었다.

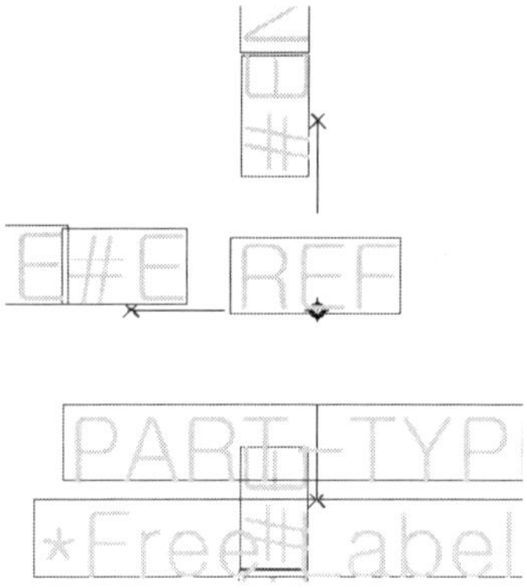

이제는 T_SW 모양을 그려보자.

- 키보드로 g10을 입력한 후 Enter키를 친다.
- 작업 화면 메뉴 View〉Zoom을 한 후 화면을 적당히 크게 한 후 Esc키를 누른다. (MLB - 화면 확대, MRB - 화면 축소)
- Decal Editing Toolbar에서 Create 2D Line Icon( )을 클릭한 후 작업 화면에서 MRB-Circle을 선택한다.
- 작업 화면 오른쪽 아래의 좌표를 참조하여 좌표(0, -160)에서 클릭하여 드래그한 후 좌표(0, -120)에서 클릭, 좌표(-160, 0)에서 클릭하여 드래그한 후 좌표(-120, 0)에서 클릭, 좌표(0, 160)에서 클릭하여 드래그한 후 좌표(0, 120)에서 클릭하여 반지름 40인 원을 3개 그린다.

– 다시 MRB-Path를 하고 좌표(-120, 0)에서 클릭한 후 키보드로 aa를 입력하여 자유각도로 설정한 후 좌표(50, 150)에서 더블클릭한다.

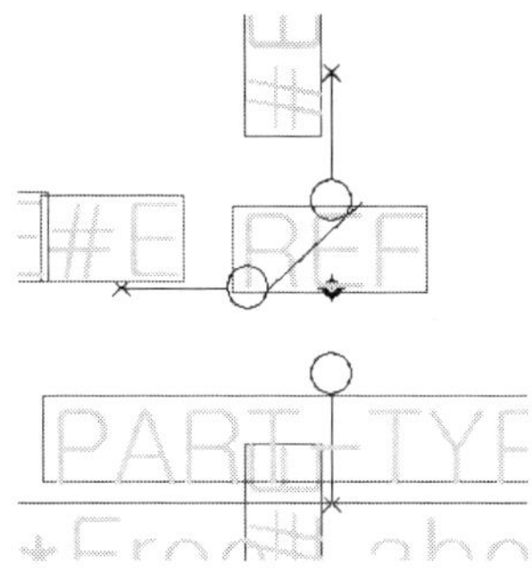

– 키보드를 이용하여 g100을 입력한다.

– Select Icon( )을 선택하고 MRB-Select Drafting Items를 한 후 위에서 그린 T_SW 심벌을 드래그하여 모두 선택한 다음 MRB-Combine을 하여 하나로 묶어준 다음 Esc키를 누른다.

– 작업 화면에서 MRB-Anything을 하고 REF를 클릭하여 적당히 배치한다.

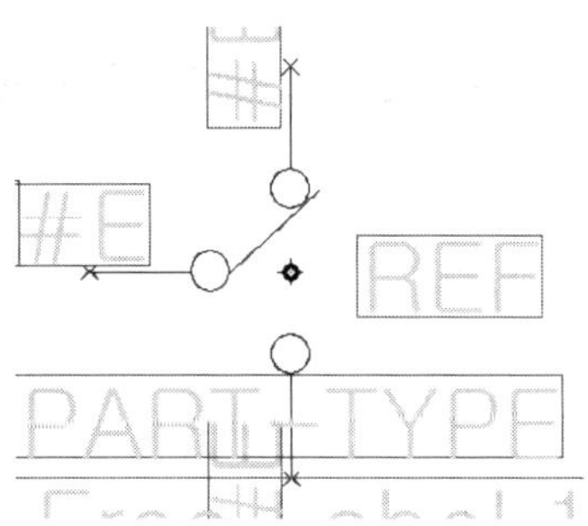

– 작업 화면의 메뉴에서 File〉Save를 선택하여 아래 그림과 같이 T_SW를 입력하고 OK 버튼을 눌러 저장한다.

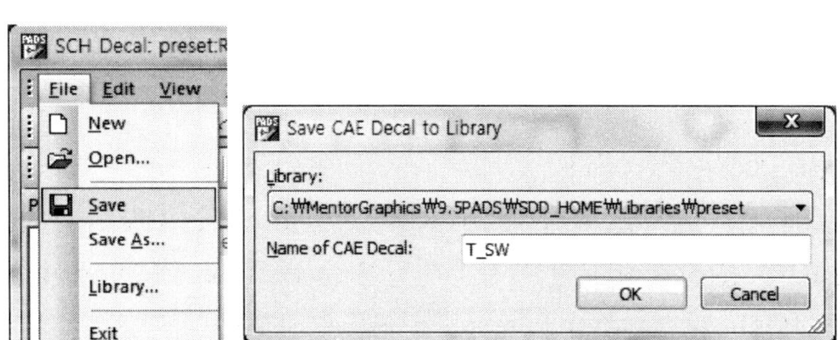

3.4.5 T_SW Part Type 만들기

PCB Decal과 CAE Decal을 만들었으니 이제 두 Decal간 서로 연결 작업을 해 주어야 한다.

– 작업 화면에서 File〉New를 선택하면 Select type of... 팝업창이 나타난다.

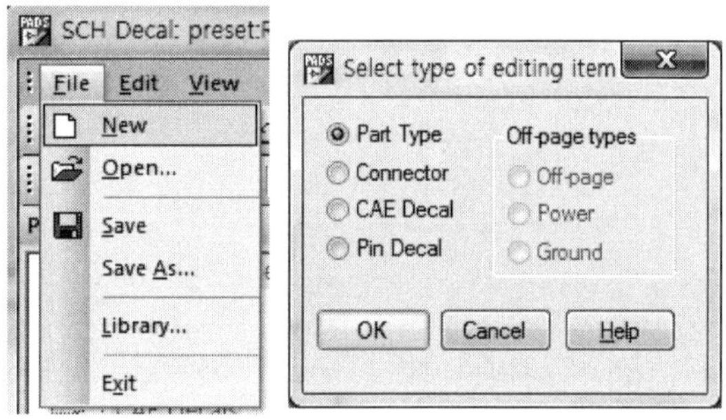

– Select type of... 팝업창에서 Part Type 을 선택한 후 OK 버튼을 누른다.

– Edit Electrical() Icon을 누르면 Part 정보를 입력할 수 있는 팝업창이 생긴다.

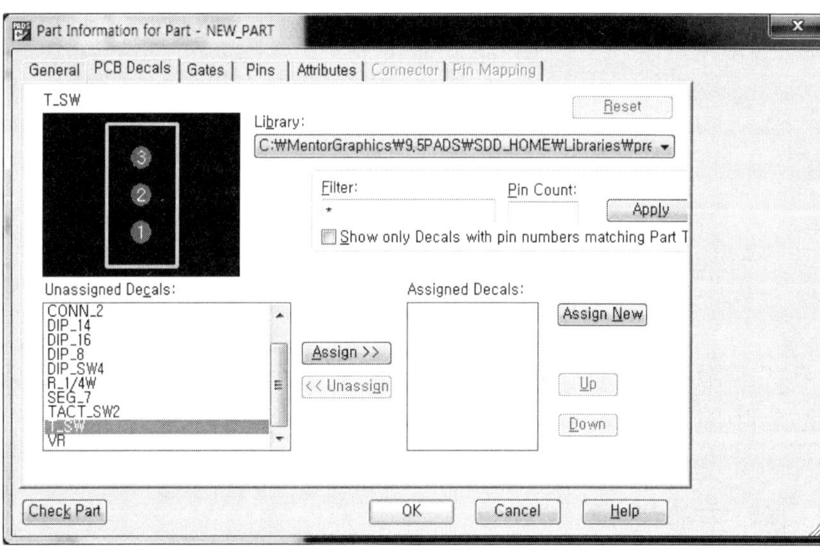

– PCB Decals Tab을 선택한다.

– Library : 의 콤보 상자를 클릭하여 미리 만들어 둔 preset Library 경로를 지정한다.

– Unassigned Decals: 란에 보면 이전에 만들어 둔 PCB Decal들이 보이는데 이 중에서 T_SW를 선택한 후 오른쪽의 Assign >> 버튼을 누른다.

– Assigned Decals: 란이 비어 있다가 T_SW가 지정된다.

- 그런 다음 General Tab을 누른다.
- 전 단계에서 지정해 준 부품의 Pin Count, Decal 등의 정보가 표시된다. 여기서 Logic Family의 Ref Prefix: S를 선택한다. (각 부품에 맞는 Reference를 선정)

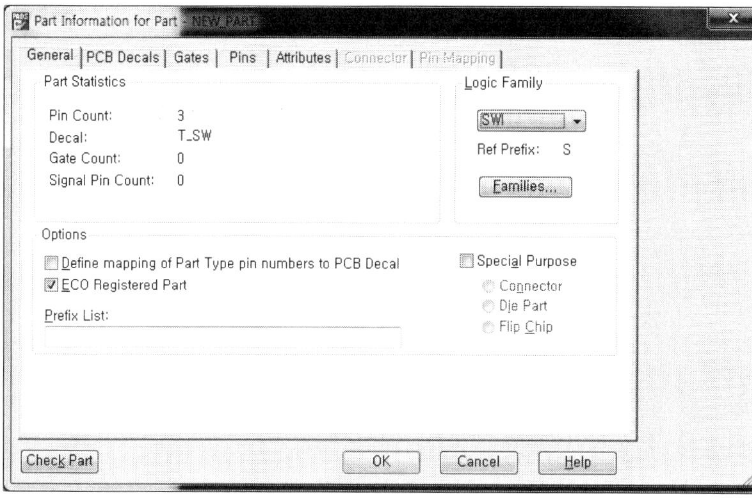

- 이번에는 Gates Tab을 누른 다음 [Add] 버튼을 누른다.
- CAE Decal1 항목의 아래 빈 칸을 더블클릭하면 아래 그림과 같이 된다.

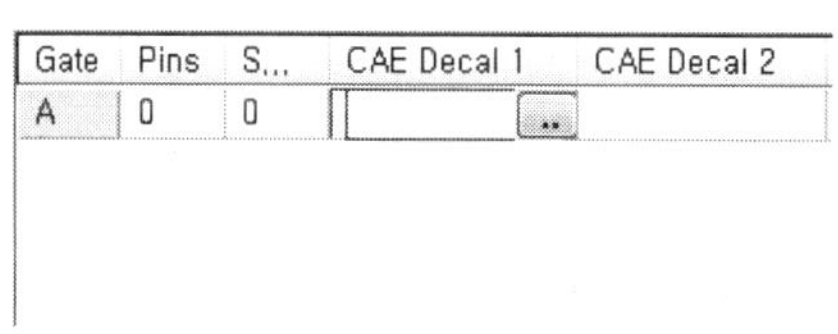

- 위의 그림에서 [...]을 누르면 Assign Decal 관련 창이 나타난다.

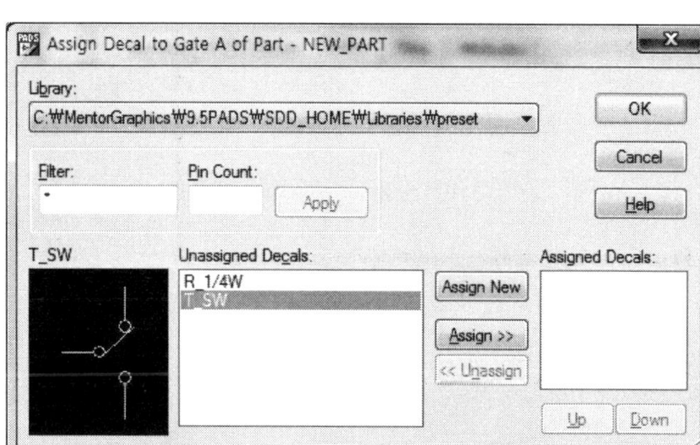

- 위의 그림에서 Unassigned Decals: T_SW를 선택한 후 오른쪽의 Assign >> 버튼을 누르고 OK 버튼을 눌러 팝업창을 닫는다.
- Pins Tab을 선택한다.
- Pin Group 밑을 클릭하여 1번 핀에 대해 Gate-A로 설정한다.
- 2번, 3번 핀도 마찬가지로 위와 같이 설정한다.

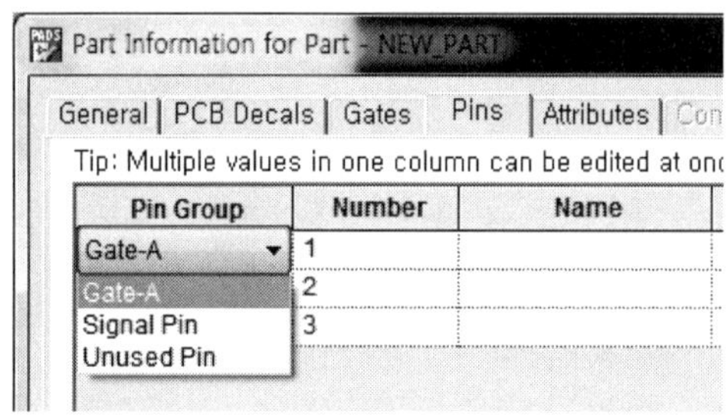

- 토글 스위치의 경우 Attributes Tab은 다루지 않는다.
- Part 정보 입력 창에서 OK 버튼을 누르면 PCB Decal과 CAE Decal 사이의 정보 연결 작업이 완료된다.
- 작업 화면의 메뉴에서 File〉Save하여 T_SW로 저장한다.
- Part Type item exists < T_SW > Overwrite item Y/N? 메시지가 나올 경우 예(Y) 버튼을 누른다.
- 작업 화면의 메뉴에서 File〉Exit Part Editor를 눌러 빠져나온다.

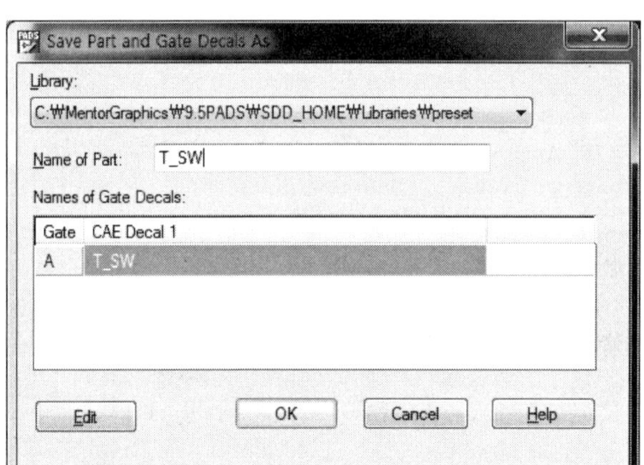

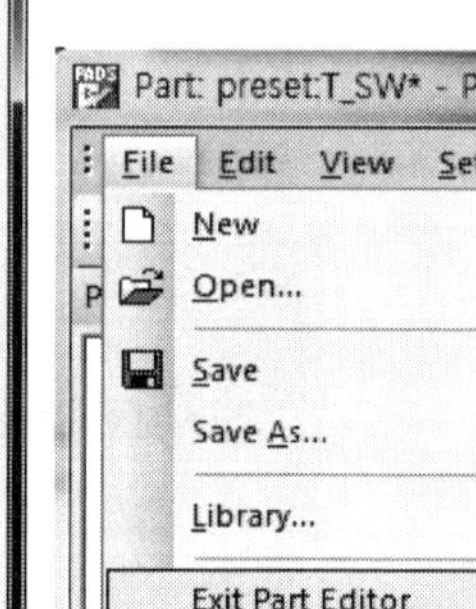

3.4.6 NE555 CAE Decal 만들기

- File〉Library를 선택한 후 Library Manager창에서 Logic Icon을 누른 다음 New... 버튼을 누른 후 Close 버튼을 누른다.
- 아래 그림의 오른쪽과 같이 CAE Decal을 그릴 수 있는 작업 화면이 나타난다.

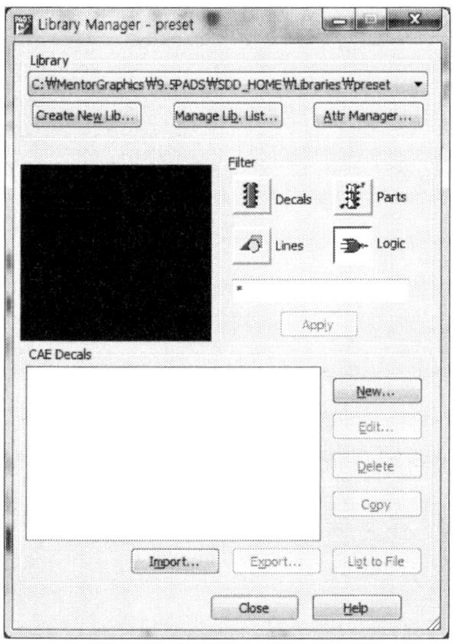

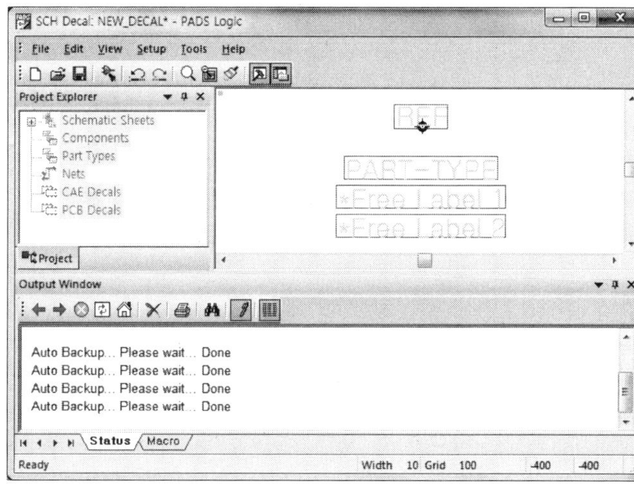

- 작업 화면에서 키보드를 이용하여 g100을 입력한 후 Enter키를 친다. (Grid가 100으로 설정되어 있는 경우 생략)
- View〉Toolbar〉Symbol Editor Toolbar를 선택한다.

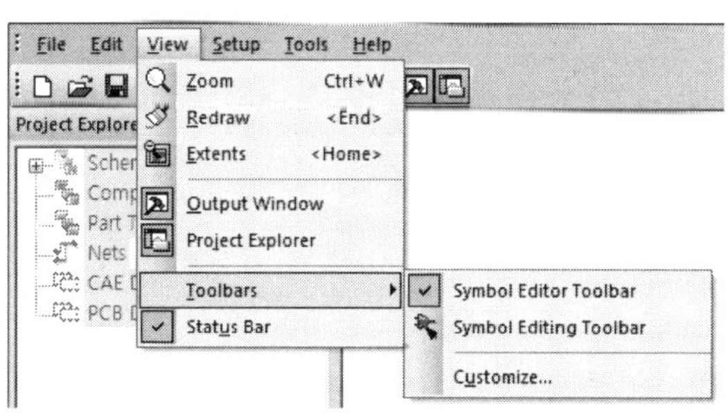

- 아래 그림과 같은 Decal Editing Toolbar Icon이 나타나고 이것을 클릭하면 세부 메뉴 Icon이 나타난다.

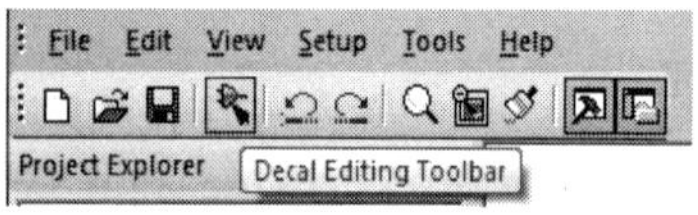

– NE555 IC는 아래 그림과 같이 핀 정보와 회로도를 작성할 때 심벌의 핀 배치를 고려하여 작업해야 하고 저항이나 다른 심벌들의 외형 크기를 고려하여 적당한 크기로 그려야한다.

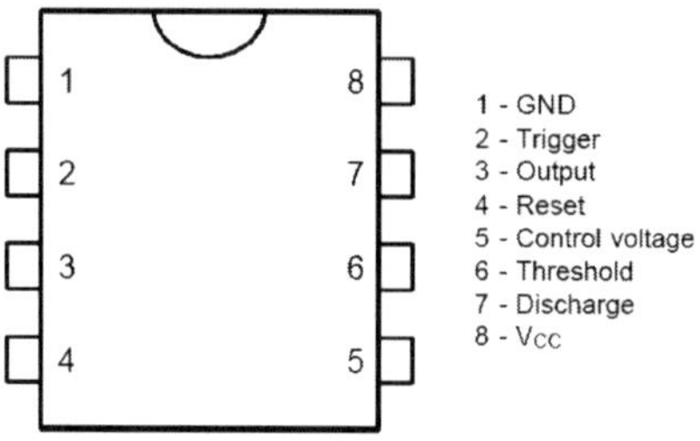

– Decal Editing Toolbar에서 Add Terminal Icon()을 클릭하고 Pin Decal Browse 팝업창에서 Pins : PIN을 선택한 다음  버튼을 누른다.(특성에 맞게 핀을 선택해야 하는데 여기서는 특별한 특성이 없기 때문에 그냥 핀을 선택하였다)

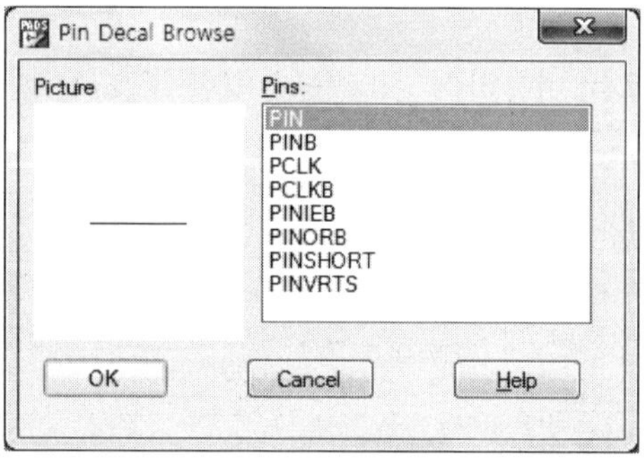

– MRB-Rotate 90을 한 후 좌표(300, -200)에서 클릭하여 1번 핀을 배치한다.
– 다시 MRB-Rotate 90을 한 후 좌표(-200, 1000)에서 클릭하여 2번 핀을 배치한다.
– MRB-X Mirror를 한 후 좌표(1500, 1000)에서 클릭하여 3번 핀을 배치한다.
– MRB-Rotate 90을 하고 다시 MRB-Y Mirror를 한 후 좌표(1000, 2200)에서 클릭하여 4번 핀을 배치한다.
– 다시 MRB-Y Mirror를 한 후 좌표(1000, -200)에서 클릭하여 5번 핀을 배치한다.
– MRB-Rotate 90을 하고 다시 MRB-X Mirror를 한 후 좌표(-200, 300)에서 클릭하여 6번 핀을 배치한다.

- 좌표(-200, 1700)에서 클릭하여 7번 핀을 배치한다.
- MRB-Rotate 90을 하고 다시 MRB-Y Mirror를 한 후 좌표(300, 2200)에서 클릭하여 8번 핀을 배치하고 Esc를 누른다.
- 아래 그림과 같이 1번에서 8번 핀까지 배치되었다.

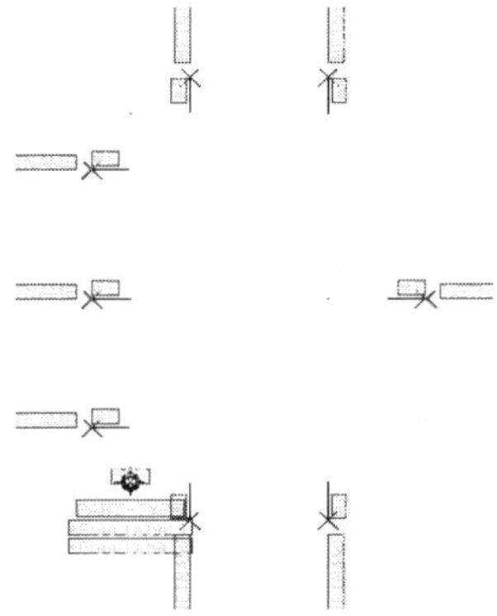

이제는 NE555 모양을 그려보자.

- 작업 화면 메뉴 View〉Zoom을 한 후 화면을 적당히 크게 한 후 Esc키를 누른다. (MLB
- 화면 확대, MRB - 화면 축소)
- Decal Editing Toolbar에서 Create 2D Line Icon()을 클릭한 후 작업 화면의 MRB-Rectangle을 선택한다.
- 작업 화면 오른쪽 아래의 좌표를 참조하여 좌표(0, 0)에서 클릭하여 드래그한 후 좌표(1300, 2000)에서 클릭하여 사각형을 그린 다음 Esc를 누른다.

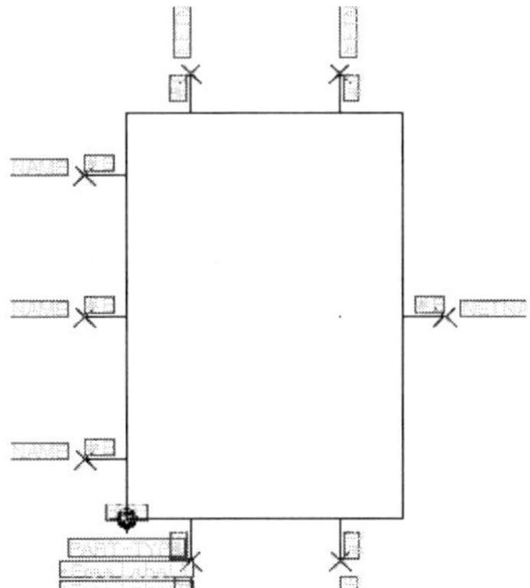

- 작업 화면에서 MRB-Anything을 하고 REF를 클릭하여 좌표(1500, 2000)로 이동한다.

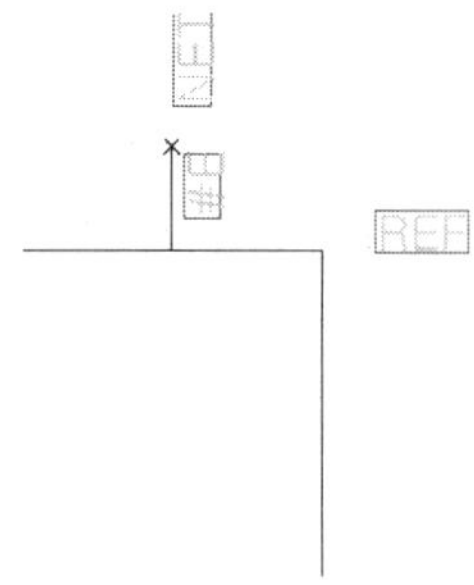

- 작업 화면의 메뉴에서 File〉Save를 선택하여 아래 그림과 같이 NE555를 입력하고 OK 버튼을 눌러 저장한다.

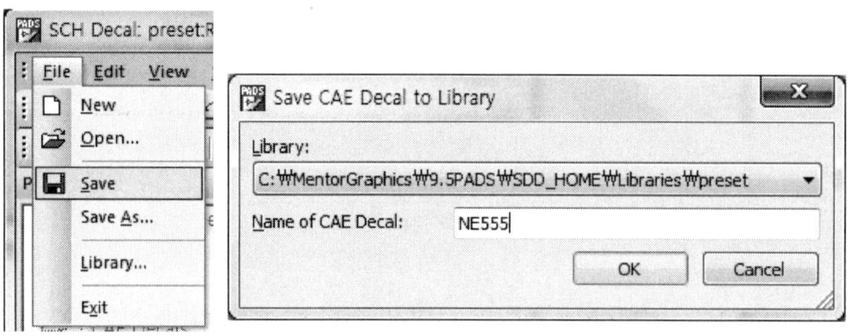

3.4.7 NE555 Part Type 만들기

PCB Decal과 CAE Decal을 만들었으니 이제 두 Decal간 서로 연결 작업을 해 주어야 한다.

- 작업 화면에서 File〉New를 선택하면 Select type of... 팝업창이 나타난다.

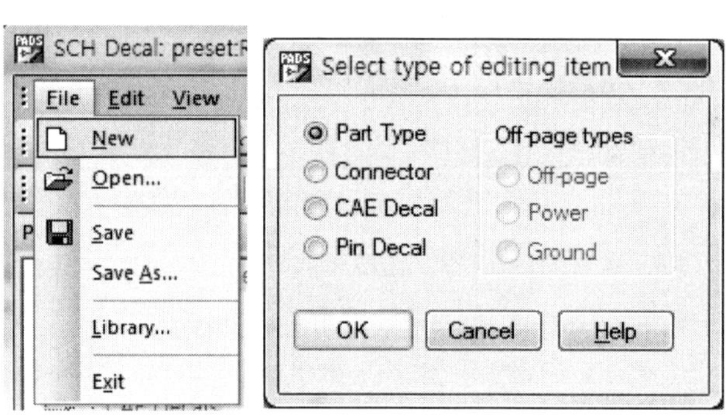

- Select type of... 팝업창에서 Part Type 을 선택한 후 OK 버튼을 누른다.

– Edit Electrical( ) Icon을 누르면 Part 정보를 입력할 수 있는 팝업창이 생긴다.

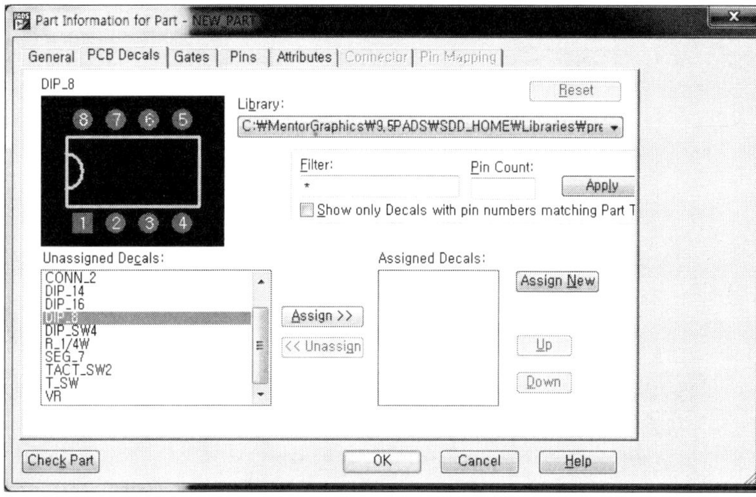

– PCB Decals Tab을 선택한다.

– Library : 의 콤보 상자를 클릭하여 미리 만들어 둔 preset Library 경로를 지정한다.

– Unassigned Decals: 란에 보면 이전에 만들어 둔 PCB Decal들이 보이는데 이 중에서 DIP_8을 선택한 후 오른쪽의 [Assign >>] 버튼을 누른다.

– Assigned Decals: 란이 비어 있다가 DIP_8이 지정된다.

– 그런 다음 General Tab을 누른다.

– 전 단계에서 지정해 준 부품의 Pin Count, Decal 등의 정보가 표시된다. 여기서 Logic Family의 Ref Prefix: U를 선택한다. (각 부품에 맞는 Reference를 선정)

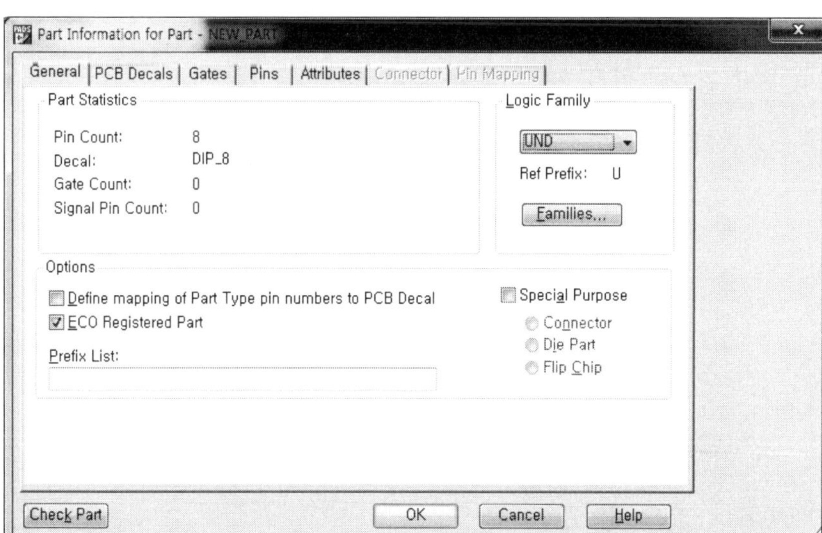

- 이번에는 Gates Tab을 누른 다음 [Add] 버튼을 누른다.
- CAE Decal1 항목의 아래 빈 칸을 더블클릭하면 아래 그림과 같이 된다.

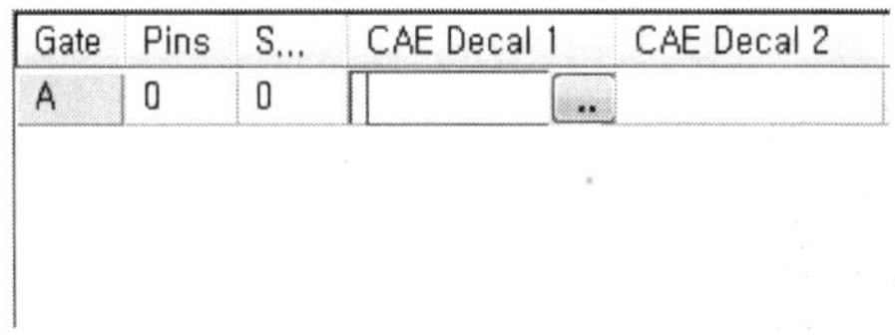

- 위의 그림에서 [...]을 누르면 Assign Decal 관련 창이 나타난다.

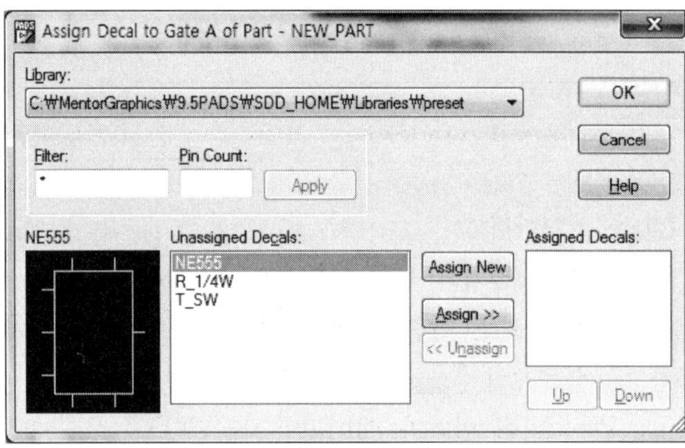

- 위의 그림에서 Unassigned Decals: NE555를 선택한 후 오른쪽의 [Assign >>] 버튼을 누르고 [OK] 버튼을 눌러 팝업창을 닫는다.
- Pins Tab을 선택한다.
- Pin Group 밑을 클릭하여 1번 핀에 대해 Gate-A로 설정한다.
- 2번부터 8번 핀까지 마찬가지로 위와 같이 설정한다.

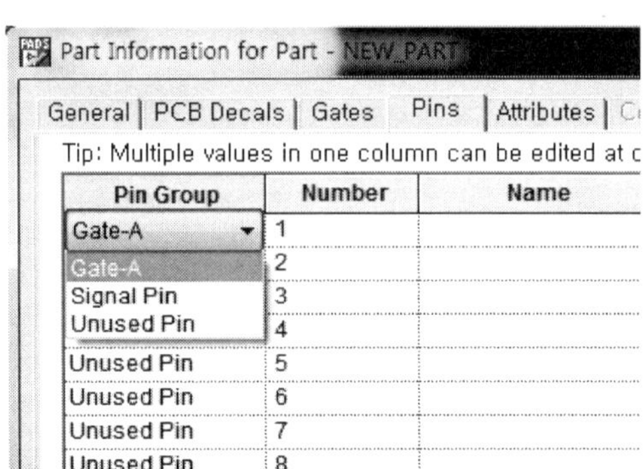

- 이제는 각 핀 번호에 맞는 핀 이름을 주어야 한다.
- 1번 핀의 Name 아래를 클릭하여 데이터 시트에 나타난 이름을 참조한 후 적당한 이름을 부여한다.
- 2번부터 8번 핀까지 마찬가지로 이름을 부여한다.(아래 참조)

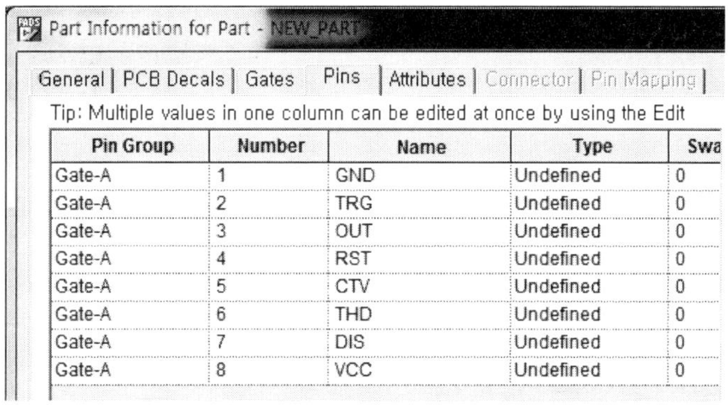
Part Information for Part - NEW_PART

General | PCB Decals | Gates | Pins | Attributes | Connector | Pin Mapping |

Tip: Multiple values in one column can be edited at once by using the Edit

Pin Group	Number	Name	Type	Swa
Gate-A	1	GND	Undefined	0
Gate-A	2	TRG	Undefined	0
Gate-A	3	OUT	Undefined	0
Gate-A	4	RST	Undefined	0
Gate-A	5	CTV	Undefined	0
Gate-A	6	THD	Undefined	0
Gate-A	7	DIS	Undefined	0
Gate-A	8	VCC	Undefined	0

- 나머지 사항들은 그냥 넘어간다.
- NE555의 경우 Attributes Tab은 다루지 않는다.
- Part 정보 입력 창에서 OK 버튼을 누르면 PCB Decal과 CAE Decal 사이의 정보 연결 작업이 완료된다.

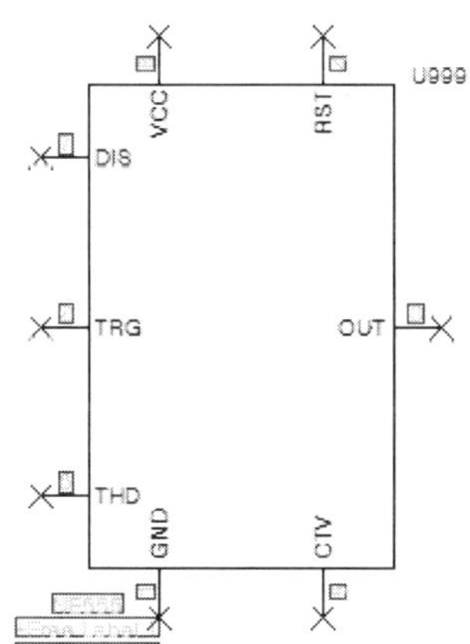

- 작업 화면의 메뉴에서 File〉Save하여 NE555로 저장한다.
- Part Type item exists < NE555 > Overwrite item Y/N? 메시지가 나올 경우 예(Y) 버튼을 누른다.
- 작업 화면의 메뉴에서 File〉Exit Part Editor를 눌러 빠져나온다.

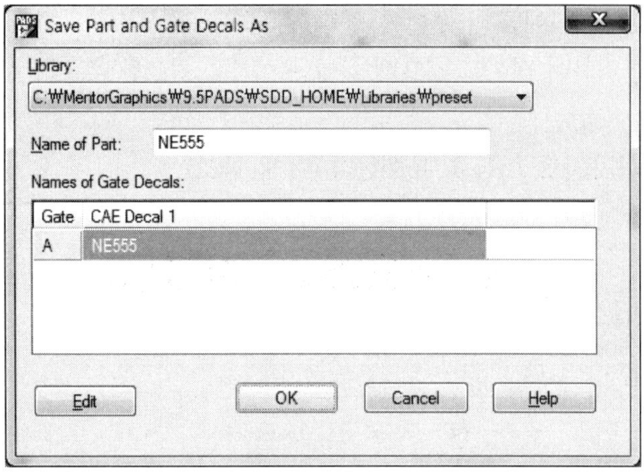

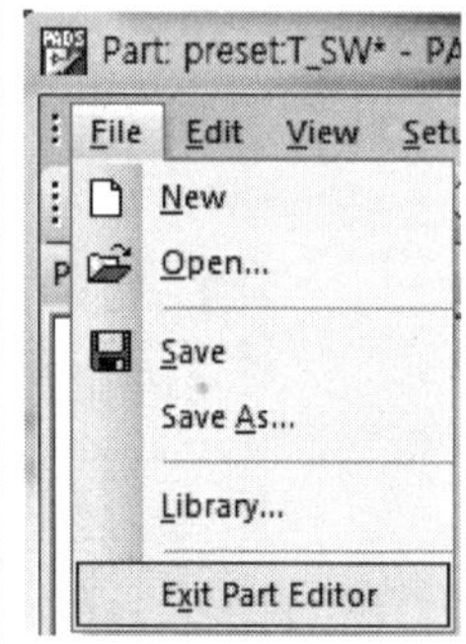

3.4.8 7400 CAE Decal 만들기

- File〉Library를 선택한 후 Library Manager창에서 Logic Icon을 누른 다음 New... 버튼을 누른 후 Close 버튼을 누른다.
- 아래 그림의 오른쪽과 같이 CAE Decal을 그릴 수 있는 작업 화면이 나타난다.

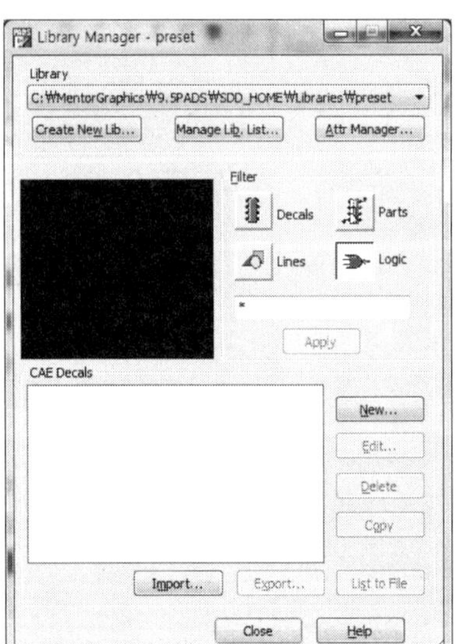

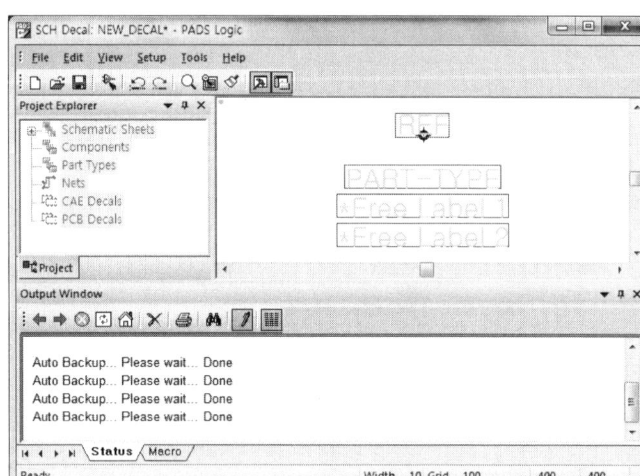

- 작업 화면에서 키보드를 이용하여 g100을 입력한 후 Enter키를 친다. (Grid가 100으로 설정되어 있는 경우 생략)
- View〉Toolbar〉Symbol Editor Toolbar를 선택한다.

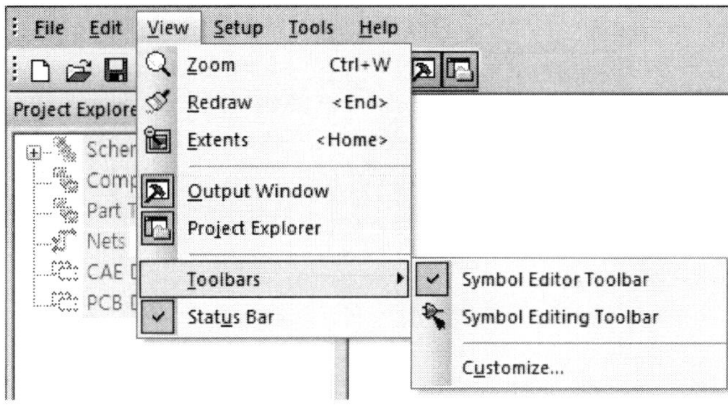

– 아래 그림과 같은 Decal Editing Toolbar Icon이 나타나고 이것을 클릭하면 세부 메뉴 Icon이 나타난다.

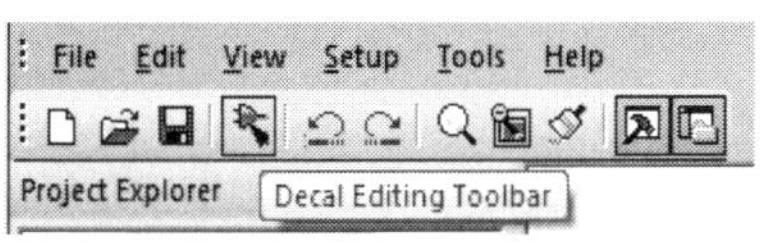

– 7400 IC는 아래 그림과 같이 2-Input NAND Gate 4개로 구성되어 있는 부품이며 이런 경우 우선 한 개의 Gate를 그려 전체를 나타낼 수 있도록 한다. 또한 7번 핀이 GND이고 14번 핀이 VCC인 점도 알고 있어야 한다.

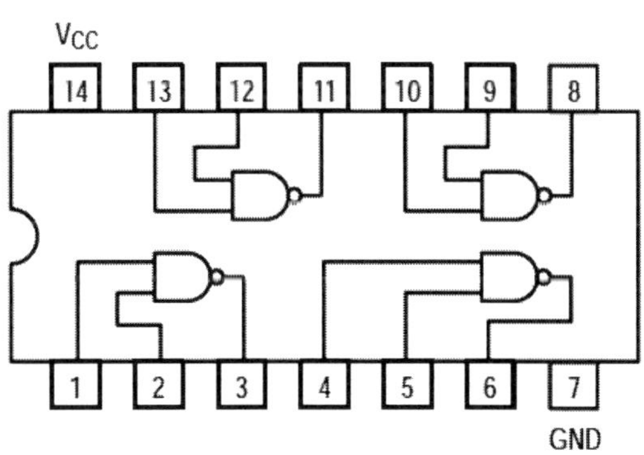

– Decal Editing Toolbar에서 Add Terminal Icon( )을 클릭하고 Pin Decal Browse 창에서 Pins : PIN을 선택한 다음 OK 버튼을 누른다.

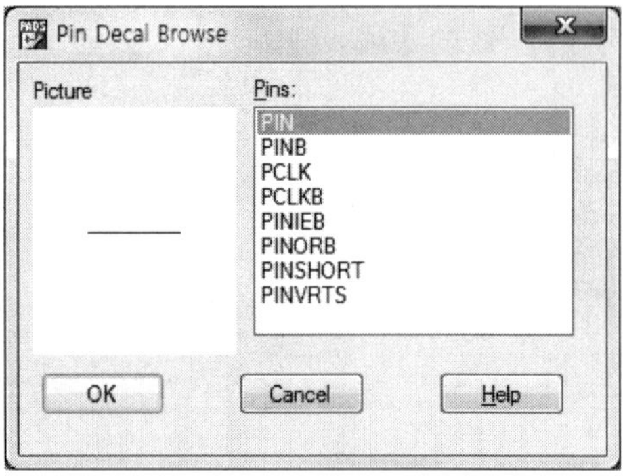

- 작업 화면의 좌표(-100, 0)에서 클릭하여 1번 핀을 배치하고 좌표(-100, -200)에서 클릭하여 2번 핀을 배치한다. 작업 화면에서 MRB-X Mirror를 하여 좌표(800, -100)에 3번 핀을 배치한 다음 Esc를 누른다.

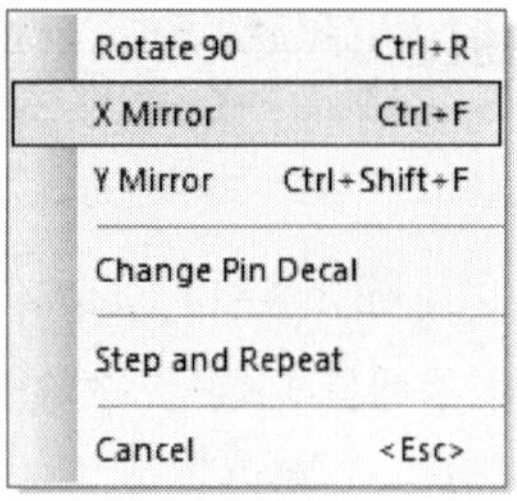

- 아래 그림과 같이 1번 핀, 2번 핀 그리고 3번 핀이 배치되었다.

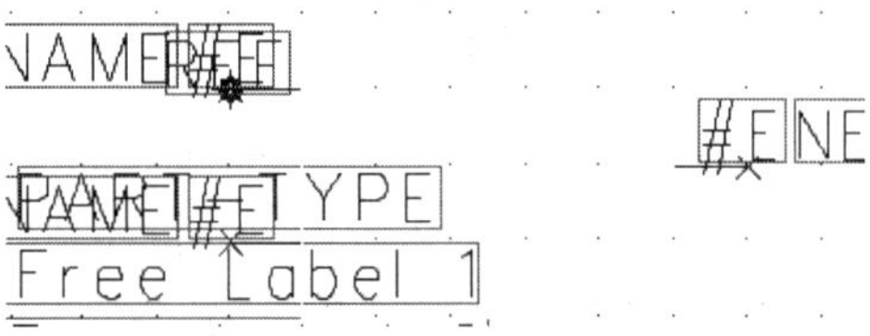

이제는 7400 IC의 외형을 그려보자.

- 키보드로 g10을 입력한 후 Enter키를 친다.
- 작업 화면 메뉴 View〉Zoom을 한 후 화면을 적당히 크게 한 후 Esc키를 누른다. (MLB - 화면 확대, MRB - 화면 축소)
- Decal Editing Toolbar에서 Create 2D Line Icon(아이콘)을 클릭한 후 작업 화면에서 MRB-Path를 선택한다.

- 작업 화면 오른쪽 아래의 좌표를 참조하여 좌표(320, 100)에서 클릭, 좌표(100, 100)에서 클릭, 좌표(100, -300)에서 클릭, 좌표(320, -300)에서 더블클릭하여 게이트의 왼쪽을 그린다.
- 다시 좌표(320, 100)에서 클릭한 후 MRB-Add Arc하여 좌표(320, -300)에서 더블클릭하여 게이트의 오른쪽을 그린다.
- MRB-Circle을 하여 좌표(560, -100)에서 클릭, 좌표(570, -140)에서 클릭하여 원을 그린 다음 Esc를 누른다.

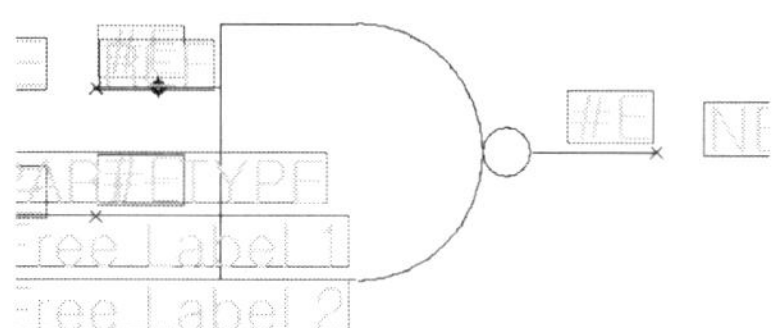

- 키보드를 이용하여 g100을 입력한다.
- Select Icon(↖)을 선택하고 MRB-Select Drafting Items를 한 후 위에서 그린 7400 심벌을 드래그하여 모두 선택한 다음 MRB-Combine을 하여 하나로 묶어준 다음 Esc키를 누른다.
- 작업 화면에서 MRB-Anything을 하고 REF와 PART-TYPE을 클릭하여 적당히 배치한다.

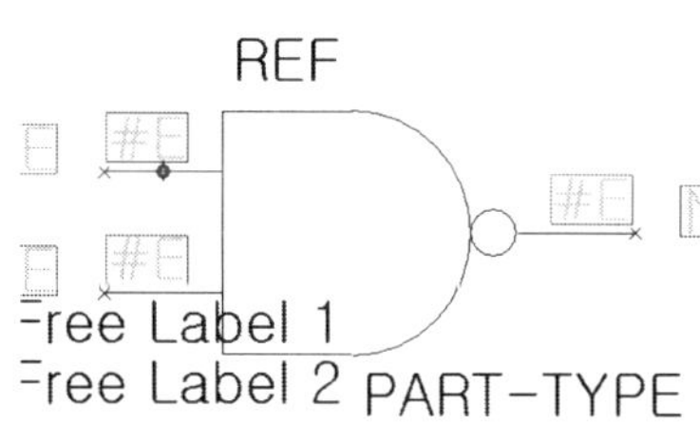

- 작업 화면의 메뉴에서 File>Save를 선택하여 아래 그림과 같이 7400을 입력 하고 OK 버튼을 눌러 저장한다.

3.4.9 7400 Part Type 만들기

PCB Decal과 CAE Decal을 만들었으니 이제 두 Decal간 서로 연결 작업을 해 주어야 한다.

- 작업 화면에서 File〉New를 선택하면 Select type of... 팝업창이 나타난다.

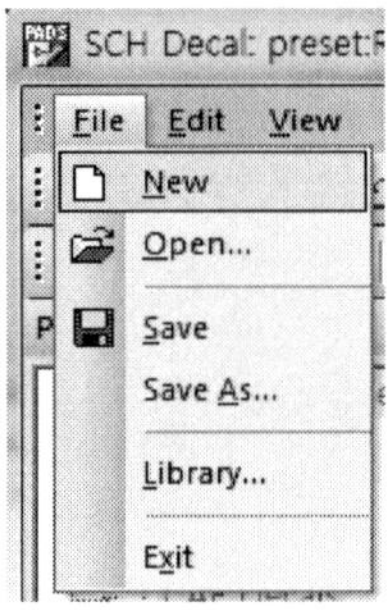

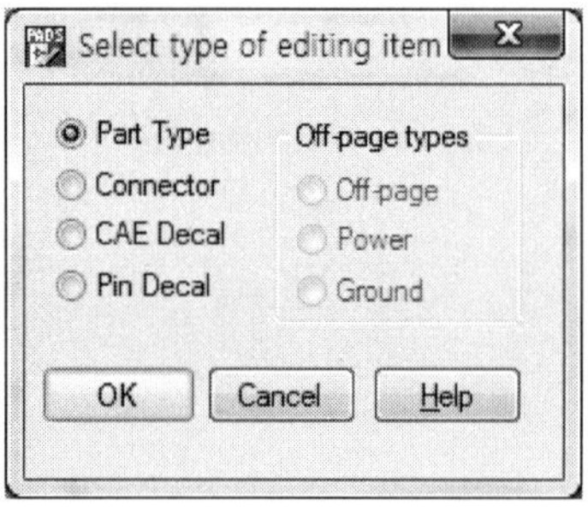

- Select type of... 팝업창에서 ◉ Part Type 을 선택한 후 [OK] 버튼을 누른다.
- Edit Electrical( ) Icon을 누르면 Part 정보를 입력할 수 있는 팝업창이 생긴다.

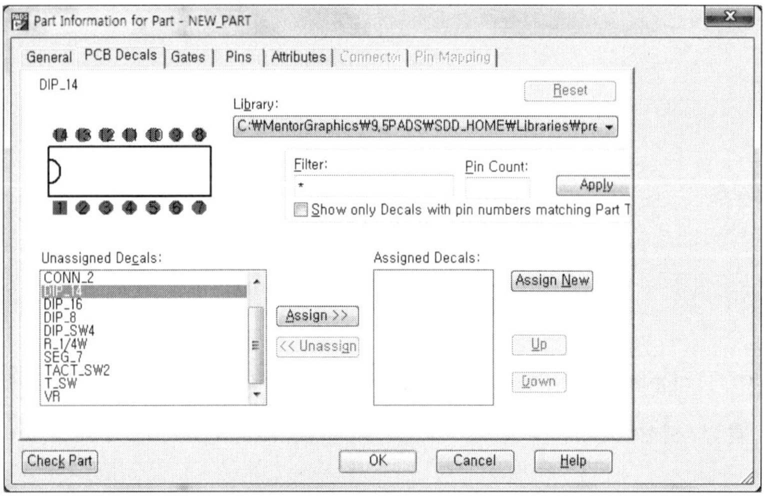

- PCB Decals Tab을 선택한다.
- Library : 의 콤보 상자를 클릭하여 미리 만들어 둔 preset Library 경로를 지정한다.
- Unassigned Decals: 란에 보면 이전에 만들어 둔 PCB Decal들이 보이는데 이 중에서 DIP_14를 선택한 후 오른쪽의 [Assign >>] 버튼을 누른다.
- Assigned Decals: 란이 비어 있다가 DIP_14가 지정된다.
- 그런 다음 General Tab을 누른다.

– 전 단계에서 지정해 준 부품의 Pin Count, Decal 등의 정보가 표시된다. 여기서 Logic Family의 Ref Prefix: U를 선택한다. (각 부품에 맞는 Reference를 선정)
– 이번에는 Gates Tab을 누른 다음 [Add] 버튼을 누른다.
– CAE Decal1 항목의 아래 빈 칸을 더블클릭하면 아래 그림과 같이 된다.

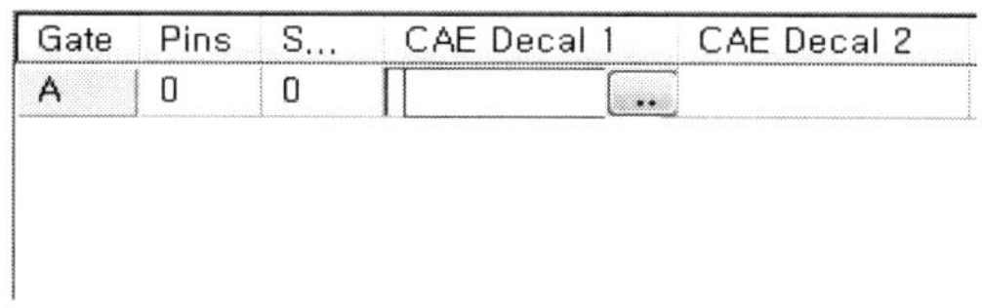

– 위의 그림에서 [...]을 누르면 Assign Decal 관련 창이 나타난다.

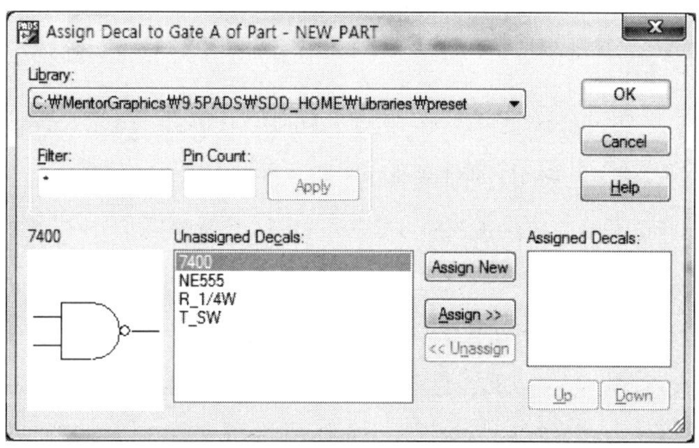

– 위의 그림에서 Unassigned Decals: 7400을 선택한 후 오른쪽의 [Assign >>] 버튼을 누르고 [OK] 버튼을 눌러 4개의 게이트 중에서 1개를 등록한 후 팝업창을 닫는다.
– 다시 [Add] 버튼을 누르고 위에서 한 것처럼 게이트를 추가한다.
– 아래 그림과 같이 총 게이트 수가 4개가 되도록 반복한다.

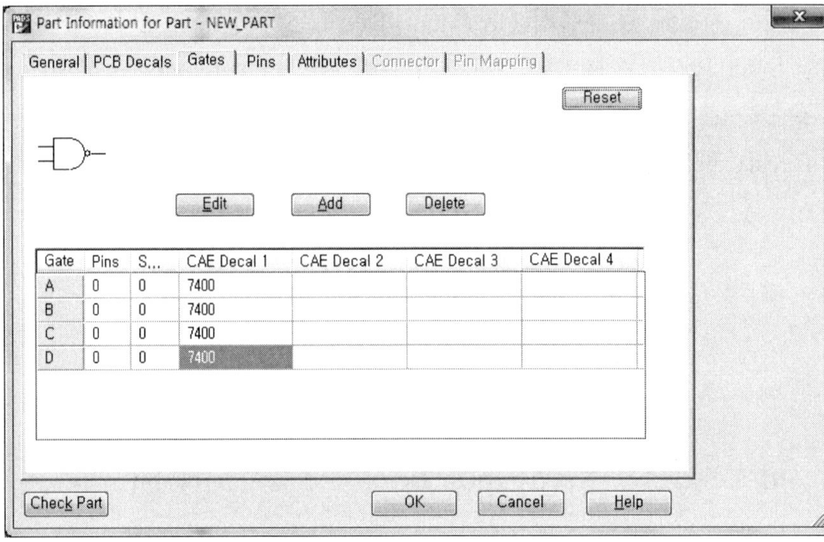

- Pins Tab을 선택한다.
- Pin Group 밑을 클릭하여 각 핀에 맞는 Gate를 설정해 준다. 이 때는 데이터 시트의 내부 게이트 구조를 보면서 진행해야 한다.
- 아래 그림을 참조하여 Gate-A,B,C 그리고 D를 설정한다.
- 7번 핀은 GND로, 14번 핀은 VCC로 핀 이름을 부여한다.
- Swap 부분 설정은 Swapping이 가능한 핀은 1로, 그렇지 않은 핀은 0으로 설정하는데 각 게이트별로 입력 핀은 1로, 출력 핀은 0으로 설정한다.
- Gate-C,D에 대한 Seq. 부분의 설정도 매우 중요하므로 아래 그림을 참조하여 정확히 입력한다.

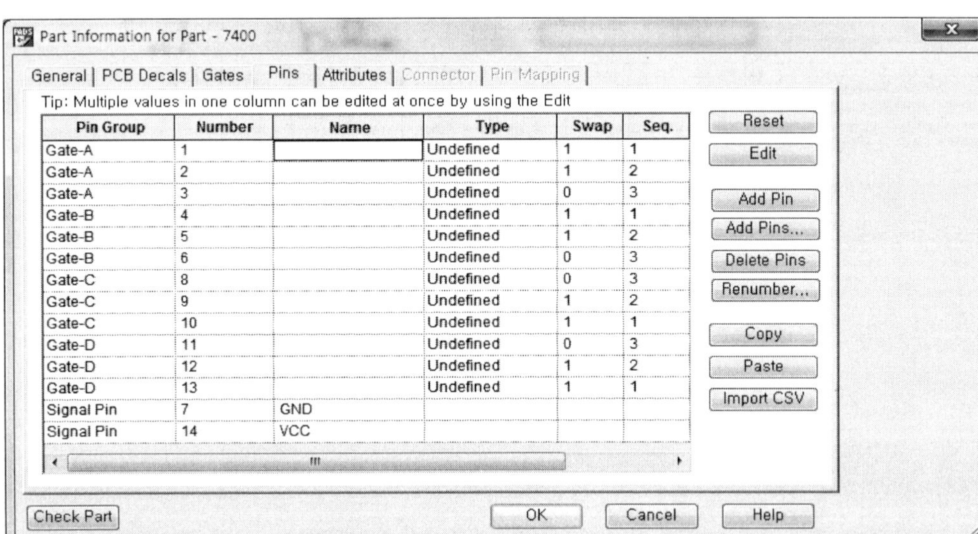

- 나머지 사항들은 그냥 넘어간다.
- 7400의 경우 Attributes Tab은 다루지 않는다.
- Part 정보 입력 창에서 OK 버튼을 누르면 PCB Decal과 CAE Decal 사이의 정보 연결 작업이 완료된다.

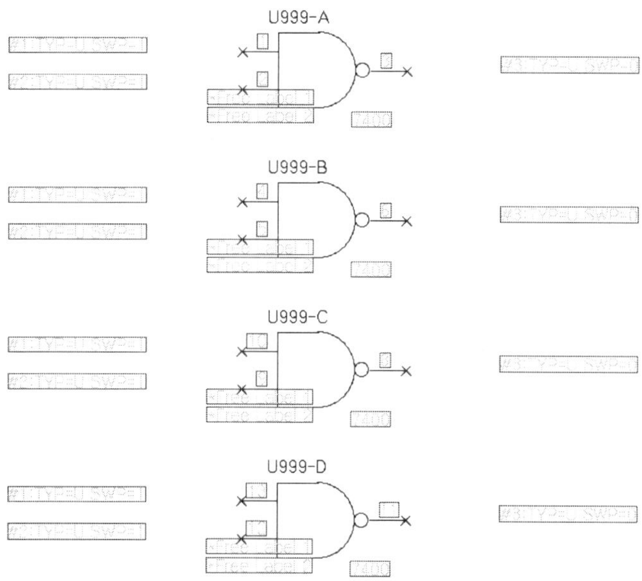

- 작업 화면의 메뉴에서 File〉Save하여 7400으로 저장한다.
- Part Type item exists < 7400 > Overwrite item Y/N? 메시지가 나올 경우 예(Y) 버튼을 누른다.
- 작업 회면의 메뉴에서 File〉Exit Part Editor를 눌러 빠져나온다.

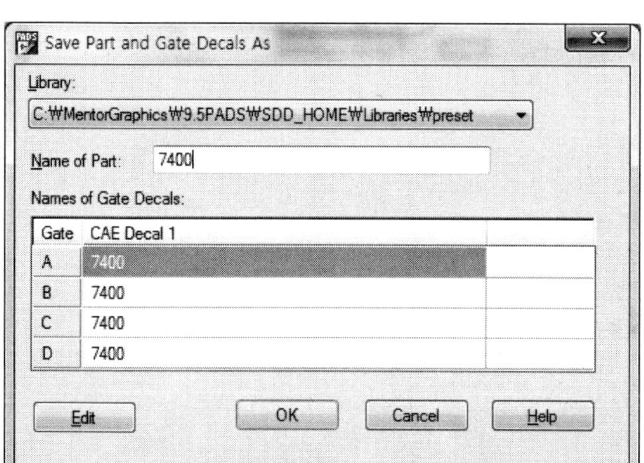

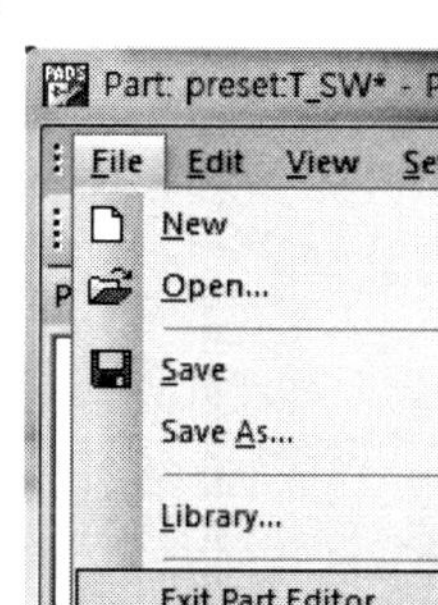

3.4.10 7448 CAE Decal 만들기

– File〉Library를 선택한 후 Library Manager창에서 

Icon을 누른 다음 

버튼을 누른 후 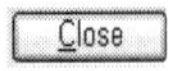

버튼을 누른다.

– 아래 그림의 오른쪽과 같이 CAE Decal을 그릴 수 있는 작업 화면이 나타난다.

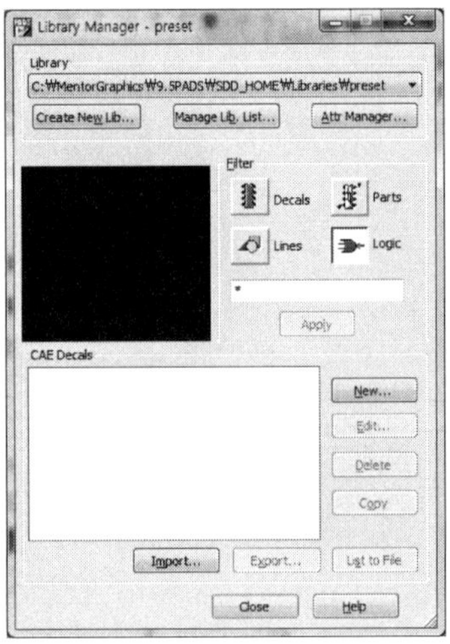

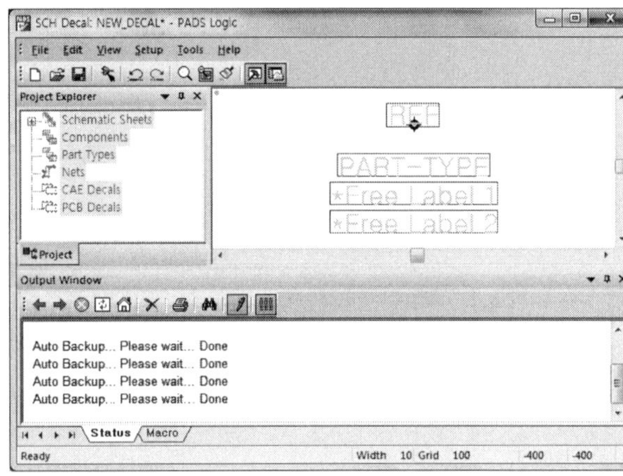

– 작업 화면에서 키보드를 이용하여 g200을 입력한 후 Enter키를 친다.

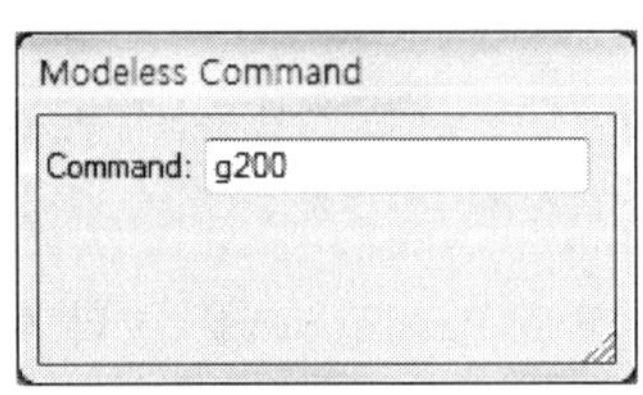

– View〉Toolbar〉Symbol Editor Toolbar를 선택한다.

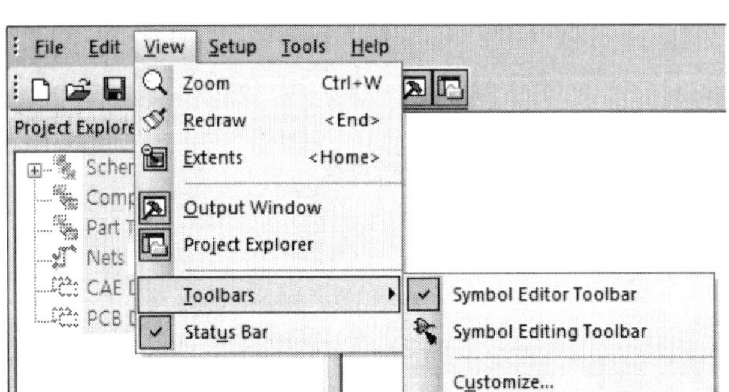

– 아래 그림과 같은 Decal Editing Toolbar Icon이 나타나고 이것을 클릭하면 세부 메뉴 Icon이 나타난다.

– 7448 IC는 아래 그림과 같이 핀 정보와 회로도를 작성할 때 심벌의 핀 배치를 고려하여 작업해야 하고 저항이나 다른 심벌들의 외형 크기를 고려하여 적당한 크기로 그려야한다.

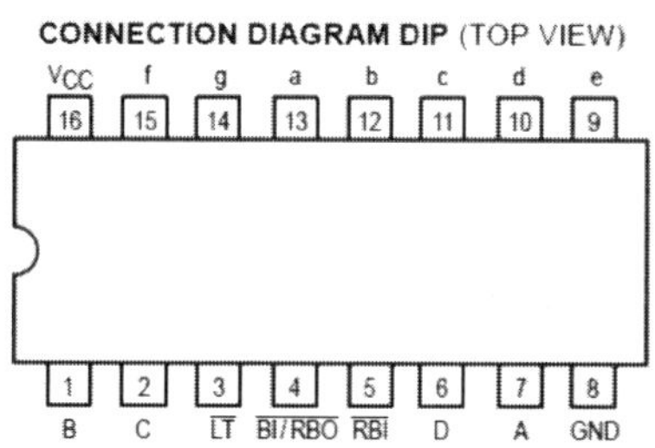

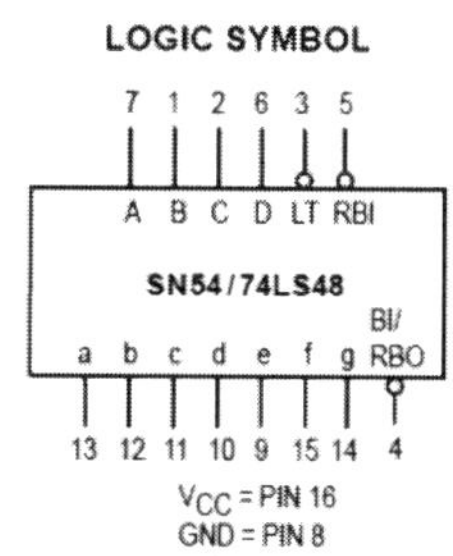

– Decal Editing Toolbar에서 Add Terminal Icon( )을 클릭하고 Pin Decal Browse 팝업창에서 Pins : PIN을 선택한 다음 OK 버튼을 누른다. (특성에 맞게 핀을 선택해야 하는데 여기서는 특별한 특성이 없기 때문에 그냥 핀을 선택하였다)

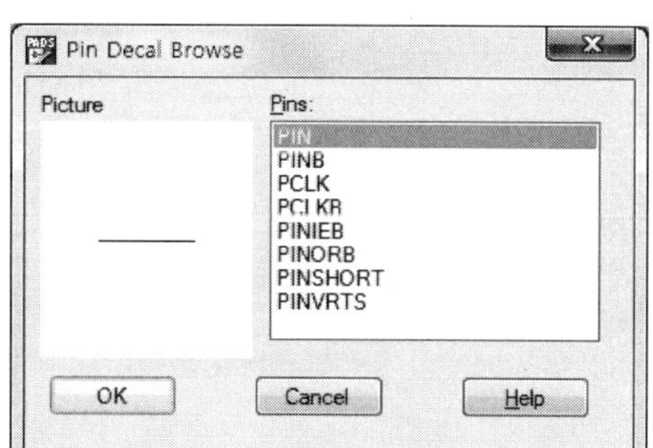

– MRB-Rotate 90을 한 후 좌표(400, -200)에서 클릭하여 1번 핀을 배치한다.
– 좌표(600, -200)에서 클릭하여 2번 핀을 배치한다.
– 좌표(1000, -200)에서 클릭하여 3번 핀을 배치한다.
– 좌표(1400, -200)에서 클릭하여 4번 핀을 배치한다.
– 좌표(1200, -200)에서 클릭하여 5번 핀을 배치한다.

- 좌표(800, -200)에서 클릭하여 6번 핀을 배치한다.
- 좌표(200, -200)에서 클릭하여 7번 핀을 배치한다.
- MRB-Y Mirror를 한 후 좌표(1000, 800)에서 클릭하여 8번 핀을 배치한다.
- 좌표(800, 800)에서 클릭하여 9번 핀을 배치한다.
- 좌표(600, 800)에서 클릭하여 10번 핀을 배치한다.
- 좌표(400, 800)에서 클릭하여 11번 핀을 배치한다.
- 좌표(200, 800)에서 클릭하여 12번 핀을 배치한다.
- 좌표(1400, 800)에서 클릭하여 13번 핀을 배치한다.
- 좌표(1200, 800)에서 클릭하여 14번 핀을 배치한 다음 Esc를 누른다.

여기까지가 전원 핀을 제외한 나머지 14개의 핀을 배치한 것이고 이제는 각 핀들의 특성에 맞게 수정해 주어야 하는 작업을 한다.

- MRB-Select Terminals를 선택한 후 좌표(1400, -200)에서 터미널을 더블클릭한 다음 Terminal Properties 팝업창에서 [Change Decal] 을 클릭하여 Pin Decal Browse 팝업창이 나타나면 Pins:에서 PINB를 선택하고 [OK] 버튼을 누른 후 한 번 더 [OK] 버튼을 눌러 핀 모양을 바꿔준다. (이 과정은 핀을 처음 배치할 때 지정할 수도 있다)

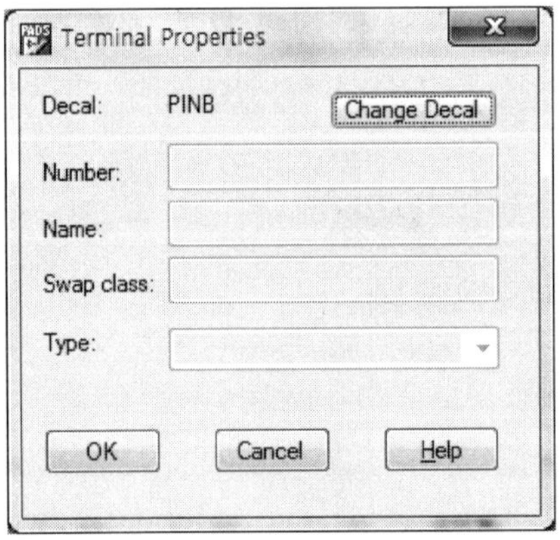

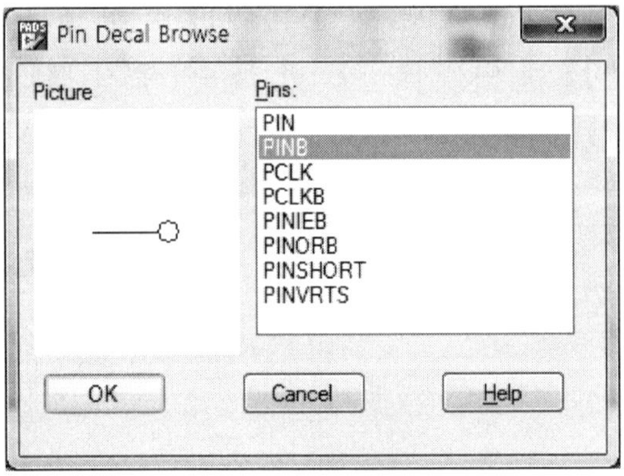

- 데이터 시트의 핀 모양을 참조하여 나머지 핀들도 핀 모양을 바꿔 주고 마지막 작업이 된 후 Esc를 누른다.
- 아래 그림과 같이 1번에서 14번 핀까지 배치되었다.

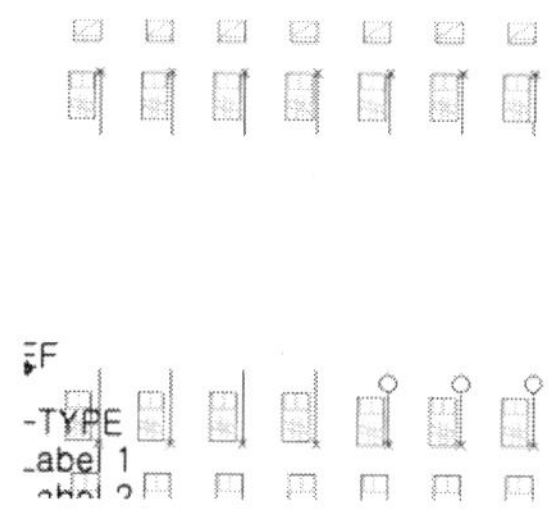

이제는 7448 모양을 그려보자.

- g100을 입력하여 Grid를 100으로 설정한다.
- 작업 화면 메뉴 View〉Zoom을 한 후 화면을 적당히 크게 한 후 Esc키를 누른다. (MLB - 화면 확대, MRB - 화면 축소)
- Decal Editing Toolbar에서 Create 2D Line Icon( )을 클릭한 후 작업 화면의 MRB-Rectangle을 선택한다.
- 작업 화면 오른쪽 아래의 좌표를 참조하여 좌표(0, 0)에서 클릭하여 드래그한 후 좌표(1600, 600)에서 클릭하여 사각형을 그린 다음 Esc를 누른다.
- 작업 화면에서 MRB-Anything을 하고 REF를 클릭하여 좌표(1700, 700)로 이동한다.

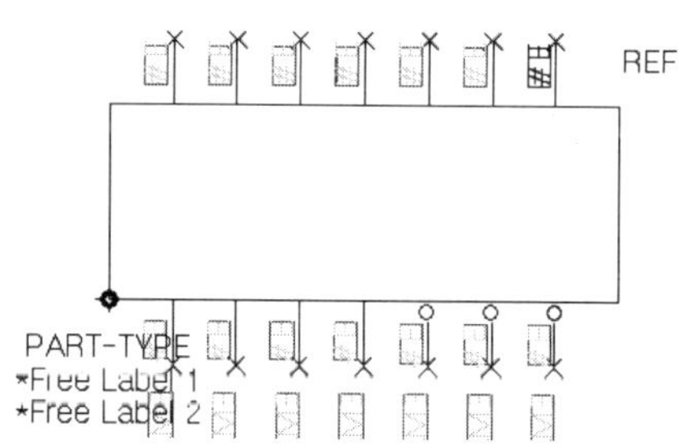

- 작업 화면의 메뉴에서 File〉Save를 선택하여 아래 그림과 같이 7448을 입력 하고 OK 버튼을 눌러 저장한다.

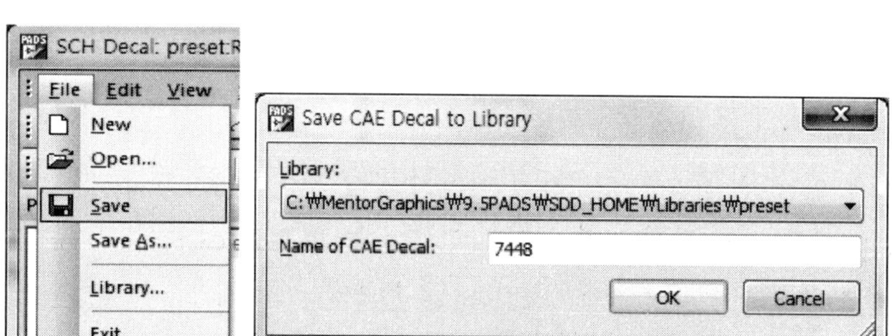

3.4.11 7448 Part Type 만들기

PCB Decal과 CAE Decal을 만들었으니 이제 두 Decal간 서로 연결 작업을 해 주어야 한다.

- 작업 화면에서 File>New를 선택하면 Select type of... 팝업창이 나타난다.

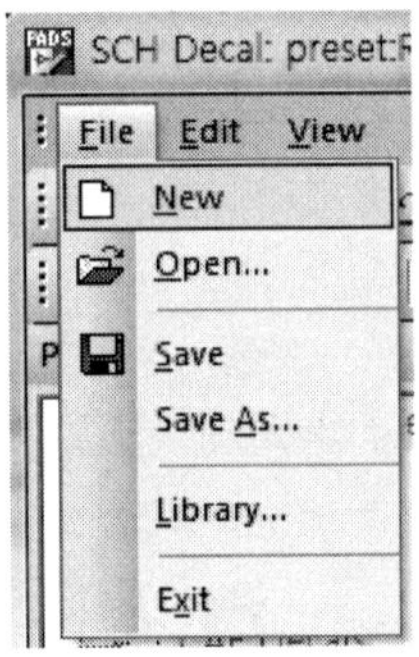

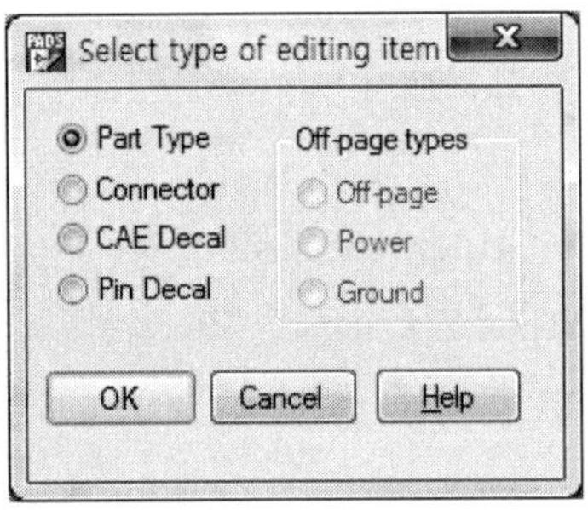

- Select type of... 팝업창에서 Part Type 을 선택한 후 OK 버튼을 누른다.
- Edit Electrical( ) Icon을 누르면 Part 정보를 입력할 수 있는 팝업창이 생긴다.

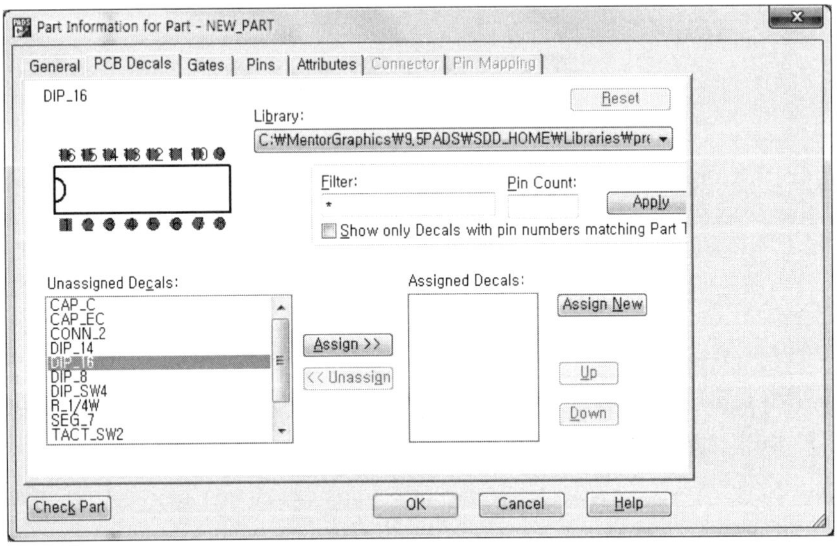

- PCB Decals Tab을 선택한다.
- Library : 의 콤보 상자를 클릭하여 미리 만들어 둔 preset Library 경로를 지정한다.
- Unassigned Decals: 란에 보면 이전에 만들어 둔 PCB Decal들이 보이는데 이 중에서 DIP_16을 선택한 후 오른쪽의 Assign >> 버튼을 누른다.
- Assigned Decals: 란이 비어 있다가 DIP_16이 지정된다.

- 그런 다음 General Tab을 누른다.
- 전 단계에서 지정해 준 부품의 Pin Count, Decal 등의 정보가 표시된다. 여기서 Logic Family의 Ref Prefix: U를 선택한다. (각 부품에 맞는 Reference를 선정)
- 이번에는 Gates Tab을 누른 다음 [Add] 버튼을 누른다.
- CAE Decal1 항목의 아래 빈 칸을 더블클릭하면 아래 그림과 같이 된다.

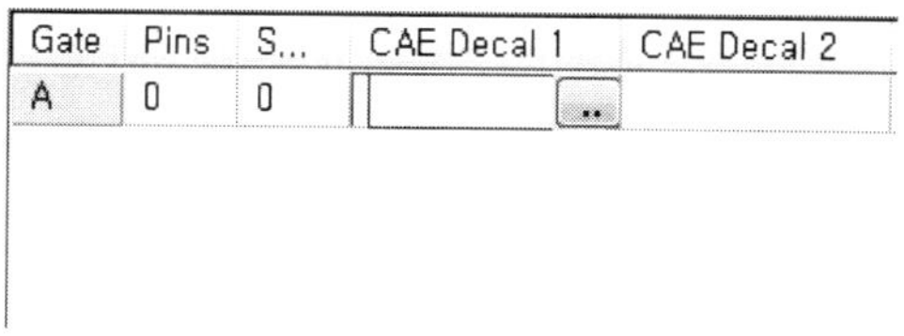

- 위의 그림에서 [...]을 누르면 Assign Decal 관련 창이 나타난다.

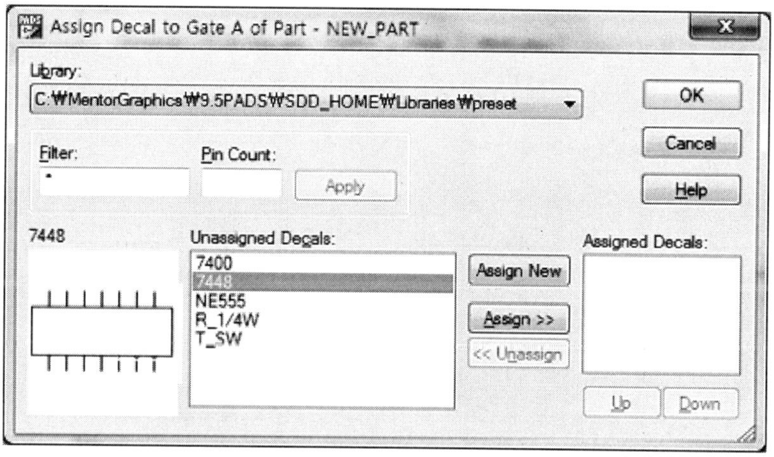

- 위의 그림에서 Unassigned Decals: 7448을 선택한 후 오른쪽의 [Assign >>] 버튼을 누르고 [OK] 버튼을 눌러 팝업창을 닫는다.
- Pins Tab을 선택한다.
- Pin Group 밑을 클릭한 후 데이터시트를 참고하여 8번 핀과 16번 핀을 제외한 핀에 대해 Gate-A로 설정한다.
- 8번 핀과 16번 핀은 Signal Pin으로 설정한다.
- 이제는 각 핀 번호에 맞는 핀 이름을 주어야 한다.
- 각각의 핀 이름을 주기 위해 Name 아래를 클릭하여 데이터시트에 나타난 이름을 참조한 후 아래 그림과 같이 적당한 이름을 부여한다. (출력 핀에 대하여 핀 이름을 소문자로 지정하는 부분은 뒷부분에 다룬다)

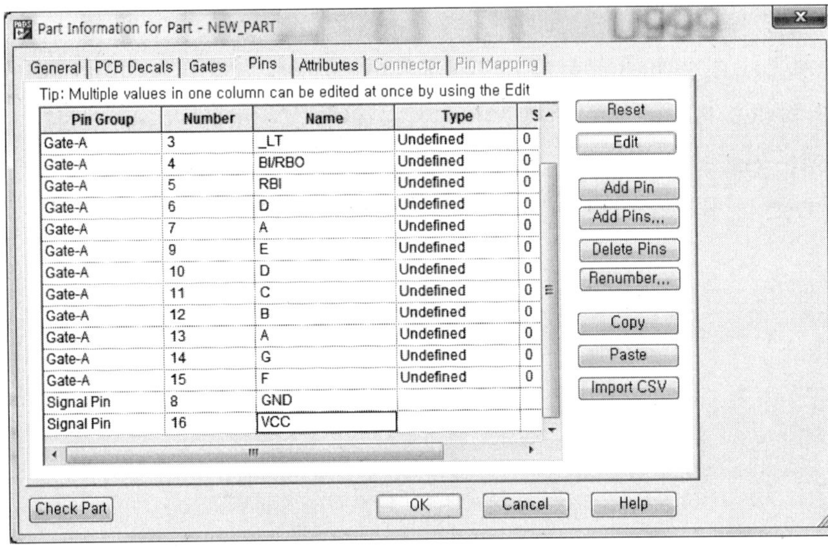

– 나머지 사항들은 그냥 넘어간다.
– 7448의 경우 Attributes Tab은 다루지 않는다.
– Part 정보 입력 창에서 OK 버튼을 누르면 PCB Decal과 CAE Decal 사이의 정보 연결 작업이 완료된다.

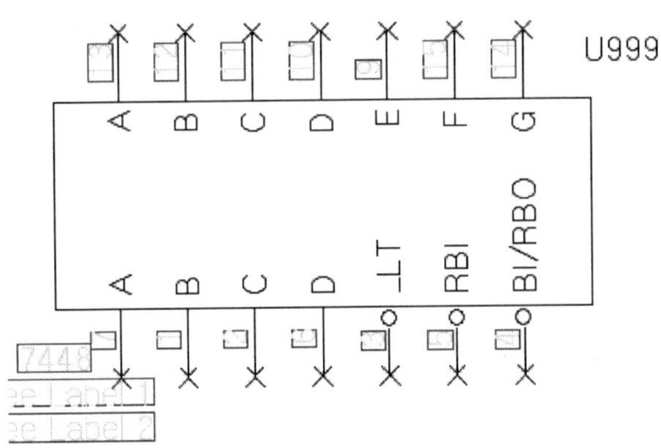

– 작업 화면의 메뉴에서 File〉Save하여 7448로 저장한다.
– 작업 화면의 메뉴에서 File〉Exit Part Editor를 눌러 빠져나온다.

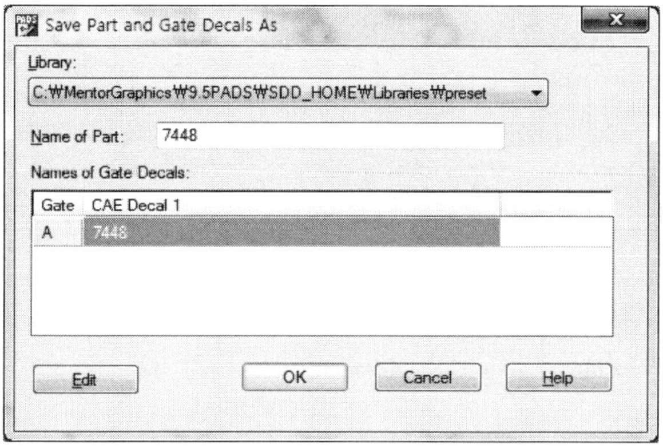

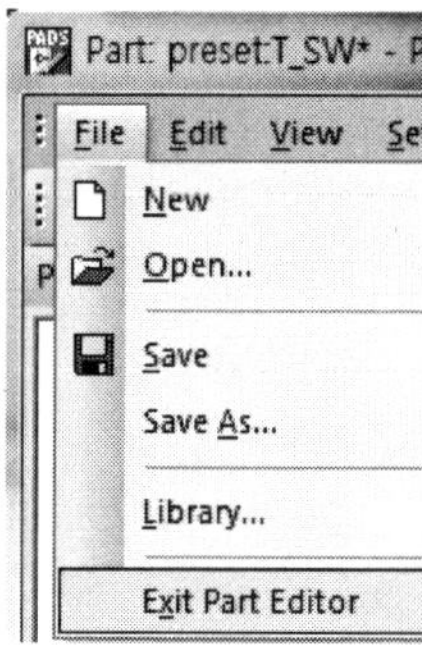

3.4.12 74192 CAE Decal 만들기

- File〉Library를 선택한 후 Library Manager창에서 Logic Icon을 누른 다음 New... 버튼을 누른 후 Close 버튼을 누른다.
- 아래 그림의 오른쪽과 같이 CAE Decal을 그릴 수 있는 작업 화면이 나타난다.

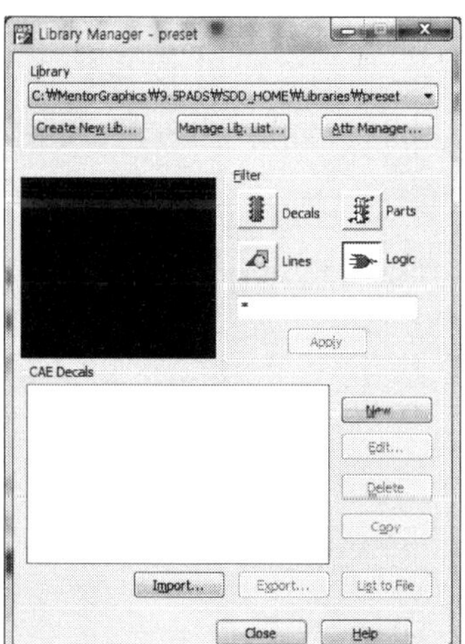

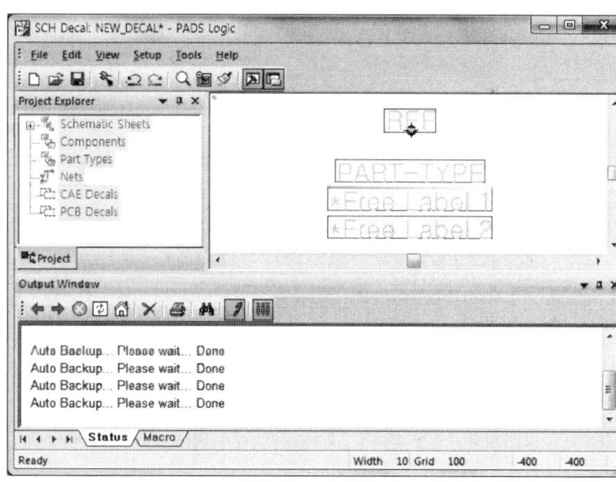

- 작업 화면에서 키보드를 이용하여 g200을 입력한 후 Enter키를 친다.

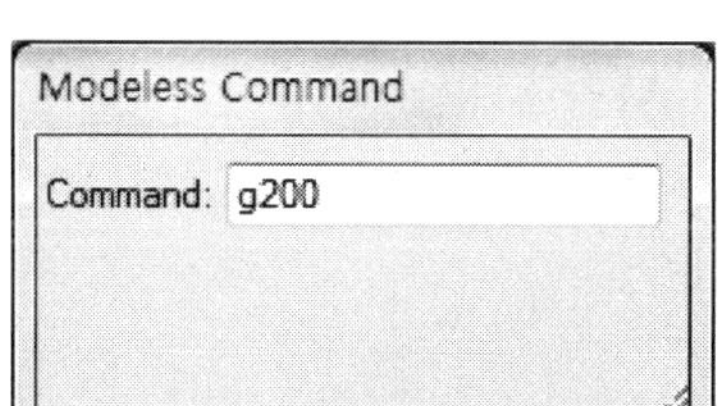

– View〉Toolbar〉Symbol Editor Toolbar를 선택한다.

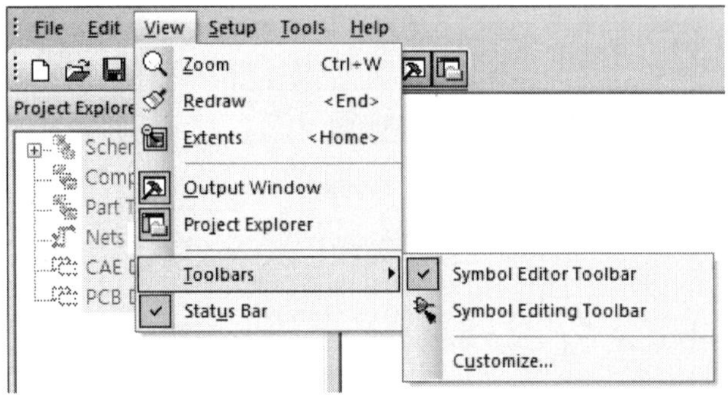

– 아래 그림과 같은 Decal Editing Toolbar Icon이 나타나고 이것을 클릭하면 세부 메뉴 Icon이 나타난다.

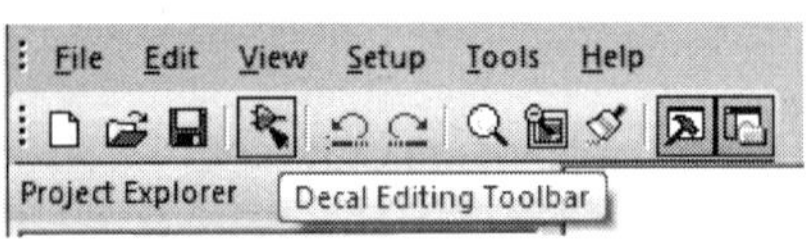

– 74192 IC는 아래 그림과 같이 핀 정보와 회로도를 작성할 때 심벌의 핀 배치를 고려하여 작업해야 하고 저항이나 다른 심벌들의 외형 크기를 고려하여 적당한 크기로 그려야한다.

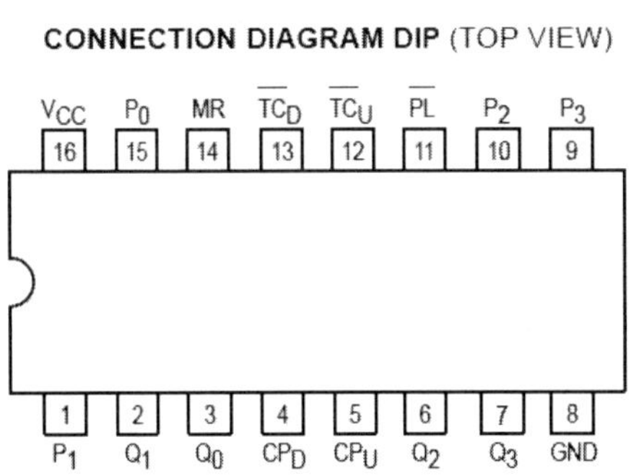

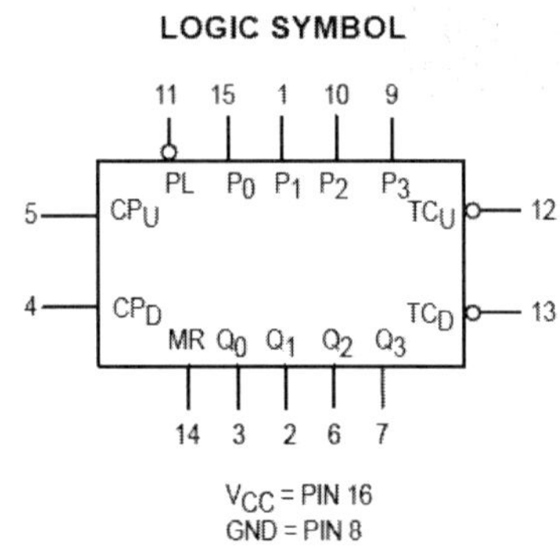

– Decal Editing Toolbar에서 Add Terminal Icon( )을 클릭하고 Pin Decal Browse 팝업창에서 Pins : PIN을 선택한 다음 OK 버튼을 누른다. (특성에 맞게 핀을 선택해야 하는데 여기서는 특별한 특성이 없기 때문에 그냥 핀을 선택하였다)

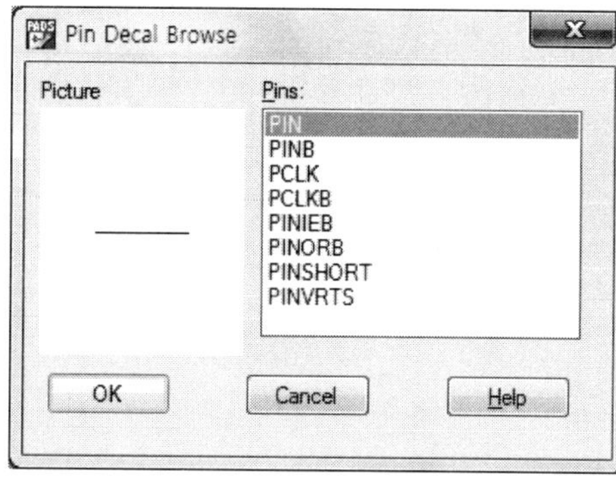

- MRB-Rotate 90을 한 후 좌표(800, -200)에서 클릭하여 1번 핀을 배치한다.
- MRB-Y Mirror 한 후 좌표(600, 800)에서 클릭하여 2번 핀을 배치한다.
- 좌표(400, 800)에서 클릭하여 3번 핀을 배치한다.
- MRB-Rotate 90을 한 후 좌표(-200, 200)에서 클릭하여 4번 핀을 배치한다.
- 좌표(-200, 400)에서 클릭하여 5번 핀을 배치한다.
- MRB-Rotate 90을 한 후 좌표(800, 800)에서 클릭하여 6번 핀을 배치한다.
- 좌표(1000, 800)에서 클릭하여 7번 핀을 배치한다.
- MRB-Y Mirror 한 후 좌표(1200, -200)에서 클릭하여 8번 핀을 배치한다.
- 좌표(1000, -200)에서 클릭하여 9번 핀을 배치한다.
- 좌표(400, -200)에서 클릭하여 10번 핀을 배치한다.
- MRB-Rotate 90, MRB-X Mirror를 한 후 좌표(1800, 400)에서 클릭하여 11번 핀을 배치한다.
- 좌표(1800, 200)에서 클릭하여 12번 핀을 배치한다.
- MRB-Rotate 90, MRB-Y Mirror를 한 후 좌표(1200, 800)에서 클릭하여 13번 핀을 배치한다.
- MRB-Y Mirror를 한 후 좌표(600, -200)에서 클릭하여 14번 핀을 배치한 다음 Esc를 누른다.

여기까지가 전원 핀을 제외한 나머지 14개의 핀을 배치한 것이고 이제는 각 핀들의 특성에 맞게 수정해 주어야 하는 작업을 한다.

- MRB-Select Terminals를 선택한 후 좌표(400, -200)에서 터미널을 더블클릭한 다음 Terminal Properties 팝업창에서 [Change Decal] 을 클릭하여 Pin Decal Browse 팝업창이 나타나면 Pins:에시 PINB를 선택하고 [OK] 비튼을 누른 후 한 번 디 [OK] 비튼을 눌러 핀 모양을 바꿔준다.

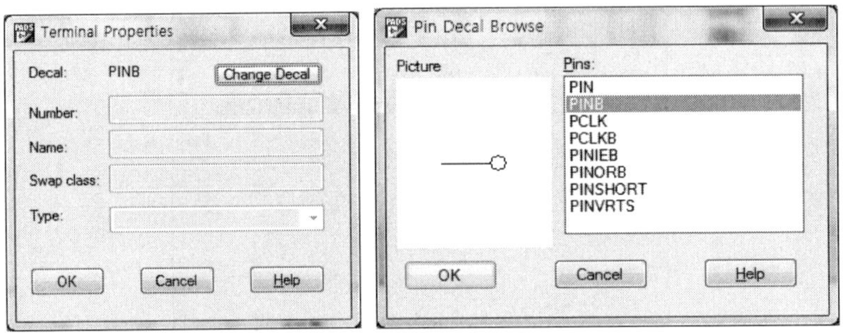

– 좌표(1800, 400)과 좌표(1800, 200)에 있는 터미널도 위와 같은 방법으로 핀 모양을 바꿔 주고 Esc를 누른다.
– 아래 그림과 같이 1번에서 14번 핀까지 배치되었다.

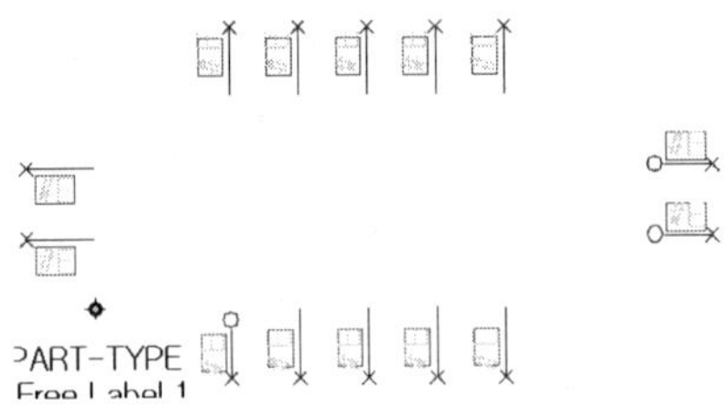

이제는 7448 모양을 그려보자.

– g100을 입력하여 Grid를 100으로 설정한다.
– 작업 화면 메뉴 View〉Zoom을 한 후 화면을 적당히 크게 한 후 Esc키를 누른다. (MLB - 화면 확대, MRB - 화면 축소)
– Decal Editing Toolbar에서 Create 2D Line Icon( )을 클릭한 후 작업 화면의 MRB-Rectangle을 선택한다.

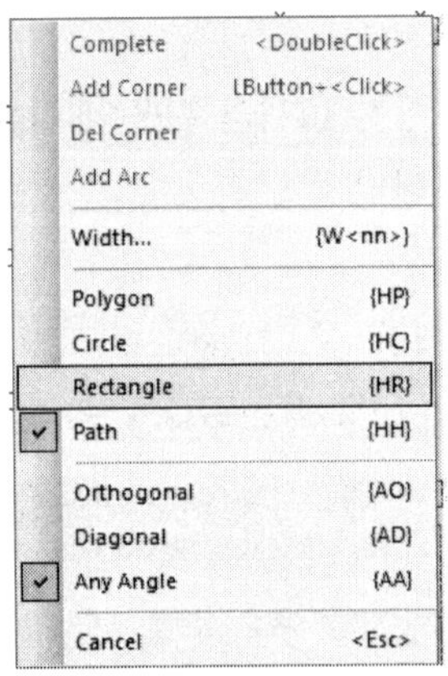

- 작업 화면 오른쪽 아래의 좌표를 참조하여 좌표(0, 0)에서 클릭하여 드래그한 후 좌표(1600, 600)에서 클릭하여 사각형을 그린 다음 Esc를 누른다.
- 작업 화면에서 MRB-Anything을 하고 REF를 클릭하여 좌표(1700, 700)로 이동한다.

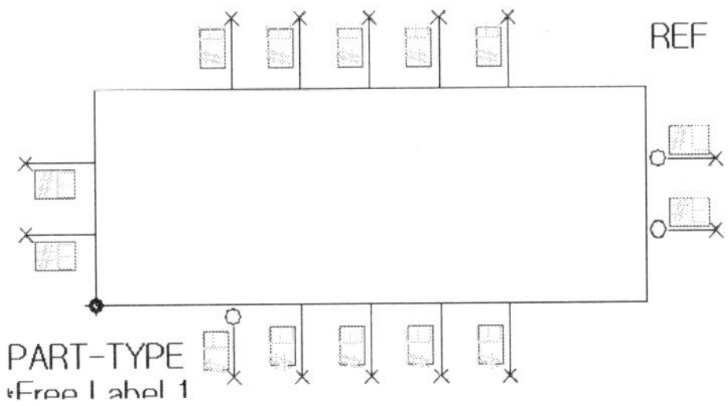

- 작업 화면의 메뉴에서 File〉Save를 선택하여 아래 그림과 같이 74192를 입력하고 OK 버튼을 눌러 저장한다.

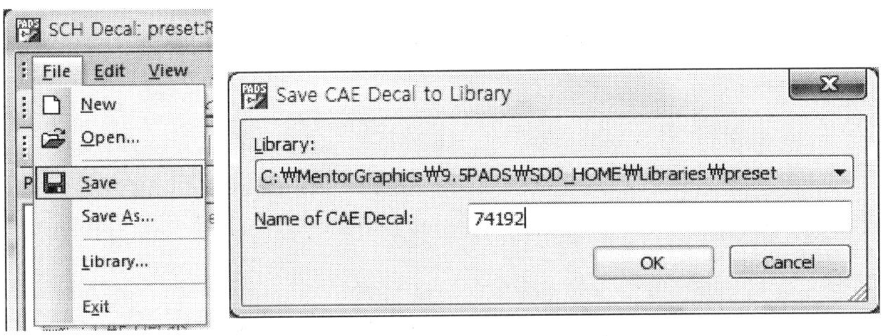

3.4.13 74192 Part Type 만들기

PCB Decal과 CAE Decal을 만들었으니 이제 두 Decal간 서로 연결 작업을 해 주어야 한다.

- 작업 화면에서 File〉New를 선택하면 Select type of... 팝업창이 나타난다.

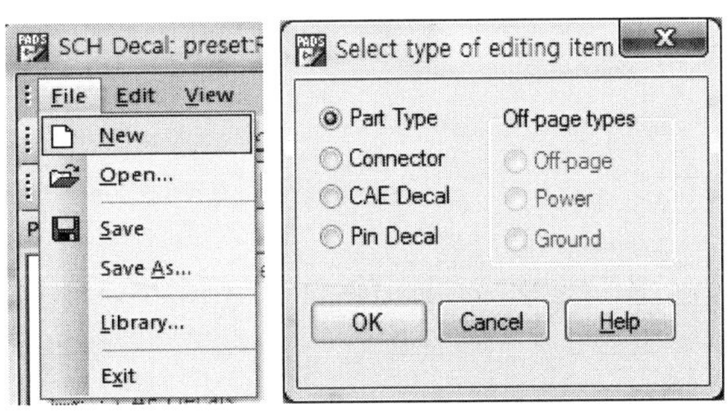

- Select type of... 팝업창에서 ◉ Part Type 을 선택한 후 [OK] 버튼을 누른다.
- Edit Electrical( ) Icon을 누르면 Part 정보를 입력할 수 있는 팝업창이 생긴다.

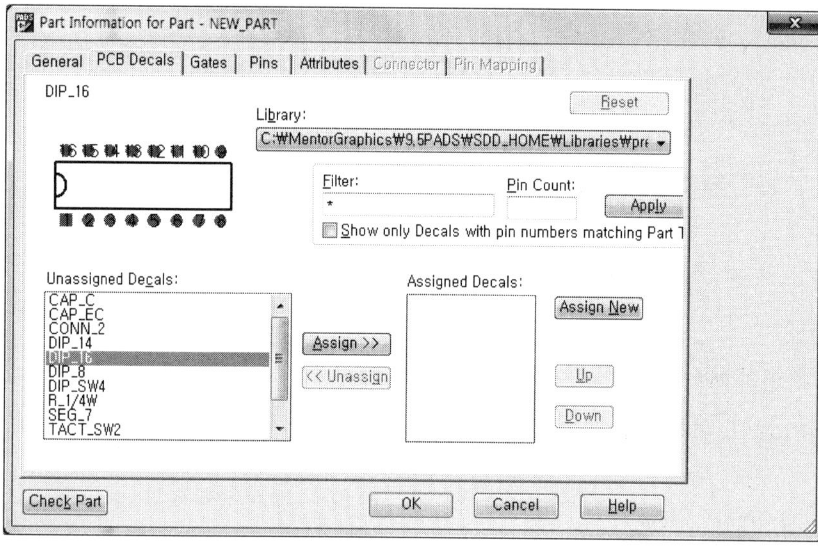

- PCB Decals Tab을 선택한다.
- Library : 의 콤보 상자를 클릭하여 미리 만들어 둔 preset Library 경로를 지정한다.
- Unassigned Decals: 란에 보면 이전에 만들어 둔 PCB Decal들이 보이는데 이 중에서 DIP_16을 선택한 후 오른쪽의 [Assign >>] 버튼을 누른다.
- Assigned Decals: 란이 비어 있다가 DIP_16이 지정된다.
- 그런 다음 General Tab을 누른다.
- 전 단계에서 지정해 준 부품의 Pin Count, Decal 등의 정보가 표시된다. 여기서 Logic Family의 Ref Prefix: U를 선택한다. (각 부품에 맞는 Reference를 선정)
- 이번에는 Gates Tab을 누른 다음 [Add] 버튼을 누른다.
- CAE Decal1 항목의 아래 빈 칸을 더블클릭하면 아래 그림과 같이 된다.

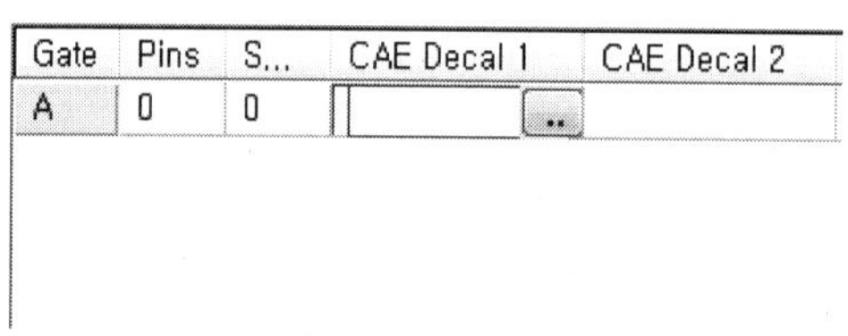

- 위의 그림에서 [...]을 누르면 Assign Decal 관련 창이 나타난다.

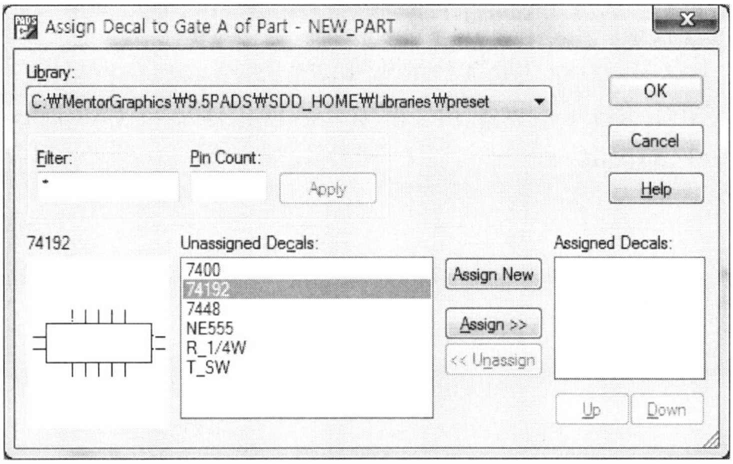

- 위의 그림에서 Unassigned Decals: 74192를 선택한 후 오른쪽의 [Assign >>] 버튼을 누르고 [OK] 버튼을 눌러 팝업창을 닫는다.
- Pins Tab을 선택한다.
- Pin Group 밑을 클릭한 후 데이터시트를 참고하여 8번 핀과 16번 핀을 제외한 핀에 대해 Gate-A로 설정한다.
- 8번 핀과 16번 핀은 Signal Pin으로 설정한다.
- 이제는 각 핀 번호에 맞는 핀 이름을 주어야 한다.
- 각각의 핀 이름을 주기 위해 Name 아래를 클릭하여 데이터시트에 나타난 이름을 참조한 후 아래 그림과 같이 적당한 이름을 부여한다.

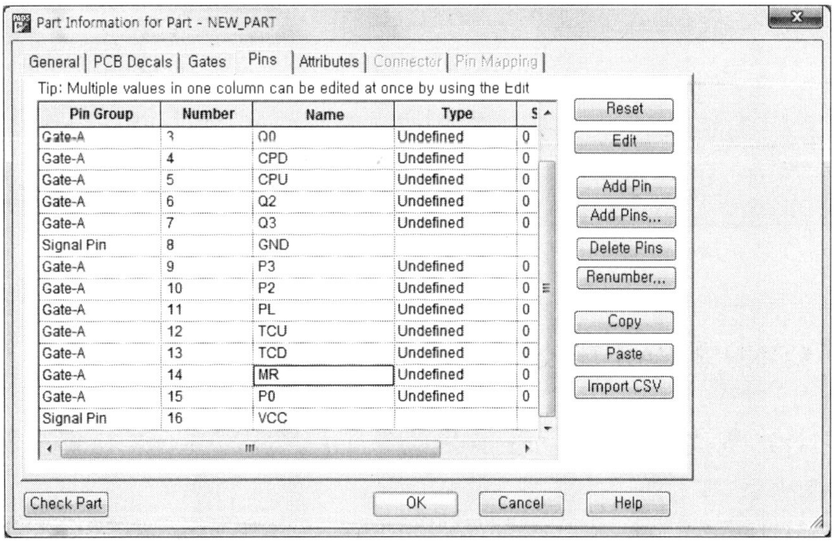

- 나머지 사항들은 그냥 넘어간다.
- 74192의 경우 Attributes Tab은 다루지 않는다.
- Part 정보 입력 창에서 OK 버튼을 누르면 PCB Decal과 CAE Decal 사이의 정보 연결 작업이 완료된다.

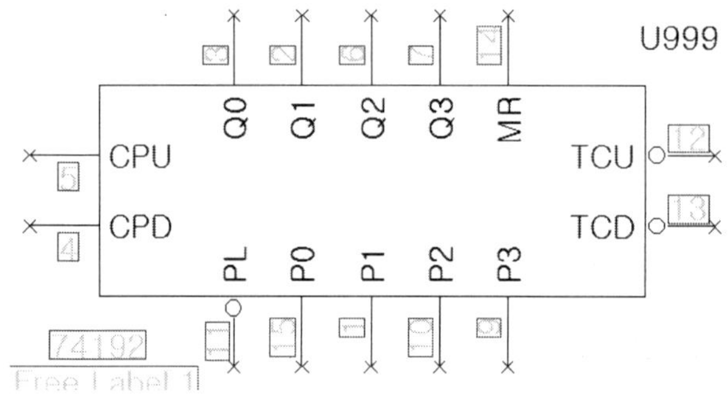

- 작업 화면의 메뉴에서 File〉Save하여 74192로 저장한다.
- 작업 화면의 메뉴에서 File〉Exit Part Editor를 눌러 빠져나온다.

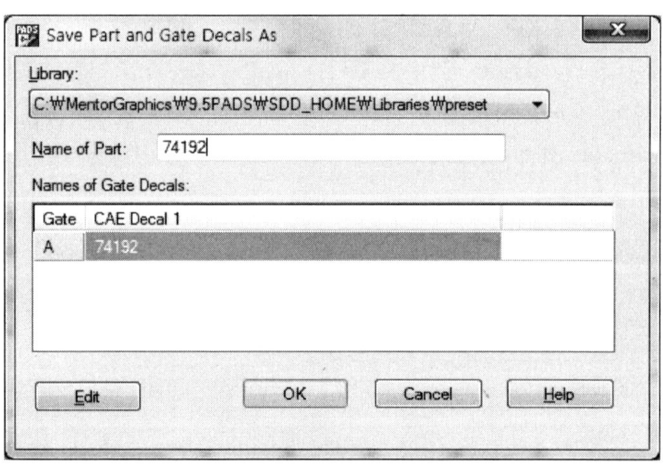

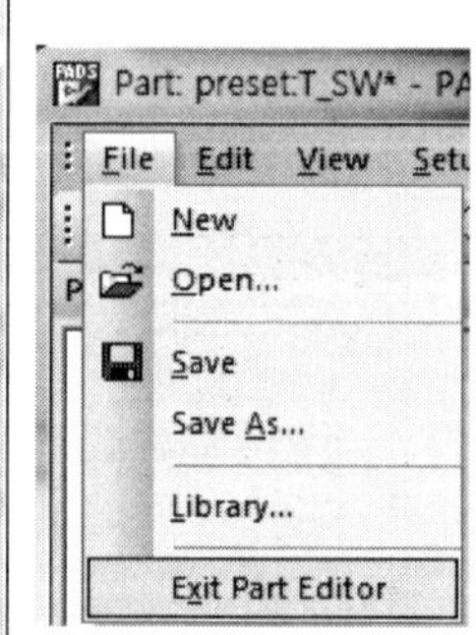

3.4.14 CONN_2 CAE Decal 만들기

- File〉Library를 선택한 후 Library Manager창에서 Logic Icon을 누른 다음 New... 버튼을 누른 후 Close 버튼을 누른다.
- 아래 그림의 오른쪽과 같이 CAE Decal을 그릴 수 있는 작업 화면이 나타난다.

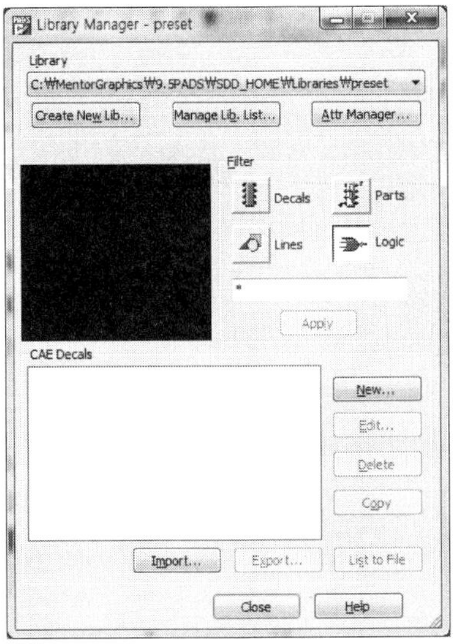

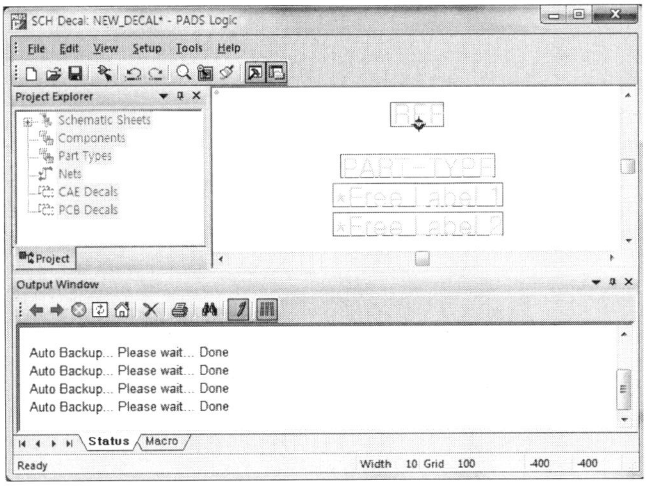

– 작업 화면에서 키보드를 이용하여 g100을 입력한 후 Enter키를 친다. (Grid가 100으로 설정되어 있는 경우 생략)

– View〉Toolbar〉Symbol Editor Toolbar를 선택한다.

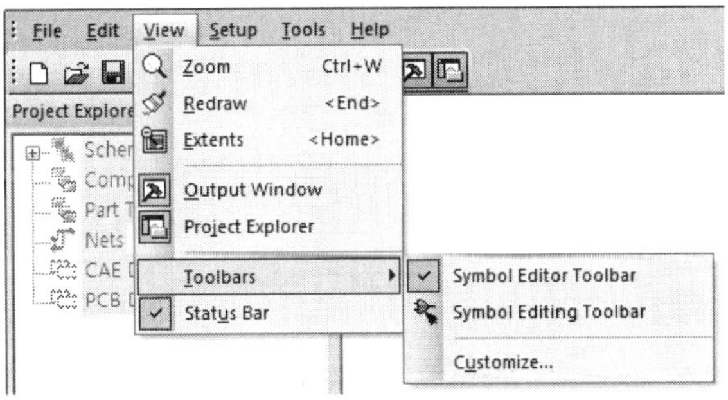

– 아래 그림과 같은 Decal Editing Toolbar Icon이 나타나고 이것을 클릭하면 세부 메뉴 Icon이 나타난다.

– Decal Editing Toolbar에서 Add Terminal Icon( )을 클릭하고 Pin Decal Browse 팝업창에서 Pins : PIN을 선택한 다음 OK 버튼을 누른다. (특성에 맞게 핀을 선택해야 하는데 여기서는 특별한 특성이 없기 때문에 그냥 핀을 선택하였다)

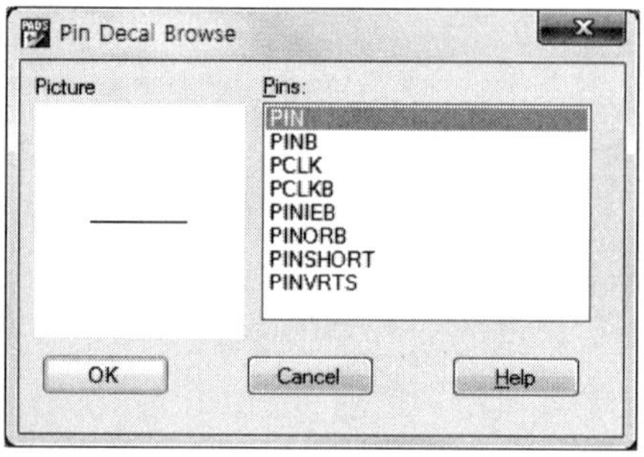

- 작업 화면에서 MRB-X Mirror를 하여 좌표(100, 0)에 1번 핀을 배치하고 좌표(100, -100)에 2번 핀을 배치한 후 Esc를 누른다. (중요 : PCB Decal에서 1번 터미널이 VCC임을 기억하자.)

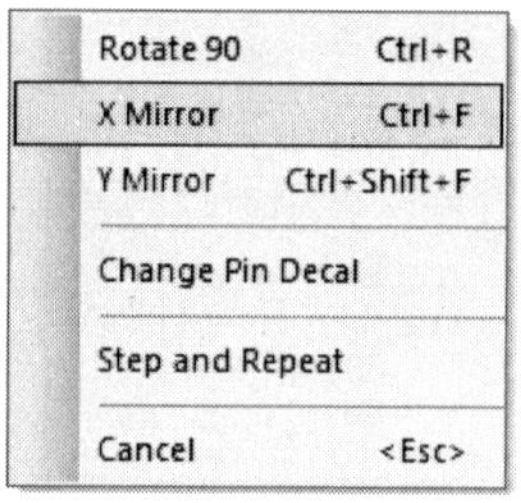

- 아래 그림과 같이 1번 핀, 2번 핀이 배치되었다.

이제는 CONN_2 모양을 그려보자.

- 키보드로 g10을 입력한 후 Enter키를 친다.
- 작업 화면 메뉴 View〉Zoom을 한 후 화면을 적당히 크게 한 후 Esc키를 누른다. (MLB - 화면 확대, MRB - 화면 축소)
- Decal Editing Toolbar에서 Create 2D Line Icon( )을 클릭한 후 작업 화면에서 MRB-Circle을 선택한다.

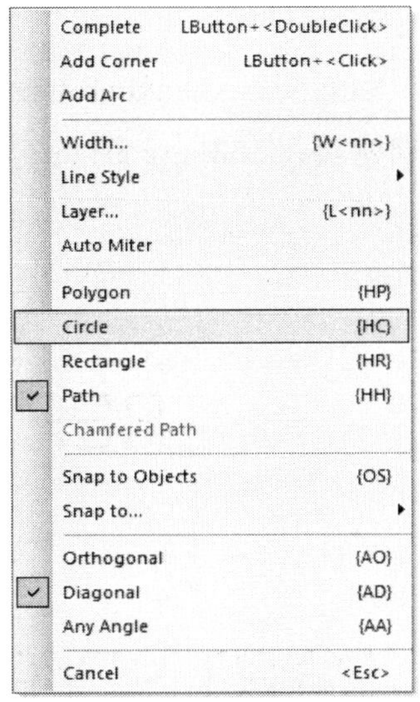

– 작업 화면 오른쪽 아래의 좌표를 참조하여 좌표(-120, 0)에서 클릭하여 드래그한 후 좌표(-100, 10)에서 클릭, 좌표(-120, -100)에서 클릭하여 드래그한 후 좌표(-110, -80)에서 클릭하여 반지름 20인 원을 2개 그린다.
– 다시 MRB-Rectangl을 하고 좌표(-200, -200)에서 클릭한 후 좌표(-40, 100)에 서 클릭하여 사각형을 그린 다음 Esc를 누른다.
– Decal Editing Toolbar에서 Create text Icon( )을 클릭한 후 나타나는 Add Free Text 팝업창에서 Text:에는 +를, X:에는 -290, Y:에는 -50, Size(pts):에는 15를 입력한 후 OK 버튼을 누른 후 Esc를 누른다.

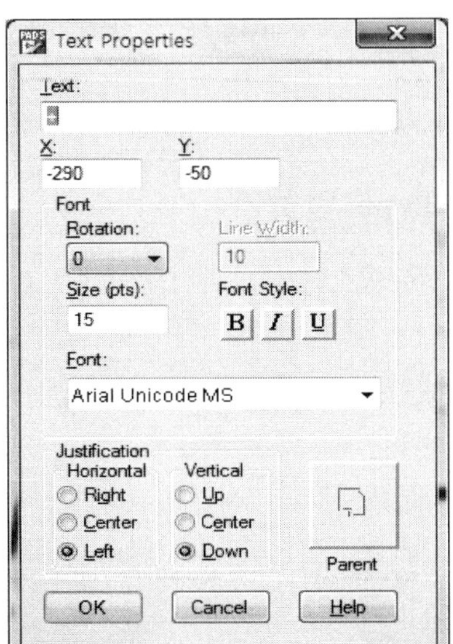

- 키보드를 이용하여 g100을 입력한다.
- Select Icon( )을 선택하고 MRB-Select Drafting Items를 한 후 위에서 그린 CONN_2 심벌을 드래그하여 모두 선택한 다음 MRB-Combine을 하여 하나로 묶어준 다음 Esc키를 누른다.
- 작업 화면에서 MRB-Anything을 하고 REF를 클릭하여 좌표(80, 130)에 배치한다.

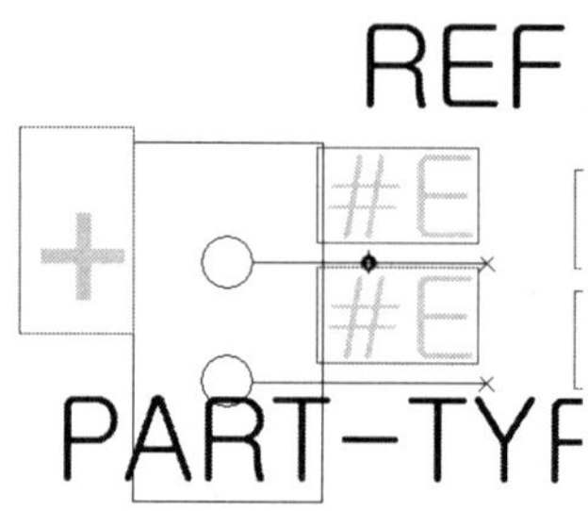

- 작업 화면의 메뉴에서 File〉Save를 선택하여 아래 그림과 같이 CONN_2를 입력하고 OK 버튼을 눌러 저장한다.

3.4.15 CONN_2 Part Type 만들기

PCB Decal과 CAE Decal을 만들었으니 이제 두 Decal간 서로 연결 작업을 해 주어야 한다.

- 작업 화면에서 File〉New를 선택하면 Select type of... 팝업창이 나타난다.

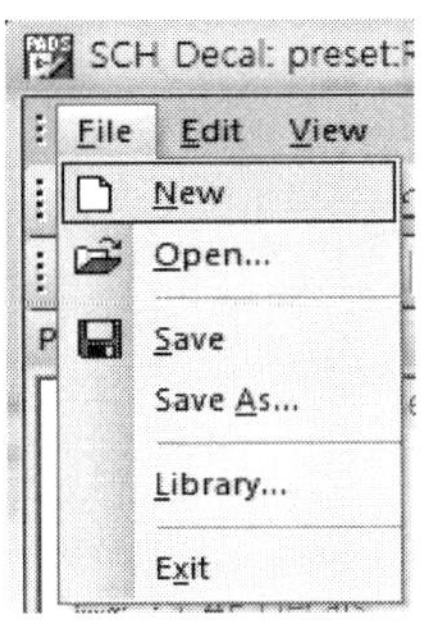

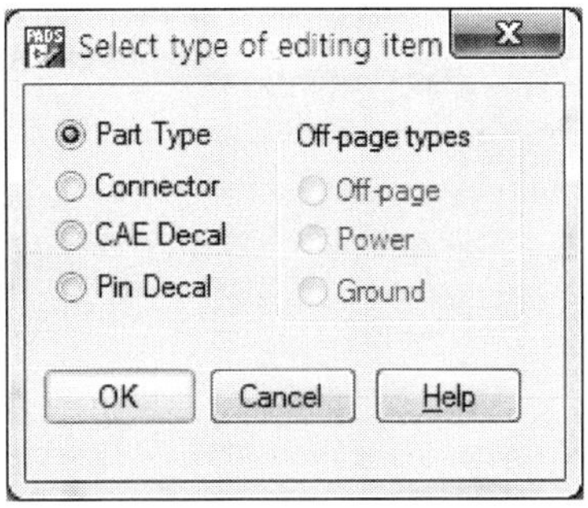

- Select type of… 팝업창에서 Part Type 을 선택한 후 OK 버튼을 누른다.
- Edit Electrical( ) Icon을 누르면 Part 정보를 입력할 수 있는 팝업창이 생긴다.

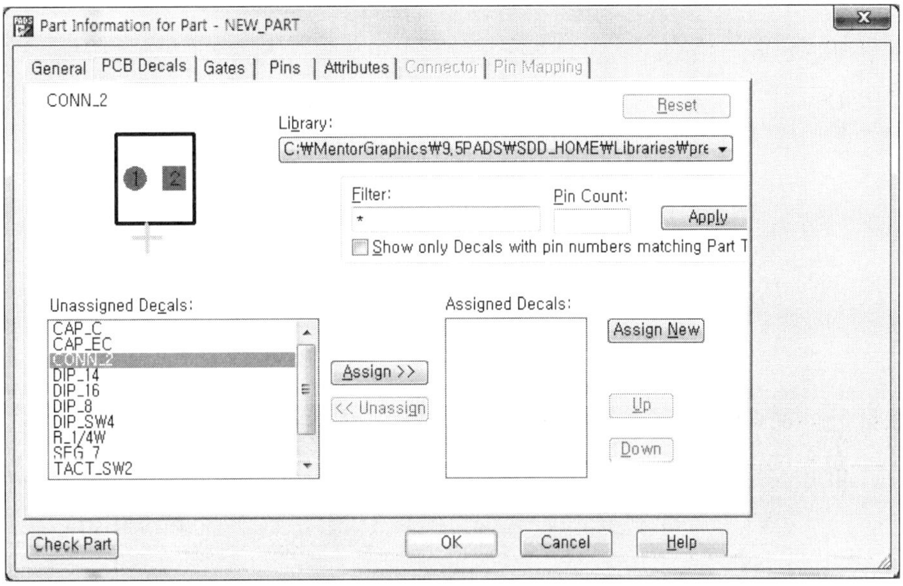

- PCB Decals Tab을 선택한다.
- Library : 의 콤보 상자를 클릭하여 미리 만들어 둔 preset Library 경로를 지정한다.
- Unassigned Decals: 란에 보면 이전에 만들어 둔 PCB Decal들이 보이는데 이 중에서 CONN_2를 선택한 후 오른쪽의 Assign >> 버튼을 누른다.
- Assigned Decals: 란이 비어 있다가 CONN_2가 지정된다.
- 그런 다음 General Tab을 누른다.
- 전 단계에서 지정해 준 부품의 Pin Count, Decal 등의 정보가 표시된다. 여기서 Logic Family의 Ref Prefix: J를 선택한다. (각 부품에 맞는 Reference를 선정)

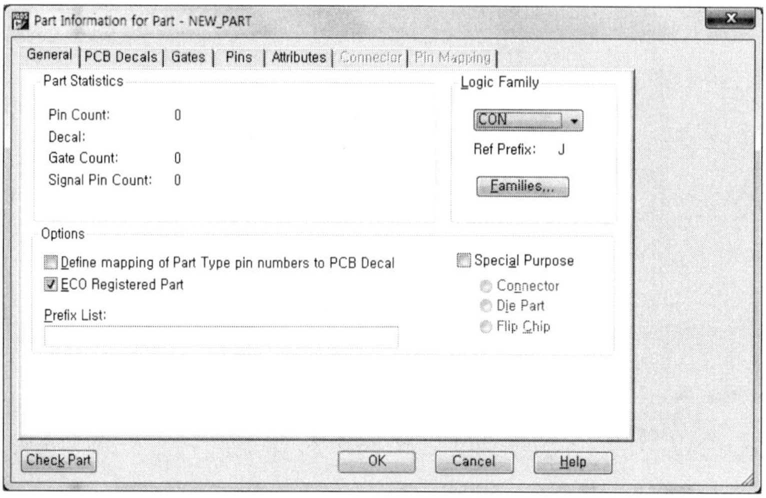

- 이번에는 Gates Tab을 누른 다음 Add 버튼을 누른다.
- CAE Decal1 항목의 아래 빈 칸을 더블클릭하면 아래 그림과 같이 된다.

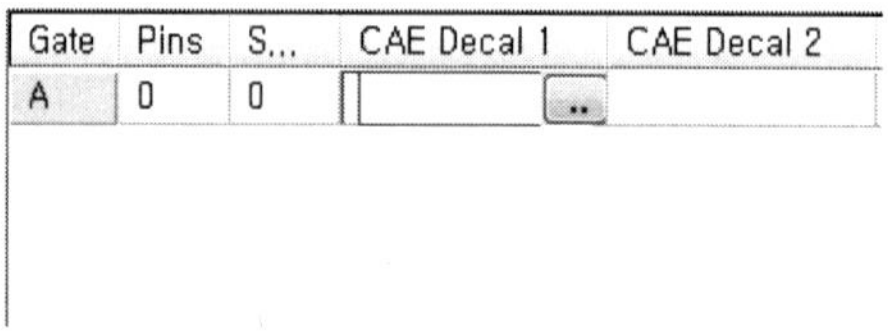

- 위의 그림에서 ...을 누르면 Assign Decal 관련 창이 나타난다.

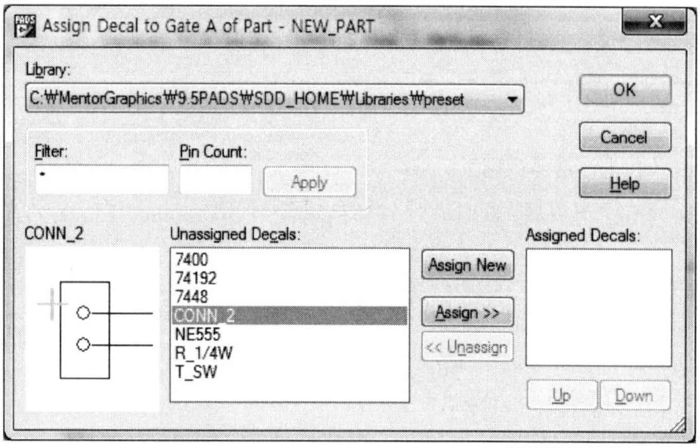

- 위의 그림에서 Unassigned Decals: CONN_2를 선택한 후 오른쪽의 Assign >> 버튼을 누르고 OK 버튼을 눌러 팝업창을 닫는다.

– Pins Tab을 선택한다.
– Pin Group 밑을 클릭한 후 아래 그림과 같이 Gate-A로 설정한다.

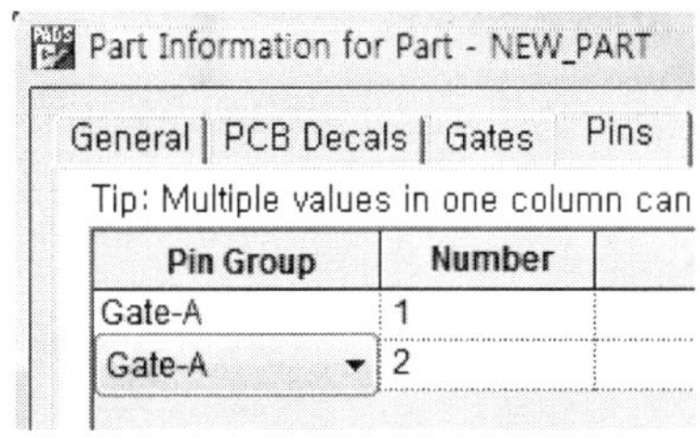

– 나머지 사항들은 그냥 넘어간다.
– CONN_2의 경우 Attributes Tab은 다루지 않는다.
– Part 정보 입력 창에서 OK 버튼을 누르면 PCB Decal과 CAE Decal 사이의 정보 연결 작업이 완료된다.

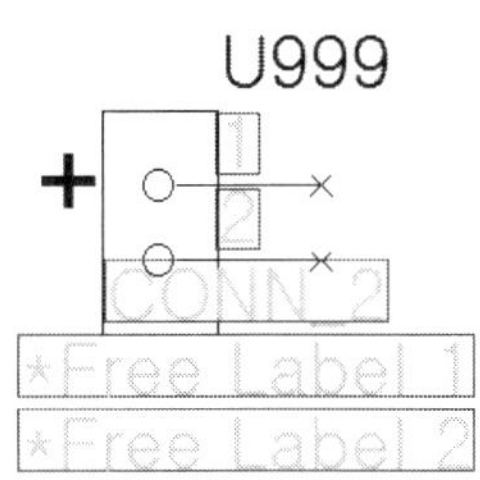

– 작업 화면의 메뉴에서 File>Save하여 CONN_2로 저장한다.
– 작업 화면의 메뉴에서 File>Exit Part Editor를 눌러 빠져나온다.

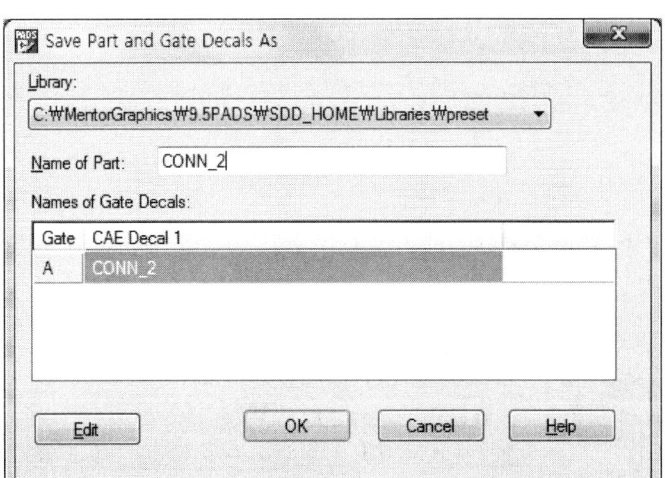

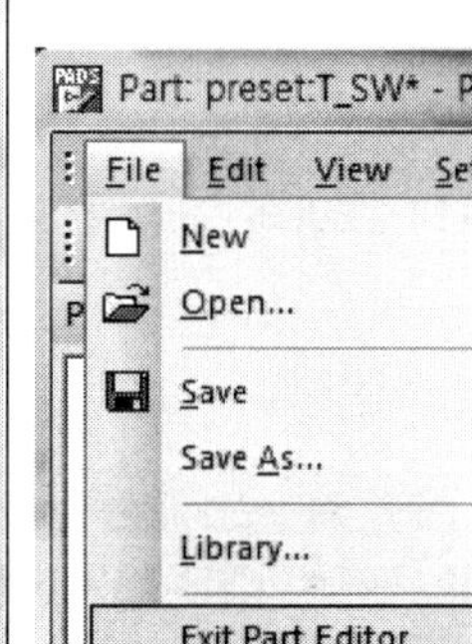

3.4.16 FND 500 CAE Decal 만들기

- File〉Library를 선택한 후 Library Manager창에서  Icon을 누른 다음  버튼을 누른 후  버튼을 누른다.
- 아래 그림의 오른쪽과 같이 CAE Decal을 그릴 수 있는 작업 화면이 나타난다.

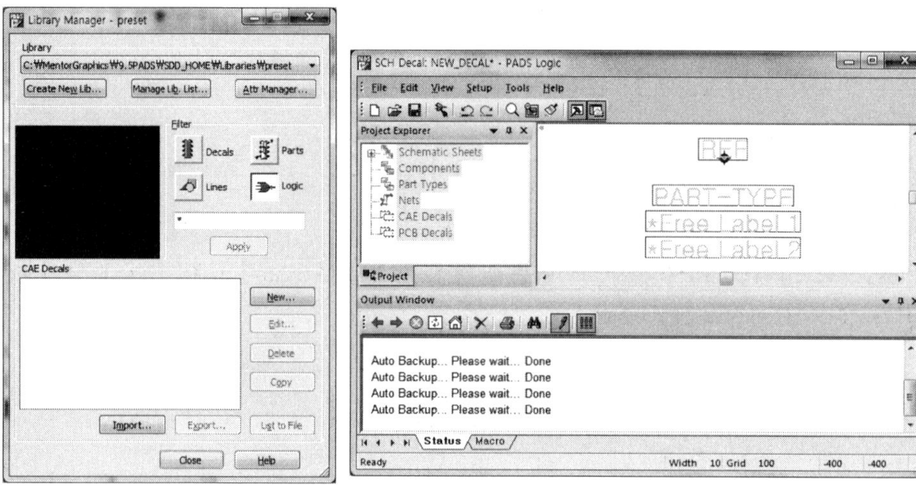

- 작업 화면에서 키보드를 이용하여 g100을 입력한 후 Enter키를 친다. (Grid가 100으로 설정되어 있는 경우 생략)
- View〉Toolbar〉Symbol Editor Toolbar를 선택한다.

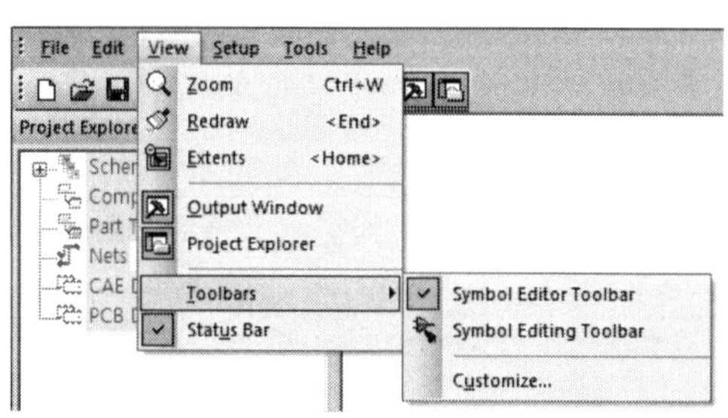

- 아래 그림과 같은 Decal Editing Toolbar Icon이 나타나고 이것을 클릭하면 세부 메뉴 Icon이 나타난다.

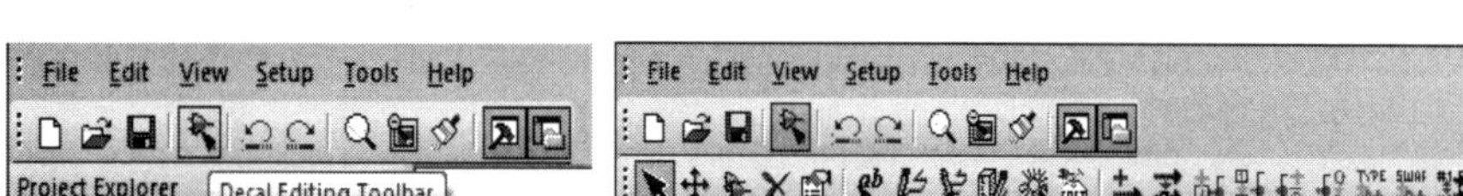

– FND500은 아래 그림과 같이 핀의 배치를 참고하여 작업하게 된다.

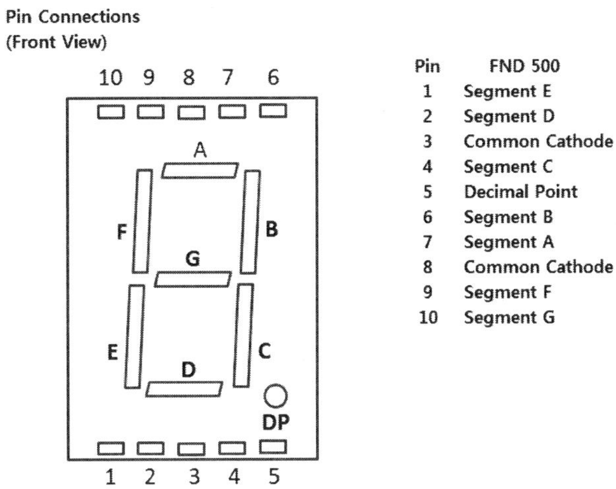

– Decal Editing Toolbar에서 Add Terminal Icon( )을 클릭하고 Pin Decal Browse 팝업창에서 Pins : PIN을 선택한 다음 OK 버튼을 누른다. (특성에 맞게 핀을 선택해야 하는데 여기서는 특별한 특성이 없기 때문에 그냥 핀을 선택하였다)

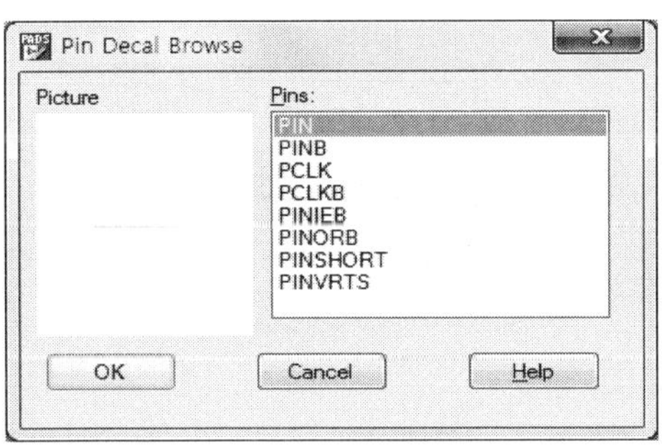

– 작업 화면에서 MRB-Rotate 90을 하여 좌표(300, 0)에 1번 핀을 배치한다.

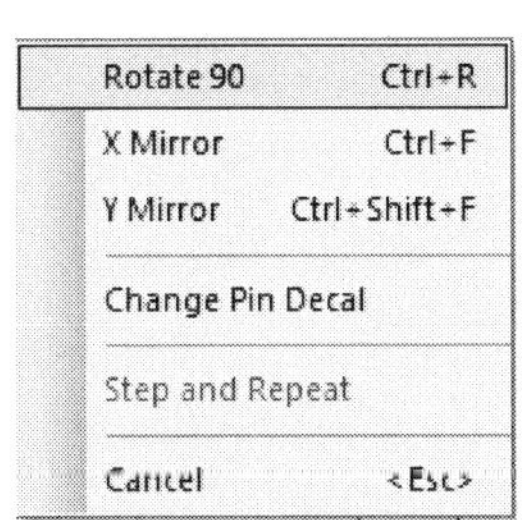

- 좌표(200, 0)에 2번 핀을 배치한다.
- MRB-Y Mirror를 한 후 좌표(200, 1000)에 3번 핀을 배치한다.
- MRB-Y Mirror를 한 후 좌표(100, 0)에 4번 핀을 배치한다.
- MRB-Y Mirror를 한 후 좌표(300, 1000)에 5번 핀을 배치한다.
- MRB-Y Mirror를 한 후 좌표(0, 0)에 6번 핀을 배치한다.
- 좌표(-100, 0)에 7번 핀을 배치한다.
- MRB-Y Mirror를 한 후 좌표(100, 1000)에 8번 핀을 배치한다.
- MRB-Y Mirror를 한 후 좌표(400, 0)에 9번 핀을 배치한다.
- 좌표(500, 0)에 10번 핀을 배치한 후 Esc를 누른다.
- 아래 그림과 같이 1번부터 10번 핀이 배치되었다.

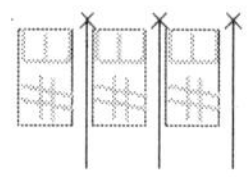

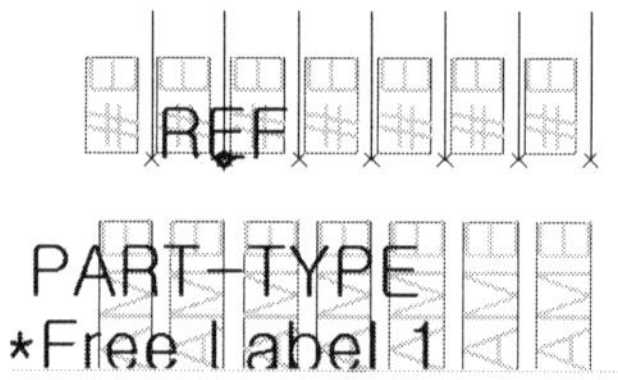

이제는 FND500 모양을 그려보자.

- 작업 화면 메뉴 View〉Zoom을 한 후 화면을 적당히 크게 한 후 Esc키를 누른다. (MLB - 화면 확대, MRB - 화면 축소)
- Decal Editing Toolbar에서 Create 2D Line Icon( )을 클릭한 후 작업 화면의 MRB-Rectangle을 선택한다.

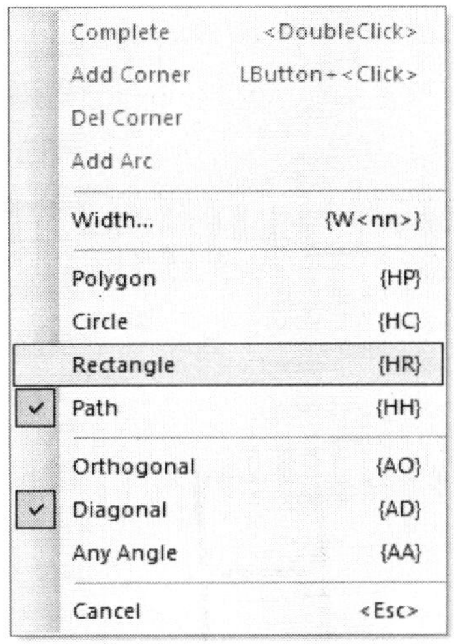

- 작업 화면 오른쪽 아래의 좌표를 참조하여 좌표(-100, 200)에서 클릭하여 드래그한 후 좌표(500, 800)에서 클릭한다.
- MRB-Path, MRB-Width를 하여 20을 입력하고 Enter키를 친다.

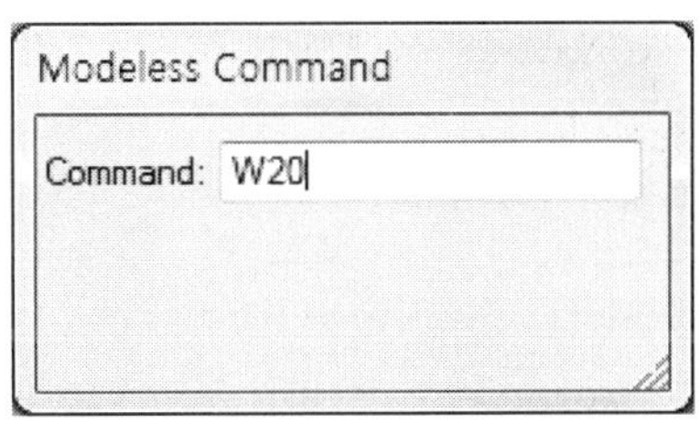

- 좌표(100, 700)에서 클릭한 후 좌표(300, 700)에서 더블클릭한다.
- g10을 입력한 후 Enter키를 친다.
- 좌표(60, 680)에서 클릭한 후 MRB-Any Angle을 선택하여 좌표(50, 520)에서 더블클릭한 후 Esc를 누른다.
- MRB-Select Draft Items를 하고 좌표(200, 700)에서 클릭한 후 MRB-Duplicate하여 좌표(180, 500)에서 클릭, 좌표(160, 300)에서 클릭한 후 Esc를 누른다.
- 다시 MRB-Select Draft Items를 하고 좌표(60, 600)에서 클릭한 후 MRB-Duplicate하여 좌표(320, 600)에서 클릭, 좌표(50, 400)에서 클릭, 좌표(310, 400)에서 클릭한 후 Esc를 누른다.
- Decal Editing Toolbar에서 Create 2D Line Icon(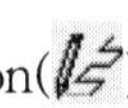)을 클릭한 후 작업 화면에서 MRB-Circle을 선택한다.
- 좌표(380, 310)에서 클릭한 후 드래그하여 좌표(380, 270)에서 클릭한 후 Esc를 누른다.

- Select Icon( )을 선택하고 MRB-Select Drafting Items를 한 후 위에서 그린 FND500 심벌을 드래그하여 모두 선택한 다음 MRB-Combine을 하여 하나로 묶어준 다음 Esc키를 누른다.
- 작업 화면에서 MRB-Anything을 하고 REF를 클릭하여 좌표(600, 900)에 배치한다.

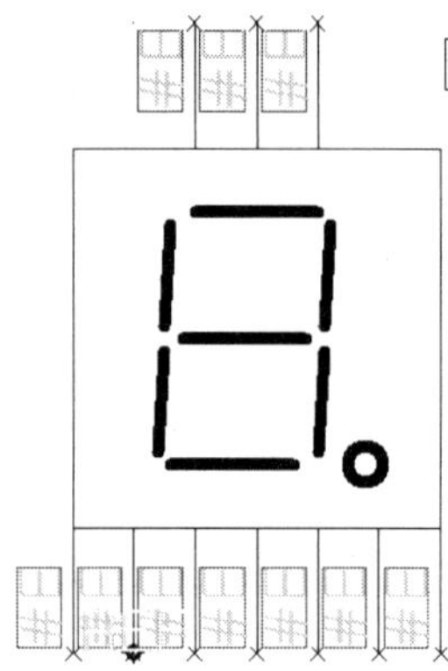

- g100을 입력한 후 Enter키를 친다.
- 작업 화면의 메뉴에서 File〉Save를 선택하여 아래 그림과 같이 FND500을 입력하고 OK 버튼을 눌러 저장한다.

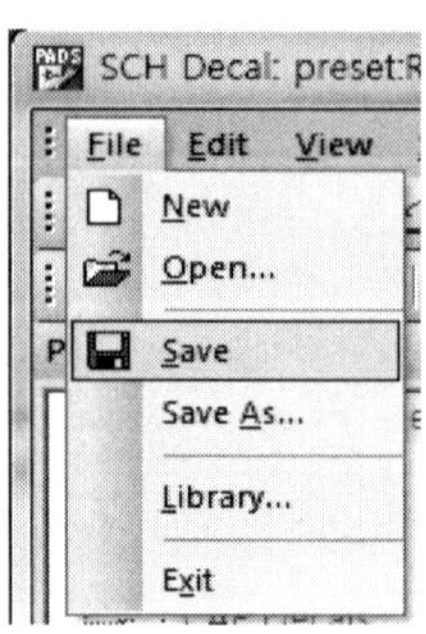

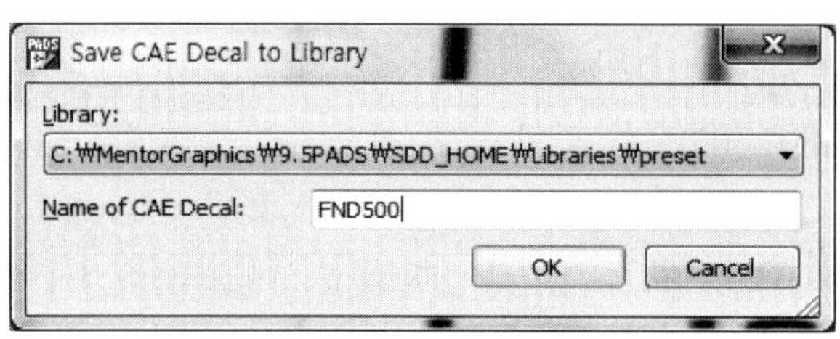

3.4.17 FND 500 Part Type 만들기

PCB Decal과 CAE Decal을 만들었으니 이제 두 Decal간 서로 연결 작업을 해 주어야 한다.

- 작업 화면에서 File〉New를 선택하면 Select type of... 팝업창이 나타난다.

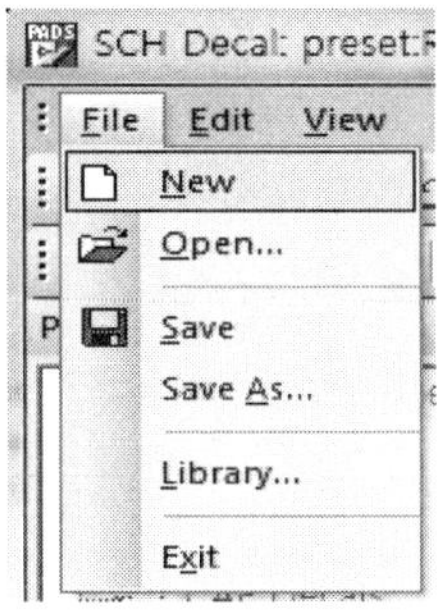

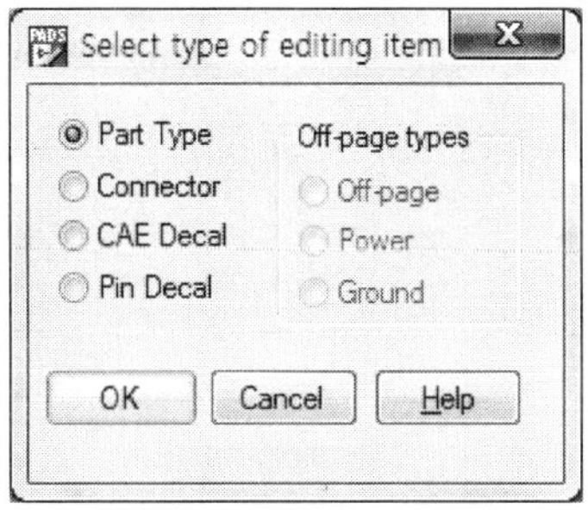

- Select type of… 팝업창에서 [Part Type] 을 선택한 후 [OK] 버튼을 누른다.
- Edit Electrical(아이콘) Icon을 누르면 Part 정보를 입력할 수 있는 팝업창이 생긴다.

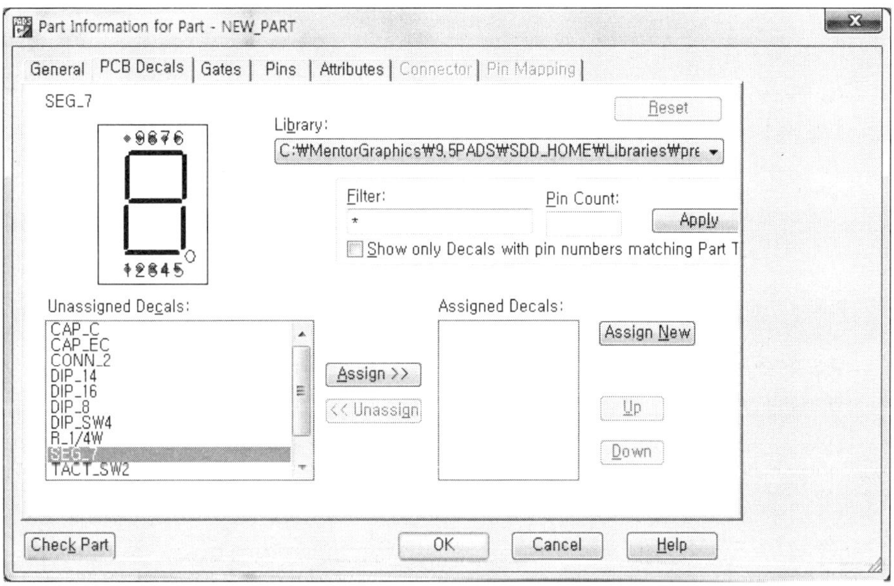

- PCB Decals Tab을 선택한다.
- Library : 의 콤보 상자를 클릭하여 미리 만들어 둔 preset Library 경로를 지정한다.
- Unassigned Decals: 란에 보면 이전에 만들어 둔 PCB Decal들이 보이는데 이 중에서 SEG_7을 선택한 후 오른쪽의 [Assign >>] 버튼을 누른다.
- Assigned Decals: 란이 비어 있다가 SEG_7이 지정된다.
- 그런 다음 General Tab을 누르고 [Families...] 버튼을 눌러 Logic Families 팝업창이 나타나면 다시 [Add] 버튼을 눌러 아래 그림과 같이 FND를 넣고 [OK] 버튼을 누른다.

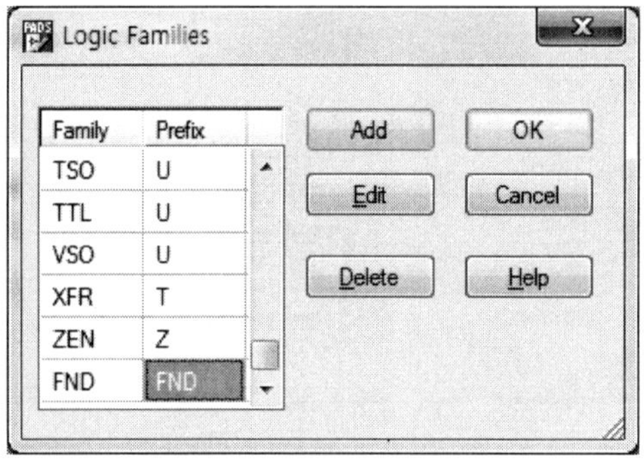

– 전 단계에서 지정해 준 부품의 Pin Count, Decal 등의 정보가 표시된다. 여기서 Logic Family의 Ref Prefix: FND를 선택한다. (각 부품에 맞는 Reference를 선정)

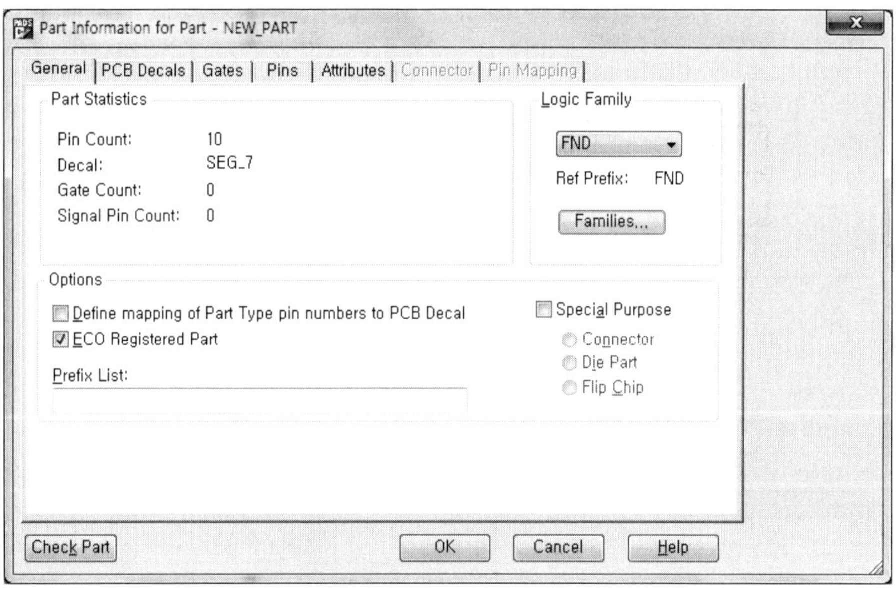

– 이번에는 Gates Tab을 누른 다음 [Add] 버튼을 누른다.
– CAE Decal1 항목의 아래 빈 칸을 더블클릭하면 아래 그림과 같이 된다.

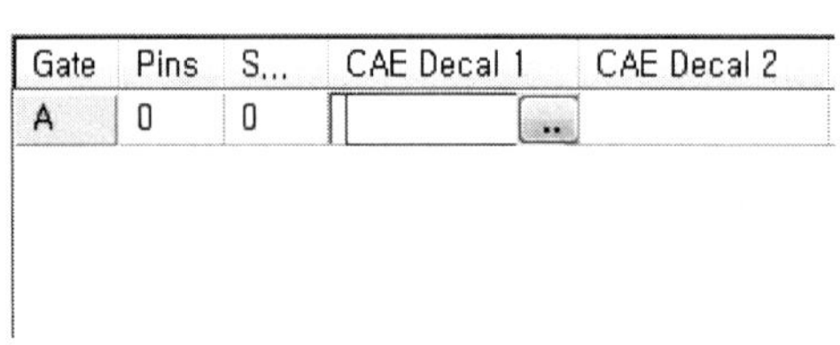

– 위의 그림에서 [...]을 누르면 Assign Decal 관련 창이 나타난다.

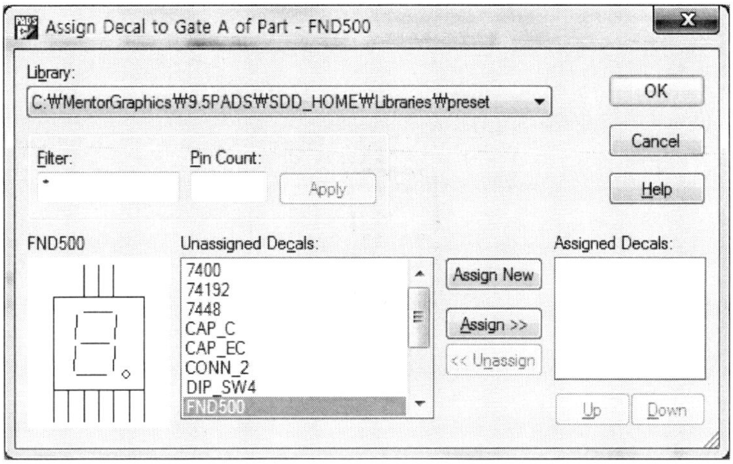

- 위의 그림에서 Unassigned Decals: FND500을 선택한 후 오른쪽의 [Assign >>] 버튼을 누르고 [OK] 버튼을 눌러 팝업창을 닫는다.
- Pins Tab을 선택한다.
- Pin Group 밑을 클릭한 후 아래 그림과 같이 Gate-A로 설정하고 핀 번호에 맞는 이름을 지정해 준다.

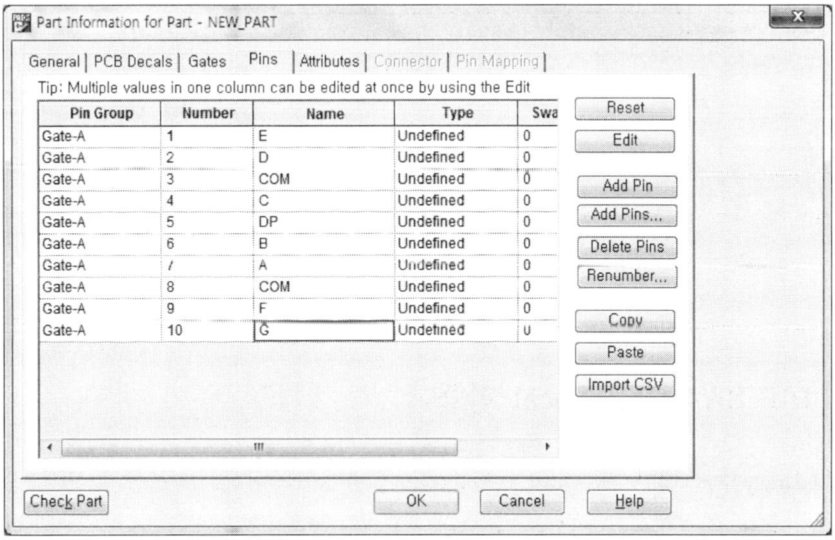

- 나머지 사항들은 그냥 넘어간다.
- FND500의 경우 Attributes Tab은 다루지 않는다.
- Part 정보 입력 창에서 [OK] 버튼을 누르면 PCB Decal과 CAE Decal 사이의 정보 연결 작업이 완료된다.

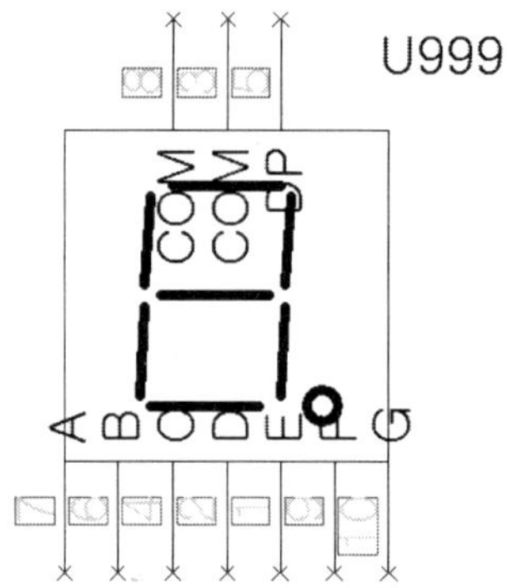

- 작업 화면의 메뉴에서 File〉Save하여 FND500으로 저장한다.
- 작업 화면의 메뉴에서 File〉Exit Part Editor를 눌러 빠져나온다.

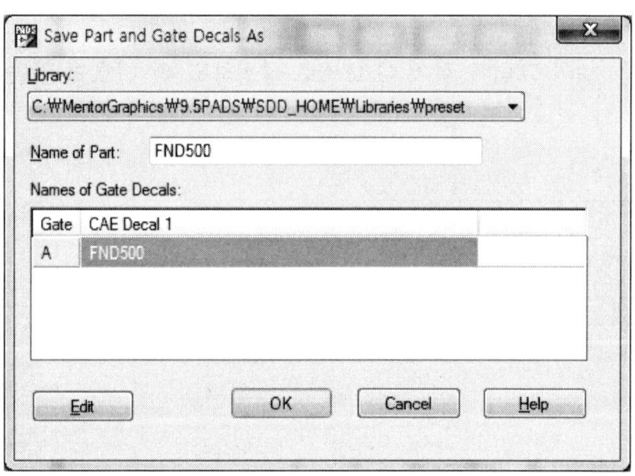

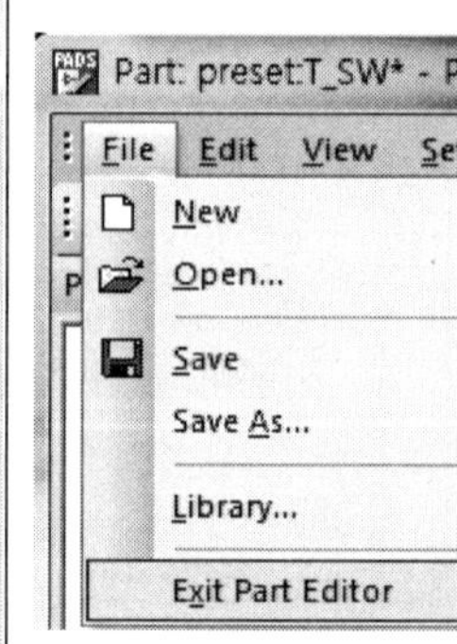

3.4.18 DIP_SW4 CAE Decal 만들기

- File〉Library를 선택한 후 Library Manager창에서 Logic Icon을 누른 다음 New... 버튼을 누른 후 Close 버튼을 누른다.
- 아래 그림의 오른쪽과 같이 CAE Decal을 그릴 수 있는 작업 화면이 나타난다.

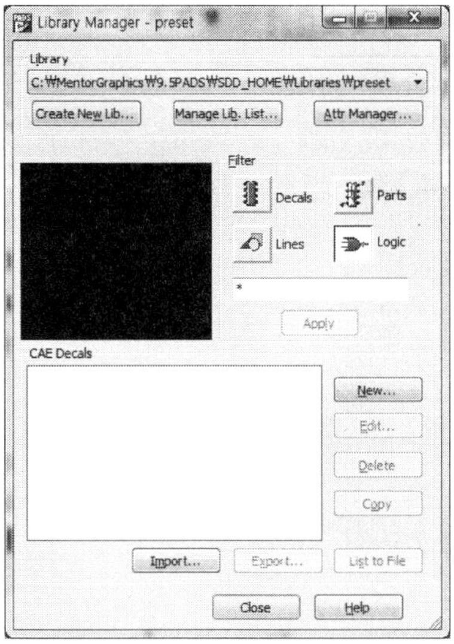

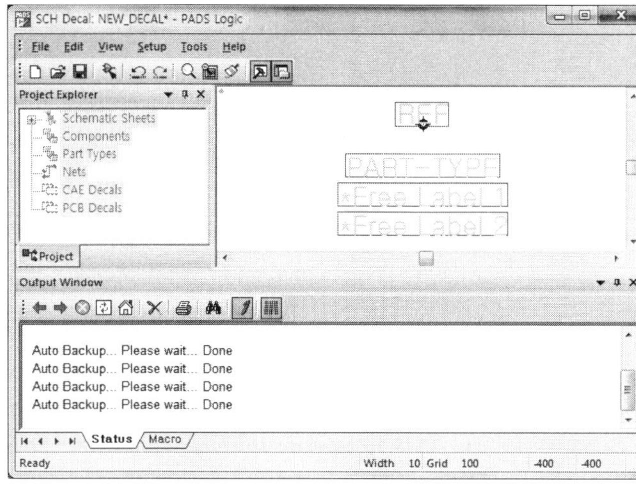

- 작업 화면에서 키보드를 이용하여 g100을 입력한 후 Enter키를 친다. (Grid가 100으로 설정되어 있는 경우 생략)
- View〉Toolbar〉Symbol Editor Toolbar를 선택한다.

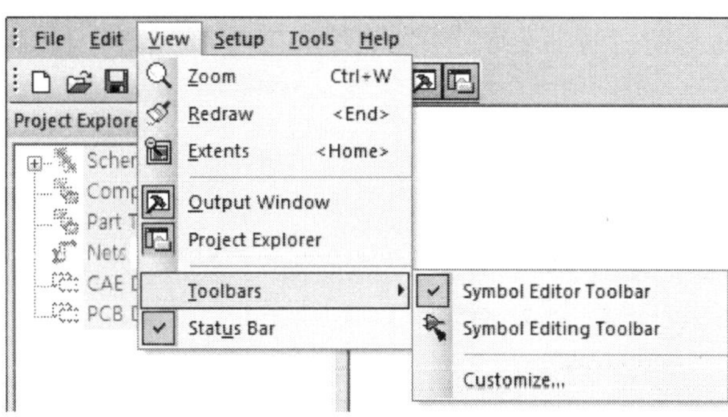

- 아래 그림과 같은 Decal Editing Toolbar Icon이 나타나고 이것을 클릭하면 세부 메뉴 Icon이 나타난다.

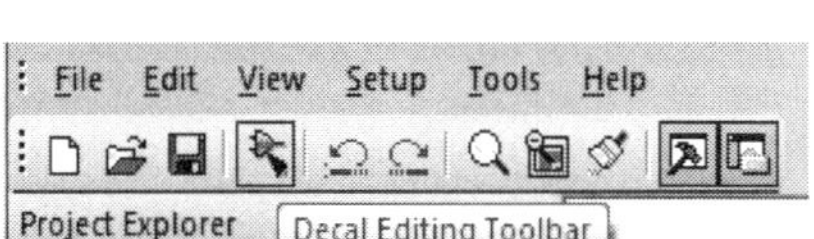

- DIP_SW4는 독립된 접점으로 된 4개의 스위치 배열로 작업하게 된다.
- Decal Editing Toolbar에서 Add Terminal Icon( )을 클릭하고 Pin Decal Browse 팝업창

에서 Pins : PIN을 선택한 다음 OK 버튼을 누른다.(특성에 맞게 핀을 선택해야 하는데 여기서는 특별한 특성이 없기 때문에 그냥 핀을 선택하였다)

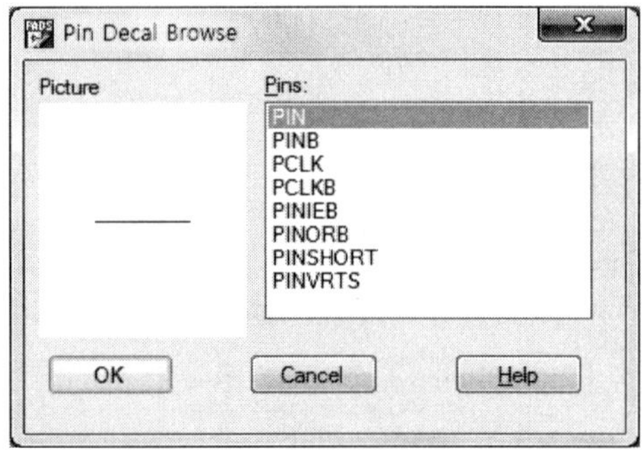

– 작업 화면에서 MRB-Rotate 90을 하여 좌표(0, 0)에 1번 핀을 배치한다.

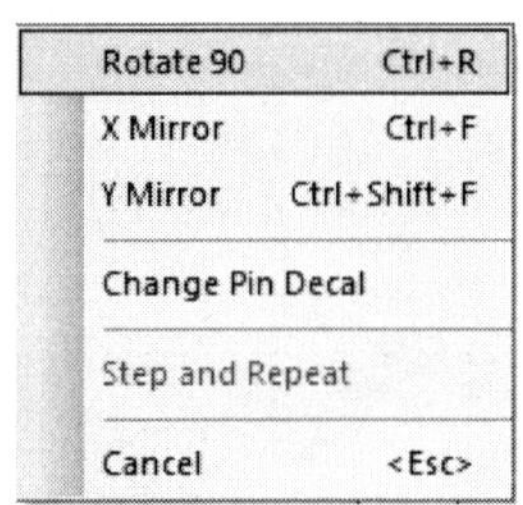

– 좌표(200, 0)에 2번 핀을 배치한다.
– 좌표(400, 0)에 3번 핀을 배치한다.
– 좌표(600, 0)에 4번 핀을 배치한다.
– MRB-Y Mirror를 한 후 좌표(600, 700)에 5번 핀을 배치한다.
– 좌표(400, 700)에 6번 핀을 배치한다.
– 좌표(200, 700)에 7번 핀을 배치한다.
– 좌표(0, 700)에 8번 핀을 배치한 후 Esc를 누른다.
– 아래 그림과 같이 1번부터 8번 핀이 배치되었다.

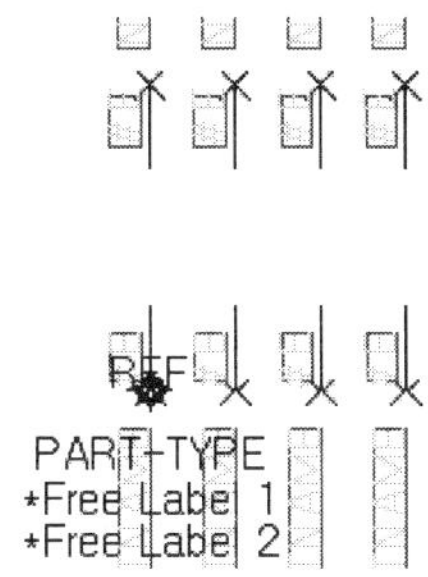

이제는 DIP_SW4 모양을 그려보자.

- 키보드로 g10을 입력한 후 Enter키를 친다.
- 작업 화면 메뉴 View〉Zoom을 한 후 화면을 적당히 크게 한 후 Esc키를 누른다. (MLB - 화면 확대, MRB - 화면 축소)
- Decal Editing Toolbar에서 Create 2D Line Icon( )을 클릭한 후 작업 화면에서 MRB-Circle을 선택한다.

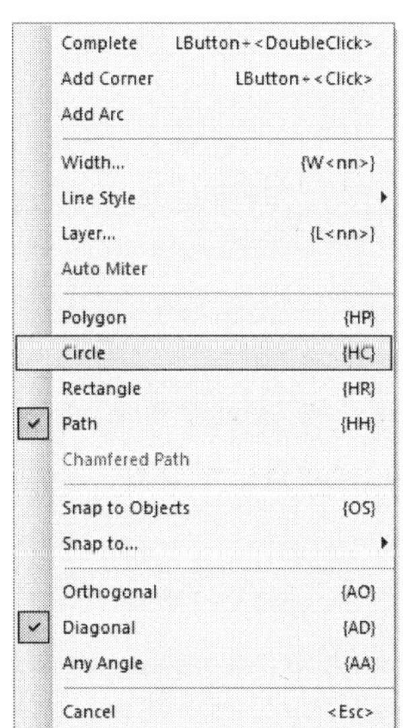

- 작업 화면 오른쪽 아래의 좌표를 참조하여 좌표(0, 220)에서 클릭하여 드래그한 후 좌표(0, 200)에서 클릭하여 원을 그린 다음 Esc를 누른다.
- MRB-Select Drafting Items를 한 후 위에서 그린 원을 좌표(0, 220)에서 클릭한 다음 MRB-Duplicate하여 좌표(200, 220)에서 클릭, 좌표(400, 220에서 클릭, 좌표(600, 220에서 클릭, 좌표(600, 480)에서 클릭, 좌표(400, 480)에서 클릭, 좌표(200, 480)에서 클릭, 좌표(0, 480)에서 클릭하여 원을 복사한 후 Esc를 누른다.

– Decal Editing Toolbar에서 Create 2D Line Icon( )을 클릭한 후 작업 화면에서 MRB-Path를 선택한다.
– 좌표(40, 200)에서 클릭한 후 좌표(40, 500)에서 더블클릭하여 선을 그린 다음 Esc를 누른다.
– MRB-Select Drafting Items를 한 후 위에서 그린 선을 좌표(40, 200)에서 클릭한 다음 MRB-Duplicate하여 좌표(240, 200)에서 클릭, 좌표(440, 200에서 클릭, 좌표(640, 200에서 클릭하여 선을 복사한 후 Esc를 누른다.
– Select Icon( )을 선택하고 MRB-Select Drafting Items를 한 후 위에서 그린 DIP_SW4 심벌을 드래그하여 모두 선택한 다음 MRB-Combine을 하여 하나로 묶어준 다음 Esc키를 누른다.
– 작업 화면에서 MRB-Anything을 하고 REF를 클릭하여 좌표(800, 700)에 배치한다.

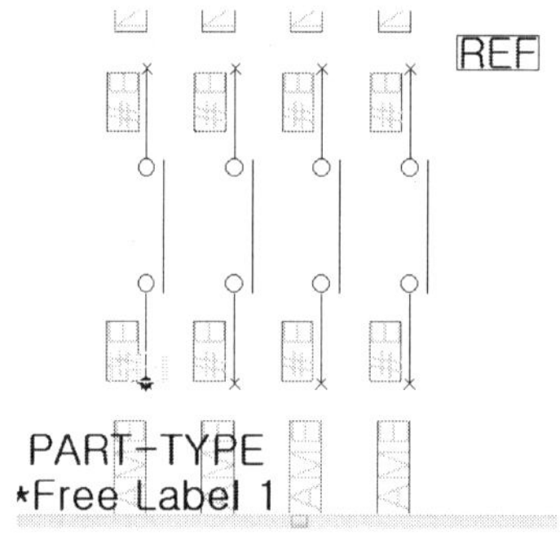

– g100을 입력한 후 Enter키를 친다.
– 작업 화면의 메뉴에서 File>Save를 선택하여 아래 그림과 같이 DIP_SW4를 입력하고 OK 버튼을 눌러 저장한다.

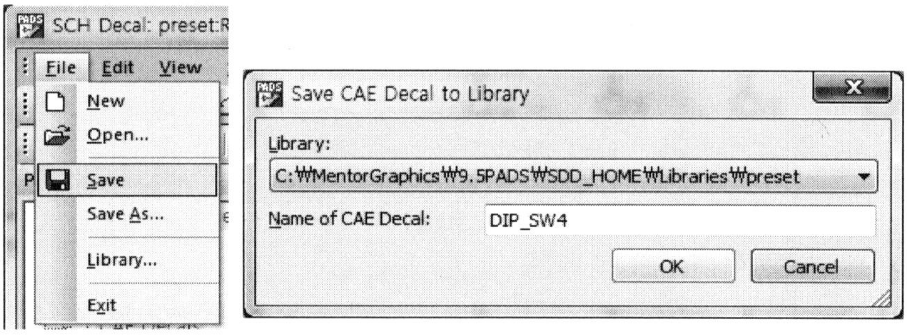

3.4.19 DIP_SW4 Part Type 만들기

PCB Decal과 CAE Decal을 만들었으니 이제 두 Decal간 서로 연결 작업을 해 주어야 한다.

- 작업 화면에서 File>New를 선택하면 Select type of... 팝업창이 나타난다.

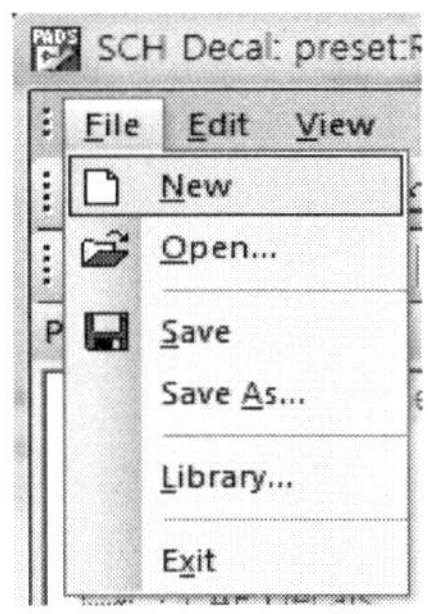

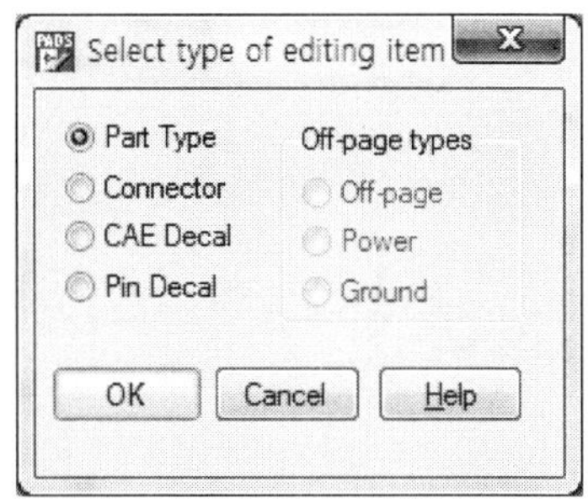

- Select type of... 팝업창에서 ◉ Part Type 을 선택한 후 OK 버튼을 누른다.
- Edit Electrical( ) Icon을 누르면 Part 정보를 입력할 수 있는 팝업창이 생긴다.

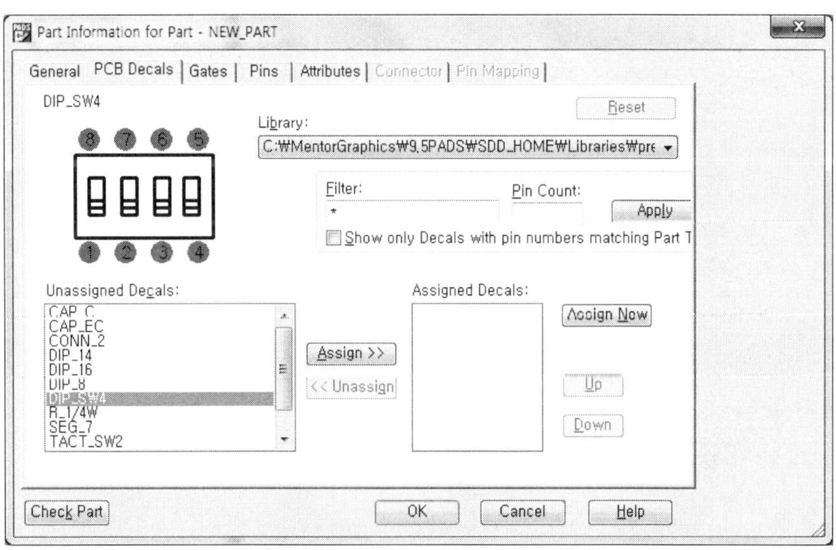

- PCB Decals Tab을 선택한다.
- Library : 의 콤보 상자를 클릭하여 미리 만들어 둔 preset Library 경로를 지정한다.
- Unassigned Decals: 란에 보면 이전에 만들어 둔 PCB Decal들이 보이는데 이 중에서 DIP_SW4를 선택한 후 오른쪽의 Assign >> 버튼을 누른다.
- Assigned Decals: 란이 비어 있다가 DIP_SW4가 지정된다.

- 그런 다음 General Tab을 누른다.
- 전 단계에서 지정해 준 부품의 Pin Count, Decal 등의 정보가 표시된다. 여기서 Logic Family의 Ref Prefix: S를 선택한다. (각 부품에 맞는 Reference를 선정)

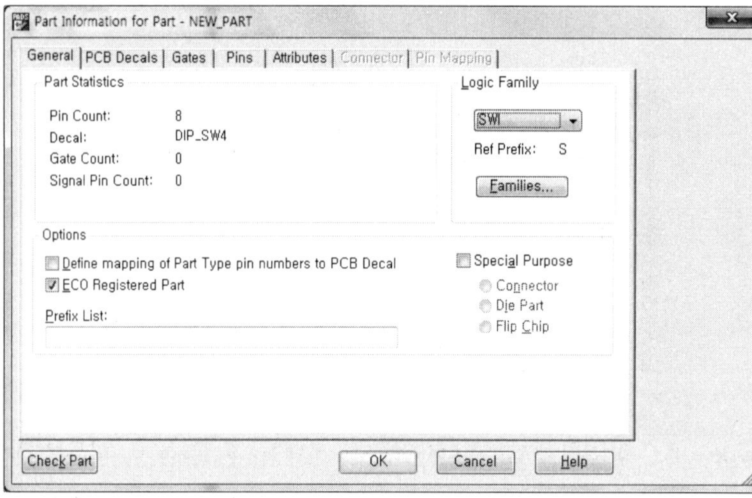

- 이번에는 Gates Tab을 누른 다음 [Add] 버튼을 누른다.
- CAE Decal1 항목의 아래 빈 칸을 더블클릭하면 아래 그림과 같이 된다.

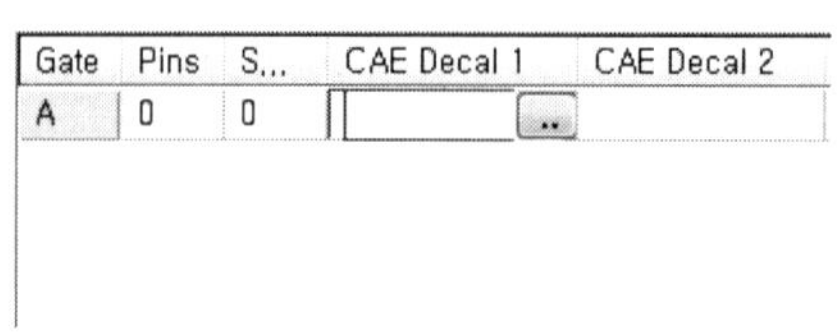

- 위의 그림에서 [...]을 누르면 Assign Decal 관련 창이 나타난다.

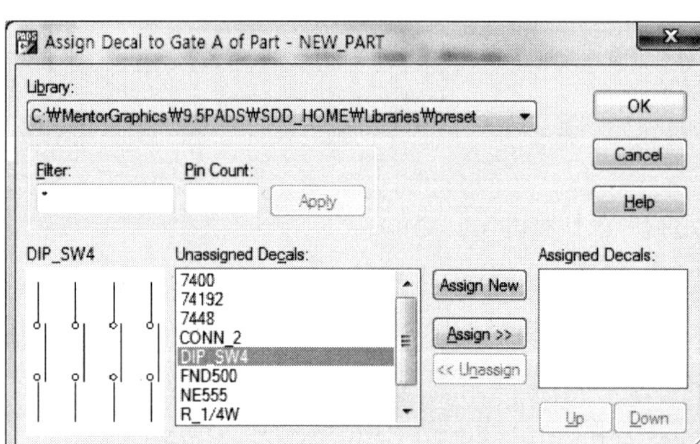

– 위의 그림에서 Unassigned Decals: DIP_SW4를 선택한 후 오른쪽의 [Assign >>] 버튼을 누르고 [OK] 버튼을 눌러 팝업창을 닫는다.
– Pins Tab을 선택한다.
– Pin Group 밑을 클릭한 후 아래 그림과 같이 Gate-A로 설정한다.

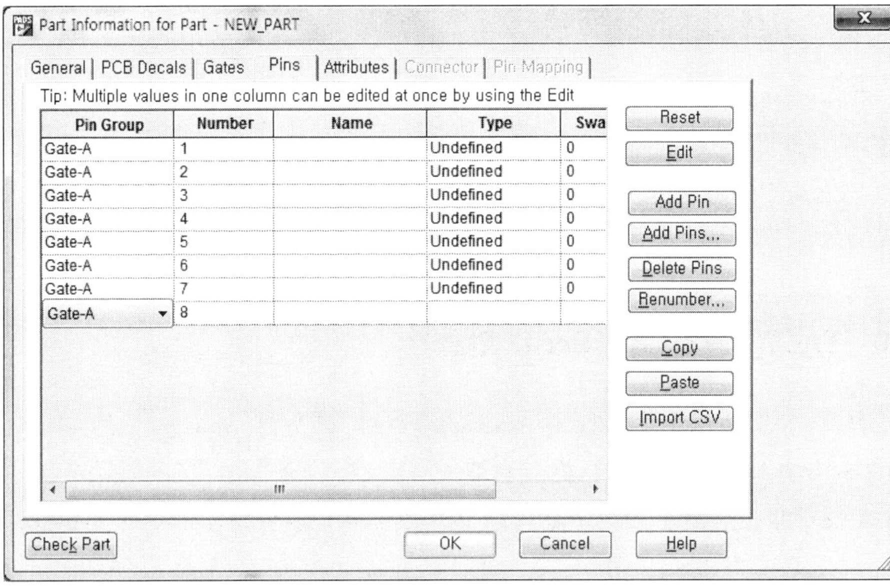

– 나머지 사항들은 그냥 넘어간다.
– DIP_SW4의 경우 Attributes Tab은 다루지 않는다.
– Part 정보 입력 창에서 [OK] 버튼을 누르면 PCB Decal과 CAE Decal 사이의 정보 연결 작업이 완료된다.

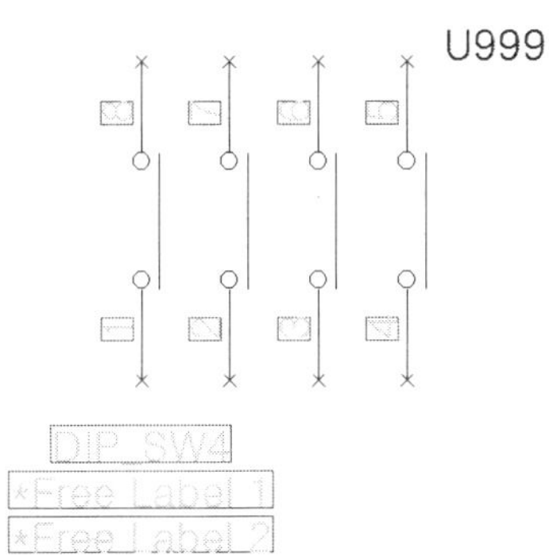

– 작업 화면의 메뉴에서 File〉Save하여 DIP_SW4로 저장한다.
– 작업 화면의 메뉴에서 File〉Exit Part Editor를 눌러 빠져나온다.

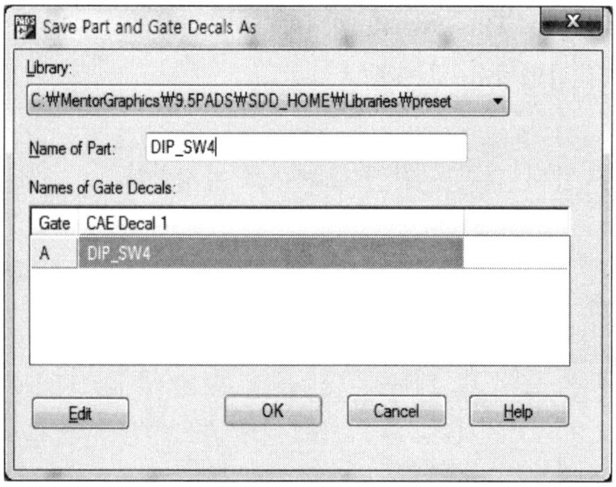

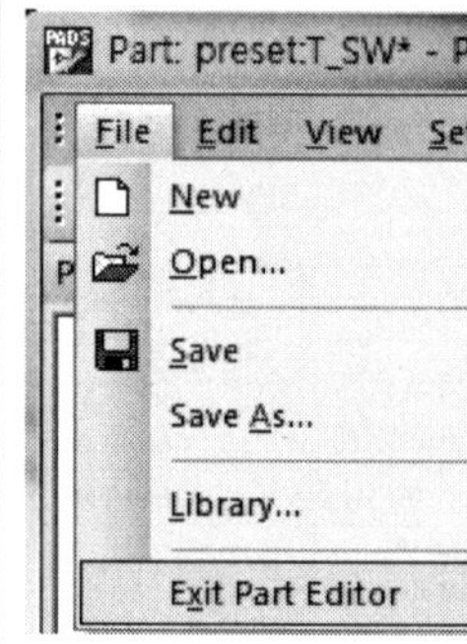

3.4.20 TACT_SW2 CAE Decal 만들기

- File〉Library를 선택한 후 Library Manager창에서 Logic Icon을 누른 다음 New... 버튼을 누른 후 Close 버튼을 누른다.
- 아래 그림의 오른쪽과 같이 CAE Decal을 그릴 수 있는 작업 화면이 나타난다.

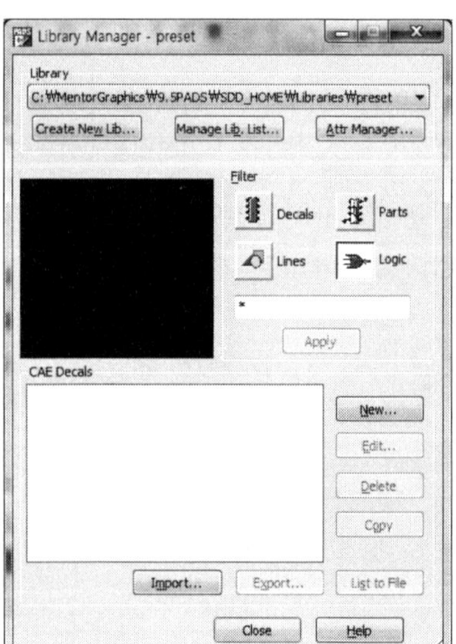

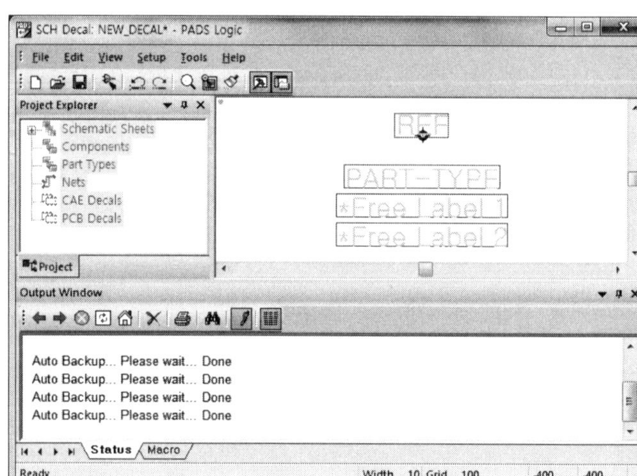

- 작업 화면에서 키보드를 이용하여 g100을 입력한 후 Enter키를 친다. (Grid가 100으로 설정되어 있는 경우 생략)
- View〉Toolbar〉Symbol Editor Toolbar를 선택한다.

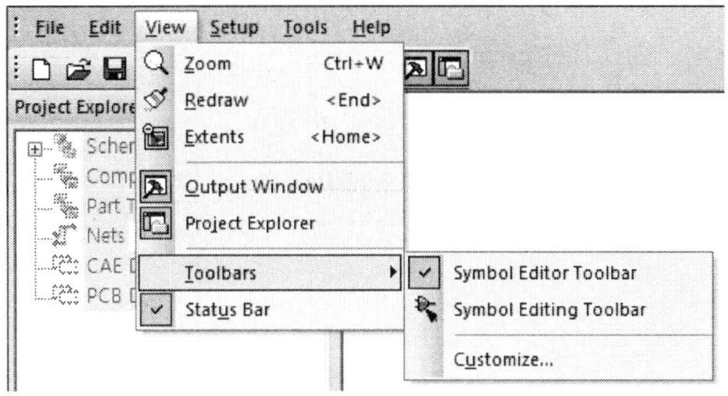

– 아래 그림과 같은 Decal Editing Toolbar Icon이 나타나고 이것을 클릭하면 세부 메뉴 Icon이 나타난다.

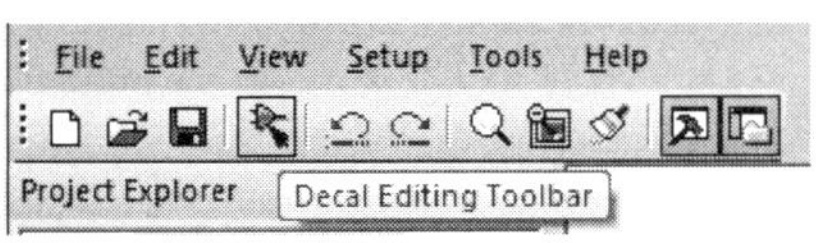

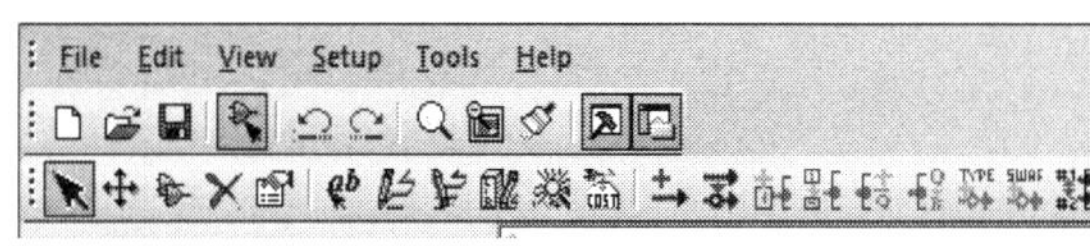

– TACT_SW2는 독립된 접점으로 된 1개의 스위치로 작업하게 된다.

– Decal Editing Toolbar에서 Add Terminal Icon( )을 클릭하고 Pin Decal Browse 팝업창에서 Pins : PIN을 선택한 다음 OK 버튼을 누른다. (특성에 맞게 핀을 선택해야 하는데 여기서는 특별한 특성이 없기 때문에 그냥 핀을 선택하였다)

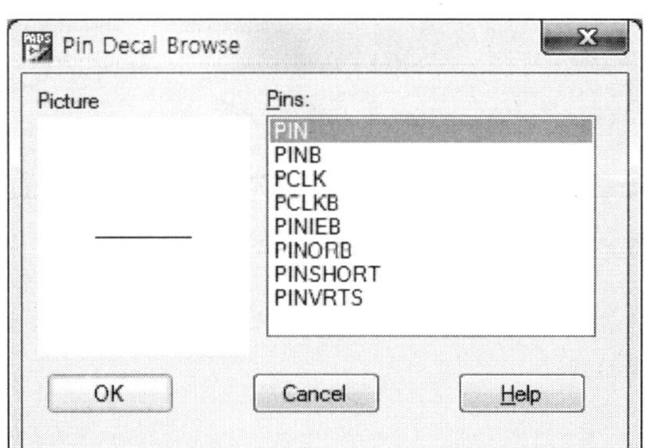

– 작업 화면에서 MRB-Rotate 90을 하여 좌표(0, 0)에 1번 핀을 배치한다.

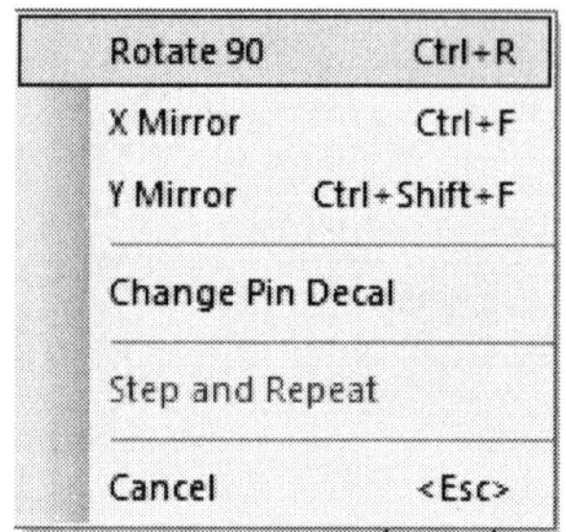

– MRB-Y Mirror를 한 후 좌표(0, 700)에 2번 핀을 배치한 후 Esc를 누른다.
– 아래 그림과 같이 1번부터 2번 핀이 배치되었다.

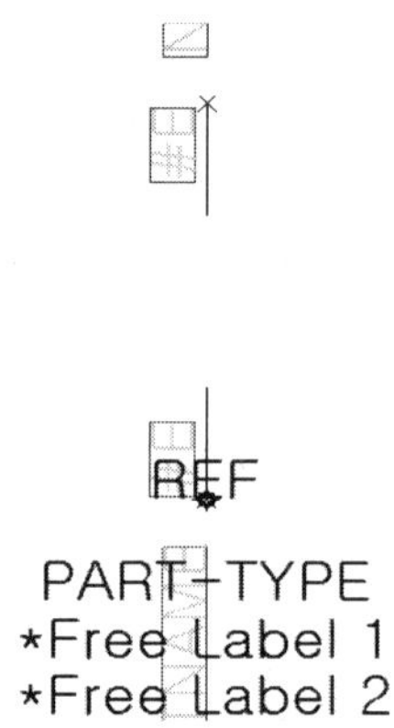

이제는 TACT_SW2 모양을 그려보자.

– 키보드로 g10을 입력한 후 Enter키를 친다.
– 작업 화면 메뉴 View〉Zoom을 한 후 화면을 적당히 크게 한 후 Esc키를 누른다. (MLB - 화면 확대, MRB - 화면 축소)
– Decal Editing Toolbar에서 Create 2D Line Icon()을 클릭한 후 작업 화면에서 MRB-Circle을 선택한다.

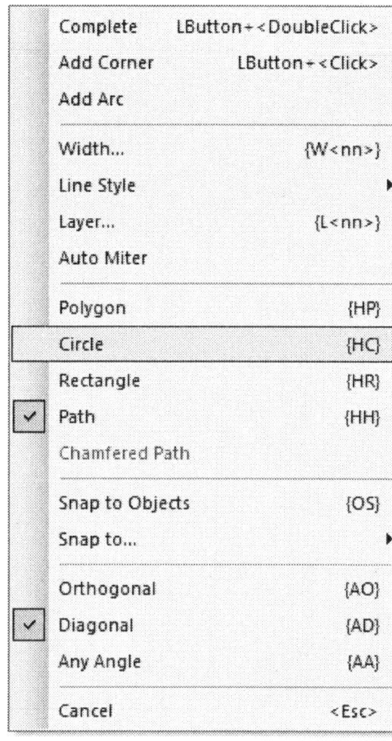

- 작업 화면 오른쪽 아래의 좌표를 참조하여 좌표(0, 240)에서 클릭하여 드래그한 후 좌표(0, 200)에서 클릭하여 원을 그린 다음 Esc를 누른다.
- MRB-Select Drafting Items를 한 후 위에서 그린 원을 좌표(0, 280)에서 클릭한 다음 MRB-Duplicate하여 좌표(0, 500)에서 클릭하여 원을 복사한 후 Esc를 누른다.
- Decal Editing Toolbar에서 Create 2D Line Icon( )을 클릭한 후 작업 화면에서 MRB-Path를 선택한다.
- 좌표(90, 200)에서 클릭한 후 좌표(90, 500)에서 더블클릭하여 선을 그린다.
- 좌표(90, 350)에서 클릭한 후 좌표(140, 350)에서 더블클릭하여 선을 그린 후 Esc를 누른다.
- Select Icon( )을 선택하고 MRB-Select Drafting Items를 한 후 위에서 그린 TACT_SW2 심벌을 드래그하여 모두 선택한 다음 MRB-Combine을 하여 하나로 묶어준 다음 Esc키를 누른다.
- 작업 화면에서 MRB-Anything을 하고 REF를 클릭하여 좌표(200, 700)에 배치한다.

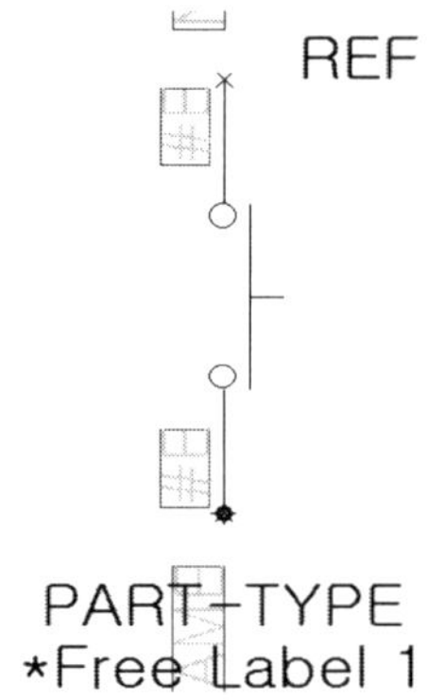

- g100을 입력한 후 Enter키를 친다.
- 작업 화면의 메뉴에서 File〉Save를 선택하여 아래 그림과 같이 TACT_SW2 를 입력하고  버튼을 눌러 저장한다.

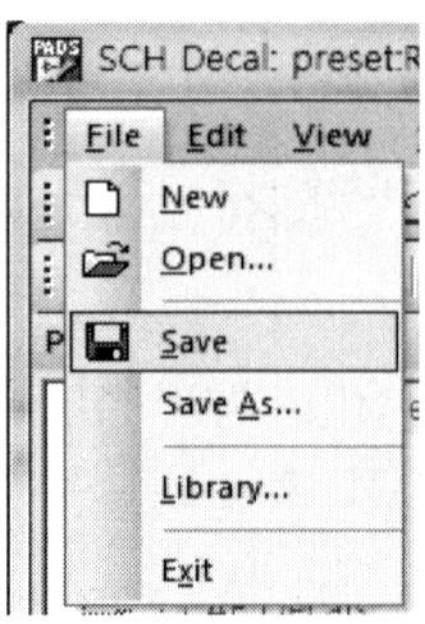

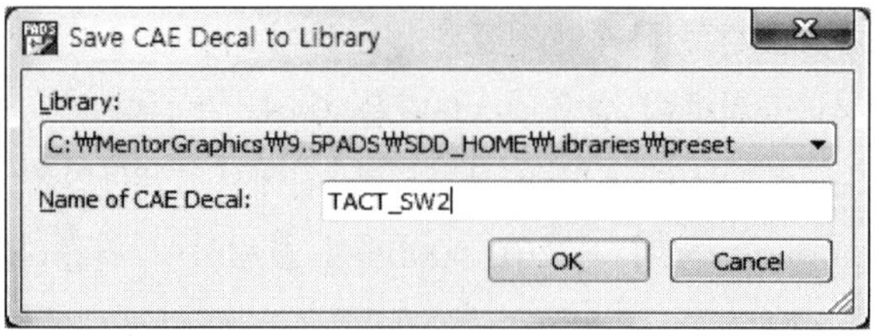

3.4.21 TACT_SW2 Part Type 만들기

PCB Decal과 CAE Decal을 만들었으니 이제 두 Decal간 서로 연결 작업을 해 주어야 한다.

- 작업 화면에서 File〉New를 선택하면 Select type of... 팝업창이 나타난다.

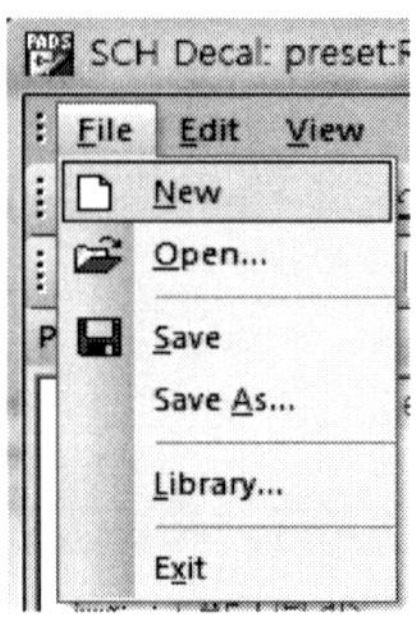

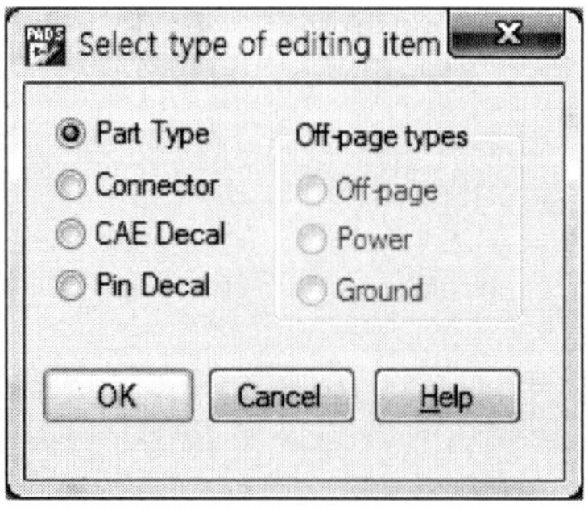

- Select type of... 팝업창에서 Part Type 을 선택한 후 OK 버튼을 누른다.
- Edit Electrical( ) Icon을 누르면 Part 정보를 입력할 수 있는 팝업창이 생긴다.

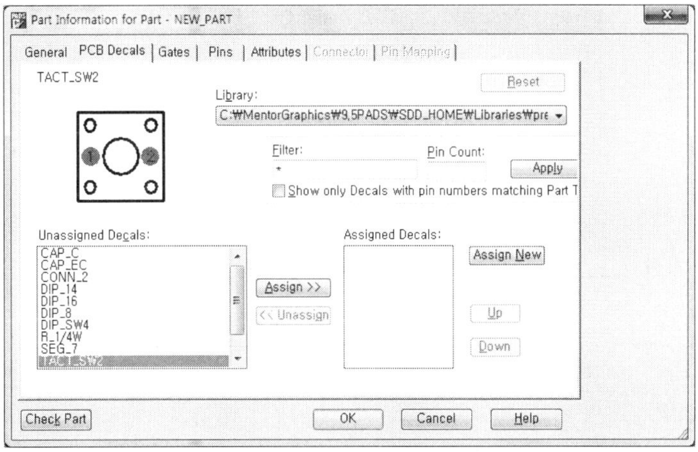

- PCB Decals Tab을 선택한다.
- Library : 의 콤보 상자를 클릭하여 미리 만들어 둔 preset Library 경로를 지정한다.
- Unassigned Decals: 란에 보면 이전에 만들어 둔 PCB Decal들이 보이는데 이 중에서 TACT_SW2를 선택한 후 오른쪽의 Assign >> 버튼을 누른다.
- Assigned Decals: 란이 비어 있다가 TACT_SW2가 지정된다.
- 그런 다음 General Tab을 누른다.
- 전 단계에서 지정해 준 부품의 Pin Count, Decal 등의 정보가 표시된다. 여기서 Logic Family의 Ref Prefix: S를 선택한다. (각 부품에 맞는 Reference를 선정)

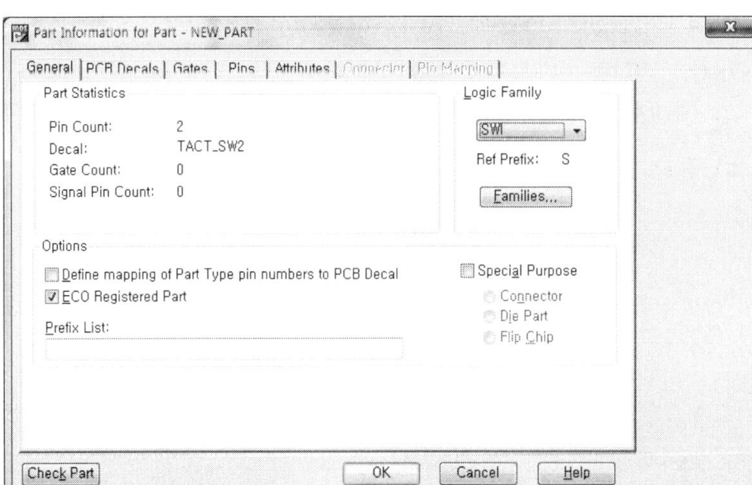

- 이번에는 Gates Tab을 누른 다음 [Add] 버튼을 누른다.
- CAE Decal1 항목의 아래 빈 칸을 더블클릭하면 아래 그림과 같이 된다.

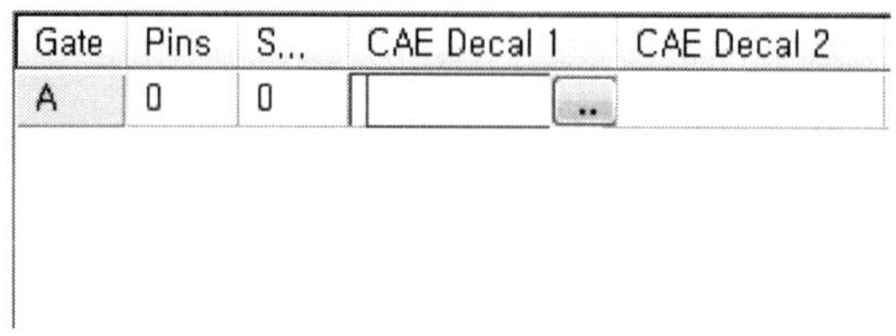

- 위의 그림에서 [...]을 누르면 Assign Decal 관련 창이 나타난다.

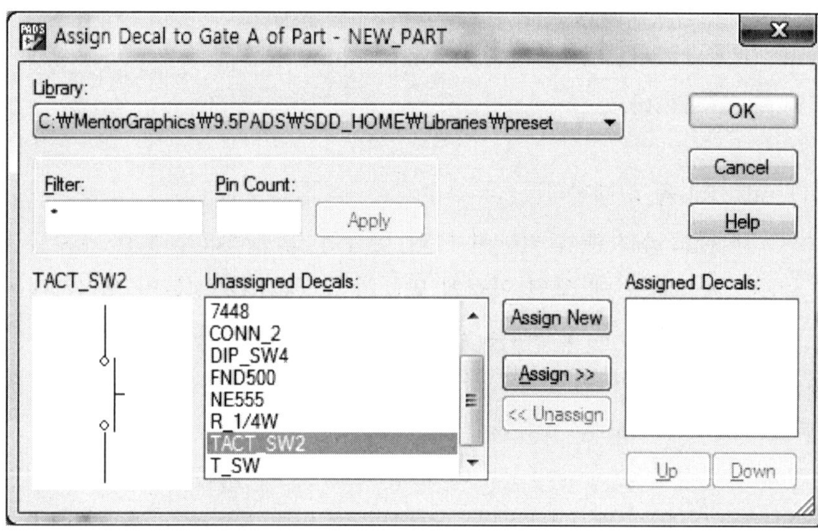

- 위의 그림에서 Unassigned Decals: TACT_SW2를 선택한 후 오른쪽의 [Assign >>] 버튼을 누르고 [OK] 버튼을 눌러 팝업창을 닫는다.
- Pins Tab을 선택한다.
- Pin Group 밑을 클릭한 후 아래 그림과 같이 Gate-A로 설정한다.

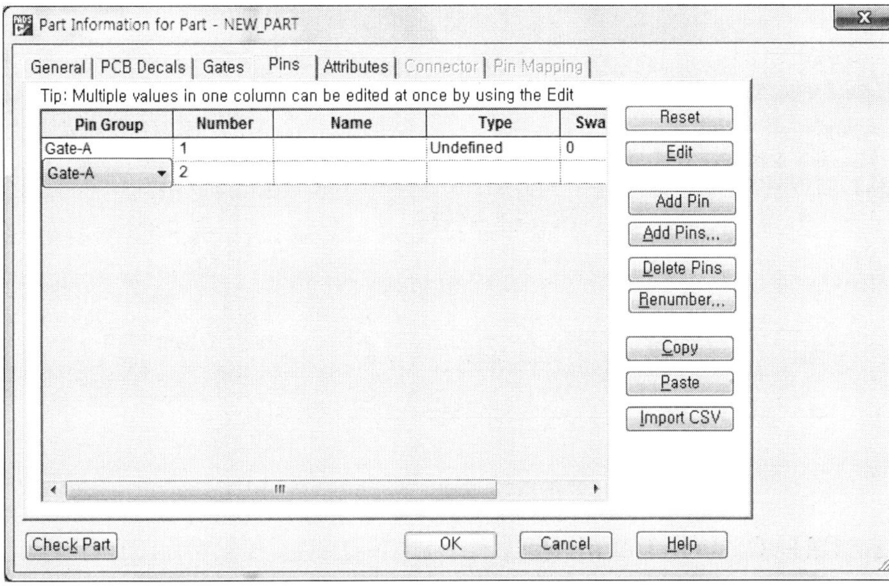

- 나머지 사항들은 그냥 넘어간다.
- TACT_SW2의 경우 Attributes Tab은 다루지 않는다.
- Part 정보 입력 창에서 OK 버튼을 누르면 PCB Decal과 CAE Decal 사이의 정보 연결 작업이 완료된다.

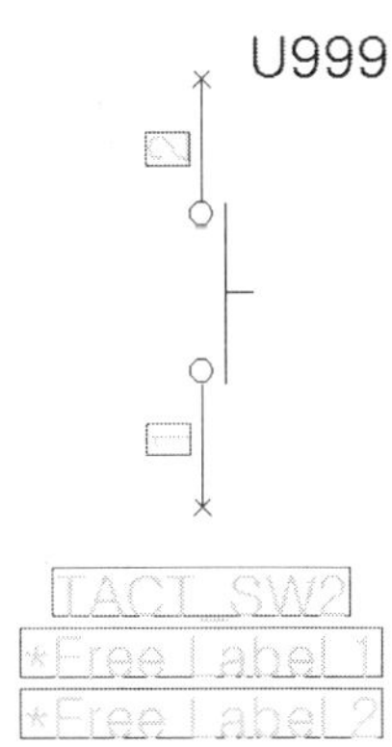

- 작업 화면의 메뉴에서 File〉Save하여 TACT_SW2로 저장한다.
- 작업 화면의 메뉴에서 File〉Exit Part Editor를 눌러 빠져나온다.

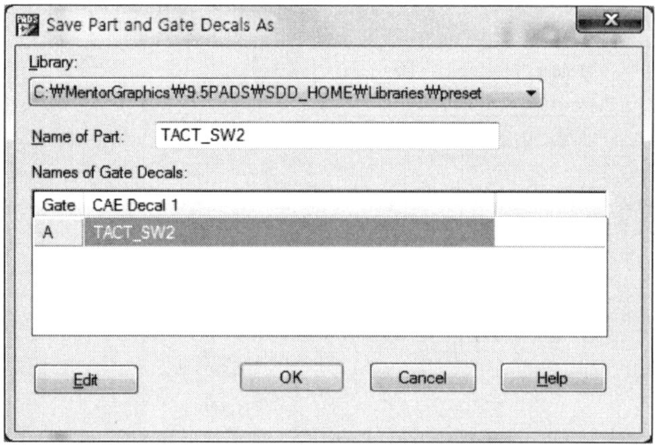

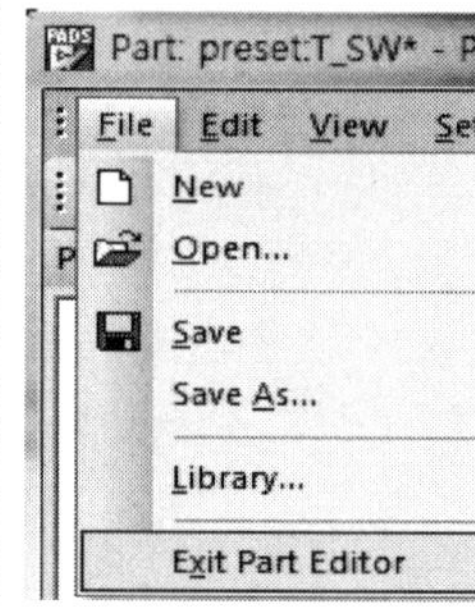

3.4.22 CAP_C CAE Decal 만들기

- File〉Library를 선택한 후 Library Manager창에서 Logic Icon을 누른 다음 New... 버튼을 누른 후 Close 버튼을 누른다.
- 아래 그림의 오른쪽과 같이 CAE Decal을 그릴 수 있는 작업 화면이 나타난다.

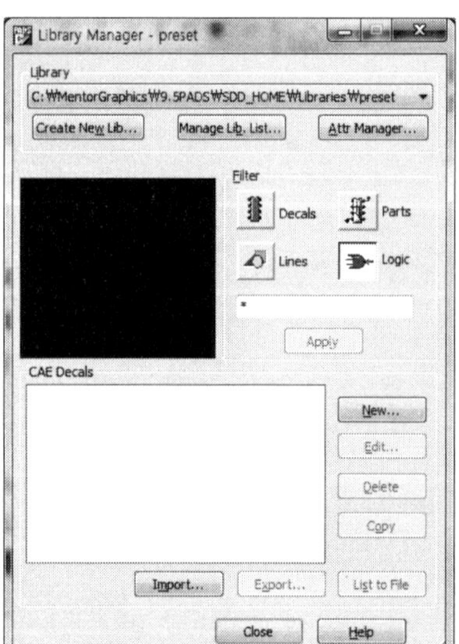

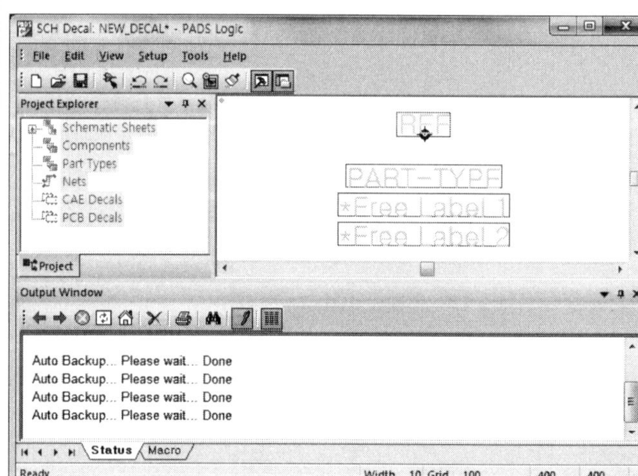

- 작업 화면에서 키보드를 이용하여 g100을 입력한 후 Enter키를 친다. (Grid가 100으로 설정되어 있는 경우 생략)
- View〉Toolbar〉Symbol Editor Toolbar를 선택한다.

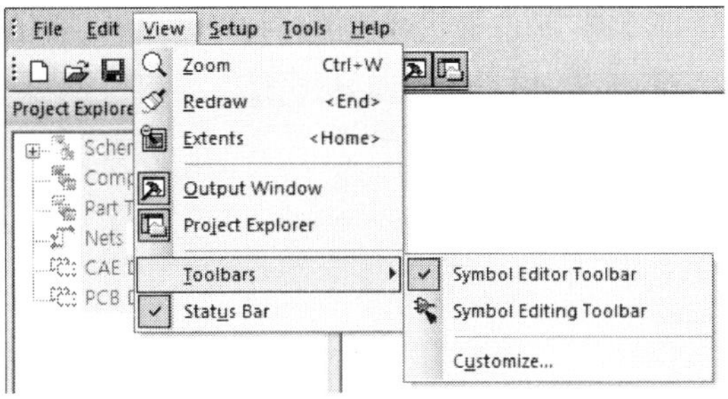

- 아래 그림과 같은 Decal Editing Toolbar Icon이 나타나고 이것을 클릭하면 세부 메뉴 Icon이 나타난다.

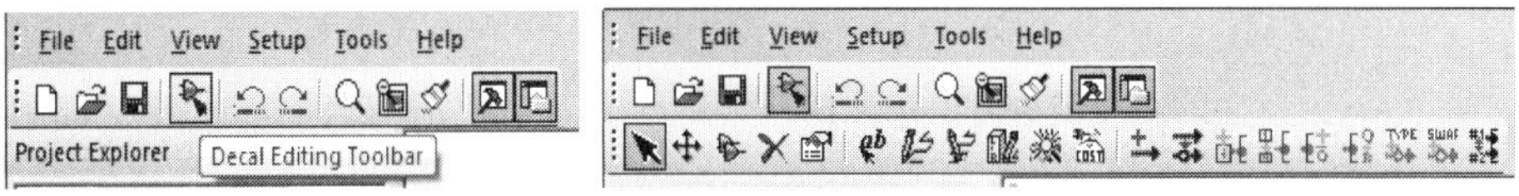

- CAP_C는 일반 콘덴서 모양으로 작업하게 된다.
- Decal Editing Toolbar에서 Add Terminal Icon( )을 클릭하고 Pin Decal Browse 팝업창에서 Pins : PIN을 선택한 다음 OK 버튼을 누른다.(특성에 맞게 핀을 선택해야 하는데 여기서는 특별한 특성이 없기 때문에 그냥 핀을 선택하였다)

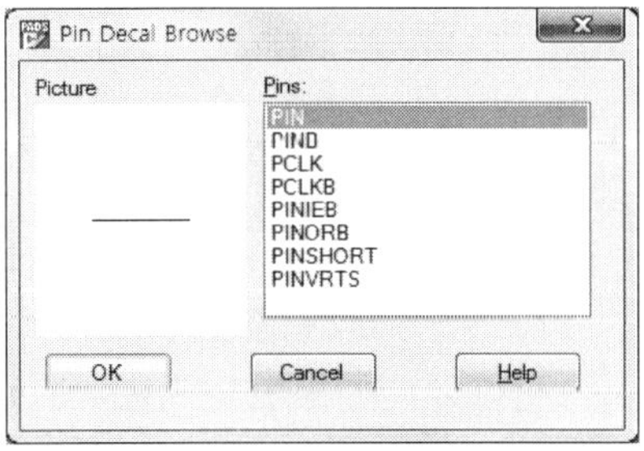

- 작업 화면에서 MRB-Rotate 90을 하여 좌표(0, 0)에 1번 핀을 배치한다.

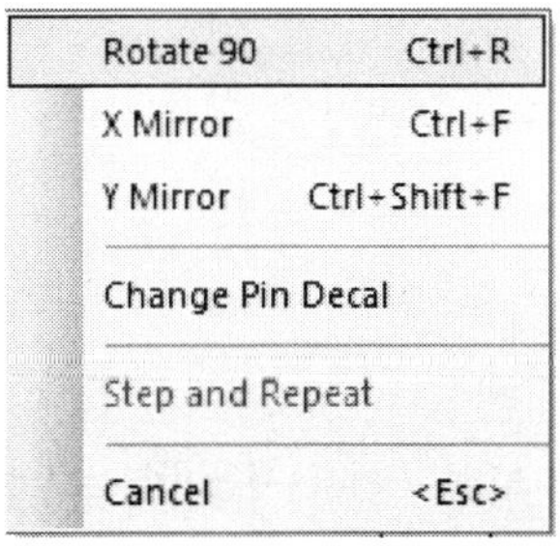

- MRB-Y Mirror를 한 후 좌표(0, 500)에 2번 핀을 배치한 후 Esc를 누른다.
- 아래 그림과 같이 1번부터 2번 핀이 배치되었다.

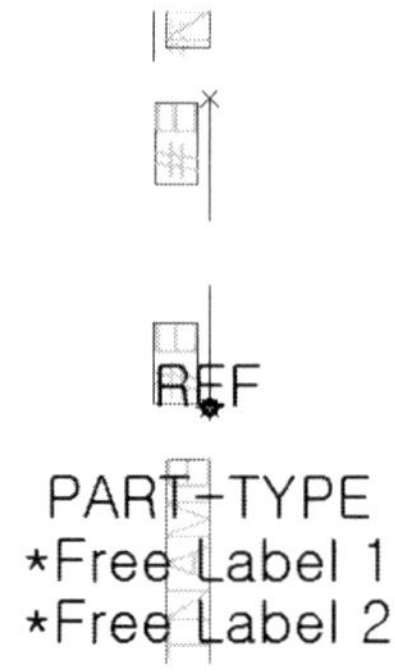

이제는 CAP_C 모양을 그려보자.

- 작업 화면 메뉴 View〉Zoom을 한 후 화면을 적당히 크게 한 후 Esc키를 누른다. (MLB - 화면 확대, MRB - 화면 축소)
- Decal Editing Toolbar에서 Create 2D Line Icon( )을 클릭한 후 작업 화면에서 MRB-Path를 선택한다.

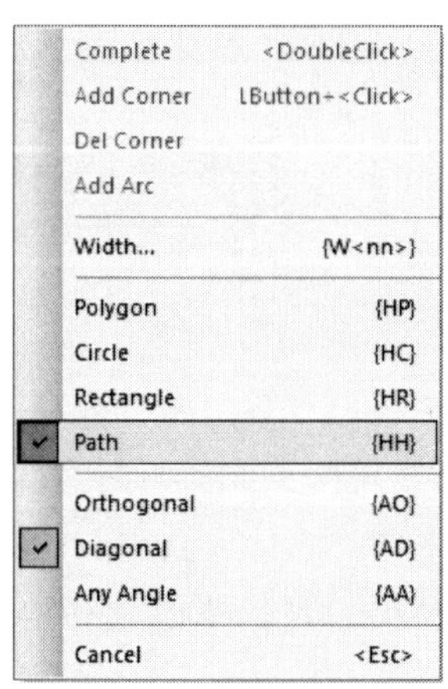

- 작업 화면 오른쪽 아래의 좌표를 참조하여 좌표(-100, 200)에서 클릭, 좌표(100, 200)에서 더블클릭하여 선을 그린다.
- 좌표(-100, 300)에서 클릭, 좌표(100, 300)에서 더블클릭하여 선을 그린 다음 Esc를 누른다.
- Select Icon( )을 선택하고 MRB-Select Drafting Items를 한 후 위에서 그린 CAP_C

심벌을 드래그하여 모두 선택한 다음 MRB-Combine을 하여 하나로 묶어준 다음 Esc키를 누른다.

- 작업 화면에서 MRB-Anything을 하고 REF를 클릭하여 좌표(200, 500)에 배치한다.

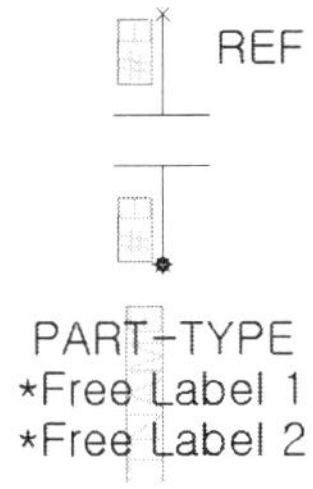

- 작업 화면의 메뉴에서 File>Save를 선택하여 아래 그림과 같이 CAP_C 를 입력하고 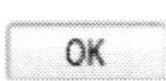 버튼을 눌러 저장한다.

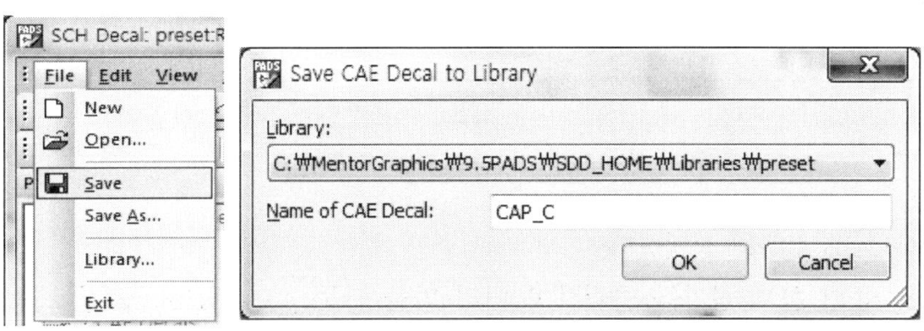

3.4.23 CAP_C Part Type 만들기

PCB Decal과 CAE Decal을 만들었으니 이제 두 Decal간 서로 연결 작업을 해 주어야 한다.

- 작업 화면에서 File>New를 선택하면 Select type of... 팝업창이 나타난다.

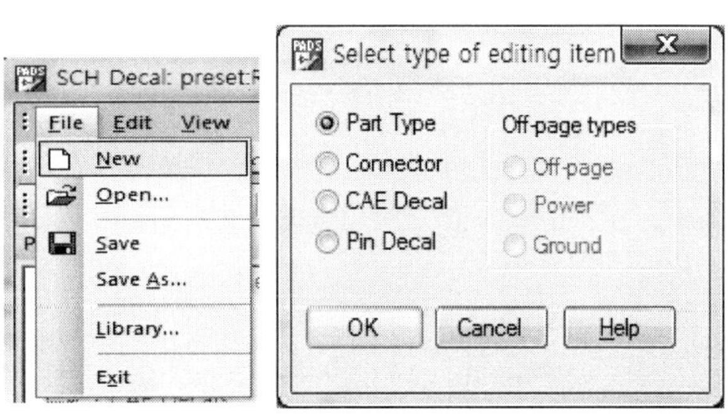

– Select type of… 팝업창에서 ◉ Part Type 을 선택한 후 OK 버튼을 누른다.

– Edit Electrical(아이콘) Icon을 누르면 Part 정보를 입력할 수 있는 팝업창이 생긴다.

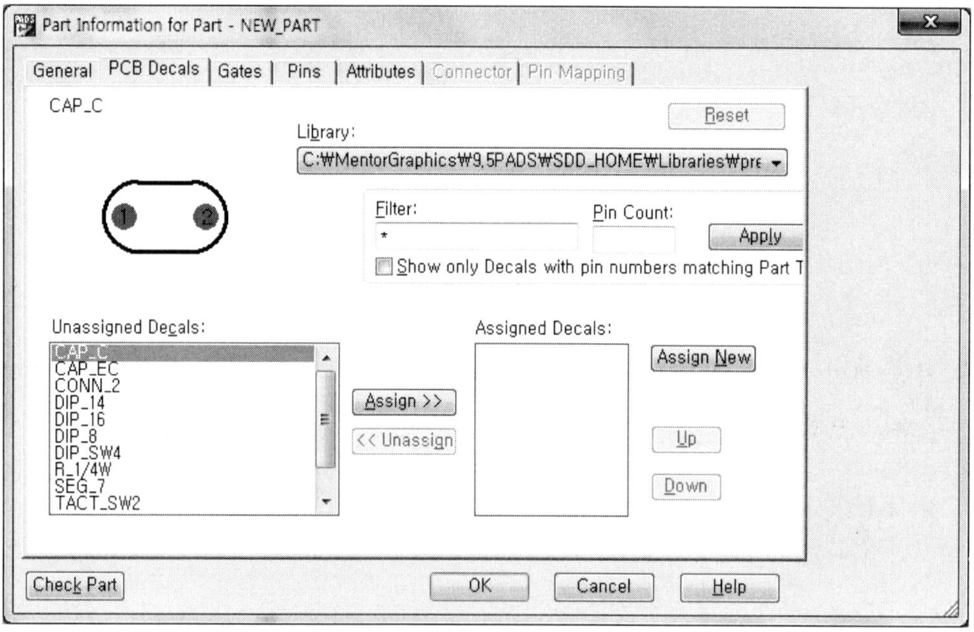

– PCB Decals Tab을 선택한다.

– Library : 의 콤보 상자를 클릭하여 미리 만들어 둔 preset Library 경로를 지정한다.

– Unassigned Decals: 란에 보면 이전에 만들어 둔 PCB Decal들이 보이는데 이 중에서 CAP_C를 선택한 후 오른쪽의 Assign >> 버튼을 누른다.

– Assigned Decals: 란이 비어 있다가 CAP_C가 지정된다.

– 그런 다음 General Tab을 누른다.

– 전 단계에서 지정해 준 부품의 Pin Count, Decal 등의 정보가 표시된다. 여기서 Logic Family의 Ref Prefix: C를 선택한다. (각 부품에 맞는 Reference를 선정)

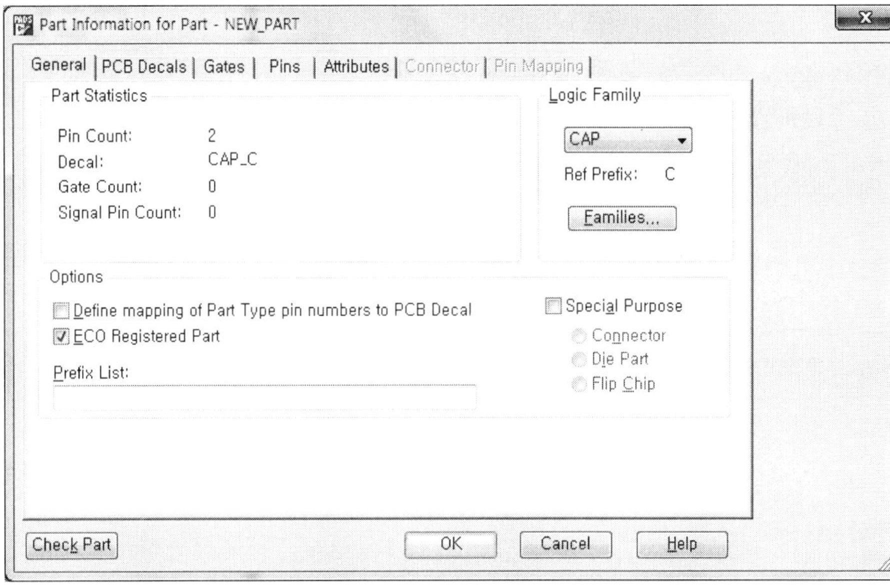

– 이번에는 Gates Tab을 누른 다음 Add 버튼을 누른다.

– CAE Decal1 항목의 아래 빈 칸을 더블클릭하면 아래 그림과 같이 된다.

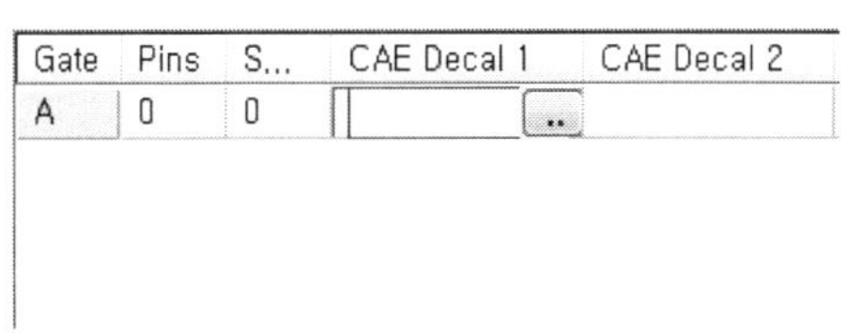

– 위의 그림에서 ... 을 누르면 Assign Decal 관련 창이 나타난다.

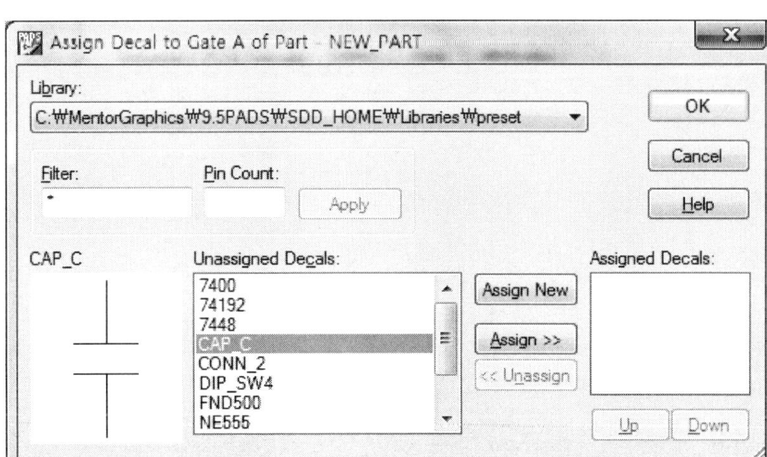

- 위의 그림에서 Unassigned Decals: CAP_C를 선택한 후 오른쪽의 Assign >> 버튼을 누르고 OK 버튼을 눌러 팝업창을 닫는다.
- Pins Tab을 선택한다.
- Pin Group 밑을 클릭한 후 아래 그림과 같이 Gate-A로 설정한다.

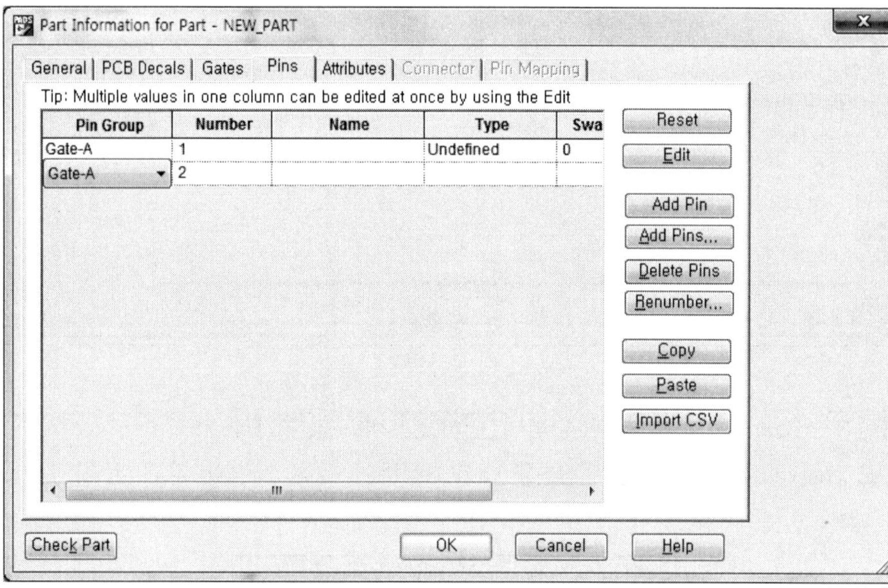

- 나머지 사항들은 그냥 넘어간다.
- CAP_C의 경우 Attributes Tab은 다루지 않는다.
- Part 정보 입력 창에서 OK 버튼을 누르면 PCB Decal과 CAE Decal 사이의 정보 연결 작업이 완료된다.

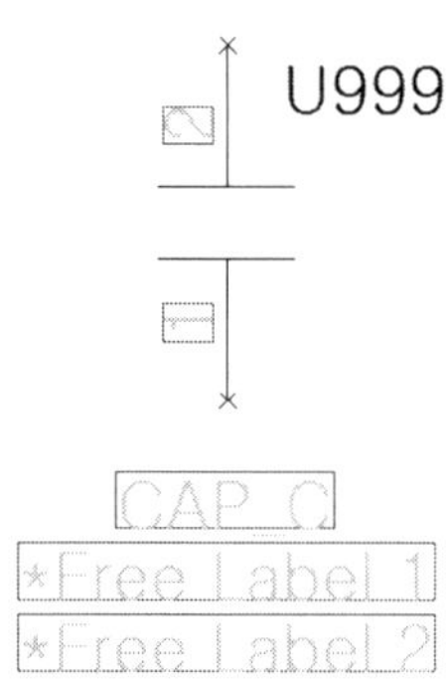

- 작업 화면의 메뉴에서 File〉Save하여 CAP_C로 저장한다.
- 작업 화면의 메뉴에서 File〉Exit Part Editor를 눌러 빠져나온다.

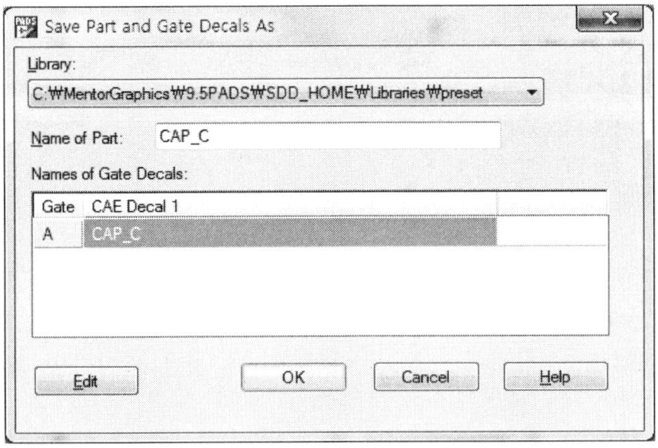

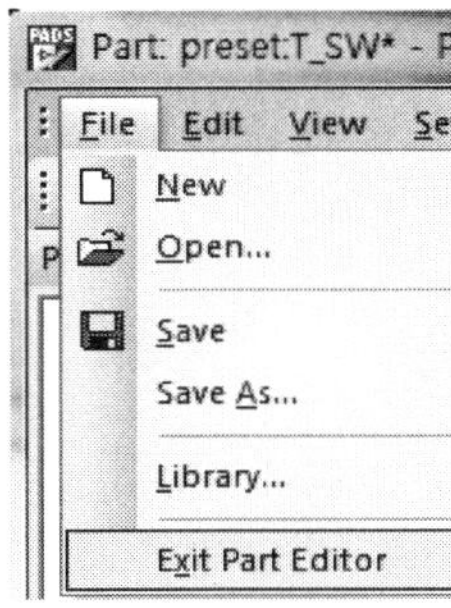

3.4.24 CAP_EC CAE Decal 만들기

- File〉Library를 선택한 후 Library Manager창에서 Logic Icon을 누른 다음 New... 버튼을 누른 후 Close 버튼을 누른다.
- 아래 그림의 오른쪽과 같이 CAE Decal을 그릴 수 있는 작업 화면이 나타난다.

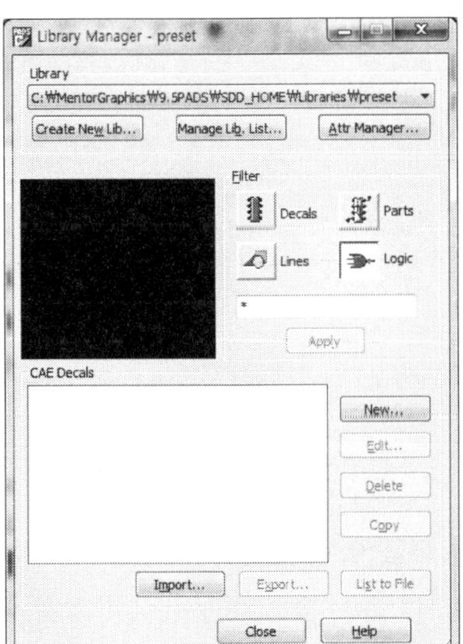

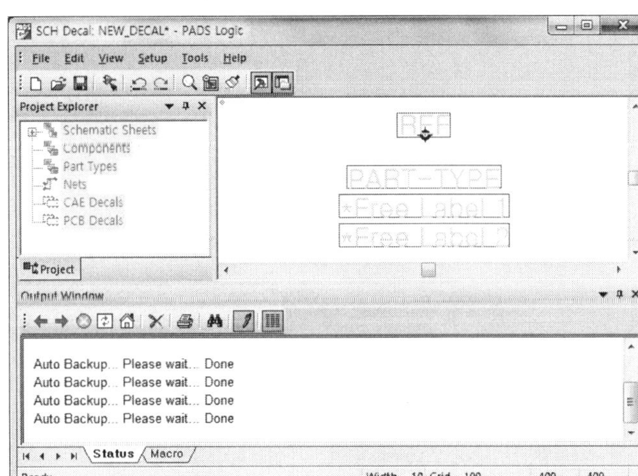

- 작업 화면에서 키보드를 이용하여 g100을 입력한 후 Enter키를 친다. (Grid가 100으로 설정되어 있는 경우 생략)
- View〉Toolbar〉Symbol Editor Toolbar를 선택한다.

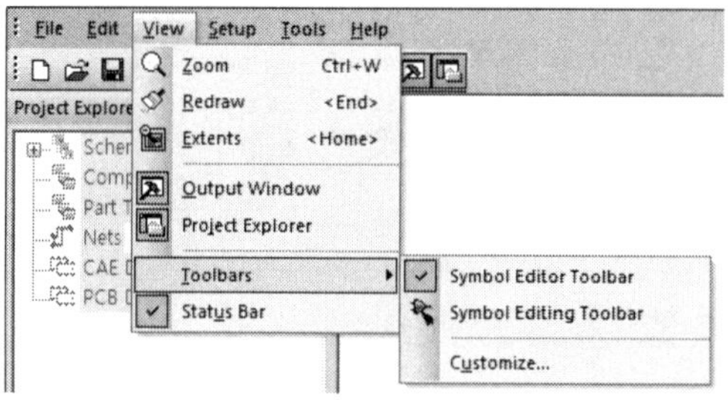

– 아래 그림과 같은 Decal Editing Toolbar Icon이 나타나고 이것을 클릭하면 세부 메뉴 Icon이 나타난다.

– CAP_EC는 전해 콘덴서 모양으로 작업하게 된다.

– Decal Editing Toolbar에서 Add Terminal Icon( )을 클릭하고 Pin Decal Browse 팝업창에서 Pins : PIN을 선택한 다음 OK 버튼을 누른다.(특성에 맞게 핀을 선택해야 하는데 여기서는 특별한 특성이 없기 때문에 그냥 핀을 선택하였다)

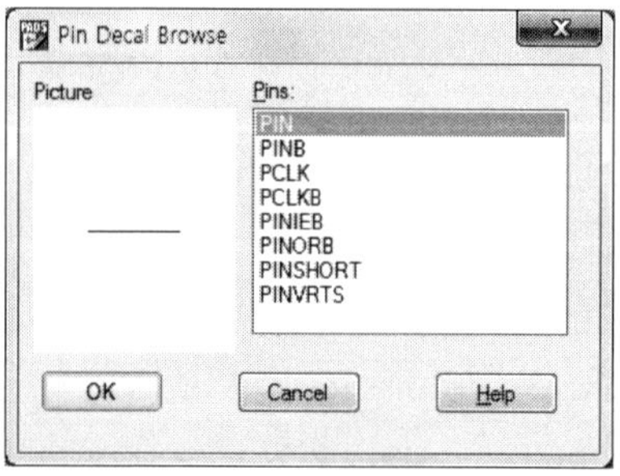

– 작업 화면에서 MRB-Rotate 90, MRB-Y Mirror를 한 후 좌표(0, 500)에 1번 핀을 배치한다.(PCB Decal에서 1번 핀을 +로 작업하였음)

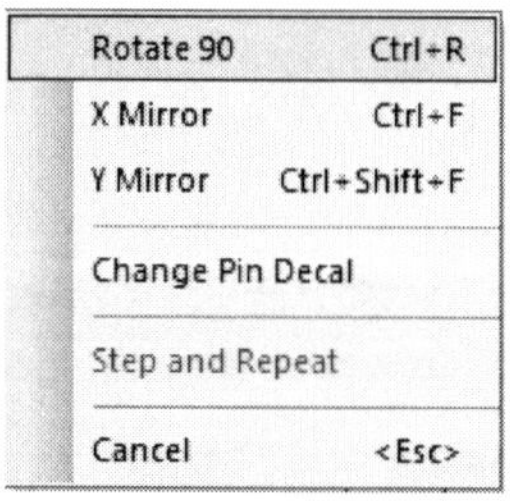

- MRB-Y Mirror를 한 후 좌표(0, 0)에 2번 핀을 배치한 후 Esc를 누른다.
- 아래 그림과 같이 1번부터 2번 핀이 배치되었다.

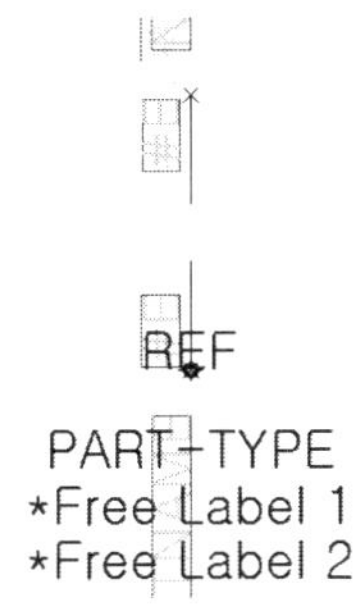

이제는 CAP_EC 모양을 그려보자.

- 작업 화면 메뉴 View〉Zoom을 한 후 화면을 적당히 크게 한 후 Esc키를 누른다. (MLB - 화면 확대, MRB - 화면 축소)
- Decal Editing Toolbar에서 Create 2D Line Icon( )을 클릭한 후 작업 화면에서 MRB-Path를 선택한다.

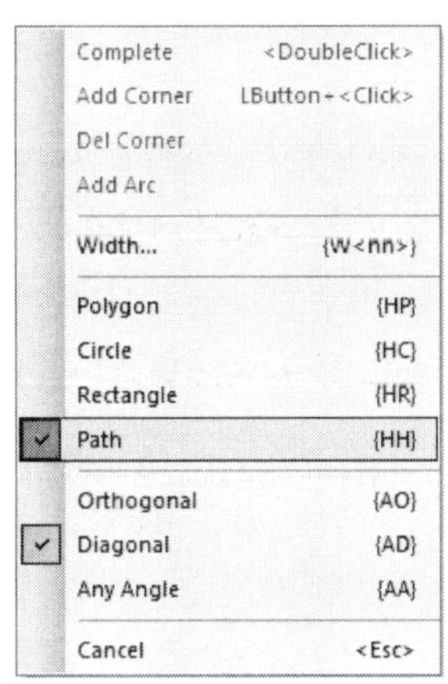

- 작업 화면 오른쪽 아래의 좌표를 참조하여 좌표(-100, 200)에서 클릭, 좌표(100, 200)에서 더블클릭하여 선을 그린다.
- 좌표(-100, 300)에서 클릭, 좌표(100, 300)에서 더블클릭하여 선을 그린 다음 Esc를 누른다.
- g10을 입력 후 Enter키를 친다.
- 좌표(20, 300)에서 클릭한 후 MRB-Any Angle하여 좌표(-20, 200)에서 더블클릭한 다음

Esc를 누른다.

- MRB-Select Drafting Items를 한 후 위에서 그린 선을 좌표(0, 250)에서 클릭한 후 MRB-Duplicate하여 좌표(-60, 250)에서 클릭, 좌표(60, 250)에서 클릭한 후 Esc를 누른다.
- Decal Editing Toolbar에서 Create text Icon( )을 클릭한 후 나타나는 Add Free Text 팝업창에서 Text:에는 +를, Size(pts):에는 15를 입력한 후 OK 버튼을 눌러 좌표(40, 320)에 클릭한 후 Esc를 누른다.

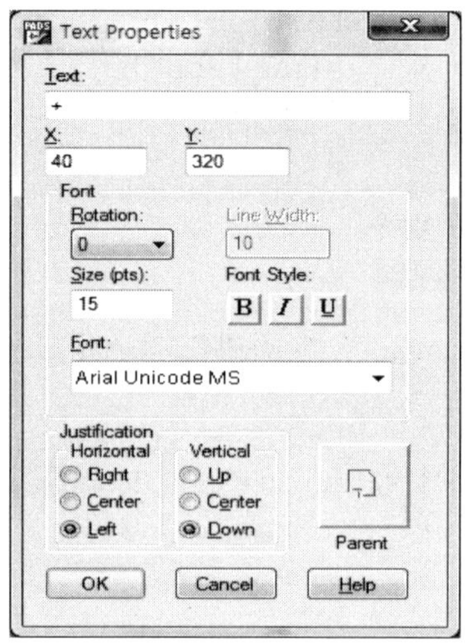

- Select Icon( )을 선택하고 MRB-Select Drafting Items를 한 후 위에서 그린 TACT_SW2 심벌을 드래그하여 모두 선택한 다음 MRB-Combine을 하여 하나로 묶어준 다음 Esc키를 누른다.
- 작업 화면에서 MRB-Anything을 하고 REF를 클릭하여 좌표(200, 450)에 배치한다.

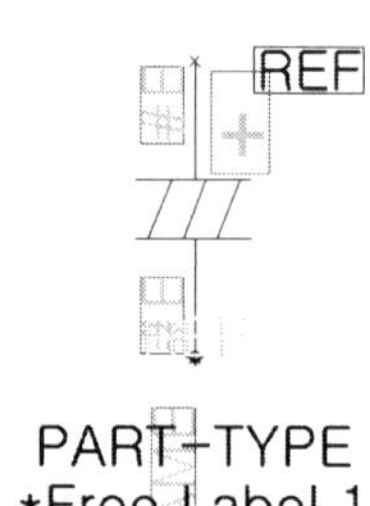

- g100을 입력한 후 Enter키를 친다.
- 작업 화면의 메뉴에서 File〉Save를 선택하여 아래 그림과 같이 CAP_EC 를 입력하고 OK 버튼을 눌러 저장한다.

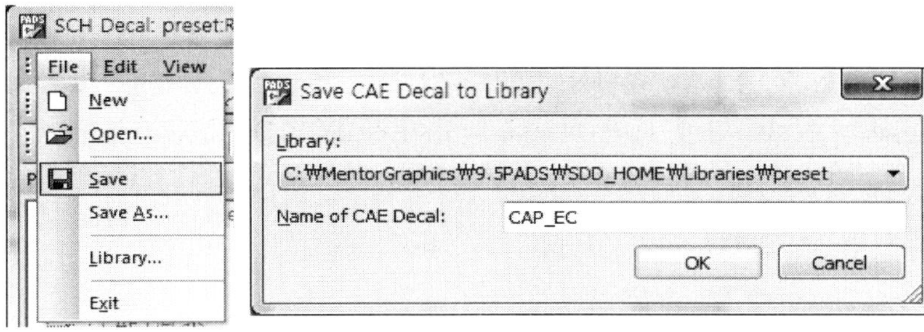

3.4.25 CAP_EC Part Type 만들기

PCB Decal과 CAE Decal을 만들었으니 이제 두 Decal간 서로 연결 작업을 해 주어야 한다.

– 작업 화면에서 File〉New를 선택하면 Select type of... 팝업창이 나타난다.

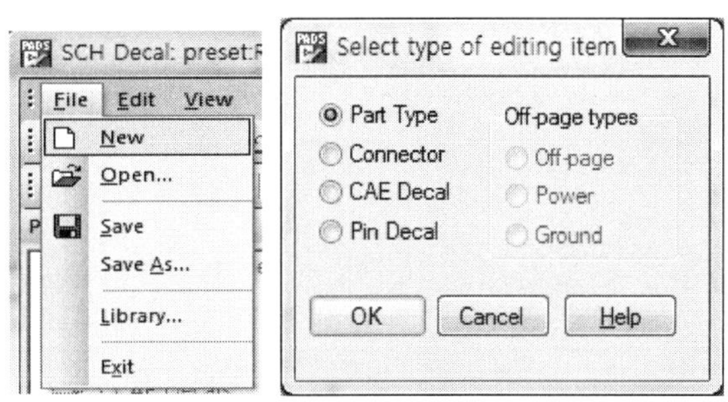

– Select type of... 팝업창에서 ◉ Part Type 을 선택한 후 OK 버튼을 누른다.

– Edit Electrical(아이콘) Icon을 누르면 Part 정보를 입력할 수 있는 팝업창이 생긴다.

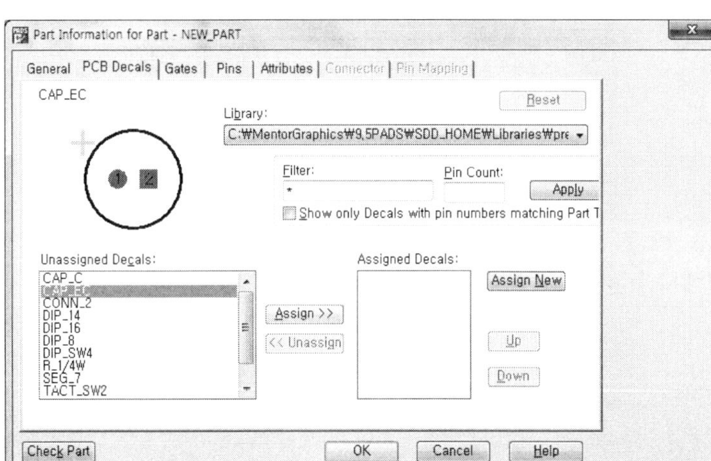

- PCB Decals Tab을 선택한다.
- Library : 의 콤보 상자를 클릭하여 미리 만들어 둔 preset Library 경로를 지정한다.
- Unassigned Decals: 란에 보면 이전에 만들어 둔 PCB Decal들이 보이는데 이 중에서 CAP_EC를 선택한 후 오른쪽의 [Assign >>] 버튼을 누른다.
- Assigned Decals: 란이 비어 있다가 CAP_EC가 지정된다.
- 그런 다음 General Tab을 누른다.
- 전 단계에서 지정해 준 부품의 Pin Count, Decal 등의 정보가 표시된다. 여기서 Logic Family의 Ref Prefix: C를 선택한다. (각 부품에 맞는 Reference를 선정)

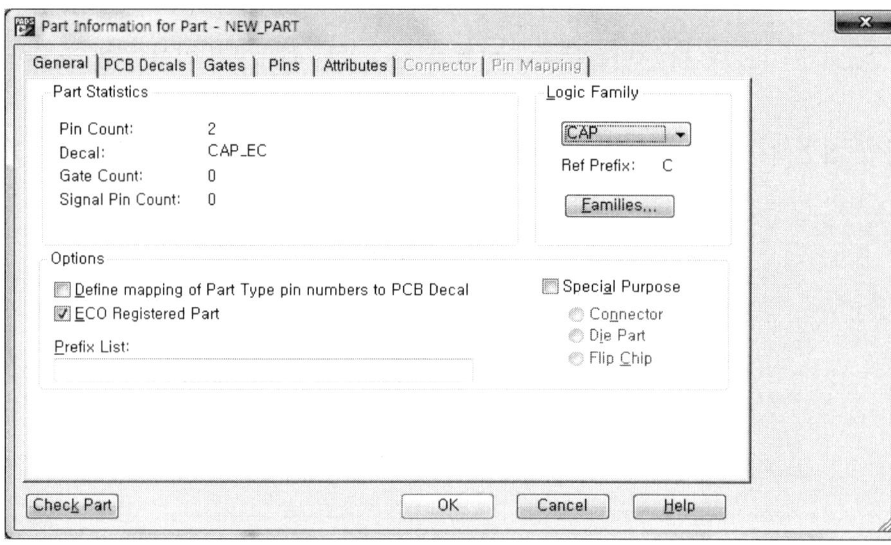

- 이번에는 Gates Tab을 누른 다음 [Add] 버튼을 누른다.
- CAE Decal1 항목의 아래 빈 칸을 더블클릭하면 아래 그림과 같이 된다.

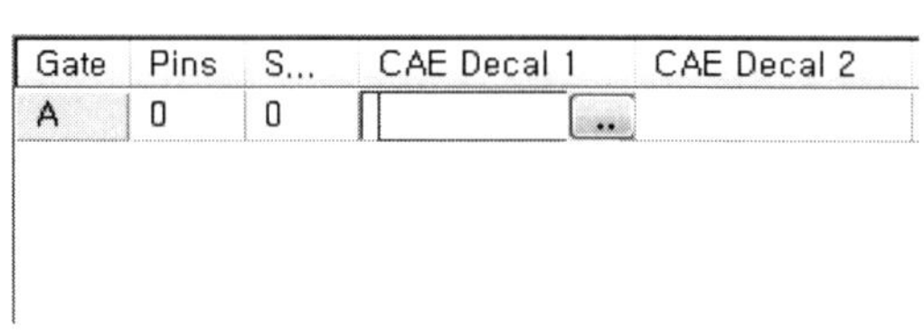

- 위의 그림에서 [...]을 누르면 Assign Decal 관련 창이 나타난다.

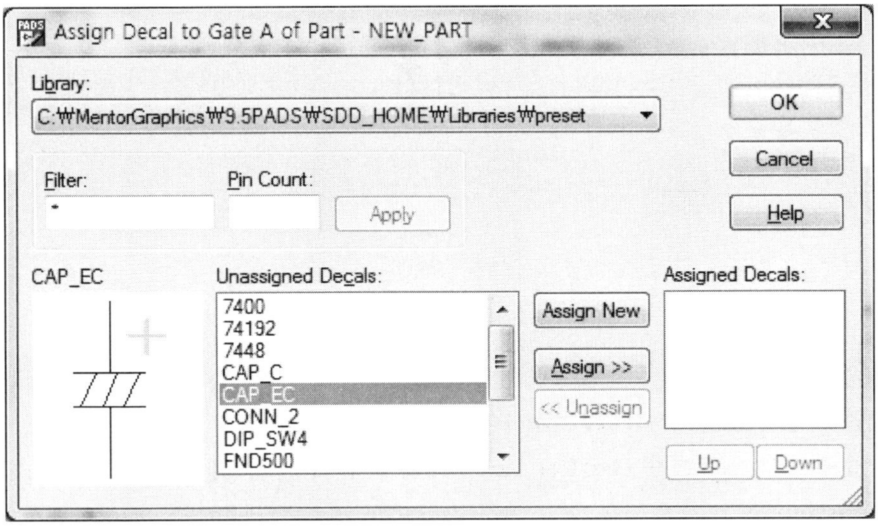

– 위의 그림에서 Unassigned Decals: CAP_EC를 선택한 후 오른쪽의 [Assign >>] 버튼을 누르고 [OK] 버튼을 눌러 팝업창을 닫는다.

– Pins Tab을 선택한다.

– Pin Group 밑을 클릭한 후 아래 그림과 같이 Gate-A로 설정한다.

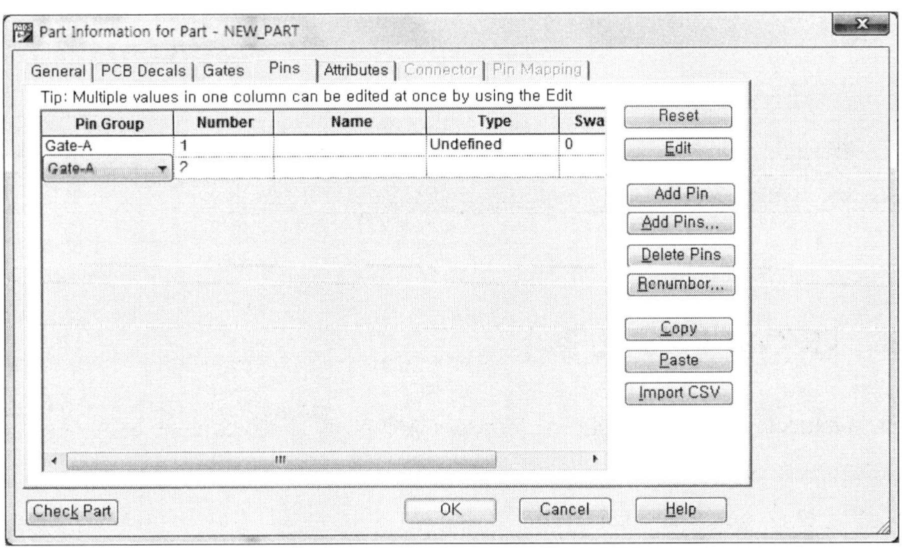

– 나머지 사항들은 그냥 넘어간다.

– CAP_EC의 경우 Attributes Tab은 다루지 않는다.

– Part 정보 입력 창에서 [OK] 버튼을 누르면 PCB Decal과 CAE Decal 사이의 정보 연결 작업이 완료된다.

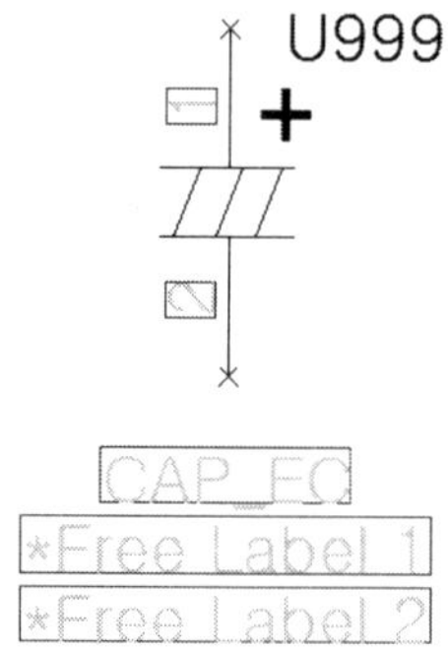

- 작업 화면의 메뉴에서 File〉Save하여 CAP_EC로 저장한다.
- 작업 화면의 메뉴에서 File〉Exit Part Editor를 눌러 빠져나온다.

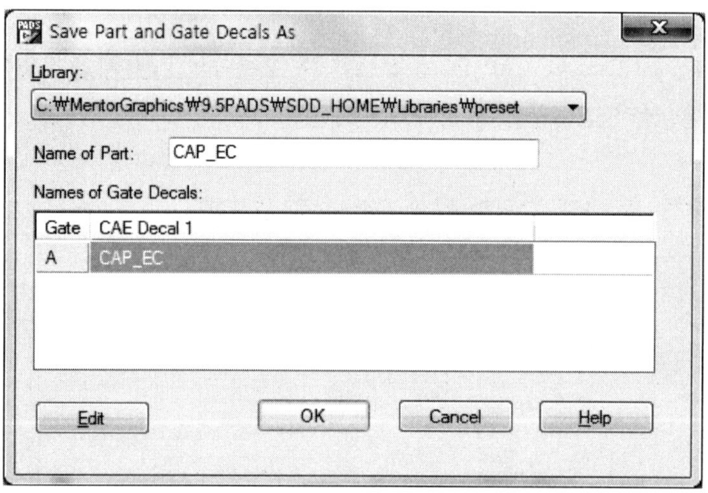

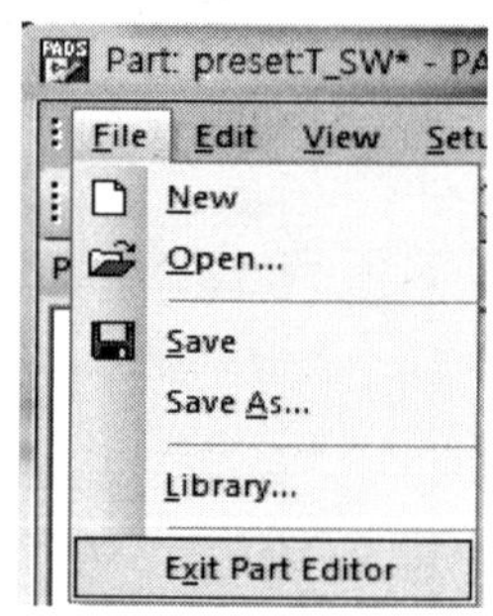

3.4.26 VR CAE Decal 만들기

- File〉Library를 선택한 후 Library Manager창에서 [Logic] Icon을 누른 다음 [New...] 버튼을 누른 후 [Close] 버튼을 누른다.
- 아래 그림의 오른쪽과 같이 CAE Decal을 그릴 수 있는 작업 화면이 나타난다.

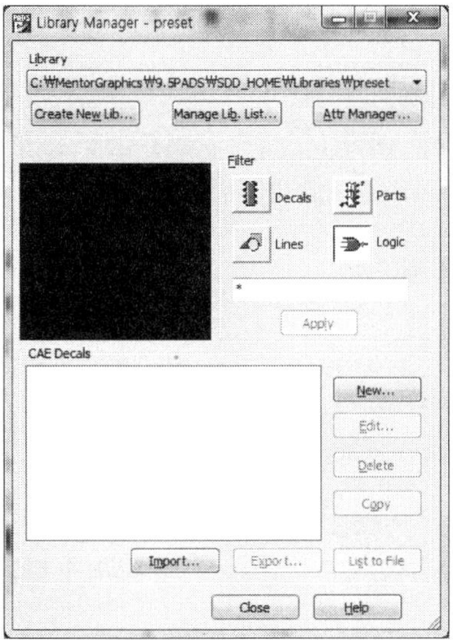

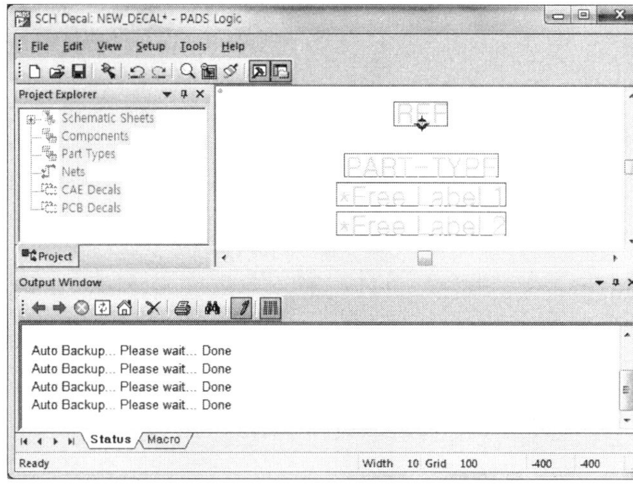

– 작업 화면에서 키보드를 이용하여 g100을 입력한 후 Enter키를 친다. (Grid가 100으로 설정되어 있는 경우 생략)

– View〉Toolbar〉Symbol Editor Toolbar를 선택한다.

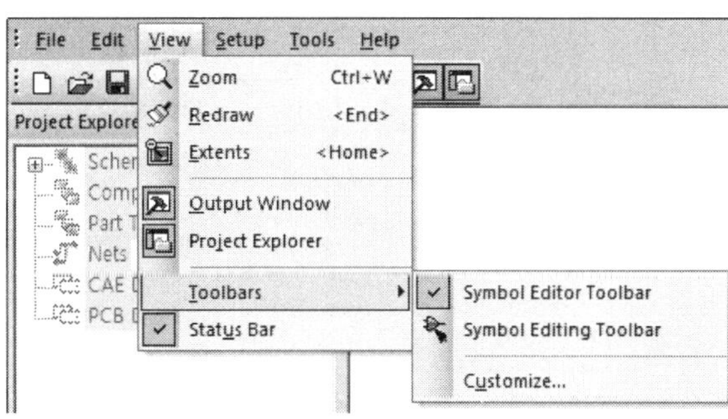

– 아래 그림과 같은 Decal Editing Toolbar Icon이 나타나고 이것을 클릭하면 세부 메뉴 Icon이 나타난다.

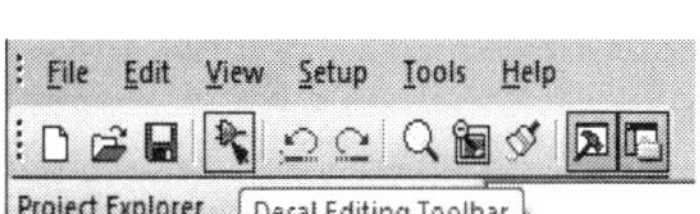

– Decal Editing Toolbar에서 Add Terminal Icon( )을 클릭하고 Pin Decal Browse 팝업창에서 Pins : PINSHORT를 선택한 다음 OK 버튼을 누른다.(특성에 맞게 핀을 선택해야 하는데 여기서는 특별한 특성이 없기 때문에 그냥 짧은 핀을 선택하였다)

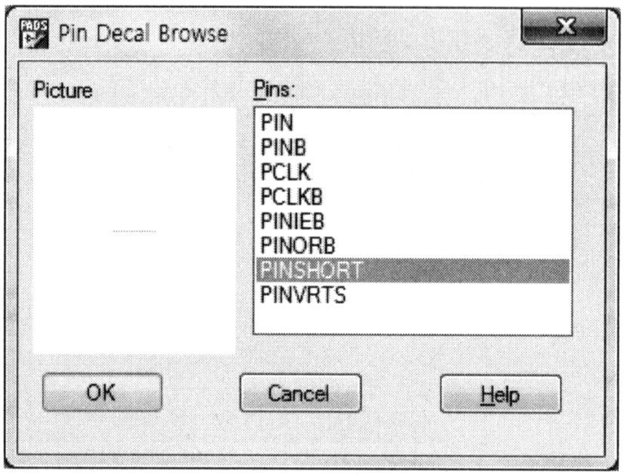

- 화면 오른쪽 아래 부분에 좌표가 표시되고 있는데 원점(0, 0) 좌표에서 클릭하여 1번 핀을 배치한다.
- MRB-Rotate 90, MRB-Y Mirror를 선택한 다음 좌표(300, 200)에서 클릭하여 2번 핀을 배치한다. (PCB Decal에서 2번 핀이 중간에 있음)
- MRB-Rotate 90, MRB-X Mirror를 선택한 다음 좌표(600, 0)에서 클릭하여 3번 핀을 배치하고 Esc키를 누른다.

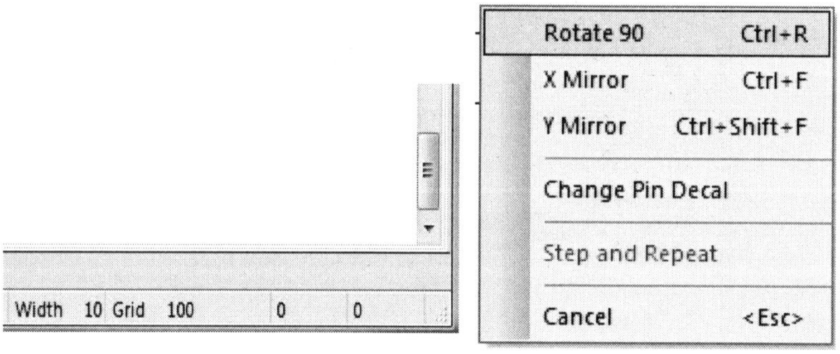

- 아래 그림과 같이 1번 핀, 2번 핀 그리고 3번 핀이 배치되었다.

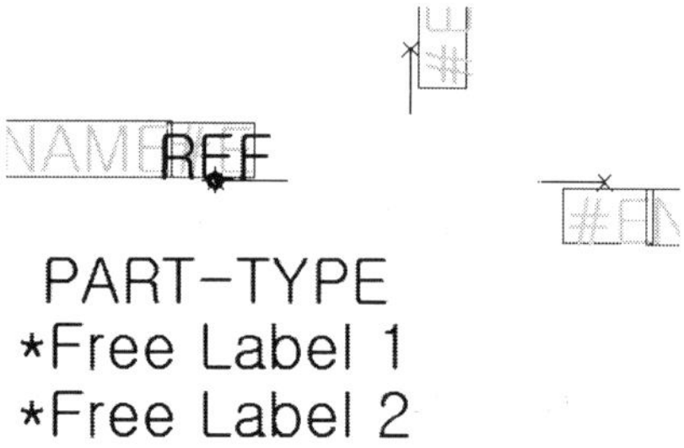

이제는 VR 모양을 그려보자.

- 키보드로 g10을 입력한 후 Enter키를 친다.
- 작업 화면의 메뉴에서 View〉Zoom을 하거나 해당 Icon을 클릭한 후 화면을 적당히 크게 한 다음 Esc키를 누른다. (MLB - 화면 확대, MRB - 화면 축소)
- Decal Editing Toolbar에서 Create 2D Line Icon( )을 클릭한 후 작업 화면에서 MRB-Path를 선택한다.

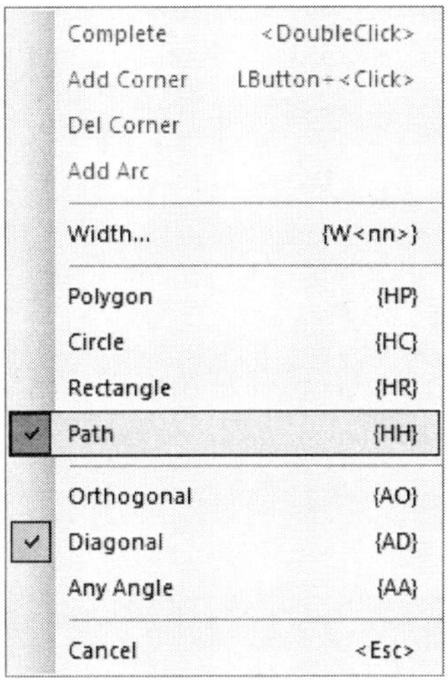

- 작업 화면 오른쪽 아래의 좌표를 참조하여 좌표(100, 0)에서 클릭하고 좌표(120, 0)에서 클릭한 후 키보드로 a를 누르면 Modless Command창이 나타나는데 저항 심벌을 그리기 위해서 임의의 각도로 그려야 하기 때문에(MRB-Any Angle을 선택할 수 있다) 옵션으로 a를 더 입력한 후 Enter키를 치고 다음의 좌표(150, 60), (210, -60), (270, 60), (330, -60), (390, 60), (450, -60), (480, 0)의 순서대로 클릭한 후 좌표(500, 0)에서 더블클릭한다.

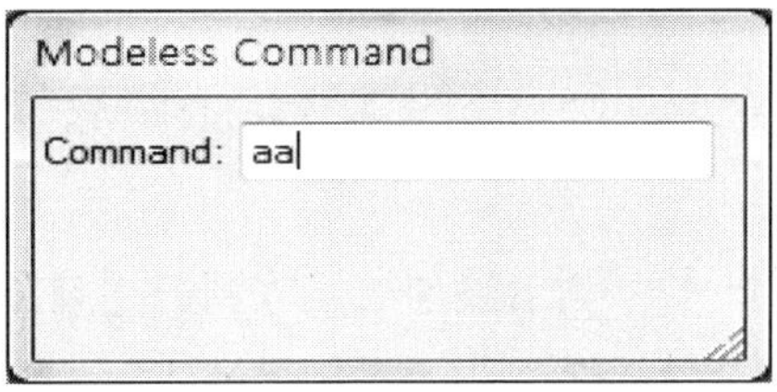

- 좌표(270, 170)에서 클릭, 좌표(300, 100)에서 클릭, 좌표(330, 170)에서 더블클릭한 후 Esc를 누른다.

- Select Icon(↖)을 선택하고 MRB-Select Drafting Items를 한 후 위에서 그린 VR 심벌을 드래그하여 모두 선택한 다음 MRB-Combine을 하여 하나로 묶어준 다음 Esc키를 누른다.
- Select Icon(↖)을 선택한 후 작업 화면에서 MRB-Select Anything을 한 후 REF를 클릭하여 좌표(100, 150)에 배치한다.

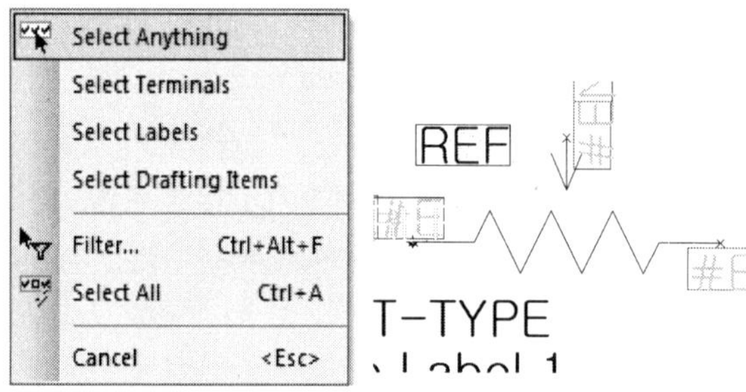

- g100을 입력하고 Enter키를 친다.
- 작업 화면의 메뉴에서 File〉Save를 선택하여 아래 그림과 같이 VR을 입력 하고 OK 버튼을 눌러 저장한다.

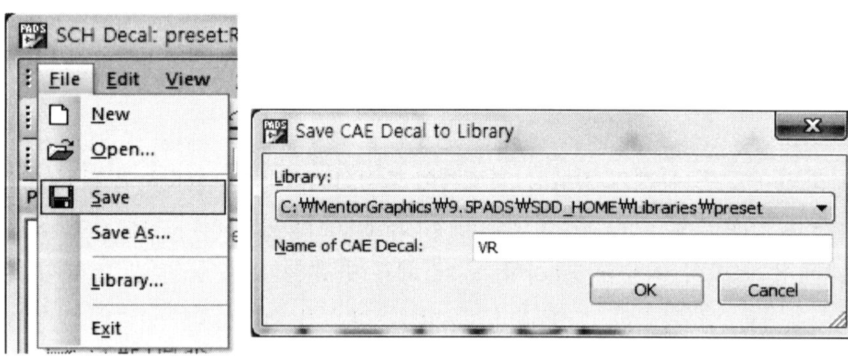

3.4.27 VR Part Type 만들기

PCB Decal과 CAE Decal을 만들었으니 이제 두 Decal간 서로 연결 작업을 해 주어야 한다.

- CAE Decal을 만들고 이어서 이 작업을 하는 경우에는 아래 순서에 맞게 진행하고 프로그램을 다시 시작하여 진행할 경우에는 Tools〉Part Editor를 선택하여 진행하면 된다.
- 작업 화면에서 File〉New를 선택하면 Select type of... 팝업창이 나타난다.

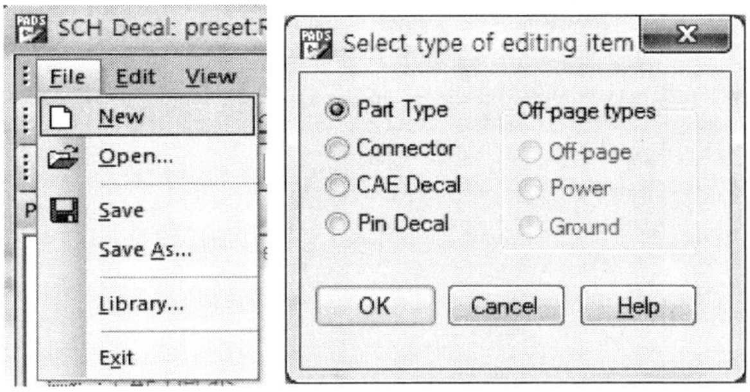

– Select type of... 팝업창에서 Part Type 을 선택한 후 OK 버튼을 누른다.

– Edit Electrical( ) Icon을 누르면 Part 정보를 입력할 수 있는 팝업창이 생긴다.

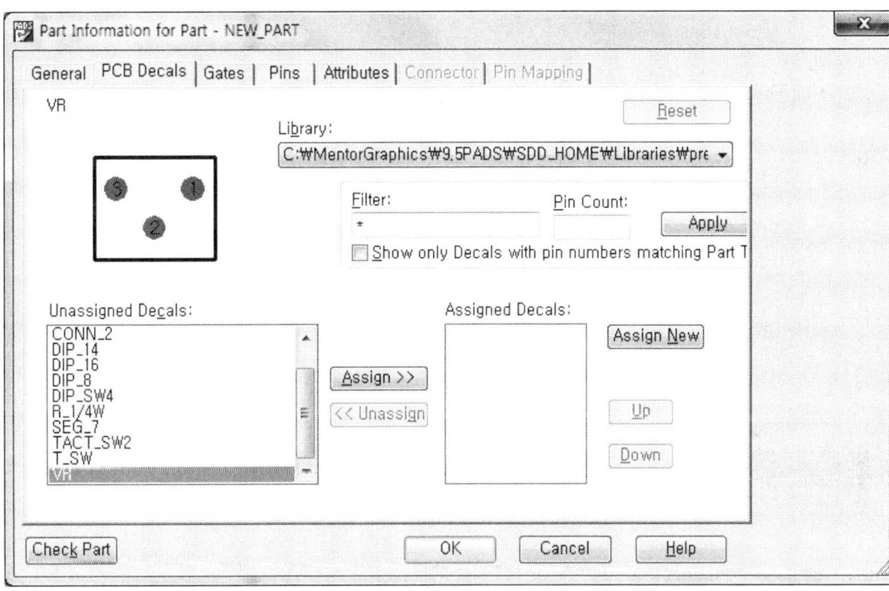

– PCB Decals Tab을 선택한다.

– Library : 의 콤보 상자를 클릭하여 미리 만들어 둔 preset Library 경로를 지정한다.

– Unassigned Decals: 란에 보면 이전에 만들어 둔 PCB Decal들이 보이는데 이 중에서 VR을 선택한 후 오른쪽의 Assign >> 버튼을 누른다.

– Assigned Decals: 란이 비어 있다가 VR이 지정된다.

– 그런 다음 General Tab을 누르고 Families... 버튼을 눌러 Logic Families 팝업창이 나타나면 다시 Add 버튼을 눌러 아래 그림과 같이 VR을 넣고 OK 버튼을 누른다.

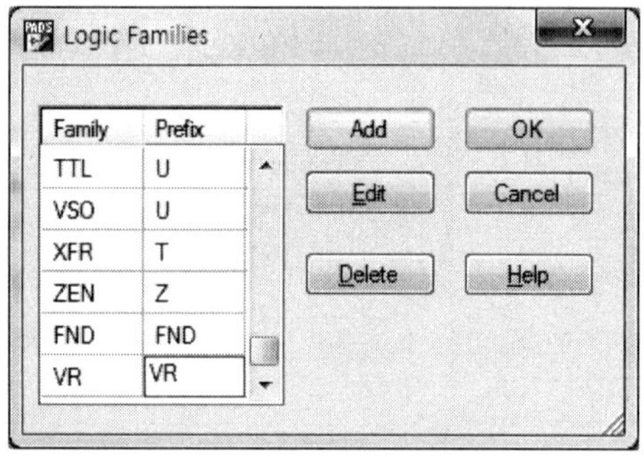

– 전 단계에서 지정해 준 부품의 Pin Count, Decal 등의 정보가 표시된다. 여기서 Logic Family의 Ref Prefix: VR을 선택한다. (각 부품에 맞는 Reference를 선정)

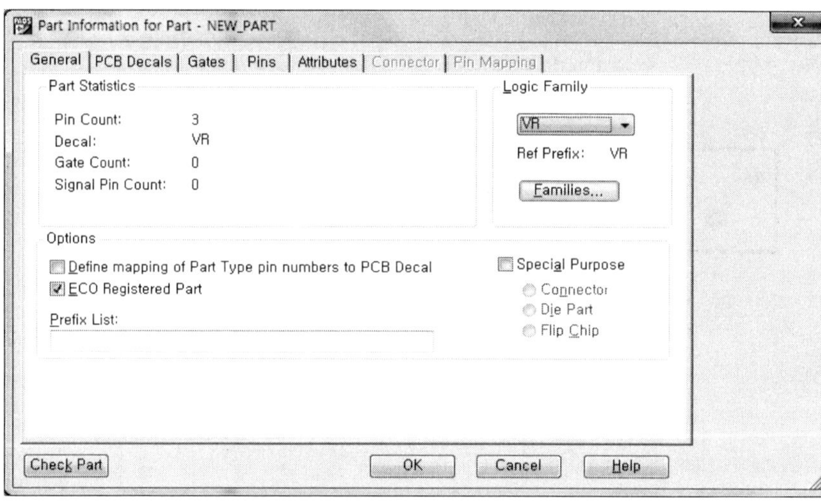

– 이번에는 Gates Tab을 누른 다음 [Add] 버튼을 누른다.
– CAE Decal1 항목의 아래 빈 칸을 더블클릭하면 아래 그림과 같이 된다.

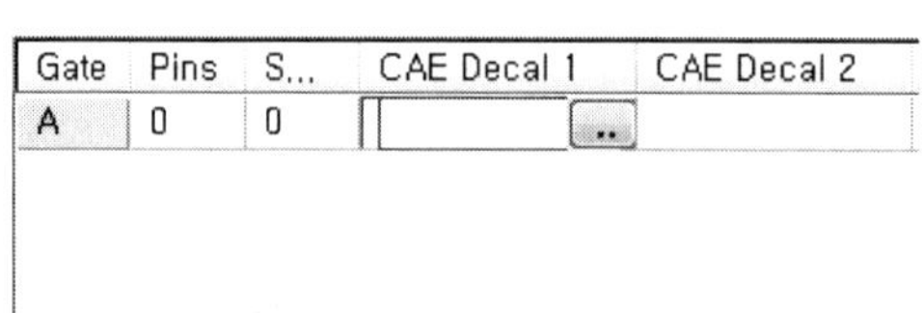

– 위의 그림에서 [...]을 누르면 Assign Decal 관련 창이 나타난다.

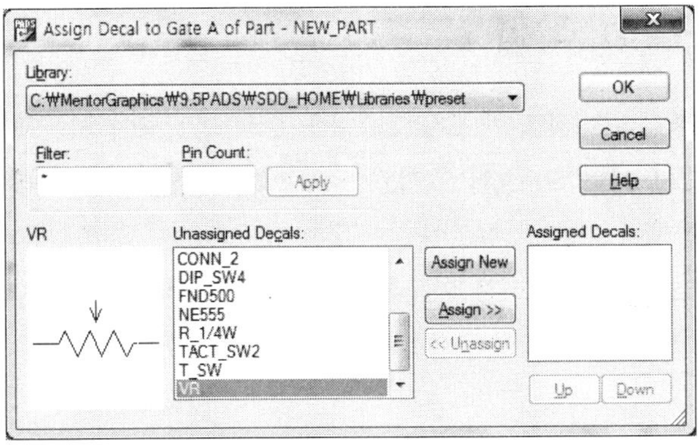

- 위의 그림에서 Unassigned Decals: VR을 선택한 후 오른쪽의 [Assign >>] 버튼을 누르고 [OK] 버튼을 눌러 팝업창을 닫는다.
- Pins Tab을 선택한다.
- Pin Group 밑을 클릭하여 각 핀에 대해 Gate-A로 설정한다.

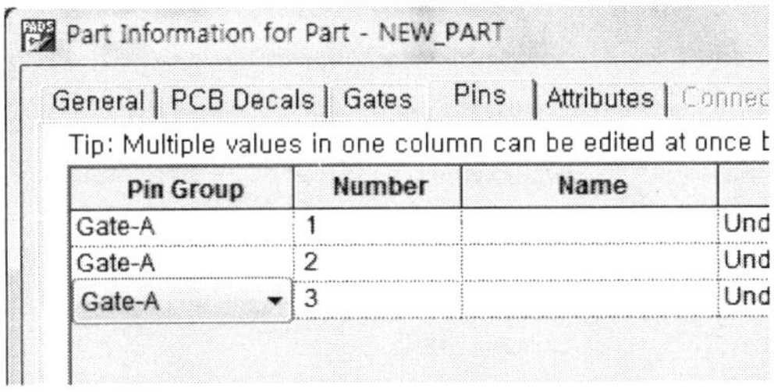

- 가변저항의 경우 Attributes Tab은 다루지 않는다.
- Part 정보 입력 창에서 [OK] 버튼을 누르면 PCB Decal과 CAE Decal 사이의 정보 연결 작업이 완료된다.
- 작업 화면의 메뉴에서 File>Save하여 VR로 저장한다.
- 작업 화면의 메뉴에서 File>Exit Part Editor를 눌러 빠져나온다.

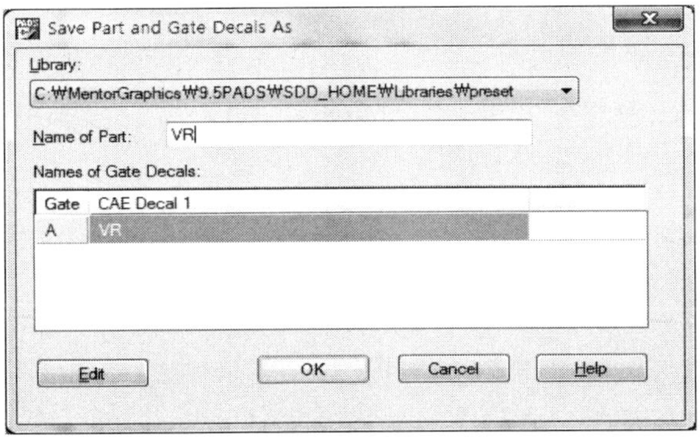

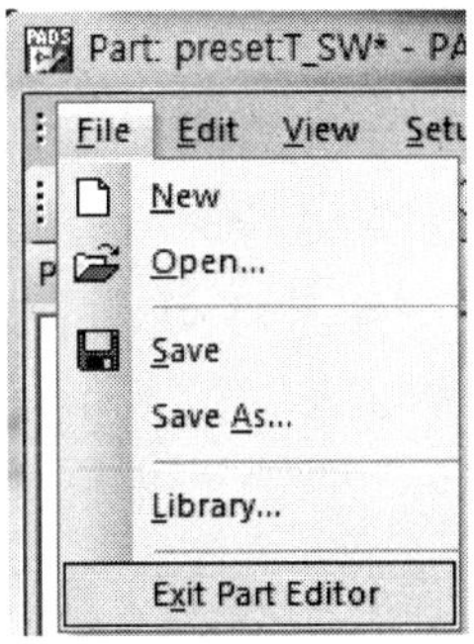

3.5 Sheet Form 작성

회로도를 그리기 위해, 위에서 만든 CAE Decal을 불러 작업해야 하는데 우선 Sheet의 크기를 지정해야 하며 회로도에 따라 Sheet의 크기도 달라진다. 또한 Sheet 내에 있는 여러 항목들도 회사마다 사용하는 형태가 다르기 때문에 이 장에서는 PADS 소프트웨어 자체에서 제공하는 Sheet를 사용하지 않고 사용자가 직접 만들어 실무에 적용하여 사용할 수 있는 능력을 갖도록 한다.

3.5.1 사용자 Sheet Form 만들기

- 먼저 컴퓨터를 기동한 후 PADS Logic 9.5 프로그램을 시작한다.
- 프로그램을 시작하면 새로운 창이 나타나는데 이 창에서 처음에는 **Start a new design** 이라고 되어 있는 곳을 클릭한다.
- 작업 화면의 메뉴에서 Tools〉Options...를 선택하면 Options 팝업창이 나타난다.

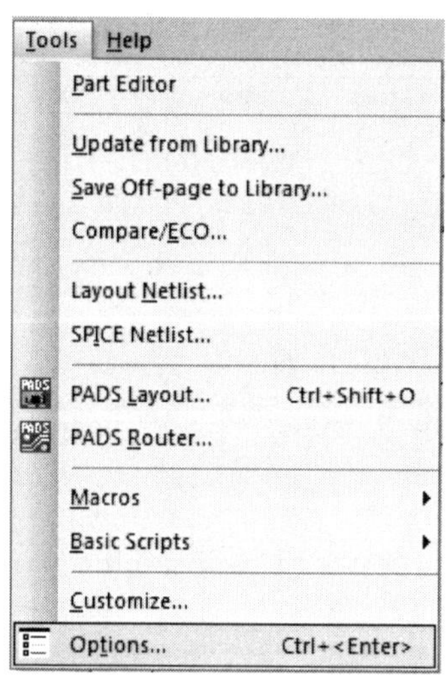

- 팝업창의 Global Part의 Cursor 항목에서 Cursor Style의 콤보 상자를 열어 보면 아래 그림과 같이 네 가지의 Cursor 형태를 지정하여 사용할 수 있다. Normal부터 한 가지씩 지정한 후 OK 버튼을 눌러 어떤 모양으로 변하는지 확인해 본다.
- 또한 콤보 상자 아래의 Diagonal 체크 박스를 클릭한 후 OK 버튼을 눌러 모양이 어떻게 바뀌는지 확인한다.

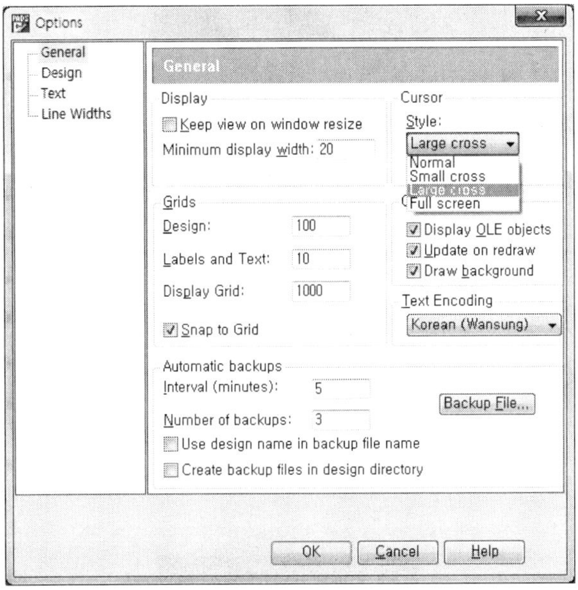

- Design Part를 눌러 Parameters 항목의 Tie Dot Diameter를 50으로 바꾸어 준다. 이는 회로 연결 시 교차되는 선의 점 크기이다.
- Sheet 항목에서 Size는 콤보 상자를 열어 A4로 설정하고 Sheet border는 Choose... 버튼을 눌러 새로운 팝업창이 나타나면 Library: 항목에서 콤보 상자를 열어 (All Libraries)를 선택한 다음 Drafting Items: 항목에서 common SIZEA4를 클릭한 후 OK 버튼을 눌러 지정한다.

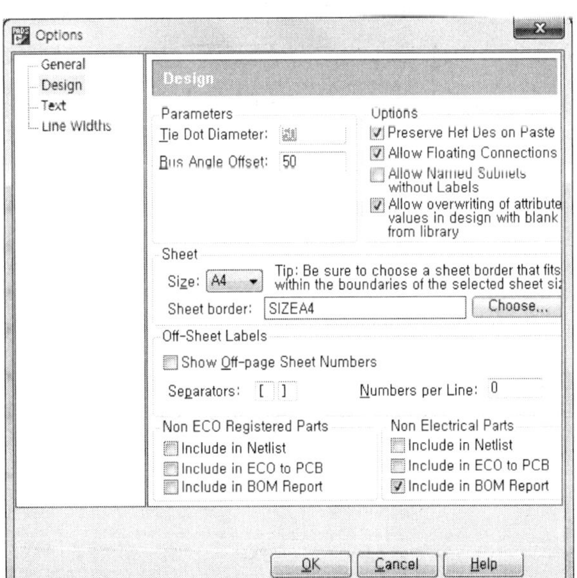

– 키보드에서 Home 키를 눌러 전체 화면으로 표시한다.

– Design Toolbar에서 Select Icon( )을 선택한 후 좌표(1000, 7300) 지점의 sheet border를 클릭한 후 Delete 키를 눌러 지운다.

– Design Toolbar에서 Create 2D Line Icon( )을 클릭한 후 작업 화면의 MRB-Rectangle을 선택한다.

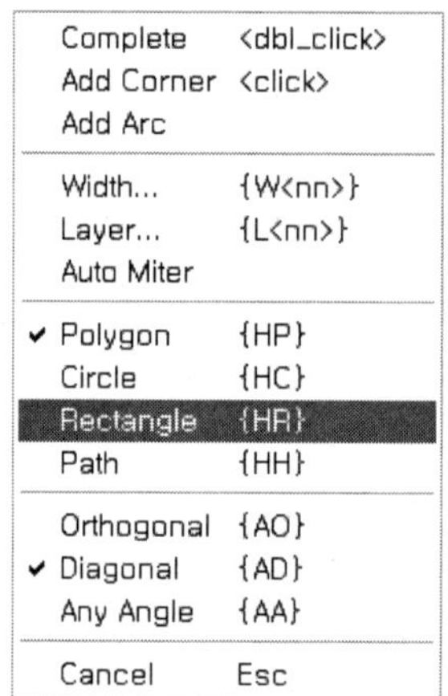

– 좌표(1000, 7300)에서 클릭 후 드래그하여 좌표(10700, 500)에서 클릭한다.

– 작업 화면에서 MRB-Path하여 좌표(2600, 7300)에서 클릭, 좌표(2600, 7800)에서 더블클릭한 후 Esc를 누른다.

– Design Toolbar에서 Select Icon( )을 선택한 후 MRB-Anything하여 위에서 그린 선을 좌표(2600, 7500)에서 클릭한 후 MRB-Duplicate를 선택하여 좌표(4200, 7500)에서 클릭, 좌표(5900, 7500)에서 클릭, 좌표(7500, 7500)에서 클릭, 좌표(9100, 7500)에서 클릭한 후 Esc 버튼을 누른다.

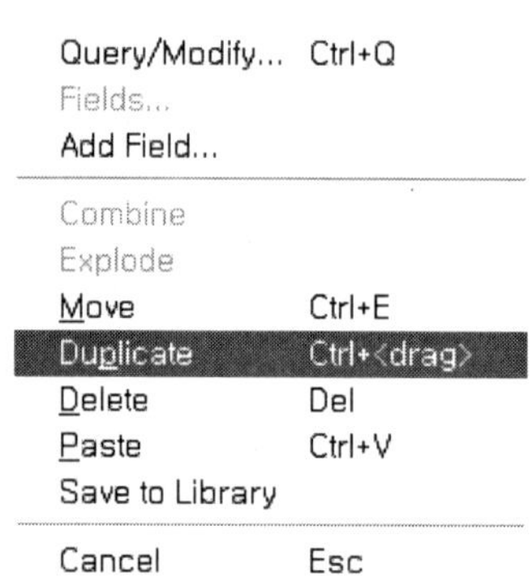

- Design Toolbar에서 Create 2D Line Icon()을 클릭한 후 작업 화면에서 MRB-Path를 선택한다.
- 좌표(500, 5600)에서 클릭, 좌표(1000, 5600)에서 더블클릭한다.
- Design Toolbar에서 Select Icon()을 선택한 후 MRB-Anything하여 위에서 그린 선을 좌표(800, 5600)에서 클릭한 후 MRB-Duplicate를 선택하여 좌표(800, 3900)에서 클릭, 좌표(800, 2200)에서 클릭, 좌표(11000, 5600)에서 클릭, 좌표(11000, 3900)에서 클릭, 좌표(11000, 2200)에서 클릭한 후 Esc 버튼을 누른다.
- Design Toolbar에서 Create 2D Line Icon()을 클릭한 후 작업 화면에서 MRB-Path를 선택한다.
- 좌표(7200, 7300)에서 클릭, 좌표(7200, 6300)에서 클릭, 좌표(10700, 6300)에서 더블클릭한다.
- 좌표(7200, 7100)에서 클릭, 좌표(10700, 7100)에서 더블클릭한다.
- Design Toolbar에서 Select Icon()을 선택한 후 MRB-Anything하여 위에서 그린 선을 좌표(9000, 7100)에서 클릭한 후 MRB-Duplicate를 선택하여 좌표(9000, 6900)에서 클릭, 좌표(9000, 6700)에서 클릭, 좌표(9000, 6500)에서 클릭한 후 Esc 버튼을 누른다.
- Design Toolbar에서 Create 2D Line Icon()을 클릭한 후 작업 화면에서 MRB-Path를 선택한다.
- 좌표(7800, 7100)에서 클릭, 좌표(7800, 6300)에서 더블클릭한다.
- Design Toolbar에서 Select Icon()을 선택한 후 MRB-Anything하여 위에서 그린 선을 좌표(7800, 6800)에서 클릭한 후 MRB-Duplicate를 선택하여 좌표(9300, 6800)에서 클릭, 좌표(10200, 6800)에서 클릭한 후 Esc 버튼을 누른다.
- Design Toolbar에서 Create 2D Line Icon()을 클릭한 후 작업 화면에서 MRB-Path를 선택한다.
- 좌표(10700, 3100)에서 클릭, 좌표(6000, 3100)에서 클릭, 좌표(6000, 500)에서 더블클릭한다.
- 좌표(10700, 2600)에서 클릭, 좌표(3500, 2600)에서 클릭, 좌표(3500, 500)에서 더블클릭한다.
- 좌표(3500, 2200)에서 클릭, 좌표(10700, 2200)에서 더블클릭한다.
- 좌표(3500, 1800)에서 클릭, 좌표(6000, 1800)에서 더블클릭한다.
- 좌표(3500, 1400)에서 클릭, 좌표(10700, 1400)에서 더블클릭한다.
- 좌표(5000, 2600)에서 클릭, 좌표(5000, 500)에서 더블클릭한다.
- 좌표(6900, 2200)에서 클릭, 좌표(6900, 1400)에서 더블클릭한다.
- 좌표(7600, 2200)에서 클릭, 좌표(7600, 1400)에서 더블클릭한다.

- 좌표(9900, 2200)에서 클릭, 좌표(9900, 1400)에서 더블클릭한다.
- 좌표(8600, 1400)에서 클릭, 좌표(8600, 500)에서 더블클릭한다.
- g10을 입력한 후 Enter키를 친다.
- Design Toolbar에서 Create Text Icon( )을 클릭한다.
- Add Free Text 팝업창에서 Text: 6, Size(pts) : 18을 입력하고 아래 그림을 참조하여 옵션을 선택한 후 OK 버튼을 누르고 좌표(1800, 7400)에서 클릭한다.

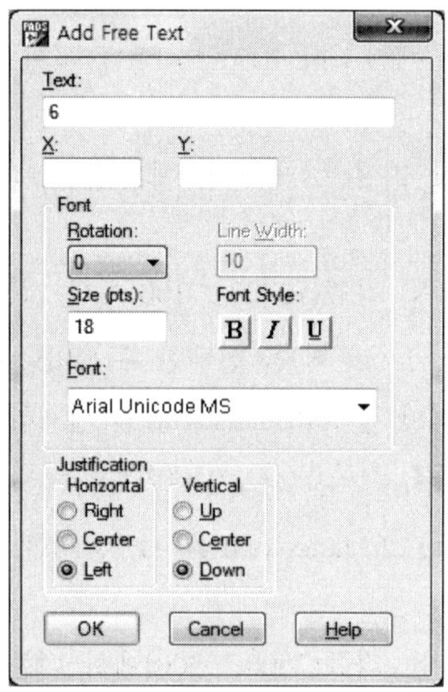

- Add Free Text 팝업창에서 Text: 5를 입력하고 다른 옵션은 그대로 둔 채 OK 버튼을 누르고 좌표(3420, 7400)에서 클릭한다.
- Add Free Text 팝업창에서 Text: 4를 입력하고 다른 옵션은 그대로 둔 채 OK 버튼을 누르고 좌표(5040, 7400)에서 클릭한다.
- Add Free Text 팝업창에서 Text: 3를 입력하고 다른 옵션은 그대로 둔 채 OK 버튼을 누르고 좌표(6650, 7400)에서 클릭한다.
- Add Free Text 팝업창에서 Text: 2를 입력하고 다른 옵션은 그대로 둔 채 OK 버튼을 누르고 좌표(8270, 7400)에서 클릭한다.
- Add Free Text 팝업창에서 Text: 1를 입력하고 다른 옵션은 그대로 둔 채 OK 버튼을 누르고 좌표(9890, 7400)에서 클릭한다.
- Add Free Text 팝업창에서 Text: D를 입력하고 다른 옵션은 그대로 둔 채 OK 버튼을 누르고 좌표(750, 6450)에서 클릭한다.
- Add Free Text 팝업창에서 Text: C를 입력하고 다른 옵션은 그대로 둔 채 OK 버튼을 누르고 좌표(750, 4750)에서 클릭한다.

- Add Free Text 팝업창에서 Text: B를 입력하고 다른 옵션은 그대로 둔 채 OK 버튼을 누르고 좌표(750, 3050)에서 클릭한다.
- Add Free Text 팝업창에서 Text: A를 입력하고 다른 옵션은 그대로 둔 채 OK 버튼을 누르고 좌표(750, 1350)에서 클릭한다.
- Add Free Text 팝업창에서 Text: D를 입력하고 다른 옵션은 그대로 둔 채 OK 버튼을 누르고 좌표(10800, 6450)에서 클릭한다.
- Add Free Text 팝업창에서 Text: C를 입력하고 다른 옵션은 그대로 둔 채 OK 버튼을 누르고 좌표(10800, 4750)에서 클릭한다.
- Add Free Text 팝업창에서 Text: B를 입력하고 다른 옵션은 그대로 둔 채 OK 버튼을 누르고 좌표(10800, 3050)에서 클릭한다.
- Add Free Text 팝업창에서 Text: A를 입력하고 다른 옵션은 그대로 둔 채 OK 버튼을 누르고 좌표(10800, 1350)에서 클릭한 후 Esc를 누른다.
- Design Toolbar에서 Zoom Icon( )을 클릭한 후 MLB을 사용하여 작업 화면의 2-D 부분을 적당히 확대한 후 Esc키를 누른다.
- Design Toolbar에서 Create Text Icon( )을 클릭한다.
- Add Free Text 팝업창에서 Text: REVISION RECORD, Size(pts) : 7을 입력하고 위에서 입력한 옵션을 적용하여 OK 버튼을 누르고 좌표(8550, 7150) 에서 클릭한다.
- Add Free Text 팝업창에서 Text: LTR을 입력하고 다른 옵션은 그대로 둔 채 OK 버튼을 누르고 좌표(7450, 6950)에서 클릭한다.
- Add Free Text 팝업창에서 Text: ECO NO:를 입력하고 다른 옵션은 그대로 둔 채 OK 버튼을 누르고 좌표(8400, 6950)에서 클릭한다.
- Add Free Text 팝업창에서 Text: APPROVED:를 입력하고 다른 옵션은 그대로 둔 채 OK 버튼을 누르고 좌표(9550, 6950)에서 클릭한다.
- Add Free Text 팝업창에서 Text: DATE:를 입력하고 다른 옵션은 그대로 둔 채 OK 버튼을 누르고 좌표(10350, 6950)에서 클릭한 후 Esc키를 누른다.

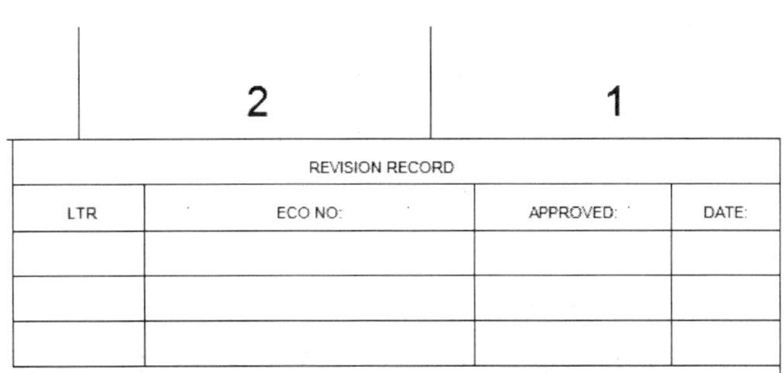

- 작업 화면의 수평, 수직 스크롤 바를 움직여 3-B가 중간 정도에 오도록 화면을 배치한다.
- Design Toolbar에서 Create Text Icon( )을 클릭한다.
- Add Free Text 팝업창에서 Text: DRAWN:, Size(pts) : 7을 입력하고 위 에서 입력한 옵션을 적용하여 OK 버튼을 누르고 좌표(3600, 2450)에서 클릭한다.
- Add Free Text 팝업창에서 Text: DATED:를 입력하고 다른 옵션은 그대로 둔 채 OK 버튼을 누르고 좌표(5100, 2450)에서 클릭한다.
- Add Free Text 팝업창에서 Text: CHECKED:를 입력하고 다른 옵션은 그대로 둔 채 OK 버튼을 누르고 좌표(3600, 2050)에서 클릭한다.
- Add Free Text 팝업창에서 Text: DATED:를 입력하고 다른 옵션은 그대로 둔 채 OK 버튼을 누르고 좌표(5100, 2050)에서 클릭한다.
- Add Free Text 팝업창에서 Text: QUALITY CONTROL:를 입력하고 다른 옵션은 그대로 둔 채 OK 버튼을 누르고 좌표(3600, 1650)에서 클릭한다.
- Add Free Text 팝업창에서 Text: DATED:를 입력하고 다른 옵션은 그대로 둔 채 OK 버튼을 누르고 좌표(5100, 1650)에서 클릭한다.
- Add Free Text 팝업창에서 Text: RELEASED:를 입력하고 다른 옵션은 그대로 둔 채 OK 버튼을 누르고 좌표(3600, 1200)에서 클릭한다.
- Add Free Text 팝업창에서 Text: DATED:를 입력하고 다른 옵션은 그대로 둔 채 OK 버튼을 누르고 좌표(5100, 1200)에서 클릭한다.
- Add Free Text 팝업창에서 Text: COMPANY:를 입력하고 다른 옵션은 그대로 둔 채 OK 버튼을 누르고 좌표(6100, 2900)에서 클릭한다.
- Add Free Text 팝업창에서 Text: TITLE:를 입력하고 다른 옵션은 그대로 둔 채 OK 버튼을 누르고 좌표(6100, 2450)에서 클릭한다.
- Add Free Text 팝업창에서 Text: CODE:를 입력하고 다른 옵션은 그대로 둔 채 OK 버튼을 누르고 좌표(6200, 2000)에서 클릭한다.
- Add Free Text 팝업창에서 Text: SIZE:를 입력하고 다른 옵션은 그대로 둔 채 OK 버튼을 누르고 좌표(7000, 2000)에서 클릭한다.
- Add Free Text 팝업창에서 Text: DRAWING NO:를 입력하고 다른 옵션 은 그대로 둔 채 OK 버튼을 누르고 좌표(7700, 2000)에서 클릭한다.
- Add Free Text 팝업창에서 Text: REV:를 입력하고 다른 옵션은 그대로 둔 채 OK 버튼을 누르고 좌표(10000, 2000)에서 클릭한다.
- Add Free Text 팝업창에서 Text: SCALE:를 입력하고 다른 옵션은 그대로 둔 채 OK 버튼을 누르고 좌표(6100, 1200)에서 클릭한다.
- Add Free Text 팝업창에서 Text: SHEET: OF를 입력하고 다른 옵션은 그대로 둔 채 OK 버튼을 누르고 좌표(9300, 900)에서 클릭한 후 Esc키를 누른다.

- Design Toolbar에서 Add Field Icon( )을 클릭한다.
- Add Field 팝업창에서 Name: Company Name, Size(pts) : 18을 입력하고 아래 그림의 옵션을 적용하여 OK 버튼을 누르고 좌표(7100, 2750)에서 클릭한다.

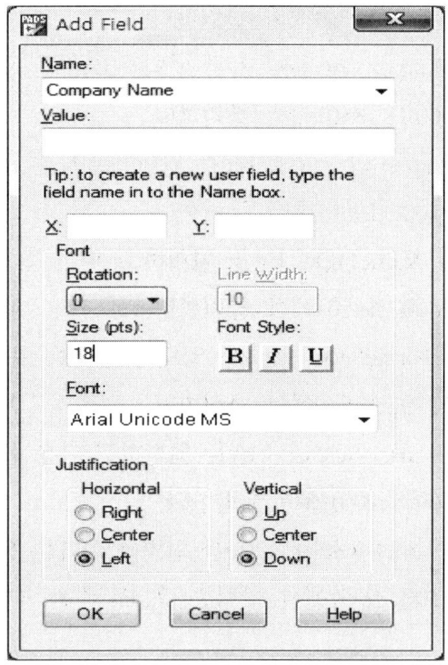

- Add Field 팝업창에서 Name: Title을 입력하고 다른 옵션은 그대로 둔 채 OK 버튼을 누르고 좌표(6500, 2300)에서 클릭한다.
- Add Field 팝업창에서 Name: Code를 입력하고 다른 옵션은 그대로 둔 채 OK 버튼을 누르고 좌표(6100, 1650)에서 클릭한다.
- Add Field 팝업창에서 Name: Sheet Size를 입력하고 다른 옵션은 그대로 둔 채 OK 버튼을 누르고 좌표(7100, 1650)에서 클릭한다.
- Add Field 팝업창에서 Name: Drawing Number를 입력하고 다른 옵션은 그대로 둔 채 OK 버튼을 누르고 좌표(7900, 1650)에서 클릭한다.
- Add Field 팝업창에서 Name: Revision을 입력하고 다른 옵션은 그대로 둔 채 OK 버튼을 누르고 좌표(9850, 1650)에서 클릭한다.
- Add Field 팝업창에서 Name: Scale, Size(pts) : 11을 입력하고 다른 옵션 은 그대로 둔 채 OK 버튼을 누르고 좌표(7000, 900)에서 클릭한다.
- Add Field 팝업창에서 Name: Sheet Number를 입력하고 다른 옵션은 그대로 둔 채 OK 버튼을 누르고 좌표(9650, 900)에서 클릭한다.
- Add Field 팝업창에서 Name: Number of Sheets를 입력하고 다른 옵션은 그대로 둔

채 OK 버튼을 누르고 좌표(10000, 900)에서 클릭한다.

- Add Field 팝업창에서 Name: Drawn By를 입력하고 다른 옵션은 그대로 둔 채 OK 버튼을 누르고 좌표(3600, 2250)에서 클릭한다.
- Add Field 팝업창에서 Name: Drawn Date를 입력하고 다른 옵션은 그대로 둔 채 OK 버튼을 누르고 좌표(5100, 2250)에서 클릭한다.
- Add Field 팝업창에서 Name: Checked By를 입력하고 다른 옵션은 그대로 둔 채 OK 버튼을 누르고 좌표(3600, 1850)에서 클릭한다.
- Add Field 팝업창에서 Name: Checked Date를 입력하고 다른 옵션은 그대로 둔 채 OK 버튼을 누르고 좌표(5100, 1850)에서 클릭한다.
- Add Field 팝업창에서 Name: QC By를 입력하고 다른 옵션은 그대로 둔 채 OK 버튼을 누르고 좌표(3600, 1450)에서 클릭한다.
- Add Field 팝업창에서 Name: QC Date를 입력하고 다른 옵션은 그대로 둔 채 OK 버튼을 누르고 좌표(5100, 1450)에서 클릭한다.
- Add Field 팝업창에서 Name: Released By를 입력하고 다른 옵션은 그대로 둔 채 OK 버튼을 누르고 좌표(3600, 900)에서 클릭한다.
- Add Field 팝업창에서 Name: Release Date를 입력하고 다른 옵션은 그대로 둔 채 OK 버튼을 누르고 좌표(5100, 900)에서 클릭한 후 Esc키를 누른다.

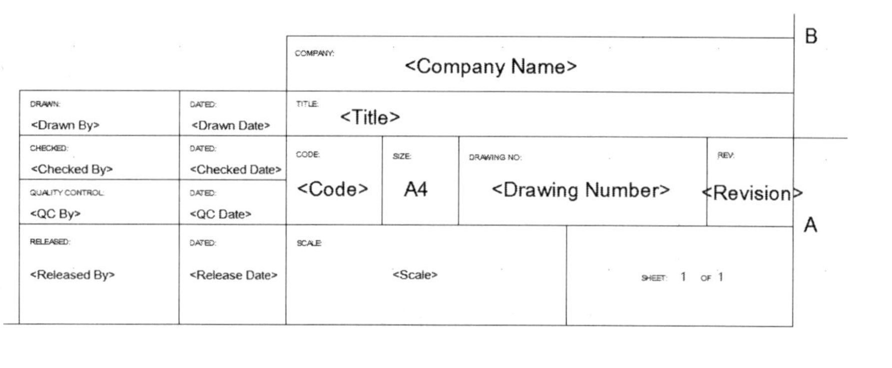

- Home 키를 눌러 전체 화면을 표시한다.
- g100을 입력하고 Enter키를 친다.
- Design Toolbar에서 Select Icon( )을 선택한 후 MRB-Anything하여 전체를 드래그한 후 MRB-Combine하여 준 후 Esc를 누른다.
- Design Toolbar에서 Select Icon( )을 선택한 후 시트를 클릭하여 제대로 묶여졌는지 확인한 다음 이상이 없으면 시트를 선택한 상태에서 MRB-Save to Library를 하여 팝업창

이 나타나면 Library 경로를 확인하고 test_a4를 입력한 후 OK 버튼을 누른 다음 Esc키를 누른다.

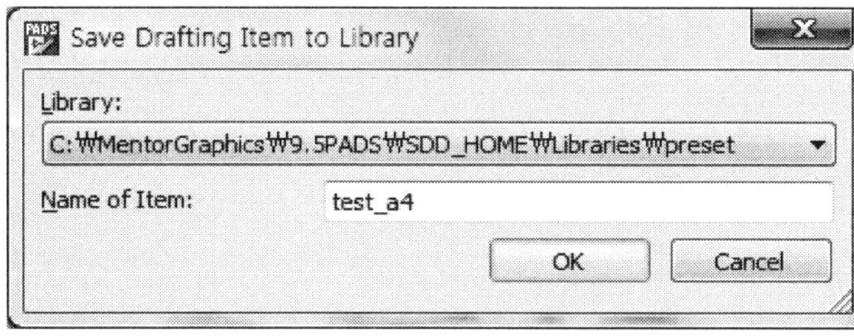

– 작업 화면에서 File〉Exit한 후 저장하지 말고 프로그램을 종료한다.

3.5.2 만든 Sheet Form 확인하기

– 다시 프로그램을 시작하여 작업 화면의 메뉴에서 Tools〉Options...를 선택하면 Options 팝업창이 나타난다.

– Design Part를 누르고 Sheet Size: A4, Sheet Border는 Choose... 버튼을 눌러 Library 경로를 확인한 후 Drafting Items에 위에서 만든 리스트가 선택되어 있음을 확인하고 OK 버튼을 눌러준다.

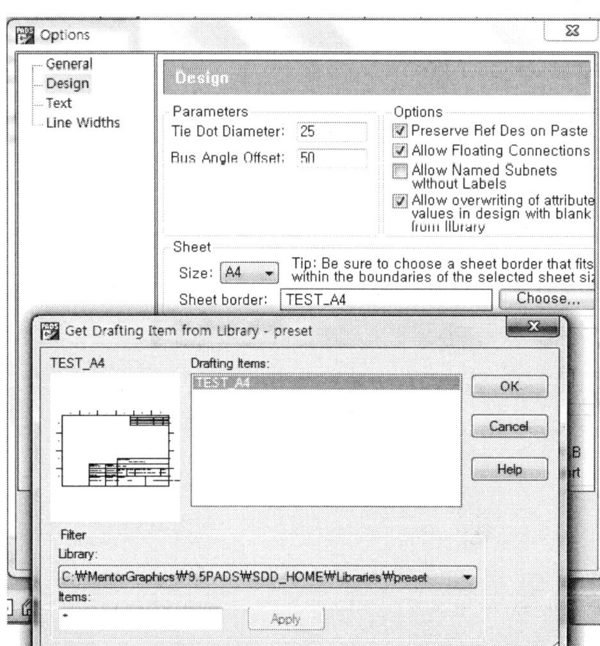

- Options 팝업창에서 다시 OK 버튼을 누른다.
- 선택한 Sheet Form이 나타나면 Home 키를 눌러 전체 화면으로 표시한다.
- 작업 화면에서 File〉Save하여 test.sch로 저장한 후 File〉Exit하여 프로그램을 종료한다.

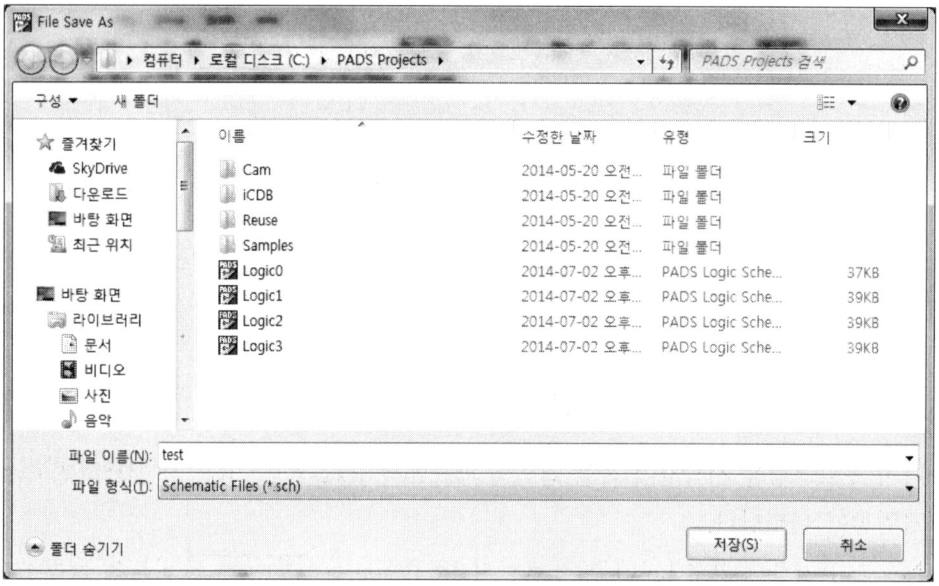

3.6 회로도 작성

3.6.1 PADS Logic 9.5 시작

- 먼저 컴퓨터를 기동한 후 PADS Logic 9.5 프로그램을 시작한다.
- 프로그램을 시작하면 새로운 창이 나타나는데 이 창에서 새로운 작업을 할 때는 **Start a new design**이라고 되어 있는 곳을 클릭한다.
- **Start a new design**을 클릭하면 Font Replacement 팝업창이 나타나게 되는데 여기서는 그냥 OK 버튼을 누른다.
- 기존에 사용하던 파일을 열게 되는 경우에는 아래 그림처럼 경로로 지정된 파일이 있는 곳을 클릭하면 된다.

3.6.2 Sheet Size 설정

- 작업 화면의 메뉴에서 Tools〉Options...를 선택하면 Options 팝업창이 나타난다.
- 새로운 작업을 시작할 때는 이 메뉴에서 여러 가지 사항들을 설정해야 하지만 이 장에서는 위에서의 과정이 계속 진행되는 것이기 때문에 최소한의 설정만 하고 나머지는 설정한 것을 확인하기로 한다.
- Design Part를 눌러 Parameters 항목의 Tie Dot Diameter를 50으로 바꾸어 준다. 이는 회로 연결 시 교차되는 선의 점 크기이다.
- Sheet 항목에서 Size와 Sheet border는 아래 그림과 같이 Default 지정대로 설정되어 있는지 확인하고 OK 버튼을 누른다.

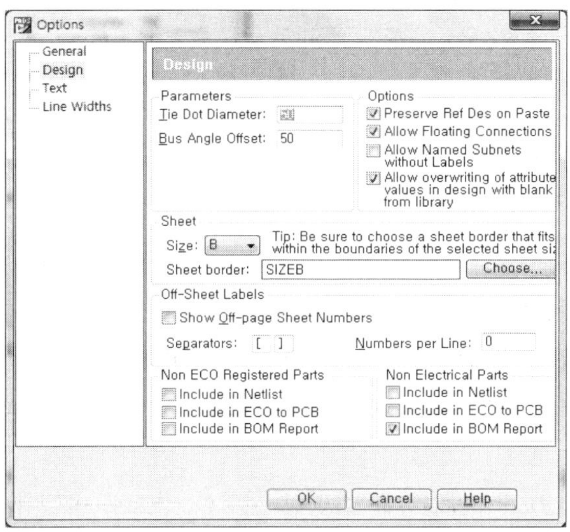

3.6.3 Library 설정

진행하는 작업에 따라 Library를 관리하는 경우도 있으므로 본격적인 작업을 시작하기 전에 그 경로를 확인하는 작업이 중요하다.

- 작업 화면의 메뉴에서 File〉Library를 선택하여 원하는 Library 경로가 지정되어 있는지를 확인하고, 그렇지 않은 경우는 정확하게 지정한 후 Close 버튼을 누른다.

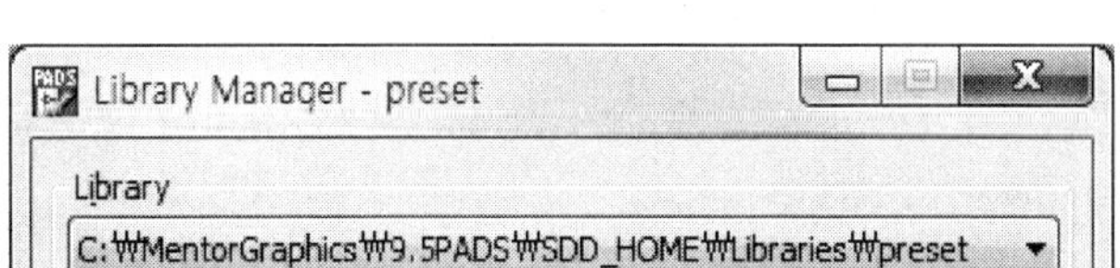

3.6.4 부품 불러오기 및 배치

- 작업을 시작하기 전 View 메뉴를 열어 아래와 같이 옵션이 선택되어 있는지 확인하고 그렇지 않은 경우는 옵션을 선택하여 원활한 작업을 할 수 있도록 한다.

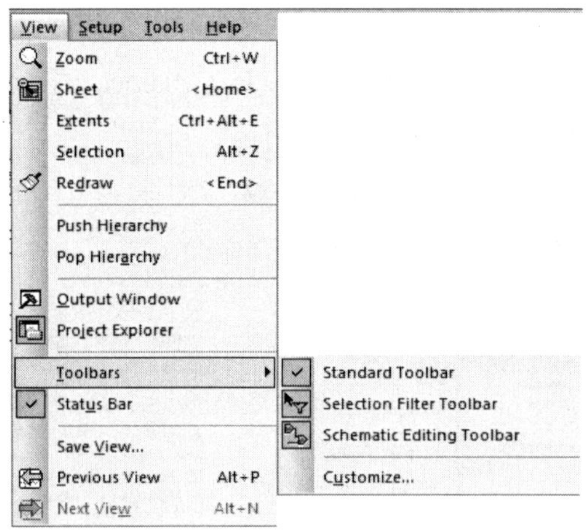

- Schematic Editing Toolbar에서 Add Part Icon( )을 클릭한다.
- Add Part... 팝업창이 나타나면 Library 경로를 확인하고 Items에서 7400을 선택한 후 Add 버튼을 클릭하면 Question 팝업창이 나타난다.
- IC 등의 부품은 일반적으로 U로 시작되기 때문에 빈 칸에 U를 입력한 후 OK 버튼을 누른다.
- Add Part from Library 팝업창을 화면의 적당한 장소로 옮긴다.
- 작업 화면의 마우스 포인터에 심벌이 보이면 좌표(3400, 7800), 좌표(3400, 7000), 좌표(5200, 7700) 그리고 좌표(5200, 6900)에 4개의 부품을 배치하고 Esc키를 누른다.

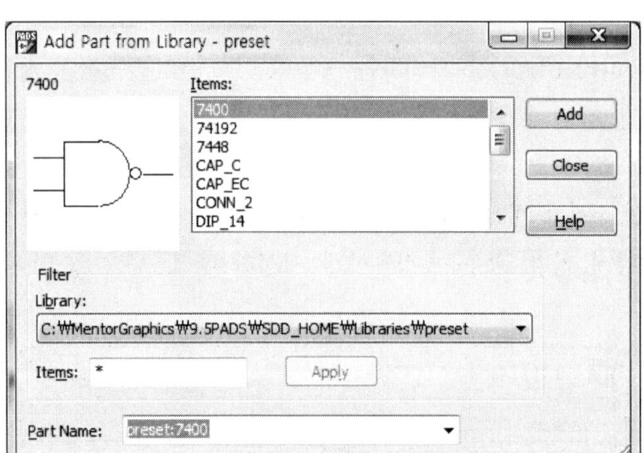

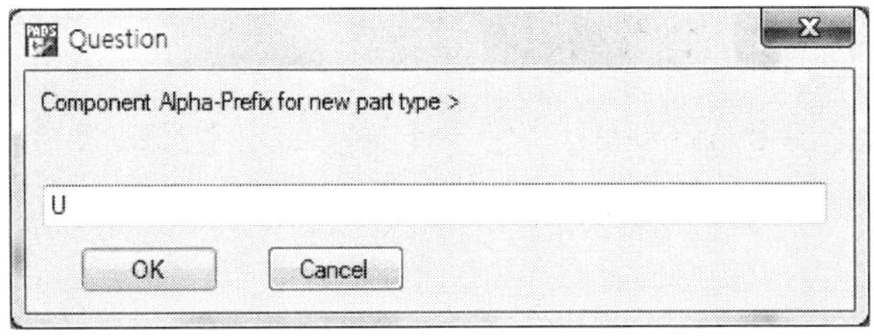

- Add Part... 팝업창의 Items에서 NE555를 선택하여 Add 버튼을 누르고 좌표(3200, 3600)에 배치하고 Esc키를 누른다.
- Add Part... 팝업창의 Items에서 74192를 선택하여 Add 버튼을 누르고 좌표(7100, 4900)에 배치하고 Esc키를 누른다.
- Add Part... 팝업창의 Items에서 7448을 선택하여 Add 버튼을 누르고 좌표(7300, 6500)에 배치하고 Esc키를 누른다.
- Add Part... 팝업창의 Items에서 FND500을 선택하여 Add 버튼을 누르고 좌표(7900, 7800)에 배치하고 Esc키를 누른다.
- Add Part... 팝업창의 Items에서 CONN_2를 선택하여 Add 버튼을 누르고 좌표(4100, 8900)에 배치하고 Esc키를 누른다.
- Add Part... 팝업창의 Items에서 DIP_SW4를 선택하여 Add 버튼을 누르고 좌표(7700, 3100)에 배치하고 Esc키를 누른다.
- Add Part... 팝업창의 Items에서 CAP_C를 선택하여 Add 버튼을 누르고 좌표(4200, 2700), 좌표(7500, 3700)에 배치하고 Esc키를 누른다.
- Add Part... 팝업창의 Items에서 CAP_EC를 선택하여 Add 버튼을 누르고 좌표(2600, 2700)에 배치하고 Esc키를 누른다.
- Add Part... 팝업창의 Items에서 T_SW를 선택하여 Add 버튼을 누르고 좌표(2600, 7200)에 배치하고 Esc키를 누른다.
- Add Part... 팝업창의 Items에서 TACT_SW2를 선택하여 Add 버튼을 누르고 MRB-X Mirror를 한 후 좌표(7100, 3500)에 배치하고 Esc키를 누른다.
- Add Part... 팝업창의 Items에서 VR을 선택하여 Add 버튼을 누르고 MRB-Rotate 90, MRB-X Mirror를 한 후 좌표(2600, 3800)에 배치하고 Esc키를 누른다.
- Add Part... 팝업창의 Items에서 R_1/4W를 선택하여 Add 버튼을 누르고 MRB-Rotate 90을 한 후 좌표(2600, 8100), 좌표(3000, 8100), 좌표(2600, 5500), 좌표(2600, 4600)에 배치하고 MRB-Rotate 90을 한다.
- 좌표(6900, 8900), 좌표(6300, 4400), 좌표(8700, 4600), 좌표(8700, 4400), 좌표(8700, 4200), 좌표(8700, 4000)에 배치하고 Esc키를 누른다.
- 필요한 부품이 모두 배치된 것을 확인한 후 Add Part... 팝업창을 닫는다.

3.6.5 각 부품의 속성 설정하기

Add Part하여 불러온 부품들은 회로도 상에서 불필요한 정보도 포함되어 있으므로 이러한 속성과 값 등에 대한 정보를 수정해 주어야한다.

- Design Toolbar에서 Select Icon( )을 선택한 후 R1을 더블클릭하면 아래 그림과 같이 Part Properties 팝업창이 나타난다.

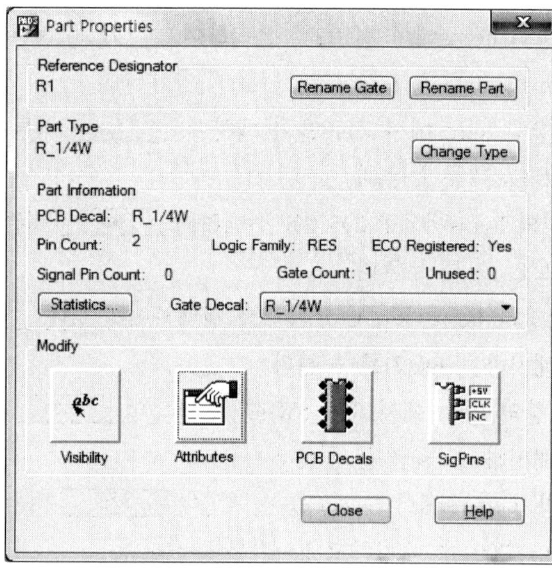

- 위의 팝업창에서 Attributes 버튼을 누른다.
- 아래 그림과 같은 Part Attributes 팝업창이 나타난다.

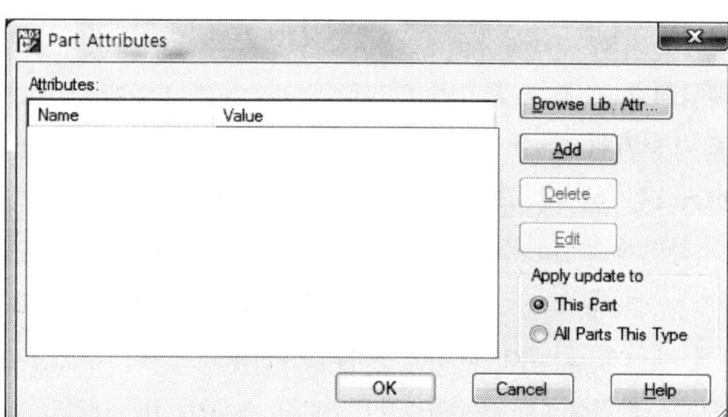

- 위의 팝업창에서 Add 버튼을 누른다.

– 아래 그림과 같이 Name 아래에는 Value를 입력하고 Value 아래는 더블 클릭한 후 1K를 입력한 다음 All Part This Type 옵션을 선택하고 OK 버튼을 누른다.

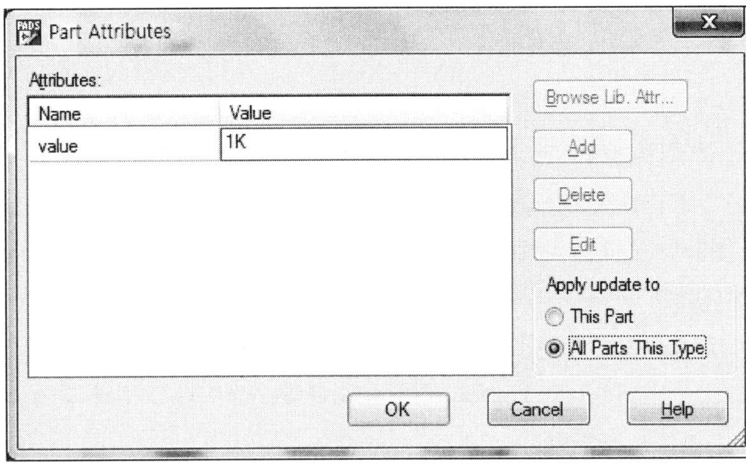

– 다시 Part Properties 팝업창에서 Visivility 버튼을 누른다.
– 아래 그림과 같이 Part Text Visibility 팝업창이 나타나면 아래 그림과 같이 옵션을 설정하고 OK 버튼을 누른다.

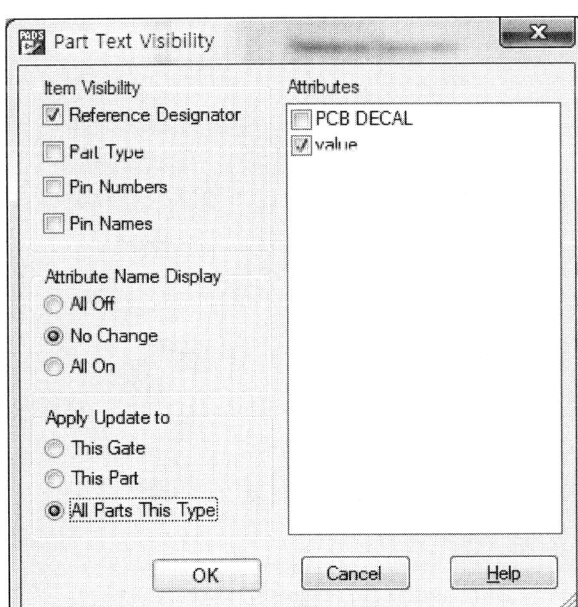

– Part Properties 팝업창을 닫으면 아래 그림과 같이 각각의 저항들에 옵션이 적용되어 있는 것을 확인할 수 있다.

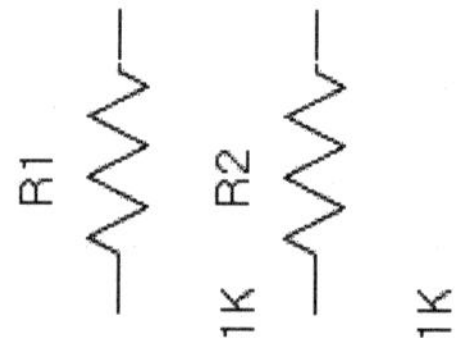

- CAP_C(C1)을 더블클릭하여 위에서와 같이 Part Properties 팝업창이 나타나면 Attributes 버튼을 누르고 Part Attributes 팝업창에서 [Add] 버튼을 누른 후 Name 아래에는 Value를 입력하고 Value 아래는 더블클릭한 후 0.05uF을 입력한 다음 All Part This Type 옵션을 선택하고 [OK] 버튼을 누른다.
- 다시 Part Properties 팝업창에서 Visivility 버튼을 누른다.
- 아래 그림과 같이 Part Text Visibility 팝업창이 나타나면 아래 그림과 같이 옵션을 설정하고 [OK] 버튼을 누른다.

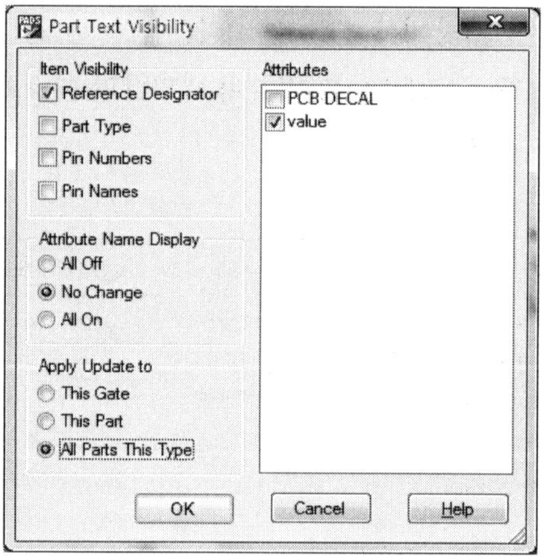

- Part Properties 팝업창을 닫으면 C1, C2에 대하여 적용된 옵션을 확인할 수 있다.
- CAP_EC(C3)를 더블클릭하여 위에서와 같이 Part Properties 팝업창이 나타나면 Attributes 버튼을 누르고 Part Attributes 팝업창에서 [Add] 버튼을 누른 후 Name 아래에는 Value를 입력하고 Value 아래는 더블클릭한 후 0.1uF/16V를 입력한 다음 Default 옵션에서 [OK] 버튼을 누른다.
- 다시 Part Properties 팝업창에서 Visivility 버튼을 누른다.
- 아래 그림과 같이 Part Text Visibility 팝업창이 나타나면 아래 그림과 같이 옵션을 설정하고 [OK] 버튼을 누른다.

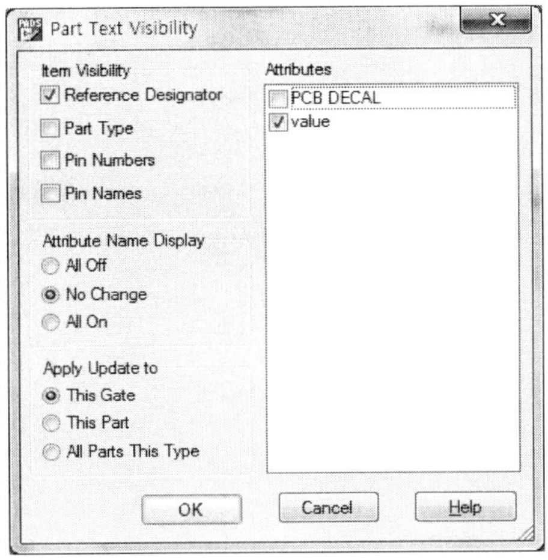

- Part Properties 팝업창을 닫으면 C3에 대하여 적용된 옵션을 확인할 수 있다.
- VR을 더블클릭하여 위에서와 같이 Part Properties 팝업창이 나타나면 Attributes 버튼을 누르고 Part Attributes 팝업창에서 [Add] 버튼을 누른 후 Name 아래에는 Value를 입력하고 Value 아래는 더블클릭한 후 1M를 입력한 다음 Default 옵션에서 [OK] 버튼을 누른다.
- 다시 Part Properties 팝업창에서 Visivility 버튼을 누른다.
- 아래 그림과 같이 Part Text Visibility 팝업창이 나타나면 아래 그림과 같이 옵션을 설정하고 [OK] 버튼을 누른다.

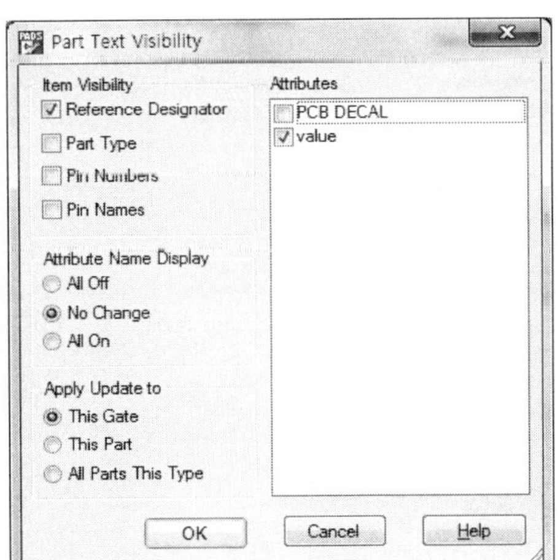

- Part Properties 팝업창을 닫으면 VR에 대하여 적용된 옵션을 확인할 수 있다.
- FND500(FND1)을 더블클릭하여 위에서와 같이 Part Properties 팝업창이 나타나면 Visivility 버튼을 누른다.

- 아래 그림과 같이 Part Text Visibility 팝업창이 나타나면 아래 그림과 같이 옵션을 설정하고 OK 버튼을 누른다.

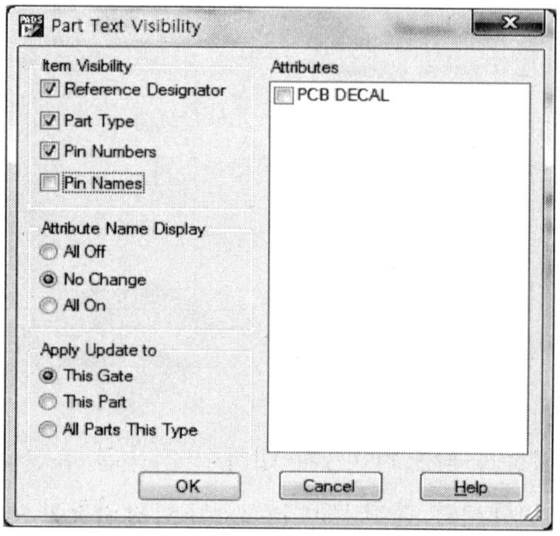

- Part Properties 팝업창을 닫으면 FND500에 대하여 적용된 옵션을 확인할 수 있다.
- DIP_SW4(S1)을 더블클릭하여 위에서와 같이 Part Properties 팝업창이 나타나면 Visivility 버튼을 누른다.
- 아래 그림과 같이 Part Text Visibility 팝업창이 나타나면 아래 그림과 같이 옵션을 설정하고 OK 버튼을 누른다.

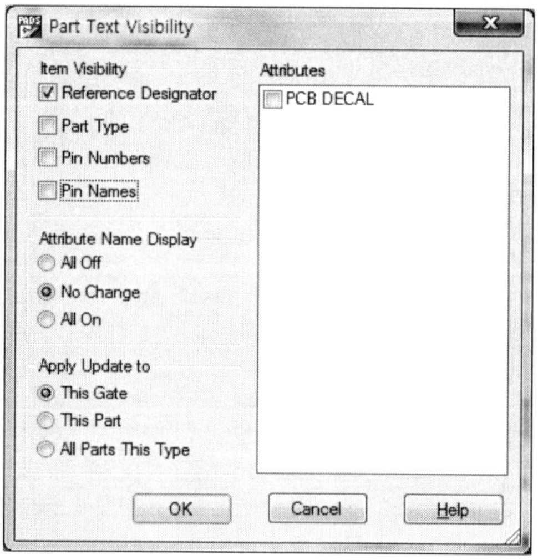

- Part Properties 팝업창을 닫으면 S1에 대하여 적용된 옵션을 확인할 수 있다.
- CONN_2(J1)에 대하여서도 위의 S1에서와 마찬가지 옵션을 적용하여 준다.

- TACT_SW2(S3)에 대하여서도 위와 마찬가지 옵션을 적용하여 준다.
- R1의 1K 글씨 위에서 더블클릭한다.
- Attribute Properties 팝업창이 나타나면 아래 그림과 같이 Value에는 2K, Rotation은 90, Size는 9로 변경한 후 OK 버튼을 누른다.

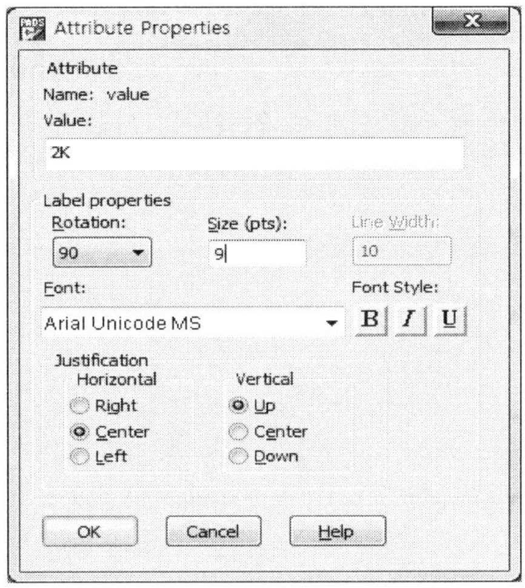

- R1 위에서 더블클릭한 후 Attribute Properties 팝업창이 나타나면 Rotation은 90, Size는 9로 변경한 후 OK 버튼을 누른다.
- R1을 클릭한 채로 드래그 하여 적당한 위치로 이동한다.(회로도 참조)
- 2K를 클릭한 채로 드래그 하여 적당한 위치로 이동한다.
- 다른 부품에 대하여도 Size는 9로 설정하고 위치 등을 이동한다.

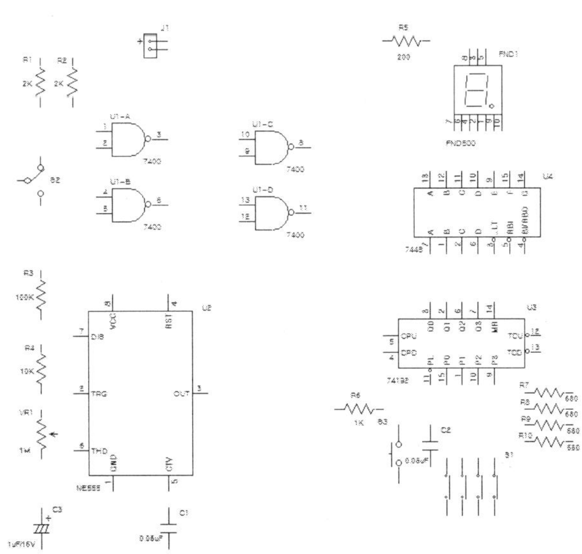

3.6.6 Connection 연결하기

회로도를 작성하기 위하여 필요한 부품들을 모두 불러왔고 각 속성을 설정 하였으며 레퍼런스와 값 등의 위치도 알맞게 배치하였다. 이제는 각 부품 간의 신호선을 연결해야 한다.

- Design Toolbar에서 Add Connection Icon( )을 클릭한 후 R1의 아래 핀과 U1-A의 1번 핀 그리고 S2의 위쪽 핀을 연결한다. 만나는 곳에는 접속점이 생기는 것을 확인한다.
- U1-A의 2번 핀에서 U1-B의 6번 핀으로 연결되는 사선 부분은 MRB-Angle 을 선택하여 연결할 수 있다.

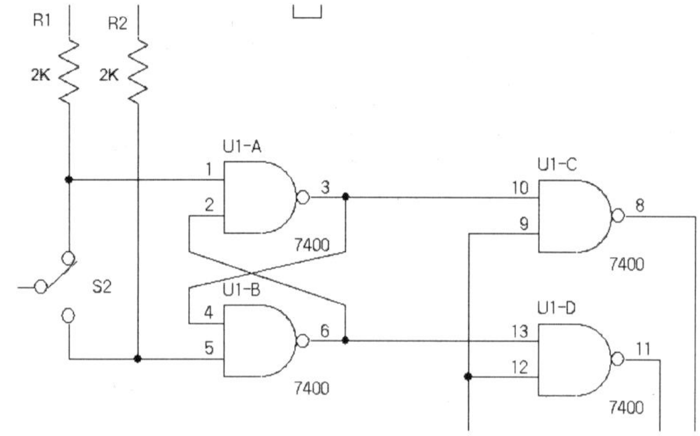

- 다른 신호선 들도 회로도를 참조하여 모두 연결한다.

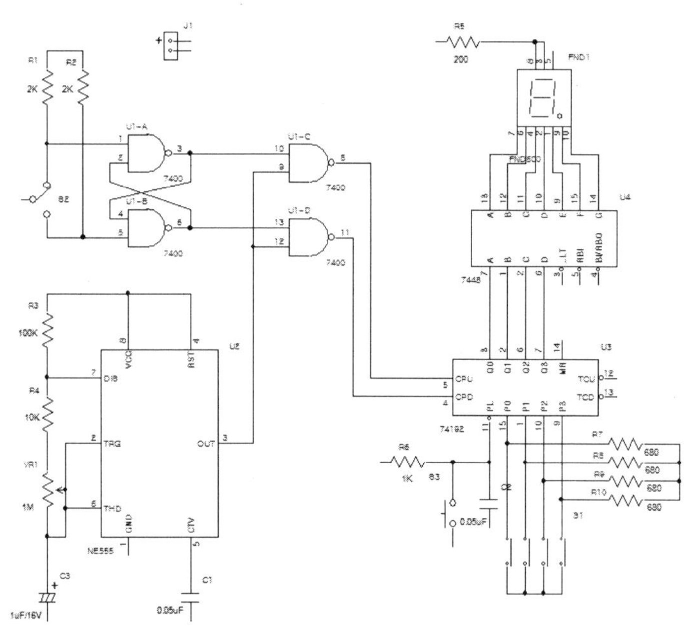

3.6.7 Power/Ground 연결

– Add Connection 상태에서 좌표(4300, 8900)에서 클릭한 후 MRB-Power하여 연결한다.
– Add Connection 상태에서 좌표(4300, 8800)에서 클릭한 후 MRB-Ground하여 연결한다.

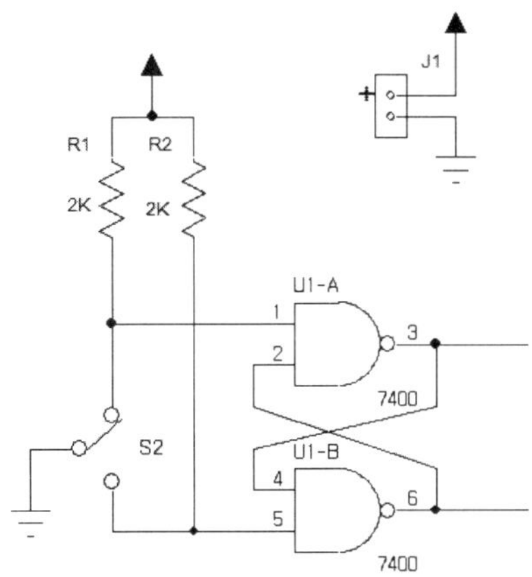

– 위의 방법으로 회로도를 참고하여 Power와 Ground를 모두 연결한다.
– Design Toolbar에서 Select Icon(↖)을 선택한 후 MRB-Selecting Anything 하여 J1의 Power를 더블클릭한 후 아래 그림과 같이 Net Name은 VCC로 하고 All Instance Option을 선택한 다음 [OK] 버튼을 누른다.

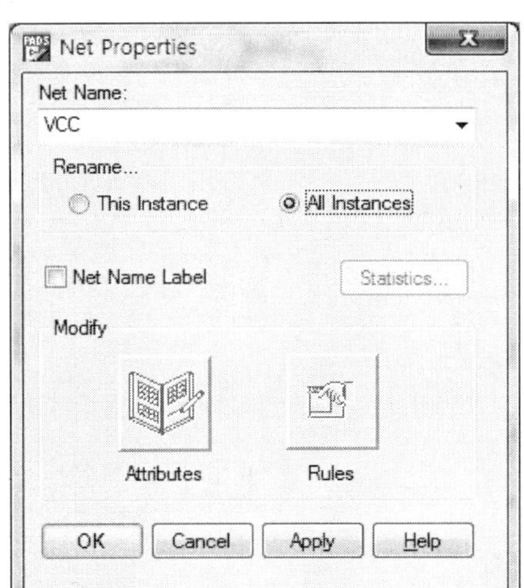

– VCC Net가 이미 존재하고 있는데 함께 묶어 줄 것인지를 묻는 팝업창이 나타나는데 [예(Y)] 버튼을 눌러준다.

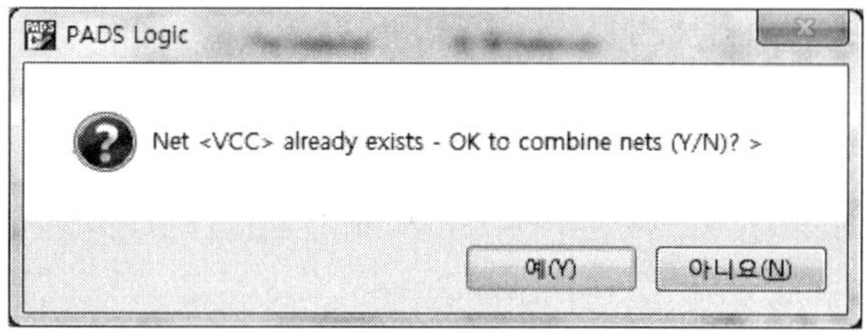

- 아래의 팝업창이 나오면 그냥  버튼을 누른다.

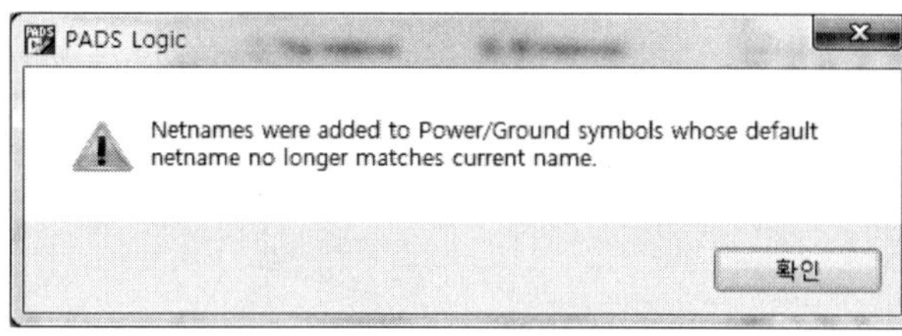

- J1의 Ground에서 더블클릭하여 보면 Net Name이 GND로 되어 있는 것을 확인할 수 있다.
- 회로 연결이 다 되었으면 Esc키를 누른 후 Home 키를 눌러 전체 화면을 표시한다.
- 완성된 회로도는 아래 그림과 같다.

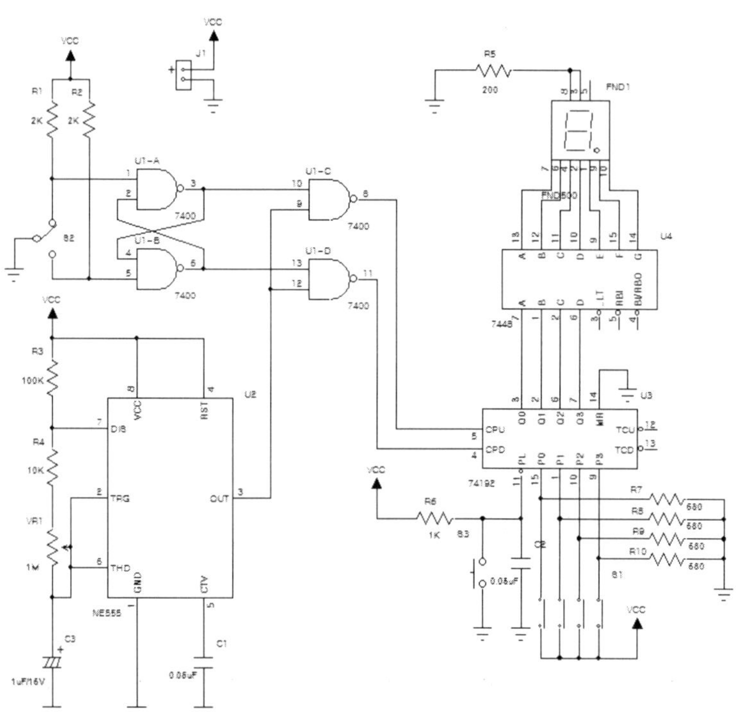

– 작업 화면에서 MRB-Fields...하여 Fields 팝업창이 나타나면 필요에 따라 User 항목의 여러 Field의 Value를 입력한 후 OK 버튼을 누른다.

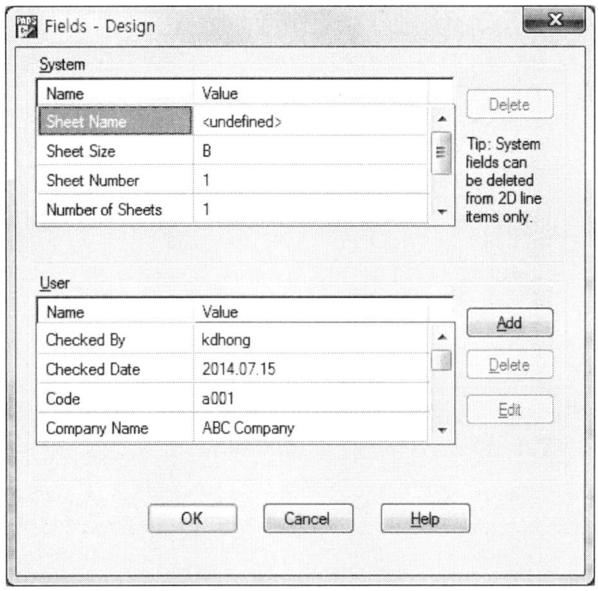

– Fields 항목을 설정한 것을 아래 그림에서 확인할 수 있다.

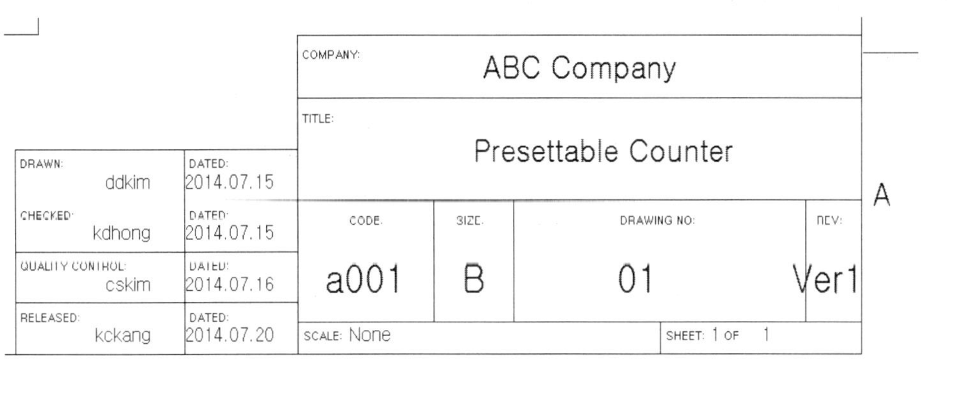

– 메뉴의 File〉Save As...하여 새로운 폴더(preset)를 생성한 후 저장한다.

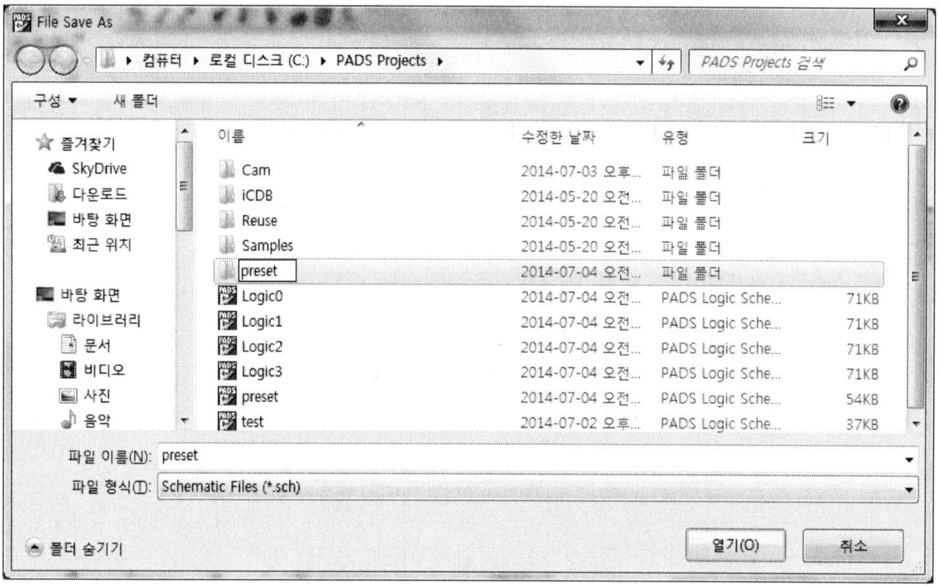

3.6.8 Netlist 추출

– 메뉴의 Tools〉Layout Netlist..를 선택하여 팝업창에서 File Name 등을 확인한 후 OK 버튼을 누른다.

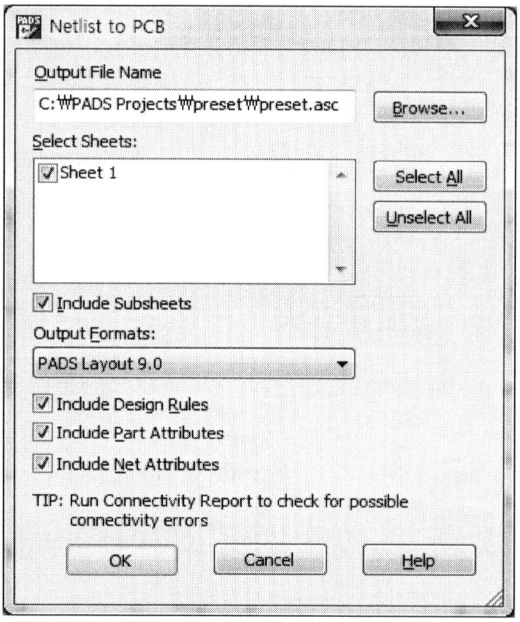

- Netlist 관련 여러 정보가 들어있는 메모장이 나타나는데 스크롤 바를 아래로 내려 Net연결 관련 내용을 확인한 후 창을 닫는다.

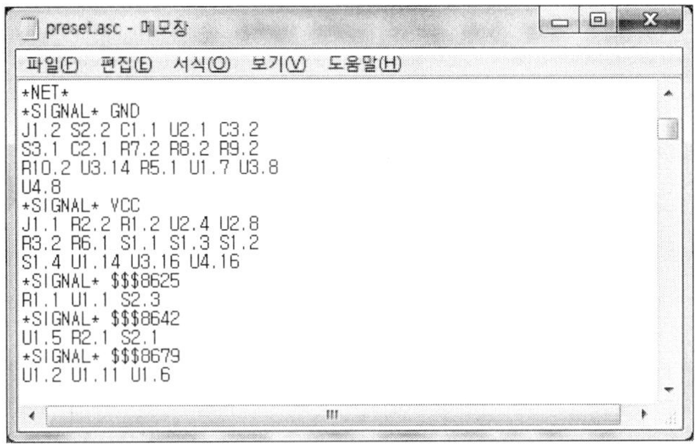

- 메뉴의 File〉Save, File〉Exit하여 프로그램을 종료한다.

3.7 PCB 설계

3.7.1 PADS Layout 9.5 시작

- 컴퓨터를 기동한 후 PADS Layout 9.5 프로그램을 시작한다.
- 프로그램을 시작하면 새로운 창이 나타나는데 이 창에서 처음에는 **Start a new design** 이라고 되어 있는 곳을 클릭한다.
- 작업 화면에서 File〉Library...를 선택하여 아래와 같이 Library 경로가 되어 있는지 확인한다.

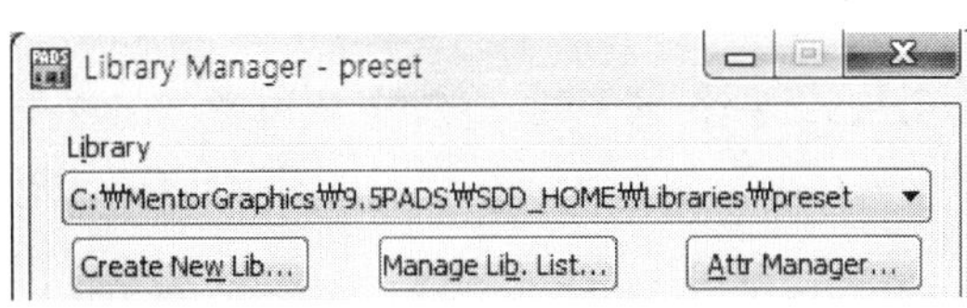

3.7.2 환경설정/Design units, Layer Definition

- Tools〉Options...를 선택하고 Options 팝업창이 나타나면 Global/General Part에 Design units가 mils로 설정되어 있음을 확인한다. 그렇지 않을 경우에는 맞도록 설정한다.

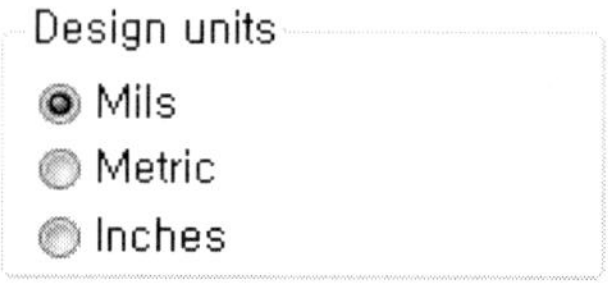

– OK 버튼을 눌러 Options 팝업창을 닫는다.

– Setup〉Layer Definition...을 누르면 Layers Setup 팝업창이 나타나는데 Electrical layers 항목이 아래와 같이 Count: 2 of 20 으로 되어 있음을 확인하고 OK 버튼을 누른다.

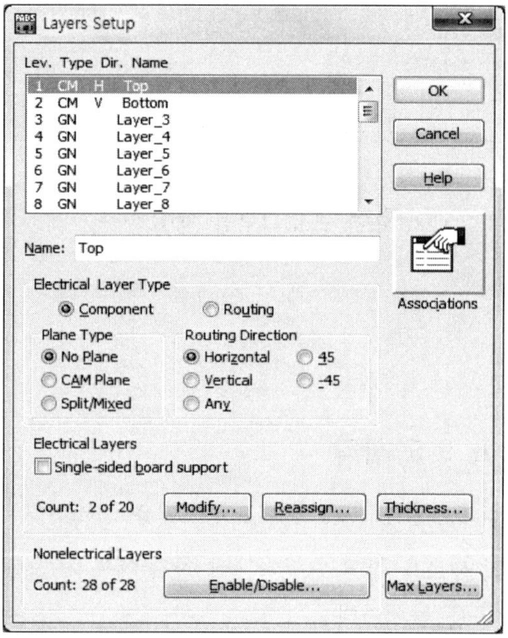

3.7.3 보드 아웃라인 그리기

보드 아웃라인은 일반적으로 부품 배치에 필요한 면적을 최소화하여 그리는데 여기서는 실습의 목적이므로 보드 크기를 4800 mils X 2400 mils로 넉넉하게 설정하여 작업하기로 한다.

– Drafting Toolbar Icon( )을 클릭한 후 Board Outline and Cut Out Icon( )을 클릭한다.

– 작업 화면의 MRB-Rectangle을 선택한 후 좌표(0, 0)에서 클릭하고 다시 좌표(4800, 2400)에서 클릭한다.

– 또 다른 방법으로 키보드를 사용하여 s0 0을 입력한 후 엔터를 치고 스페이스 바를 누른

다음 s4800 2400을 입력한 후 엔터를 치고 스페이스 바를 눌러도 위와 같이 Board Outline 을 그릴 수 있다.

- Home 키를 눌러 보드 크기를 크게 한다.

3.7.4 부품 불러오기

- File〉Import...를 선택하여 Netlist 추출로 만들어진 파일의 위치를 확인하여 불러온다.

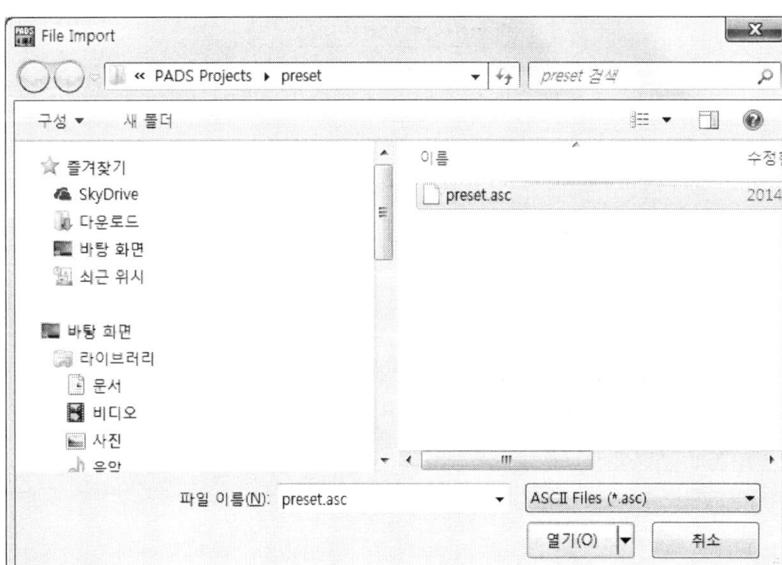

- Save old file before loading?의 메시지가 나오면 아니요(N) 버튼을 누른다.
- 파일이 Import 되면 아래 그림과 같이 원점을 기준으로 하여 PCB Decal이 나타난다.

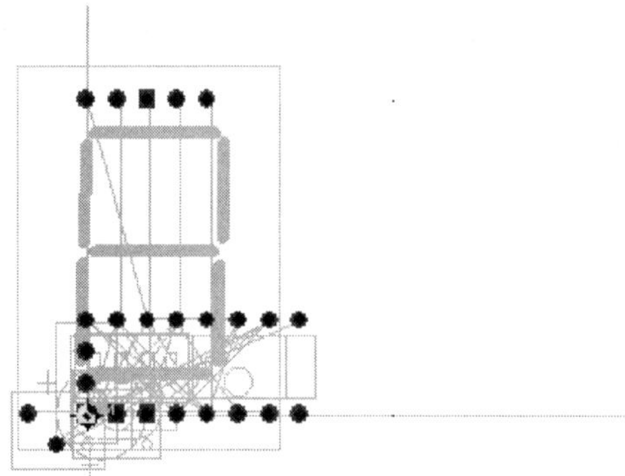

3.7.5 부품 배치하기

- Tools〉Disperse Components를 실행한다.

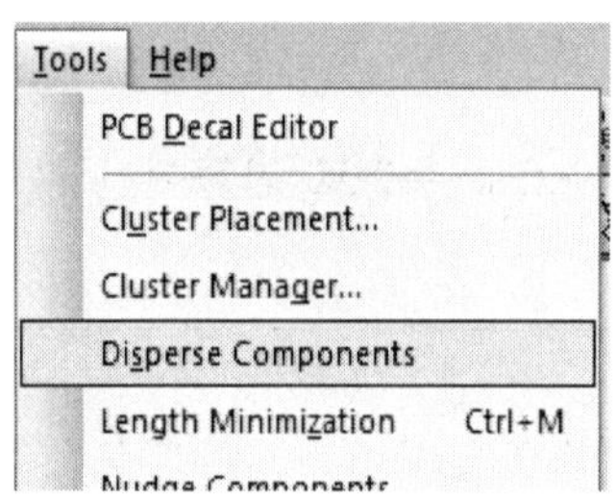

- OK to start dispersion? 메시지가 나온다.
- 예(Y) 버튼을 누르면 아래 그림과 같이 모든 부품들이 펼쳐져서 배치된다.

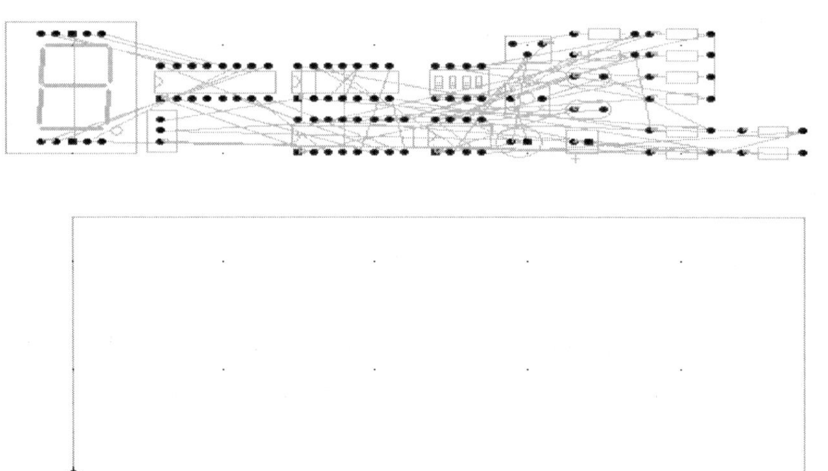

– 작업 화면 왼쪽 아래의 Status Window에도 아래 그림과 같이 나타난다.

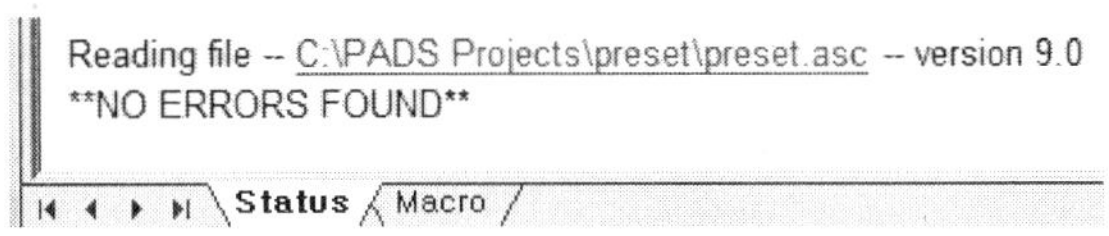

– 작업 화면 왼쪽 위의 Project Explorer 아래 Component 항목에서 왼쪽의 +를 클릭하면 아래 그림과 같이 부품 이름이 펼쳐진다.

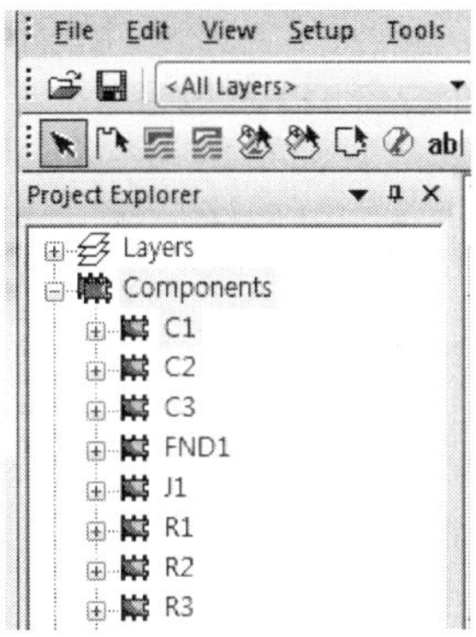

– C1을 클릭한 후 작업 화면에서 MRB-Move하고 Home 키를 누른 후 MRB-Rotate 90을 하고 좌표(900, 300)에 배치한다.
– C2은 C1 배치의 방법으로 좌표(2400, 300)에 배치한다.
– C3는 Rotate 270을 사용하여 좌표(500, 400)에 배치한다. (Rotate 90을 3회 진행)
– FND1은 좌표(3900, 1000)에 배치한다.
J1은 Rotate 270을 사용하여 좌표(400, 2100)에 배치한다.
– R1은 Rotate 90을 사용하여 좌표(1200, 1700)에 배치한다.
– R2는 Rotate 90을 사용하여 좌표(1400, 1700)에 배치한다.
– R3는 Rotate 90을 사용하여 좌표(1000, 1700)에 배치한다.
– R4는 Rotate 90을 사용하여 좌표(800, 1700)에 배치한다.
– R5는 Rotate 90을 사용하여 좌표(4300, 200)에 배치한다.
– R6는 Rotate 270을 사용하여 좌표(1600, 2100)에 배치한다.
– R7은 Rotate 270을 사용하여 좌표(2800, 600)에 배치한다.
– R8은 Rotate 270을 사용하여 좌표(3000, 600)에 배치한다.
– R9은 Rotate 270을 사용하여 좌표(3200, 600)에 배치한다.
– R10은 Rotate 270을 사용하여 좌표(3400, 600)에 배치한다.

- S1은 Rotate 90을 사용하여 좌표(4000, 200)에 배치한다.
- S2는 Rotate 180을 사용하여 좌표(1500, 500)에 배치한다.
- S3는 Rotate 90을 사용하여 좌표(1900, 300)에 배치한다.
- U1은 Rotate 270을 사용하여 좌표(1900, 1900)에 배치한다.
- U2는 Rotate 270을 사용하여 좌표(800, 1200)에 배치한다.
- U3는 Rotate 270을 사용하여 좌표(2500, 1900)에 배치한다.
- U4는 Rotate 270을 사용하여 좌표(3100, 1900)에 배치한다.
- VR1은 Rotate 270을 사용하여 좌표(500, 1000)에 배치하고 Esc를 누른다.

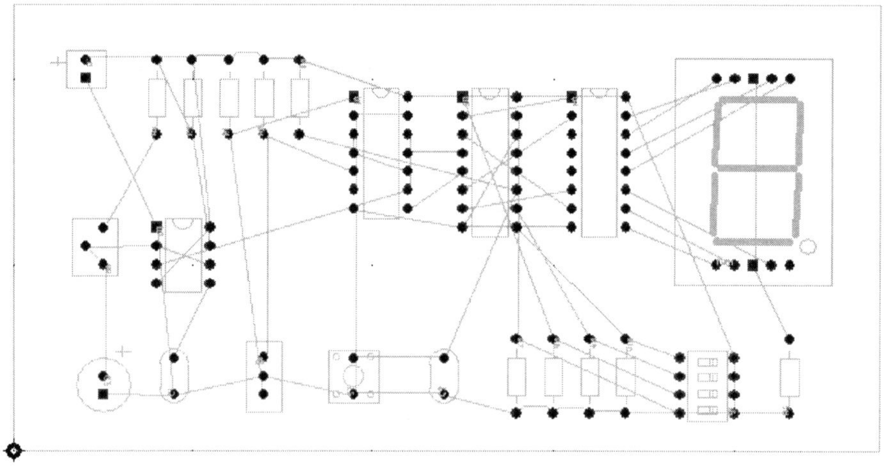

- 보드의 중간에서 MRB를 누른 채로 드래그하여 보드 전체 크기가 보이도록 확대한다.
- 특정 부품을 지정된 위치에서 움직이지 않도록 고정해야 할 경우가 있는데 여기서는 FND1을 고정하는 것으로 실습한다.
- FND1을 더블클릭하여 선택한 후 아래 그림과 같이 Glued를 체크해 준 후 OK 버튼을 누른다.

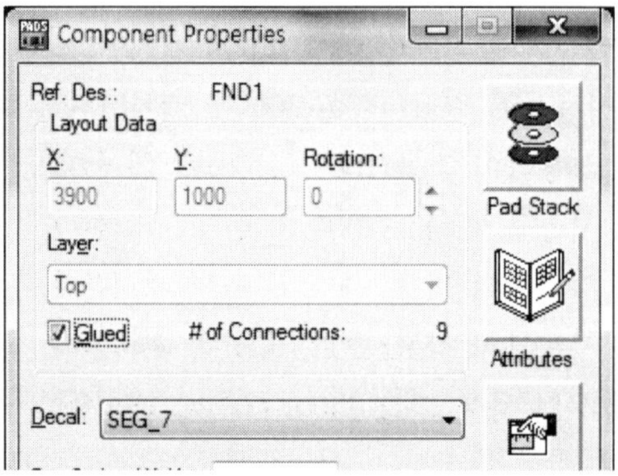

– 고정 배치된 부품을 다시 선택하려면 Ctrl+Alt+F를 눌러 Selection Filter 팝업창이 나타나면 아래 그림과 같이 Glued parts를 체크 한 후 팝업창을 닫고 해당 부품을 선택한다.(부품 선택이 안 되는 경우의 방법)

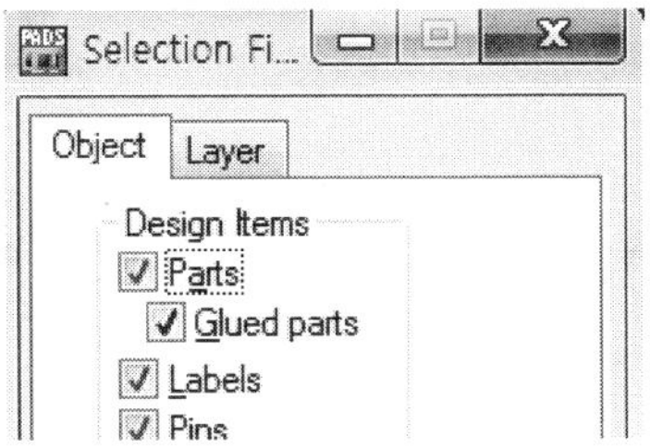

3.7.6 설계 규칙 설정

– Setup〉Design Rules...를 선택하면 아래 그림과 같이 Rules 팝업창이 나타난다.

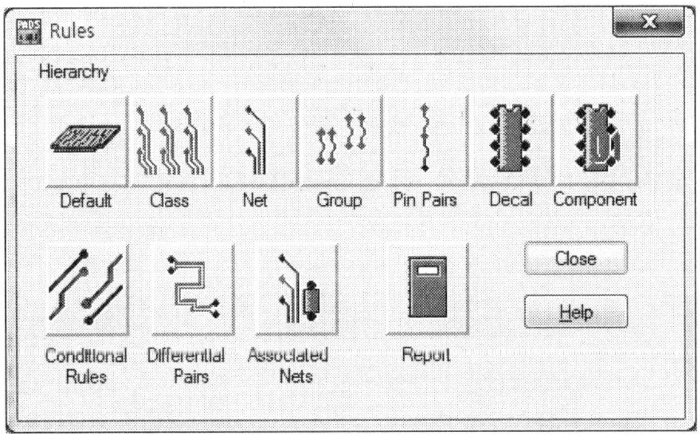

– Rules 팝업창에서 Default를 선택하여 Default Rules 팝업창이 나타나게 한다.

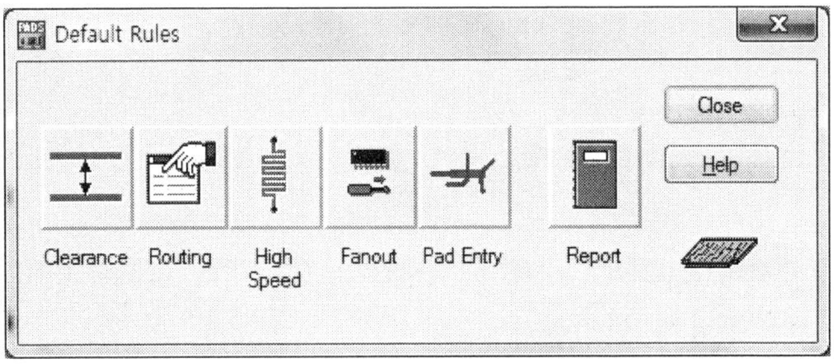

– Default Rules 팝업창에서 Clearance를 선택하여 Clearance Rules 팝업창이 나타나게 한다.

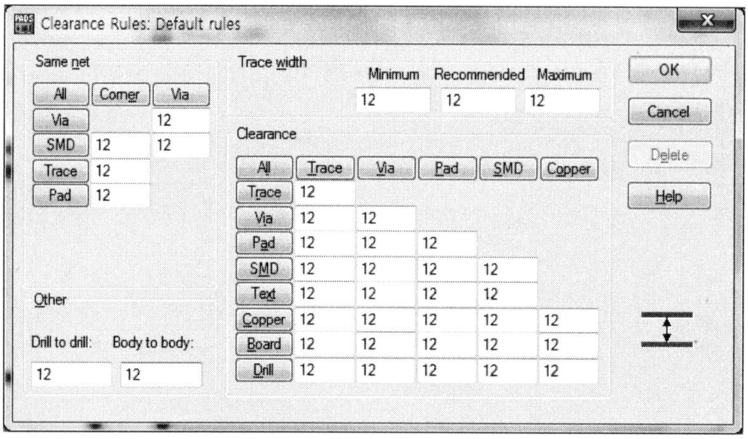

- Trace width(패턴 두께) : 일반 신호선의 두께를 지정하는 곳이다.
- Clearance(각 항목간의 간격) : 일반 신호선과 신호선, 신호선과 패드 간의 간격 등을 설정하는 곳이다.
- 위의 항목들은 과제의 특성에 따라 설정할 수 있는 것으로 매우 중요한 부분이다.
- 위의 그림에서와 같이 여기서는 각 항목별로 12의 데이터를 입력한 후 OK 버튼을 누른다. (Clearance 항목에서 All을 눌러 팝업창이 나타나면 12를 입력할 수 있다)
- 이전 상태로 돌아와 Default Rules 팝업창을 닫는다.
- Rules 팝업창에서 Net를 선택하여 팝업창이 나타나게 한다.

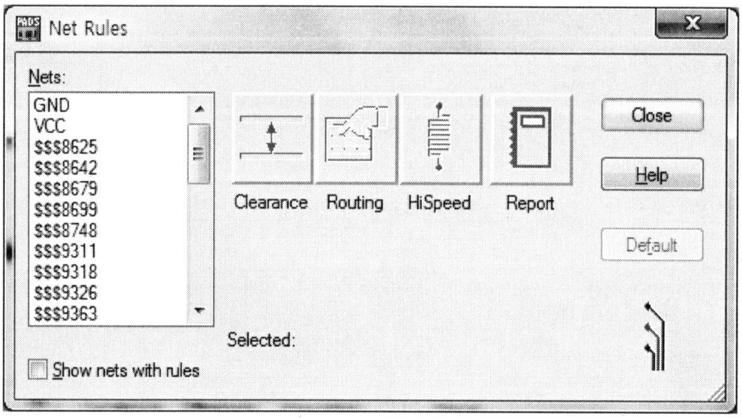

- 이곳에서 특정 Net의 Rule을 설정해 줄 수 있다. 여기서는 VCC와 GND의 패턴의 두께를 다른 신호선보다 두껍게 설정한다.
- Nets : 항목에서 GND와 VCC를 드래그하여 선택한 후 Clearance 선택한다.
- 아래 그림과 같이 각 항목별로 데이터를 입력한 후 OK 버튼을 누른다.

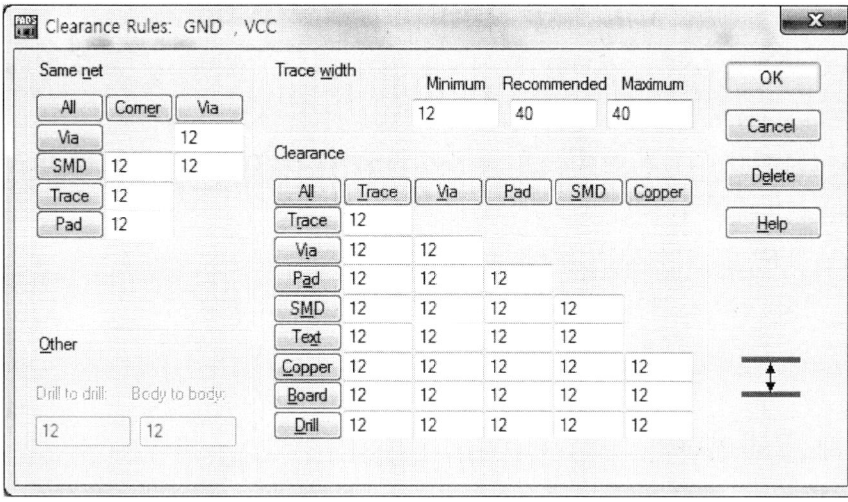

- 이전의 상태로 이동하여 Net Rules 팝업창을 닫는다.
- Rules 팝업창을 닫고 작업 화면으로 돌아온다.

일반적으로 VCC와 GND는 다른 신호선과 구별하기 위하여 Net의 색상을 변경하여 작업을 하게 되는데 아래 순서에 따라 색상을 지정한다.

- View〉Nets...를 선택하면 아래와 같이 팝업창이 나타난다.

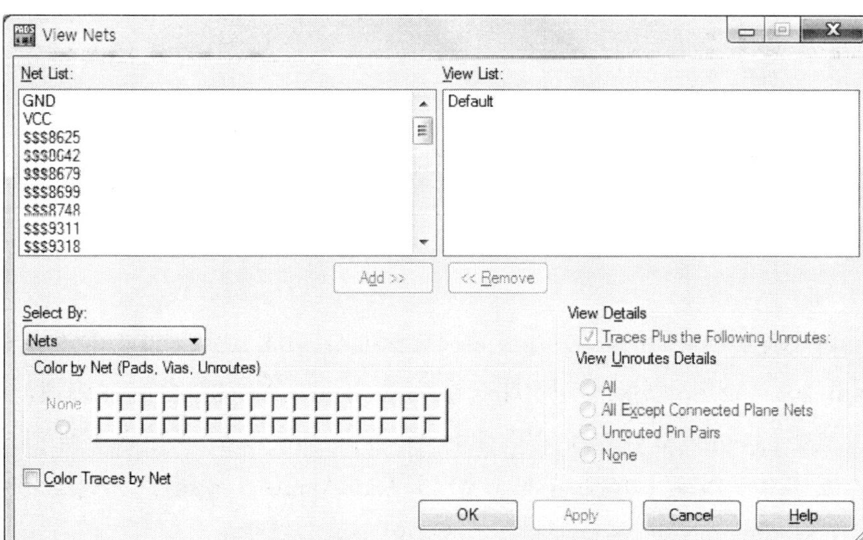

- Net List:에서 GND와 VCC를 드래그하여 선택한 후 [Add >>] 버튼을 누른다.

- GND와 VCC Net이 View List로 이동한다.
- View List:에서 GND를 선택한 후 청색을 지정, Color Traces by Net를 체크한 다음 

버튼을 누른다.
- View List:에서 VCC를 선택한 후 적색을 지정, Color Traces by Net를 체크한 다음 

버튼을 누른다.
- 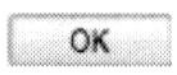

버튼을 눌러 작업 화면으로 돌아온다.
- VCC, GND Net의 색이 변경되어 있는 것을 확인할 수 있다.

3.7.7 배선 작업하기

- 작업 화면에서 Design Toolbar Icon( )과 Add Route Icon( )을 차례로 선택한다.
- g50을 입력하여 Grid를 재설정한다.
- 우선 VCC의 배선을 아래 그림을 참조하여 먼저 한다.

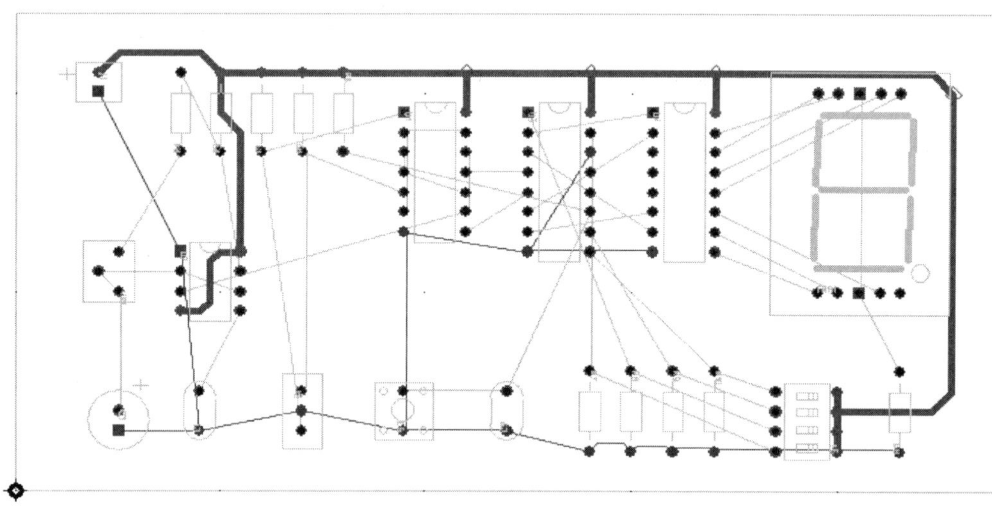

- GND의 경우는 배선을 Bottom(L2) 층에서 하도록 한다. (양면 기판의 경우 GND를 Bottom층으로 보내고 회로의 안정화 등을 위해 Copper Pour를 덮어주므로 배선을 하지 않고 진행하는 경우도 있는데 여기에서는 실습을 위해 GND 배선을 진행한다)
- 작업 화면에서 Design Toolbar Icon( )과 Add Route Icon( )을 차례로 선택한다.
- J1의 GND선을 클릭한 후 키보드를 이용하여 L을 입력한다.
- Modeless Command 팝업창에서 2를 입력한 후 Enter키를 친 다음 배선한 다.
- 나머지 GND 배선들도 아래 그림과 같이 Bottom층으로 배선한다.

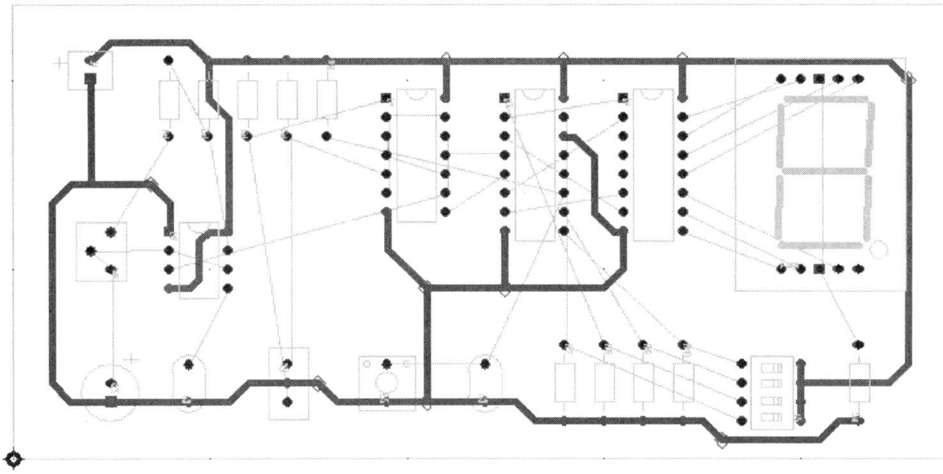

- VCC와 GND 배선이 끝나면 다른 신호선들도 배선을 한다.
- Top층은 아래 그림을 참고하여 배선한다.

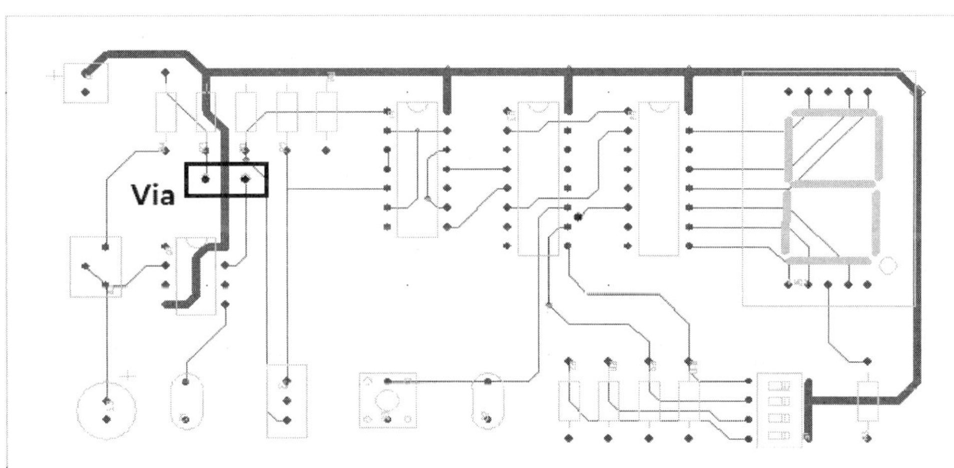

- 위의 그림에서 Via라고 되어 있는 부분은 배선을 진행하다가 Top층에서 서로 배선이 교차되는 경우 Bottom층으로 배선하기 위해 L을 입력하고 2를 입력 하여 층을 변경하여 배선할 때 생기는 구멍이다.
- 아래 Bottom층 배선을 보면 Top층에서 Via를 형성한 부분은 그냥 독립된 배선으로 나타나게 됨을 알 수 있다.

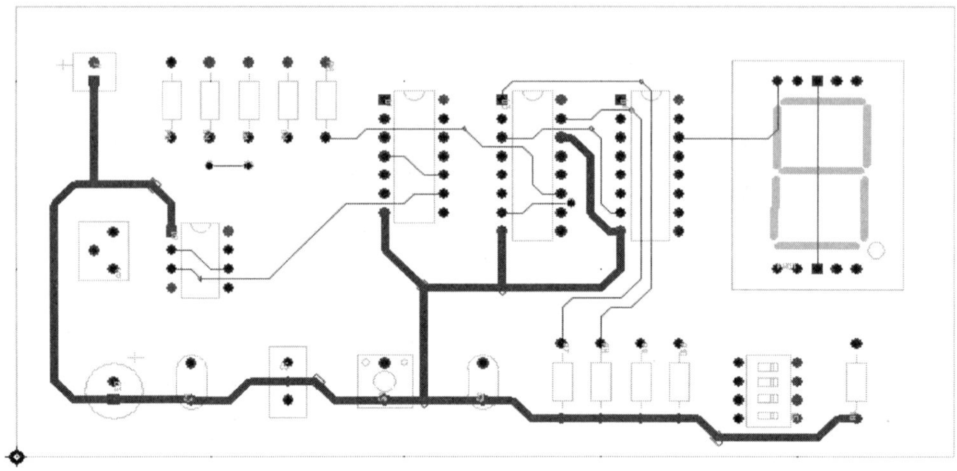

– 전체적으로 완성된 배선은 아래 그림과 같다.

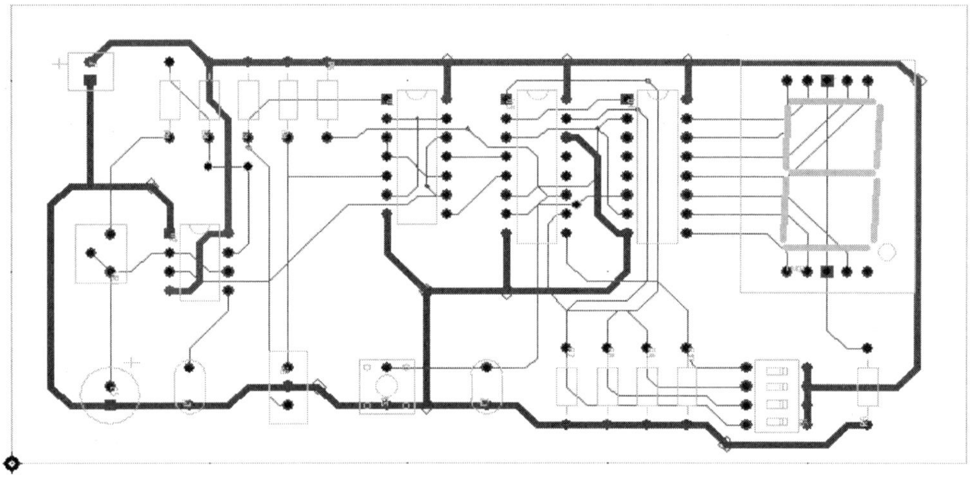

– PCB 고정용 HOLE을 배치하기 위하여 ECO Toolbar Icon()을 누른다.

– ECO Options 팝업창에서 그냥  버튼을 누른다.

– Add Component Icon()을 클릭한다.

– 아래 그림과 같이 Get Part Type from Library 팝업창이 나타나면 Part Types:에서 HOLE을 선택한 후  버튼을 누른다.

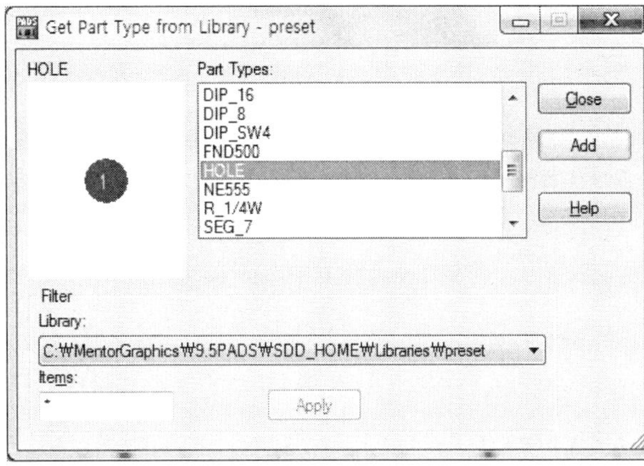

– 좌표(150, 150)에 배치한 후 버튼을 누르면 아래 그림과 같은 팝업창이 나타나는데 그냥 [확인] 버튼을 누른다.

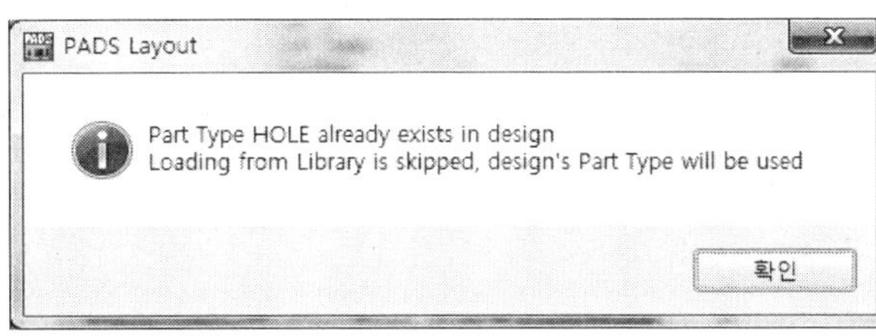

– 위의 방법을 적용하여 좌표(150, 2250), 좌표(4650, 150) 그리고 좌표(4650, 2250)에 HOLE을 배치한다.
– 다 배치되었으면 [Close] 버튼을 누른다.
– 이 HOLE의 경우도 움직이지 않아야 하는 것으로 위의 FND1의 경우와 마찬가지 방법으로 고정하도록 한다.
– MRB Components를 하여 HOLE 클릭 후 MRB-Properties를 선택한 후 Glued를 체크해 준다.

3.7.8 레퍼런스 위치조정

배선 작업이 완료되었으므로 이제는 각 부품의 레퍼런스 위치를 재조정해 준다.

– g10을 입력한 후 Enter키를 친다.
– Move Reference Designator Icon(U1)을 클릭한 후 g10을 입력한다.
– J1을 클릭한 후 MRB-Rotate 90을 하여 좌표(380, 2180)에서 클릭한다.

- VR1을 클릭한 후 MRB-Rotate 90을 하여 좌표(410, 1270)에서 클릭한다.
- C3를 클릭한 후 MRB-Rotate 90을 하여 좌표(300, 470)에서 클릭한다.
- R4를 클릭한 후 MRB-Rotate 270을 하여 좌표(780, 1610)에서 클릭한다.
- R3를 클릭한 후 MRB-Rotate 270을 하여 좌표(980, 1610)에서 클릭한다.
- R1을 클릭한 후 MRB-Rotate 270을 하여 좌표(1180, 1610)에서 클릭한다.
- R2를 클릭한 후 MRB-Rotate 270을 하여 좌표(1380, 1610)에서 클릭한다.
- R6를 클릭한 후 MRB-Rotate 90을 하여 좌표(1580, 1610)에서 클릭한다.
- U2를 클릭한 후 MRB-Rotate 90을 하여 좌표(930, 1280)에서 클릭한다.
- C1을 클릭한 후 MRB-Rotate 270을 하여 좌표(750, 470)에서 클릭한다.
- U1을 클릭한 후 MRB-Rotate 90을 하여 좌표(2030, 1980)에서 클릭한다.
- U3를 클릭한 후 MRB-Rotate 90을 하여 좌표(2630, 1980)에서 클릭한다.
- U4를 클릭한 후 MRB-Rotate 90을 하여 좌표(3230, 1980)에서 클릭한다.
- FND1을 클릭한 후 좌표(4050, 2160)에서 클릭한다.
- R5를 클릭한 후 MRB-Rotate 270을 하여 좌표(4280, 100)에서 클릭한다.
- S1을 클릭한 후 MRB-Rotate 270을 하여 좌표(3820, 580)에서 클릭한다.
- R10을 클릭한 후 MRB-Rotate 90을 하여 좌표(3380, 100)에서 클릭한다.
- R9을 클릭한 후 MRB-Rotate 90을 하여 좌표(3180, 100)에서 클릭한다.
- R8을 클릭한 후 MRB-Rotate 90을 하여 좌표(2980, 100)에서 클릭한다.
- R7을 클릭한 후 MRB-Rotate 90을 하여 좌표(2780, 100)에서 클릭한다.
- C2를 클릭한 후 MRB-Rotate 270을 하여 좌표(2530, 470)에서 클릭한다.
- S3를 클릭한 후 MRB-Rotate 270을 하여 좌표(1880, 170)에서 클릭한다.
- S2를 클릭한 후 MRB-Rotate 180을 하여 좌표(1480, 130)에서 클릭한다.
- 레퍼런스 위치 조정 후의 결과는 아래와 같다.

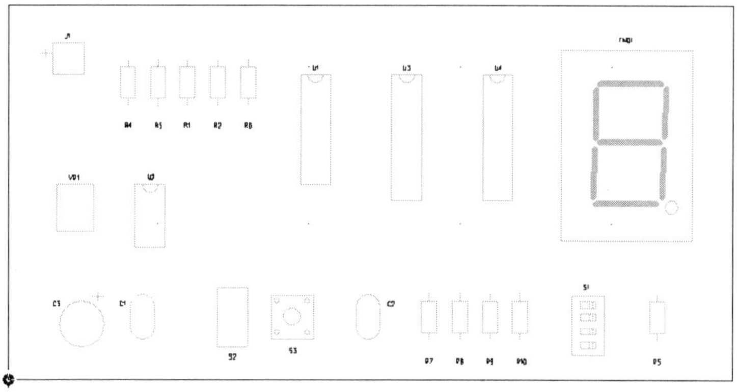

- g100을 입력하고 Enter키를 친다.

3.7.9 Copper Pour 작업

Bottom면의 GND 신호에 Copper Pour 작업을 진행한다.

- 우선 Tools〉Options...를 선택하여 팝업창을 띄우고 Thermals Part를 클릭하여 Routed Pads Thermals 항목을 체크한 후 OK 버튼을 누른다.
- Drafting Toolbar에서 Copper Pour Icon( )을 선택한다.
- 작업 화면의 MRB-Rectangle을 지정한 후 좌표(150, 150)에서 클릭, 좌표(4650, 2250)에서 클릭한다.
- 팝업창에서 Layer:는 Bottom, To assign a net...은 GND를 지정한 후 OK 버튼을 누른다.

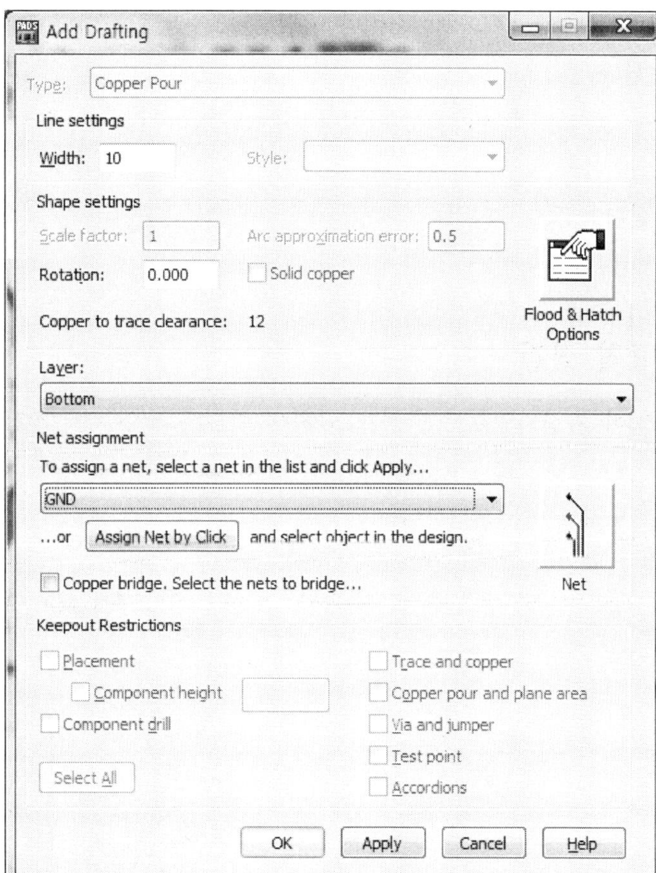

- Flood Icon( )을 눌러 작업을 진행한다.
- Bottom면의 GND 신호에 Copper Pour가 아래와 같이 완성되었다.

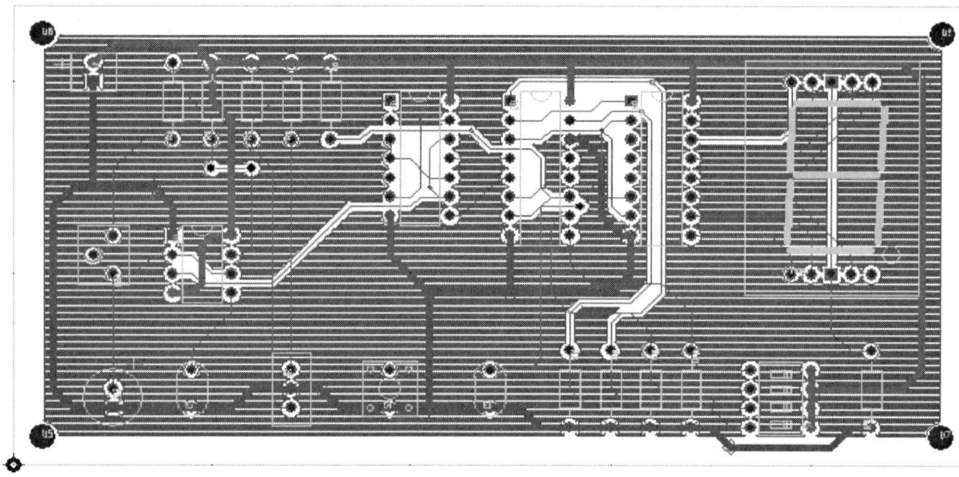

PCB 실크 데이터를 생성할 때 과제이름이나 버전 등의 정보를 나타나게 하기 위하여 Text 추가 작업을 한다.

- Text Icon()을 클릭한 후 Preset_Ver01 by kdhong을 입력한 후 좌표(300, 100)에 배치한다.
- File〉Save를 한다.

3.7.10 설계 규칙 점검

원하는 PCB 작업이 완성되었으므로 설계 규칙에 맞도록 되었는지 점검해야 한다.

- Tools〉Verify Design...을 선택한다.

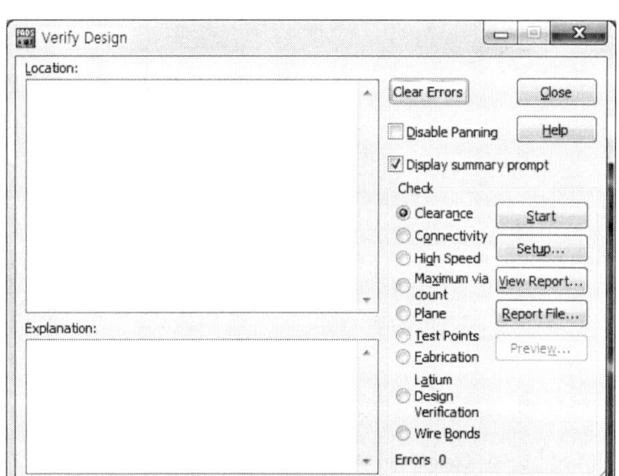

– Verify Desing 팝업창이 나타나면 Clearance 항목이 선택되었는지 확인한 후 [Start] 버튼을 누른다.
– 에러가 없는 경우 아래 그림과 같은 팝업창이 나타난다.

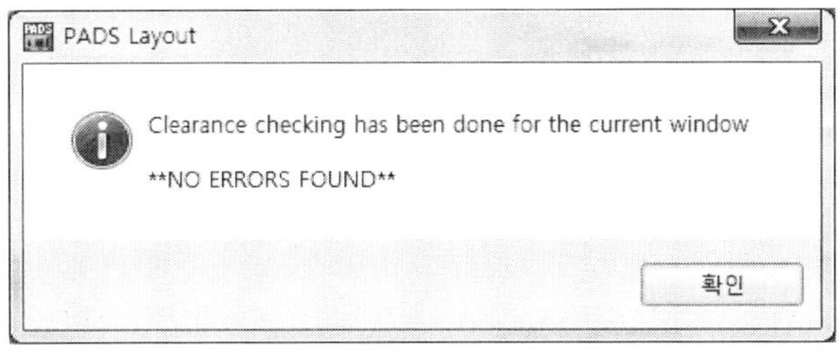

– [확인] 버튼을 누른 후 팝업창을 닫고 작업 화면으로 돌아와서 Save Icon을 눌러 파일을 저장한다.

3.8 CAM File 추출

PCB Layout 작업이 완성되었으므로 생산 공정에 필요한 모든 데이터를 추출하는 CAM Data를 작성해야 한다.

– Design File을 불러온 경우에는 Tools〉Pour Manager...를 선택한 후 Pour Manager 팝업창에서 Flood All을 클릭한 후 [Start] 버튼을 눌러 Copper Pour 작업을 진행한다.

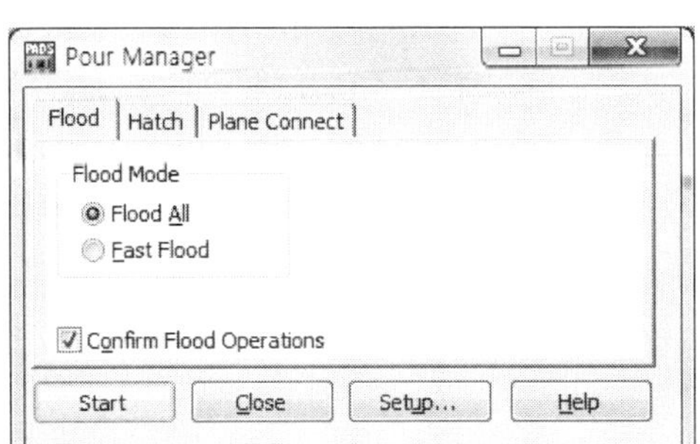

– File〉CAM...을 선택하여 팝업창을 연다.
– 팝업창 아래 부분의 CAM 항목에서 콤보 상자를 열어 〈create〉를 선택하면 아래와 같이 CAM Question 팝업창이 나타난다. 이 창의 빈 칸에 cam_preset 폴더를 입력한 후 [OK] 버튼을 누른다.

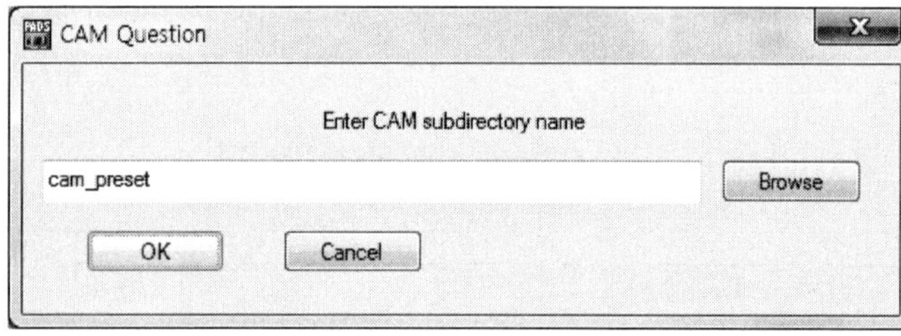

- 이전의 팝업창에서 cam_preset을 확인한 다음 [Add...] 버튼을 누른다.
- 우선 Top면에 부품의 외형과 부품이름이 나타나도록 Silkscreen을 만든다.
- Add Document 팝업창에서 Document 항에는 top_silk를 입력한다.
- Document Type의 콤보 상자를 열어 Silkscreen을 선택하고 팝업창이 나타나면 Layer를 Top으로 하고 [OK] 버튼을 누른다.

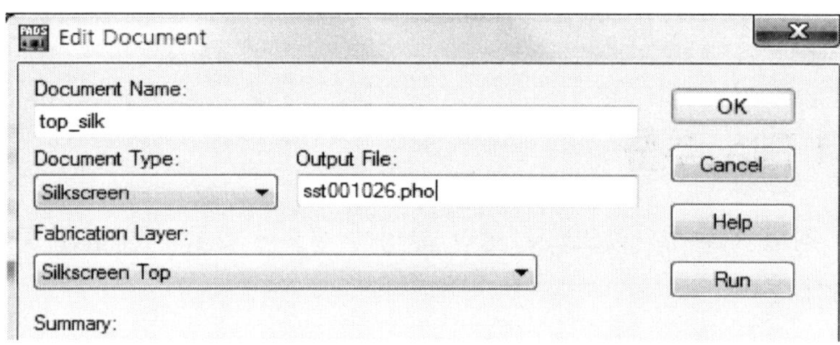

- 팝업창의 Customize Document 항목에서 Layers Icon을 누른다.
- Select Items 팝업창에서 Other 항목의 Board Outline을 체크, Component outlines 항목의 Top Mounted를 체크, Selected 항목에서 Top를 클릭, Items on Primary 항목에서 Ref.Des.와 Outlines, Text를 체크한 후 [Preview] 버튼을 누르면 CAM Preview 팝업창이 나타난다.

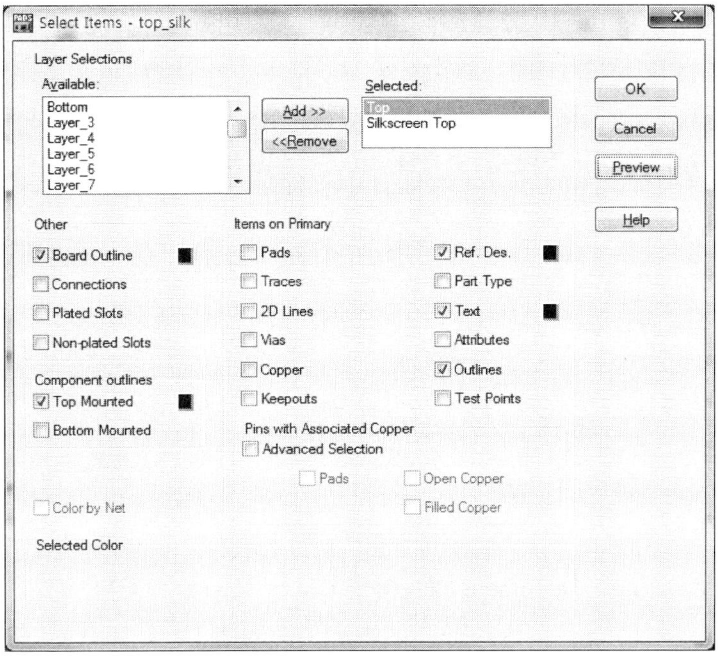

– 이 팝업창에서 Board 버튼을 눌러 Silkscreen에 필요한 데이터들이 나타나는지 면밀하게 확인한다. 필요한 데이터들이 나타나지 않으면 작업을 진행하지 말고 보완 작업을 한 후 진행해야 한다.

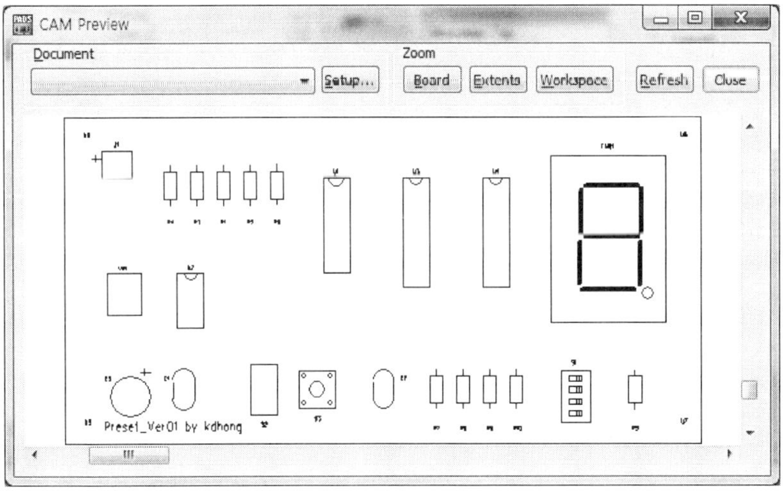

– 이상이 없으면 Close 버튼을 누르고 다시 이전 팝업창에서 OK 버튼을 누르고 다시 이전 팝업창에서 OK 버튼을 누른다.

– 이번에는 Top면의 Solder Mask를 작성한다.

- Define CAM Documents 팝업창에서 Add... 버튼을 누른다.
- Add Document 팝업창에서 Document 항에는 top_soldermask를 입력한다.
- Document Type의 콤보 상자를 열어 Solder Mask를 선택하고 팝업창이 나타나면 Layer를 Top으로 하고 OK 버튼을 누른다.

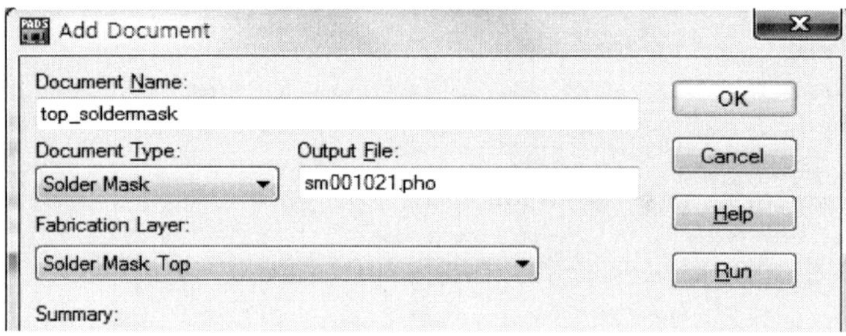

- 팝업창의 Customize Document 항목에서 Layers Icon을 누른다.
- Select Items 팝업창에서 Other 항목의 Board Outline을 체크, Selected 항목에서 Top를 클릭, Items on Primary 항목에서 Pads, Vias를 체크한 후 Preview 버튼을 누르면 CAM Preview 팝업창이 나타난다.

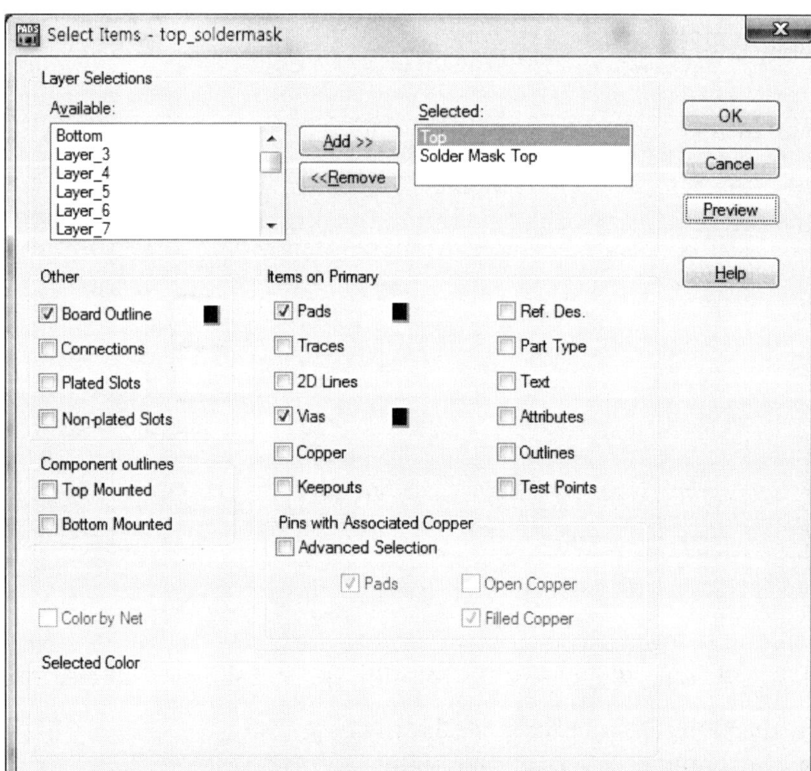

- 이 팝업창에서 Board 버튼을 눌러 top_soldermask에 필요한 데이터들이 나타나는지 면밀하게 확인한다. 필요한 데이터들이 나타나지 않으면 작업을 진행 하지 말고 보완 작업을 한 후 진행해야 한다.

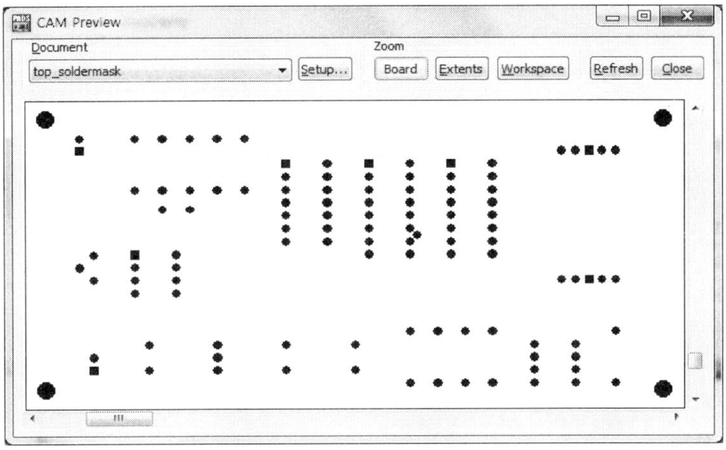

- 이상이 없으면 Close 버튼을 누르고 다시 이전 팝업창에서 OK 버튼을 누르고 다시 이전 팝업창에서 OK 버튼을 누른다.
- 이번에는 Bottom면의 Solder Mask를 작성한다.
- Define CAM Documents 팝업창에서 Add... 버튼을 누른다.
- Add Document 팝업창에서 Document 항에는 btm_soldermask를 입력한다.
- Document Type의 콤보 상자를 열어 Solder Mask를 선택하고 팝업창이 나타나면 Layer를 Bottom으로 하고 OK 버튼을 누른다.

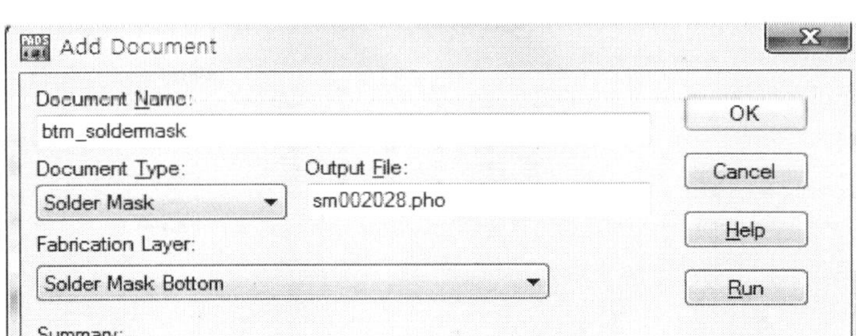

- 팝업창의 Customize Document 항목에서 Layers Icon을 누른다.
- Select Items 팝업창에서 Other 항목의 Board Outline을 체크, Selected 항목에서 Bottom을 클릭, Items on Primary 항목에서 Pads, Vias를 체크한 후 Preview 버튼을 누르면 CAM Preview 팝업창이 나타난다.

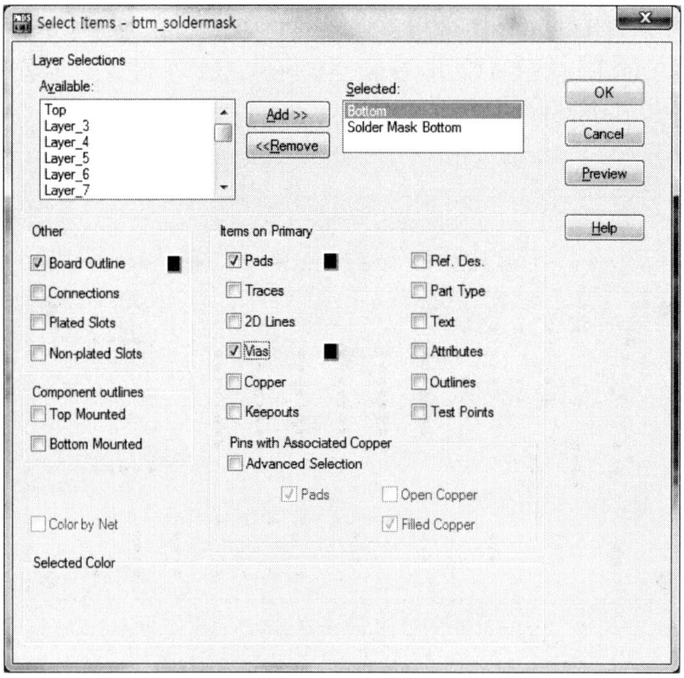

- 이 팝업창에서 Board 버튼을 눌러 btm_soldermask에 필요한 데이터들이 나타나는지 면밀하게 확인한다. 필요한 데이터들이 나타나지 않으면 작업을 진행하지 말고 보완 작업을 한 후 진행해야 한다.
- 위의 top_soldermask와 같게 나타난다.

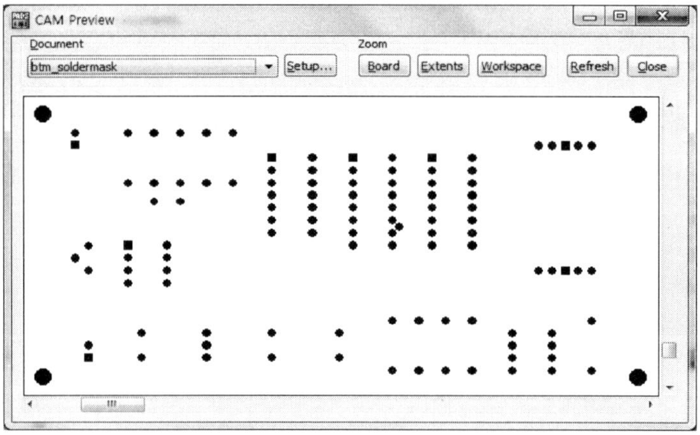

- 이상이 없으면 Close 버튼을 누르고 다시 이전 팝업창에서 OK 버튼을 누르고 다시 이전 팝업창에서 OK 버튼을 누른다.
- 이번에는 Top면의 routing을 작성한다.

- Define CAM Documents 팝업창에서 Add... 버튼을 누른다.
- Add Document 팝업창에서 Document 항에는 top_routing을 입력한다.
- Document Type의 콤보 상자를 열어 Routing/Split Plane을 선택하고 팝업창이 나타나면 Layer를 Top으로 하고 OK 버튼을 누른다.

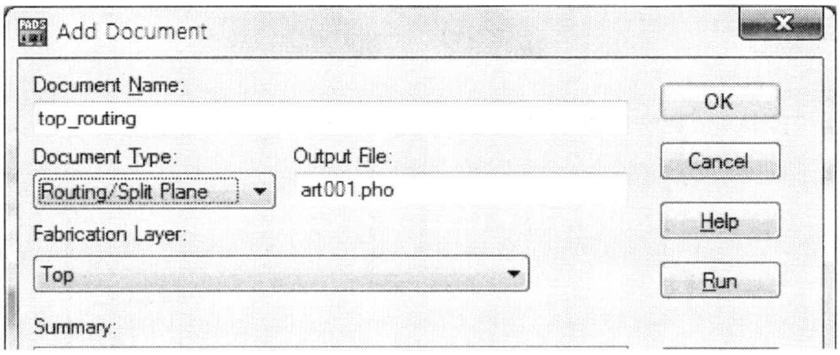

- 팝업창의 Customize Document 항목에서 Layers Icon을 누른다.
- Select Items 팝업창에서 Other 항목의 Board Outline을 체크, Selected 항목에서 Top을 클릭, Items on Primary 항목에서 Pads, Traces, Vias를 체크한 후 Preview 버튼을 누르면 CAM Preview 팝업창이 나타난다.

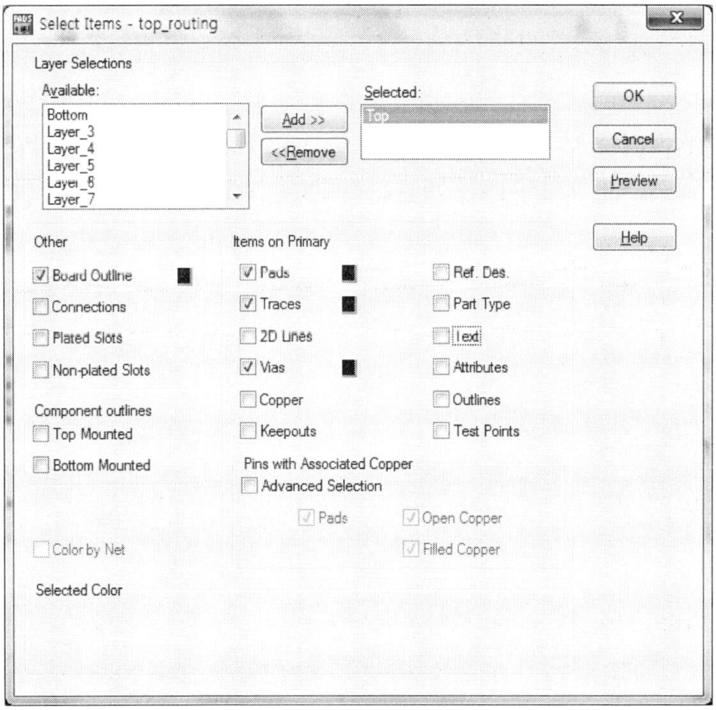

- 이 팝업창에서 Board 버튼을 눌러 top_routing에 필요한 데이터들이 나타나는지 면밀하게 확인한다. 필요한 데이터들이 나타나지 않으면 작업을 진행하지 말고 보완 작업을 한 후 진행해야 한다.

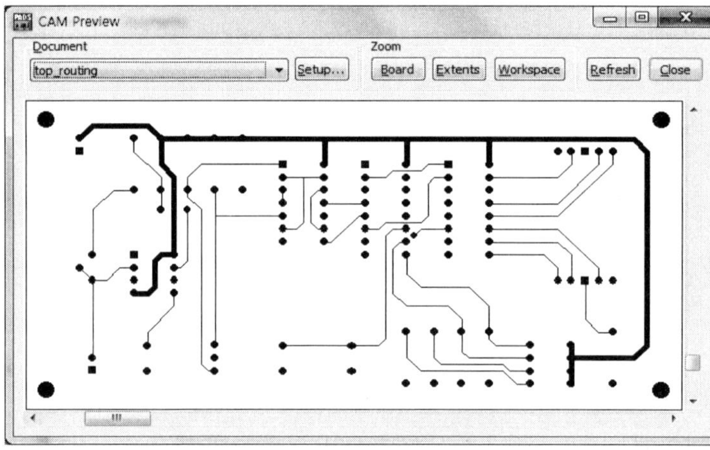

- 이상이 없으면 Close 버튼을 누르고 다시 이전 팝업창에서 OK 버튼을 누르고 다시 이전 팝업창에서 OK 버튼을 누른다.
- 이번에는 Bottom면의 routing을 작성한다.
- Define CAM Documents 팝업창에서 Add... 버튼을 누른다.
- Add Document 팝업창에서 Document 항에는 btm_routing을 입력한다.
- Document Type의 콤보 상자를 열어 Routing/Split Plane을 선택하고 팝업창이 나타나면 Layer를 Bottom으로 하고 OK 버튼을 누른다.

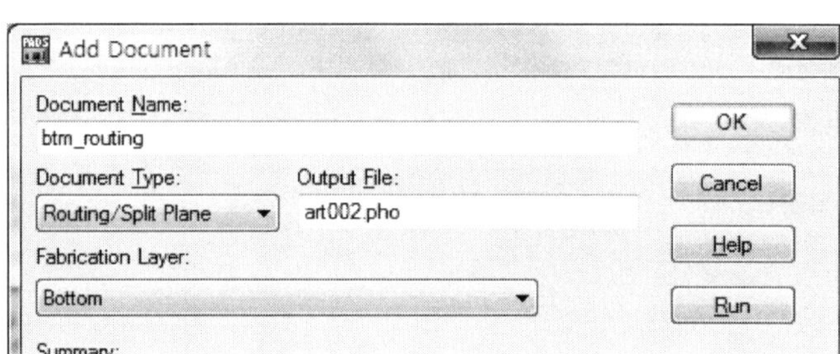

- 팝업창의 Customize Document 항목에서 Layers Icon을 누른다.
- Select Items 팝업창에서 Other 항목의 Board Outline을 체크, Selected 항목에서 Bottom을 클릭, Items on Primary 항목에서 Pads, Traces, Vias, Copper를 체크한 후 Preview 버튼을 누르면 CAM Preview 팝업창이 나타난다.

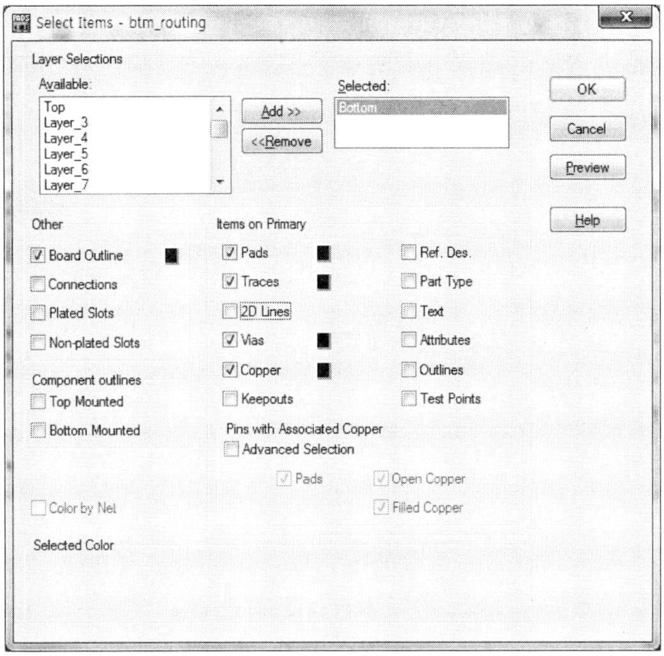

– 이 팝업창에서 Board 버튼을 눌러 btm_routing에 필요한 데이터들이 나타나는지 면밀하게 확인한다. 필요한 데이터들이 나타나지 않으면 작업을 진행하지 말고 보완 작업을 한 후 진행해야 한다.

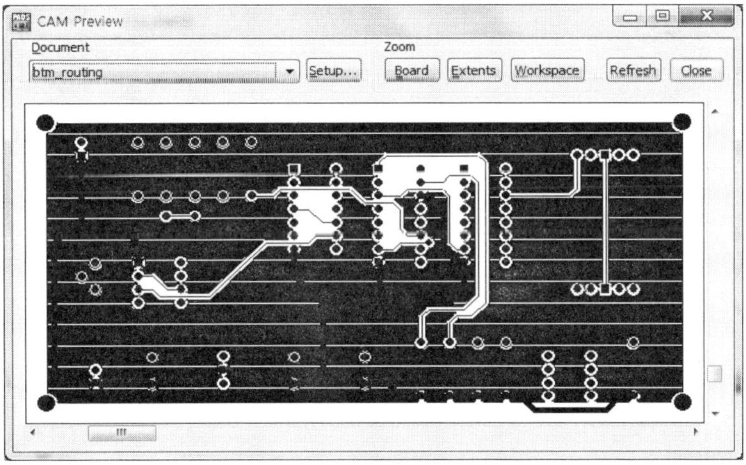

– 이상이 없으면 Close 버튼을 누르고 다시 이전 팝업창에서 OK 버튼을 누르고 다시 이전 팝업창에서 OK 버튼을 누른다.
– 이번에는 Drill Drawing을 작성한다.
– Define CAM Documents 팝업창에서 Add... 버튼을 누른다.

- Add Document 팝업창에서 Document 항에는 drill_drawing을 입력한다.
- Document Type의 콤보 상자를 열어 Drill Drawing을 선택하고 팝업창이 나타나면 Layer를 Top으로 하고 [OK] 버튼을 누른다.

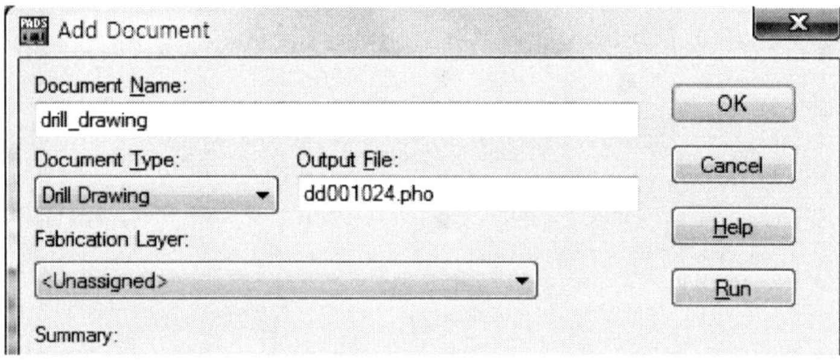

- 팝업창의 Customize Document 항목에서 Layers Icon을 누른다.
- Select Items 팝업창에서 Other 항목의 Board Outline을 체크, Selected 항목에서 Drill Drawing을 클릭, Items on Primary 항목은 모두 해제한 후 [Preview] 버튼을 누르면 CAM Preview 팝업창이 나타난다.

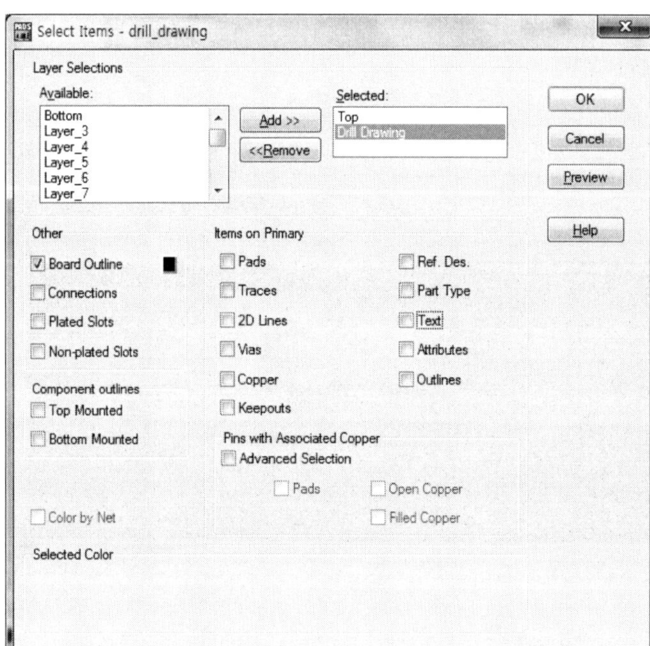

- 이 팝업창에서 [Board] 버튼을 눌러 drill_drawing 데이터들을 확인한다.
- 데이터가 겹쳐 있음을 볼 수 있다.

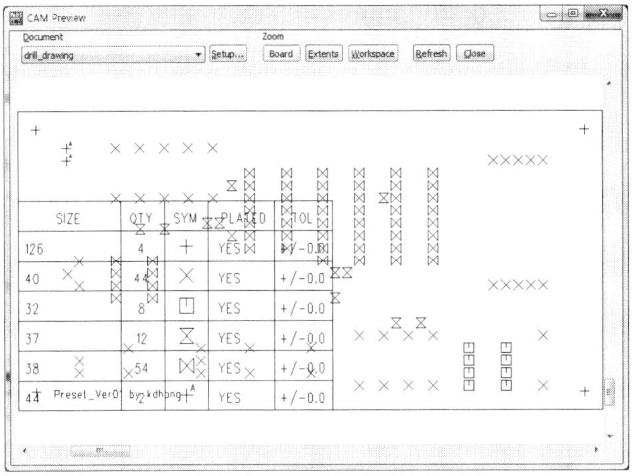

- Close , OK 버튼을 눌러 Edit Document 팝업창으로 돌아온다.
- 팝업창의 Customize Document 항목에서 Options Icon을 누른다.
- Plot Options 팝업창에서 Drill Symbols... 버튼을 누른다.

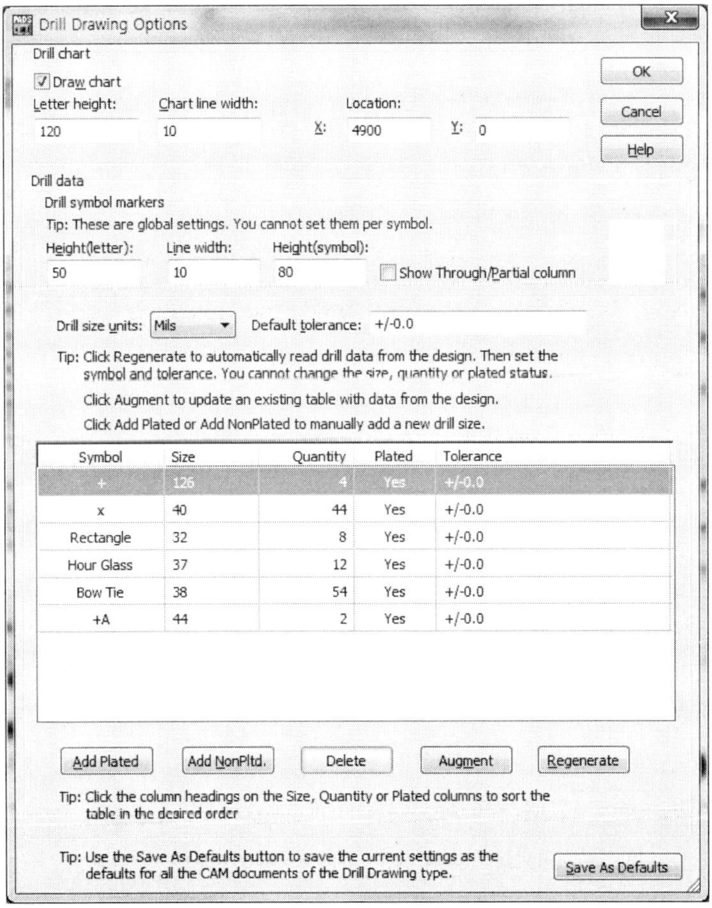

- 팝업창의 Location을 X:4900을 입력한 후 Augment 버튼을 누른다. 다시 예(Y) 버튼을 누른다.
- OK, OK 버튼을 누른 후 Customize Document 항목에서 Layers Icon 을 누르고 Preview 버튼을 눌러 확인한다.

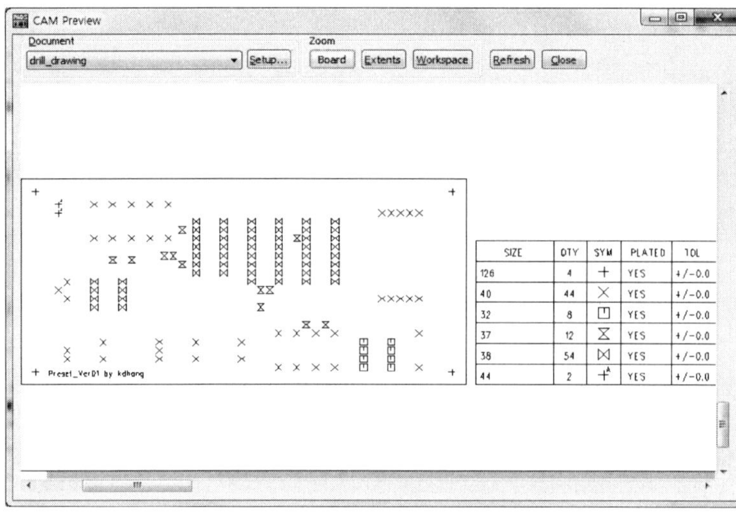

- 이상이 없으면 Close 버튼을 누르고 다시 이전 팝업창에서 OK 버튼을 누르고 다시 이전 팝업창에서 OK 버튼을 누른다.
- 이번에는 NC Drill을 작성한다.
- Define CAM Documents 팝업창에서 Add... 버튼을 누른다.
- Add Document 팝업창에서 Document 항에는 nc_drill을 입력한다.
- Document Type의 콤보 상자를 열어 NC Drill을 선택한다.

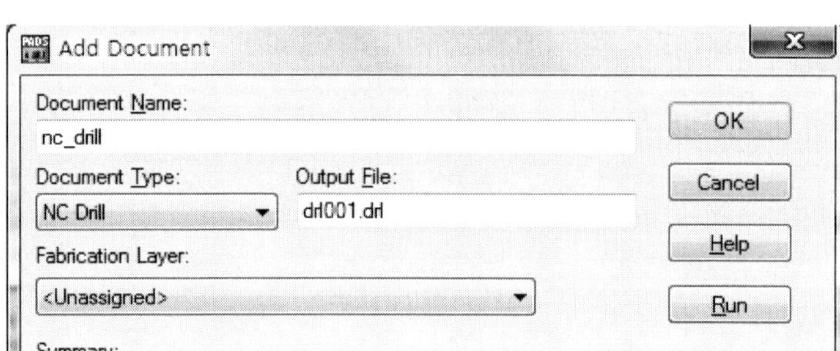

- Preview Selections 버튼을 누른다.
- 이 팝업창에서 Board 버튼을 눌러 NC_drill을 확인한다.

- [Close], [OK] 버튼을 눌러 Define CAM Documents 팝업창으로 돌아온다.
- 이제까지 만든 Document들을 드래그하여 선택한 후 [Run] 버튼을 누른다.

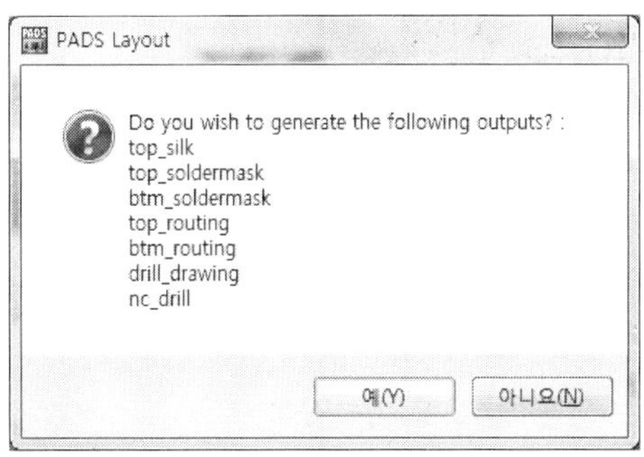

- CAM 파일을 일괄적으로 출력하겠는가 하는 메시지가 나오는데 [예(Y)] 버튼을 눌러 진행한다.

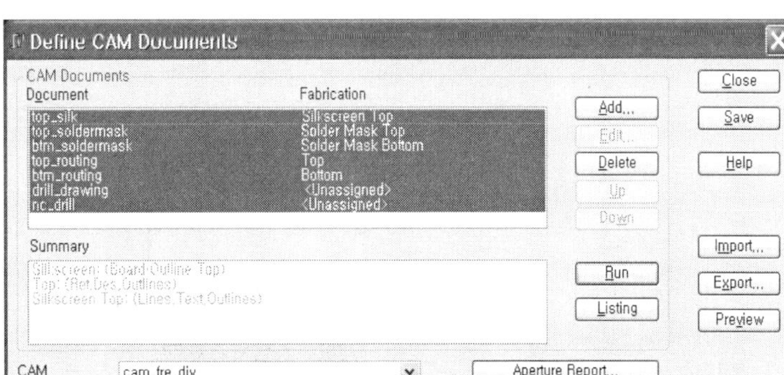

- [Save] 버튼과 [Close] 버튼을 눌러 CAM을 빠져 나온다.
- 윈도우즈 탐색기를 열어 작성된 파일을 확인한다.

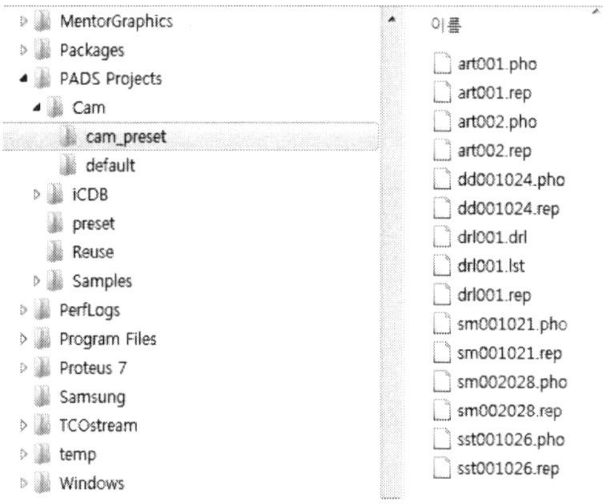

– 이 파일들을 PCB 제작업체에 보내주면 일차적인 작업을 마치게 된다.

3.9 Plotting Options 선택

CAM 파일을 작성할 때 각각의 Documenet들이 출력될 용지의 위치를 지정해 주어야 한다.

– CAM 파일을 작성할 때 Edit Document 팝업창의 Customize Document 항목에서 Options Icon을 누른다.
– 사용자에 따른 여러 옵션을 설정할 수 있다.
– 이 작업에서는 Justification(Offset), X Offset(1000), Y Offset(1000), 그리고 Scaling(1 TO 1)로 설정한다.

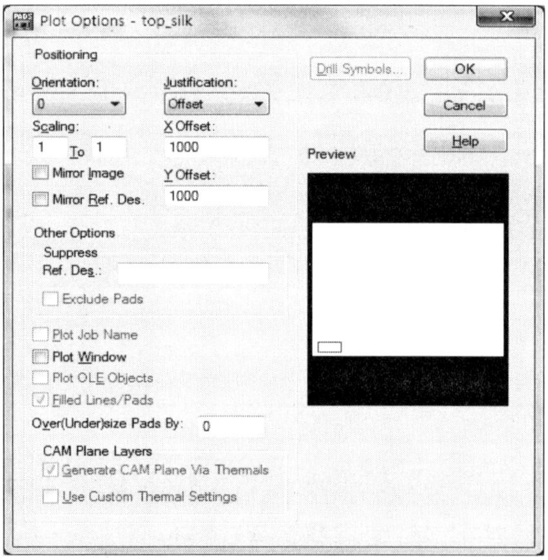

Chap 4

다층 기판(4-Layer) 설계 실습

다층기판(4-Layer) 설계 실습을 하기 위하여 새로운 회로도를 준비해서 진행해야 하지만 여기에서는 양면 기판에서 사용하였던 회로도를 그냥 사용할 것이고 기본적으로 다층 기판의 PCB 설계 및 CAM File 추출에 대하여 개념을 익힐 수 있도록 진행한다.

4.1 PCB 설계

4.1.1 회로도 불러오기 및 Layer 변경

- 먼저 컴퓨터를 기동한 후 PADS Logic 9.5 프로그램을 시작한다.
- 프로그램을 시작하면 새로운 창이 나타나는데 이전에 저장해 두었던 파일을 열어야 하므로 Open a design 아래에서 preset.sch 파일을 클릭한다.

- Setup〉Layer Definition...을 누르면 Layers Setup 팝업창이 나타나는데 Electrical layers 항목에서 [Modify...] 버튼을 누른다.
- Modify Electrical Layer Count 팝업창이 나타나고 아래와 같이 빈 칸에 4 가 되어 있는 것을 확인한 다음 [OK] 버튼을 누른다.

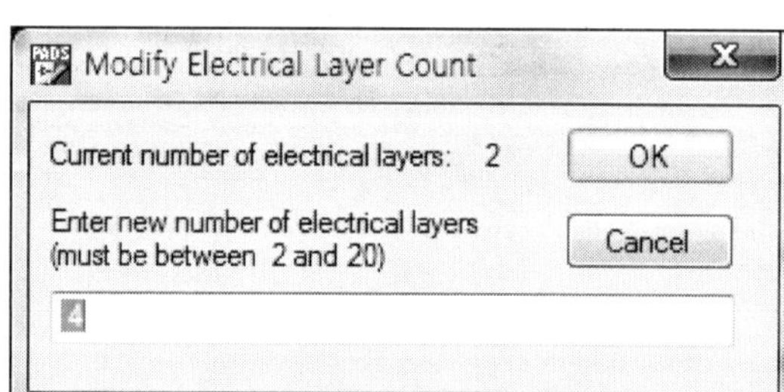

– 아래와 같이 Reassign Electrical Layers 팝업창이 나타나면 OK 버튼을 누른다.

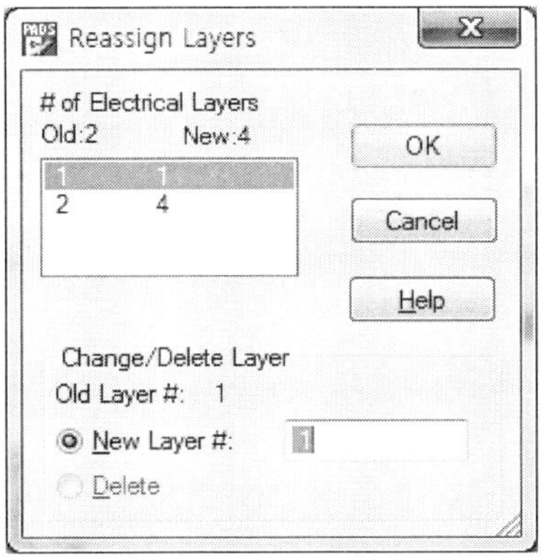

– 아래 그림과 같이 4층 기판으로 작업할 수 있는 환경이 나타난다.

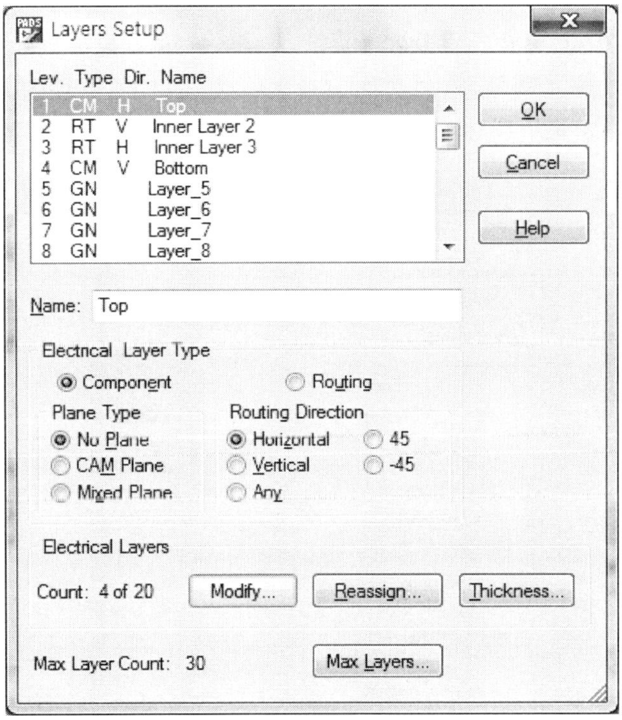

– 첫 번째 Layer 설정을 위해 첫 번째 라인을 선택한 후 아래와 같이 정한다.

. Name : Top

. Electrical Layer Type : Component

. Plane Type : No Plane

. Routing Direction : Horizontal

- 두 번째 Layer 설정을 위해 두 번째 라인을 선택한 후 아래와 같이 정한다.
  . Name : Ground Plane
  . Plane Type : CAM Plane
  . Routing Direction : Any
- 세 번째 Layer 설정을 위해 세 번째 라인을 선택한 후 아래와 같이 정한다.
  . Name : Power Plane
  . Plane Type : CAM Plane
  . Routing Direction : Any
- 네 번째 Layer 설정을 위해 네 번째 라인을 선택한 후 아래와 같이 정한 다음 OK 버튼을 누른다.
  . Name : Bottom
  . Electrical Layer Type : Component
  . Plane Type : No Plane
  . Routing Direction : Vertical
- File〉Save As...를 선택한 후 아래와 같이 preset_4.sch를 입력하여 저장한다.
- Tools〉Layout Netlist...를 선택하여 fre_div_4.asc를 확인한 후 OK 버튼을 누른다.

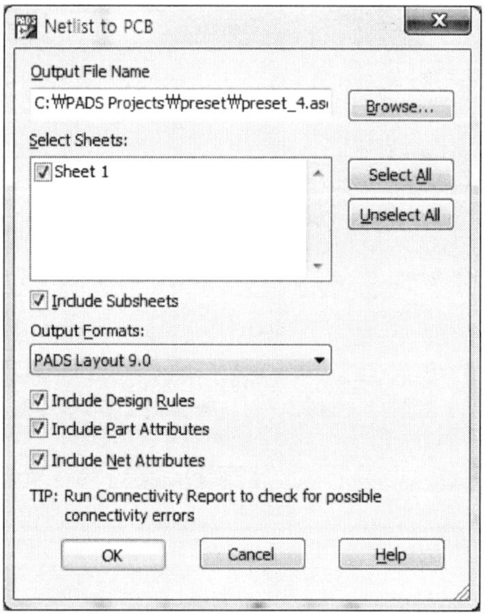

- 메모장 팝업창이 나타나면 내용을 확인한 후 팝업창을 닫는다.
- File〉Save로 저장한 후 작업창을 닫는다.

4.1.2 PADS Layout 시작

- 컴퓨터를 기동한 후 PADS Layout 9.5 프로그램을 시작한다.
- 프로그램을 시작하면 새로운 창이 나타나는데 이 창에서 처음에는 Start a new design 이라고 되어 있는 곳을 클릭한다.
- 작업 화면에서 File〉Library...를 선택하여 아래와 같이 Library 경로가 되어 있는지 확인한다.

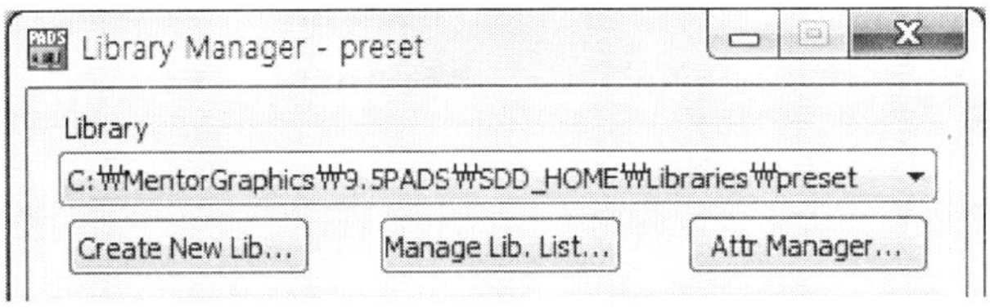

4.1.3 보드 아웃라인 그리기

- Drafting Toolbar Icon( )을 클릭한 후 Board Outline and Cut Out Icon( )을 클릭한다.
- 작업 화면의 MRB-Rectangle을 선택한 후 좌표(0, 0)에서 클릭하고 다시 좌표(4800, 2400)에서 클릭한다.
- Home 키를 눌러 보드 크기를 크게 한다.

4.1.4 부품 불러오기

- File〉Import...를 선택하여 Netlist 추출로 만들어진 파일의 위치를 확인하여 불러온다.

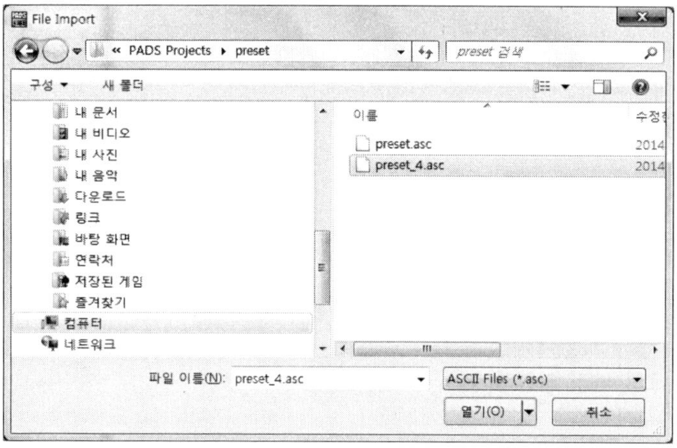

- Save old file before loading?의 메시지가 나오면 아니요(N) 버튼을 누른다.
- 파일이 Import 되면 아래 그림과 같이 원점을 기준으로 하여 PCB Decal이 나타난다.

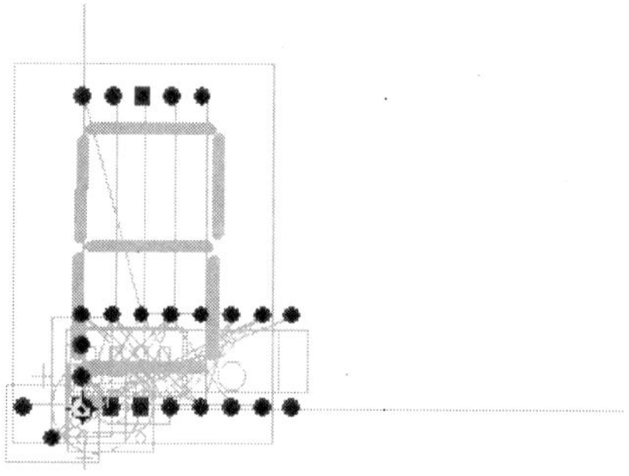

4.1.5 환경설정/Design units, Layer Definition

- Tools〉Options...를 선택하고 Options 팝업창이 나타나면 Global/General Part에 Design units가 mils로 설정되어 있음을 확인한다. 그렇지 않을 경우에는 맞도록 설정한다.

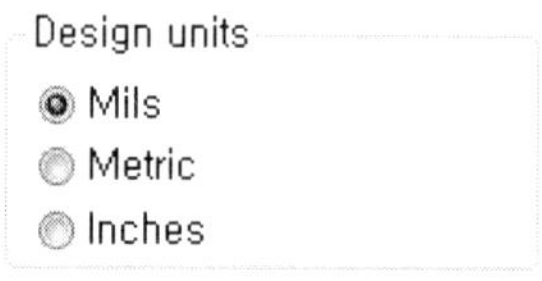

– OK 버튼을 눌러 Options 팝업창을 닫는다.

– Setup〉Layer Definition...을 누르면 Layers Setup 팝업창이 나타나는데 Electrical layers 항목이 아래와 같이 Count: 4 of 20 으로 되어 있음을 확인하고 OK 버튼을 누른다.

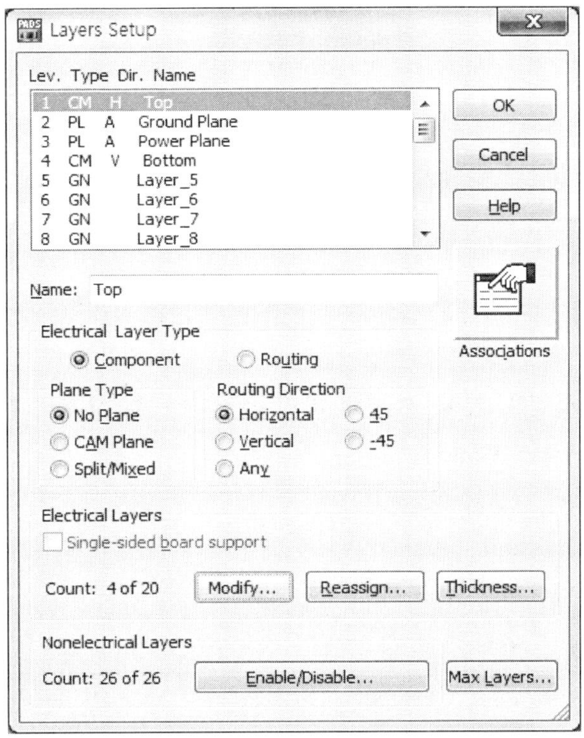

– 첫 번째 Layer 설정을 위해 첫 번째 라인을 선택한 후 아래와 같이 정한다.

. Name : Top

. Electrical Layer Type : Component

. Planc Typc : No Plane

. Routing Direction : Horizontal

– 두 번째 Layer 설정을 위해 두 번째 라인을 선택한 후 아래와 같이 정한다.

. Name : Ground Plane

. Plane Type : CAM Plane

. Routing Direction : Any

– 우측의 Assign Nets 버튼을 누른다.

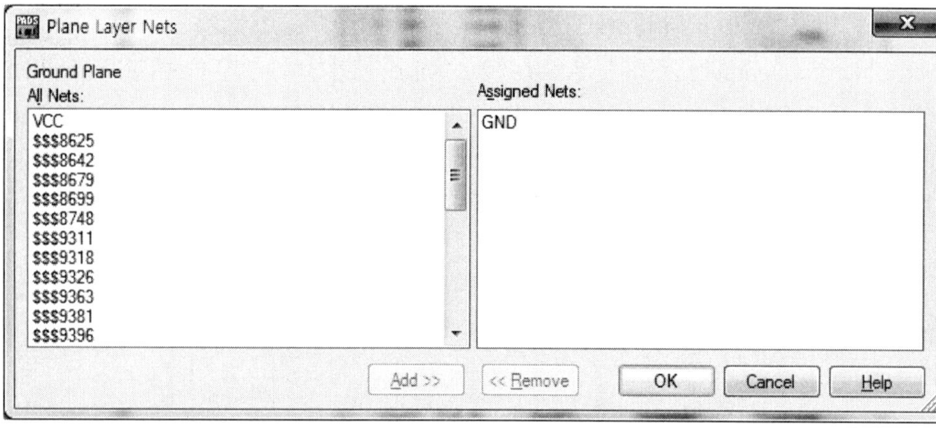

- All Nets: 항목에서 GND를 선택한 후 [Add >>] 버튼을 눌러 Associated Nets: 항목으로 Net를 이동시킨 후 [OK] 버튼을 누른다.
- 세 번째 Layer 설정을 위해 세 번째 라인을 선택한 후 아래와 같이 정한다.
  . Name : Power Plane
  . Plane Type : CAM Plane
  . Routing Direction : Any
- 우측의 Assign Nets 버튼을 누른다.

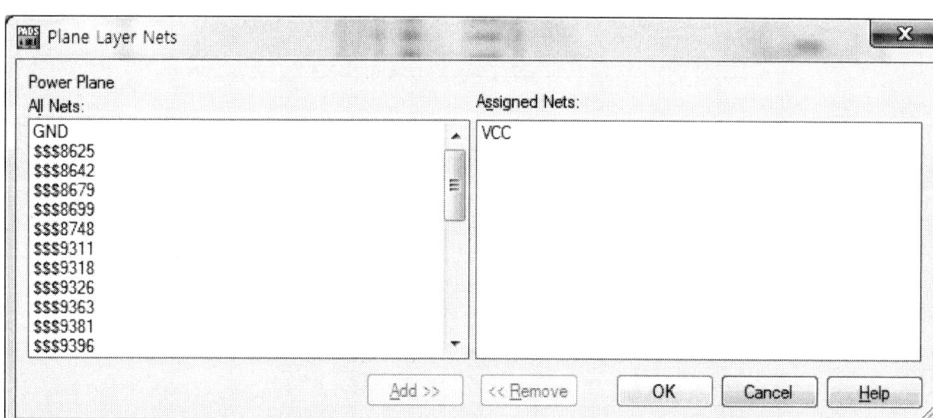

- All Nets: 항목에서 VCC를 선택한 후 [Add >>] 버튼을 눌러 Associated Nets: 항목으로 Net를 이동시킨 후 [OK] 버튼을 누른다.
- 네 번째 Layer 설정을 위해 네 번째 라인을 선택한 후 아래와 같이 정한 다음 [OK] 버튼을 누른다.
  . Name : Bottom
  . Electrical Layer Type : Component

. Plane Type : No Plane

. Routing Direction : Vertical

– 팝업창을 닫는다.

4.1.6 Display Color 지정

4층 기판으로 작업을 하기 때문에 증가된 층에 대하여 Color를 지정해 주어야 한다.

– Setup〉Display Color...를 선택한다.

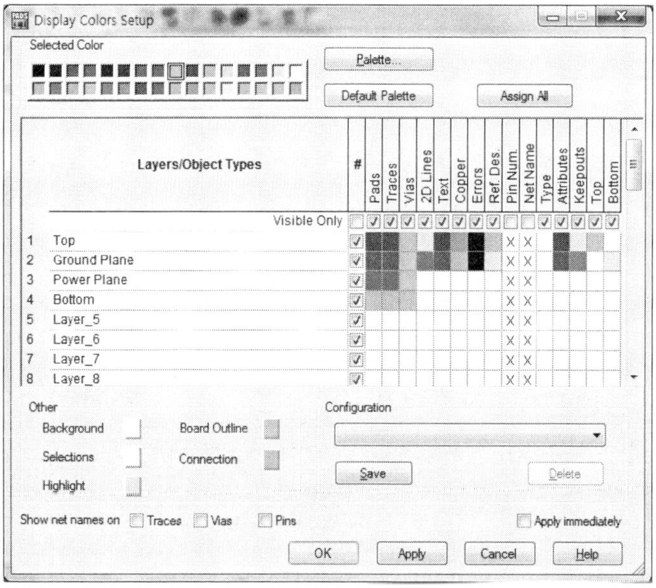

– Ground Plane과 Power Plane에 적당한 색상을 선택한 후 Pads, Traces 항목 등을 클릭하여 색상을 지정한 다음 [OK] 버튼을 눌러 팝업창을 닫는다.

4.1.7 Start-up File 생성

이 기능은 작업하는 파일에 적용된 여러 가지 환경 설정 정보를 다른 4층 기판 작업을 할 때 적용하기 위하여 저장해 두는 것이다.

– File〉Save As Start-up File...을 한 후 preset_4.stp를 입력하여 저장한다.

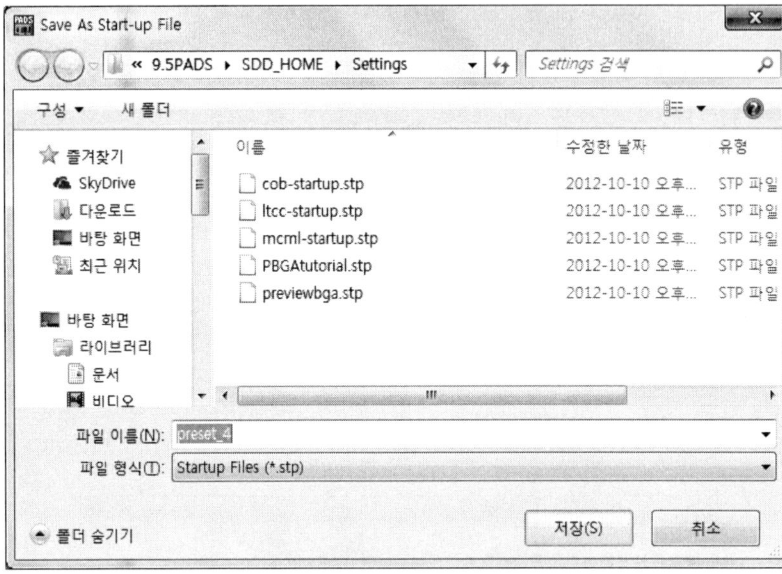

– Start-up File Output 팝업창이 나타나면 사용자의 작업에 맞게 Sections: 영역을 선택할 수 있다. 또한 Startup File 아래의 빈 칸에 필요한 정보를 입력할 수 있다. OK 버튼을 누른다.

– File〉Set Start-up File...을 선택하여 활용할 수 있다.

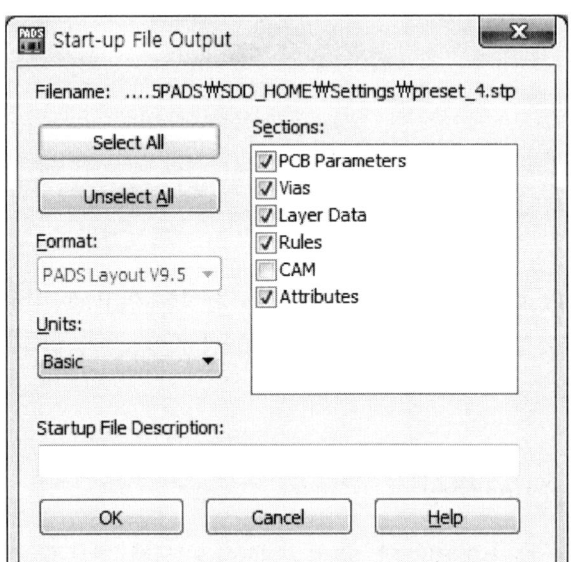

4.1.8 부품 배치하기

– Tools〉Disperse Components를 실행한다.

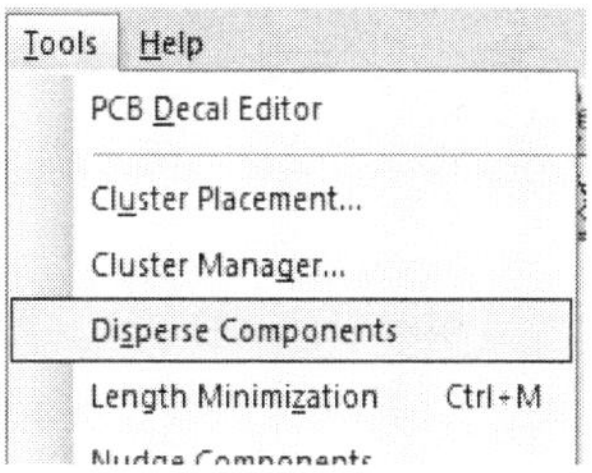

– OK to start dispersion? 메시지가 나온다.

– 예(Y) 버튼을 누르면 아래 그림과 같이 모든 부품들이 펼쳐져서 배치된다.

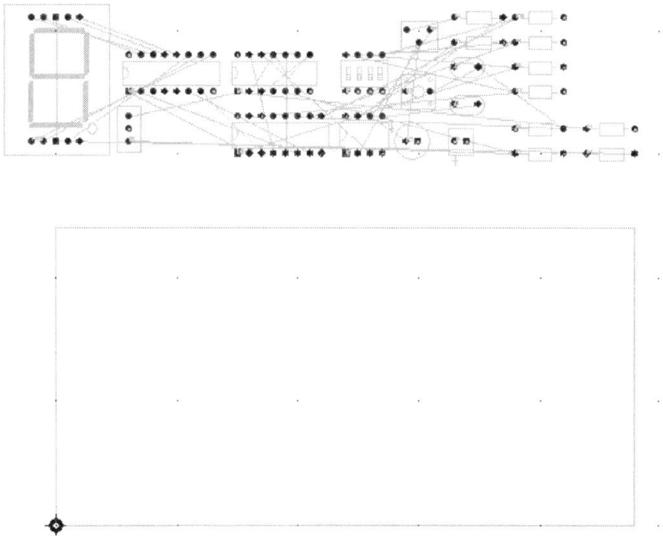

– 작업 화면 왼쪽 아래의 Status Window에도 아래 그림과 같이 나타난다.

– 작업 화면 왼쪽 위의 Project Explorer 아래 Component 항목에서 왼쪽의 +를 클릭하면 아래 그림과 같이 부품 이름이 펼쳐진다.

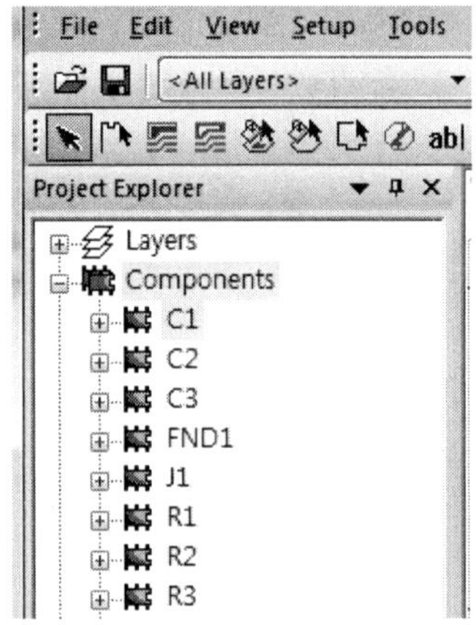

- C1을 클릭한 후 작업 화면에서 MRB-Move하고 Home 키를 누른 후 MRB-Rotate 90을 하고 좌표(900, 300)에 배치한다.
- C2은 C1 배치의 방법으로 좌표(2400, 300)에 배치한다.
- C3는 Rotate 270을 사용하여 좌표(500, 400)에 배치한다. (Rotate 90을 3회 진행)
- FND1은 좌표(3900, 1000)에 배치한다.
- J1은 Rotate 270을 사용하여 좌표(400, 2100)에 배치한다.
- R1은 Rotate 90을 사용하여 좌표(1200, 1700)에 배치한다.
- R2는 Rotate 90을 사용하여 좌표(1400, 1700)에 배치한다.
- R3는 Rotate 90을 사용하여 좌표(1000, 1700)에 배치한다.
- R4는 Rotate 90을 사용하여 좌표(800, 1700)에 배치한다.
- R5는 Rotate 90을 사용하여 좌표(4300, 200)에 배치한다.
- R6는 Rotate 270을 사용하여 좌표(1600, 2100)에 배치한다.
- R7은 Rotate 270을 사용하여 좌표(2800, 600)에 배치한다.
- R8은 Rotate 270을 사용하여 좌표(3000, 600)에 배치한다.
- R9은 Rotate 270을 사용하여 좌표(3200, 600)에 배치한다.
- R10은 Rotate 270을 사용하여 좌표(3400, 600)에 배치한다.
- S1은 Rotate 90을 사용하여 좌표(4000, 200)에 배치한다.
- S2는 Rotate 180을 사용하여 좌표(1500, 500)에 배치한다.
- S3는 Rotate 90을 사용하여 좌표(1900, 300)에 배치한다.
- U1은 Rotate 270을 사용하여 좌표(1900, 1900)에 배치한다.
- U2는 Rotate 270을 사용하여 좌표(800, 1200)에 배치한다.
- U3는 Rotate 270을 사용하여 좌표(2500, 1900)에 배치한다.
- U4는 Rotate 270을 사용하여 좌표(3100, 1900)에 배치한다.
- VR1은 Rotate 270을 사용하여 좌표(500, 1000)에 배치하고 Esc를 누른다.

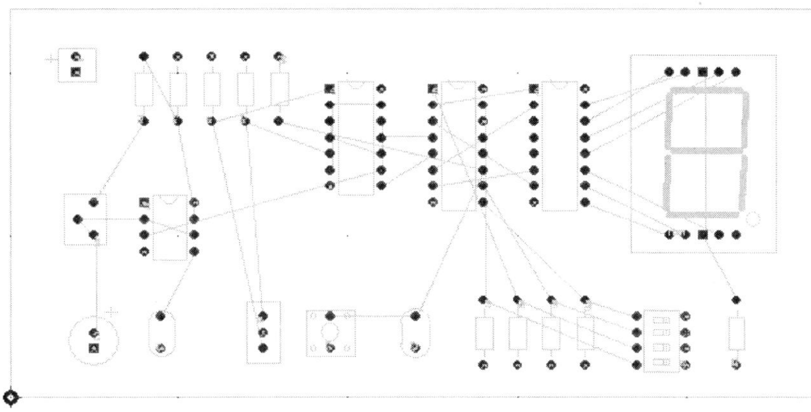

- 보드의 중간에서 마우스 가운데 버튼을 누른 채로 드래그하여 보드 전체 크기가 보이도록 확대한다.
- 특정 부품을 지정된 위치에서 움직이지 않도록 고정해야 할 경우가 있는데 여기서는 FND1을 고정하는 것으로 실습한다.
- FND1을 더블클릭하여 선택한 후 아래 그림과 같이 Glued를 체크해 준 후 OK 버튼을 누른다.

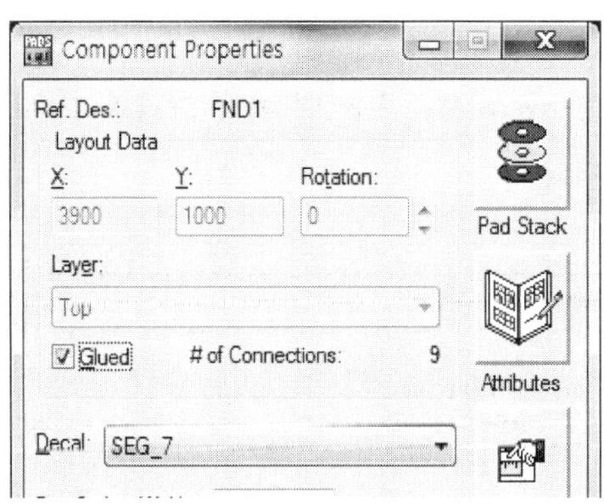

- 고정 배치된 부품을 다시 선택하려면 Ctrl+Alt+F를 눌러 Selection Filter 팝업창이 나타나면 아래 그림과 같이 Glued parts를 체크 한 후 팝업창을 닫고 해당 부품을 선택한다.(부품 선택이 안 되는 경우의 방법)

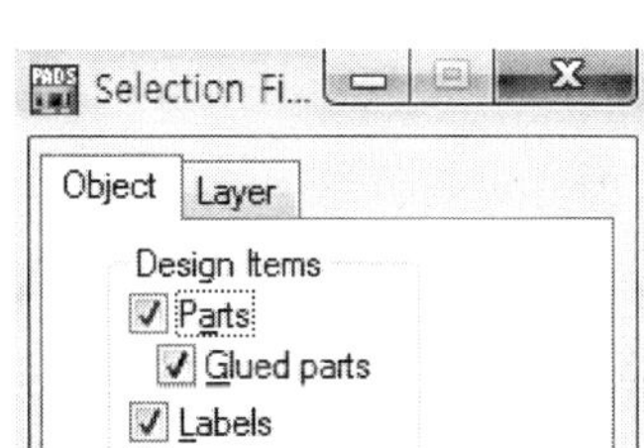

- PCB 고정용 HOLE을 배치하기 위하여 ECO Toolbar Icon( )을 누른다.
- ECO Options 팝업창에서 그냥 OK 버튼을 누른다.
- Add Component Icon( )을 클릭한다.
- 아래 그림과 같이 Get Part Type from Library 팝업창이 나타나면 Part Types:에서 HOLE을 선택한 후 Add 버튼을 누른다.

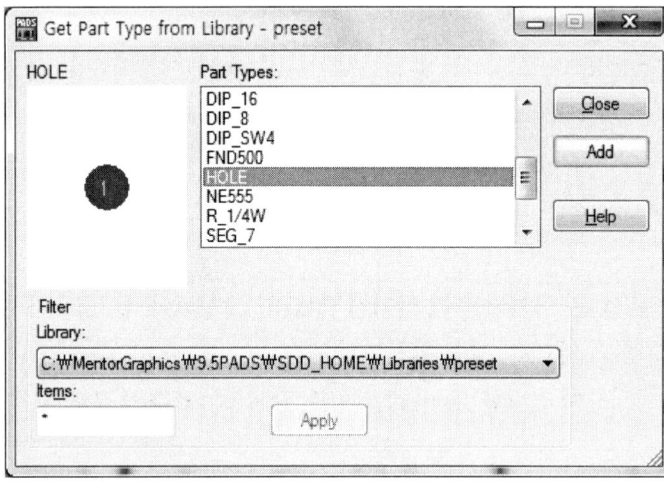

- 좌표(150, 150)에 배치한 후 버튼을 누르면 아래 그림과 같은 팝업창이 나타나는데 그냥 확인 버튼을 누른다.

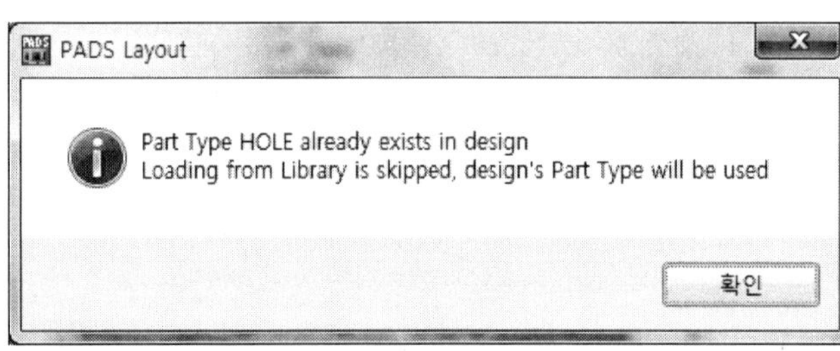

- 위의 방법을 적용하여 좌표(150, 2250), 좌표(4650, 150) 그리고 좌표(4650, 2250)에 HOLE을 배치한다.
- 다 배치되었으면 Close 버튼을 누른다.
- 이 HOLE의 경우도 움직이지 않아야 하는 것으로 위의 FND1의 경우와 마찬가지 방법으로 고정하도록 한다.
- MRB-Components를 하여 HOLE 클릭 후 MRB-Properties를 선택한 후 Glued를 체크해 준다.

4.1.9 설계 규칙 설정

– Setup〉Design Rules...를 선택하면 아래 그림과 같이 Rules 팝업창이 나타난다.

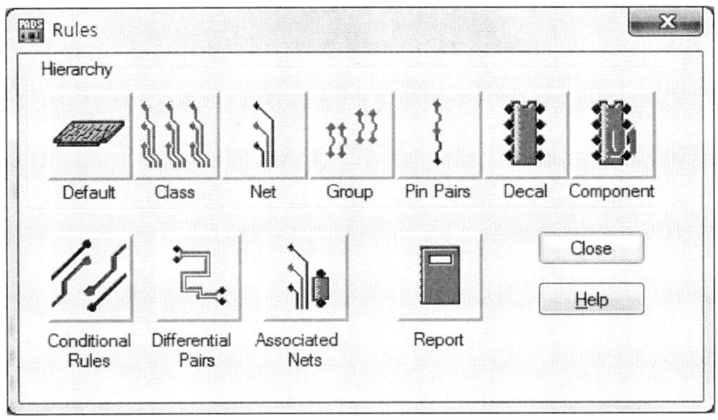

– Rules 팝업창에서 Default를 선택하여 Default Rules 팝업창이 나타나게 한다.

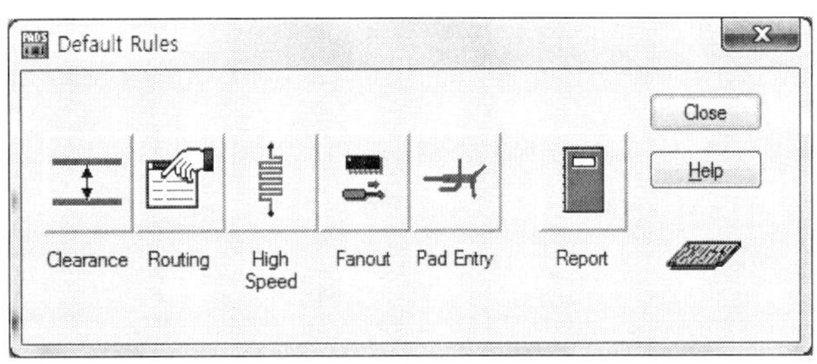

– Default Rules 팝업창에서 Clearance를 선택하여 Clearance Rules 팝업창이 나타나게 한다.

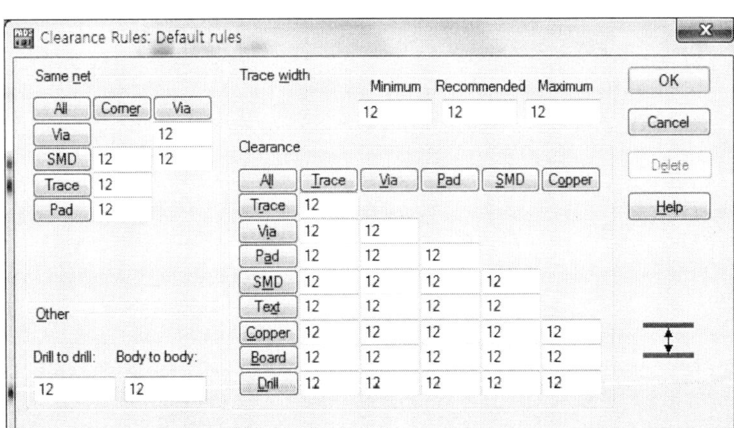

- Trace width(패턴 두께) : 일반 신호선의 두께를 지정하는 곳이다.
- Clearance(각 항목간의 간격) : 일반 신호선과 신호선, 신호선과 패드 간의 간격 등을 설정하는 곳이다.
- 위의 항목들은 과제의 특성에 따라 설정할 수 있는 것으로 매우 중요한 부분이다.
- 위의 그림에서와 같이 여기서는 각 항목별로 12의 데이터를 입력한 후 OK 버튼을 누른다. (Clearance 항목에서 All을 눌러 팝업창이 나타나면 12를 입력할 수 있다)
- 이전 상태로 돌아와 Default Rules 팝업창을 닫는다.
- 작업 화면으로 복귀한다.

4.1.10 배선 작업하기

- 작업 화면에서 Design Toolbar Icon( )과 Add Route Icon( )을 차례로 선택한다.
- g50을 입력하여 Grid를 재설정한다.
- Top층은 아래 그림을 참고하여 배선한다.

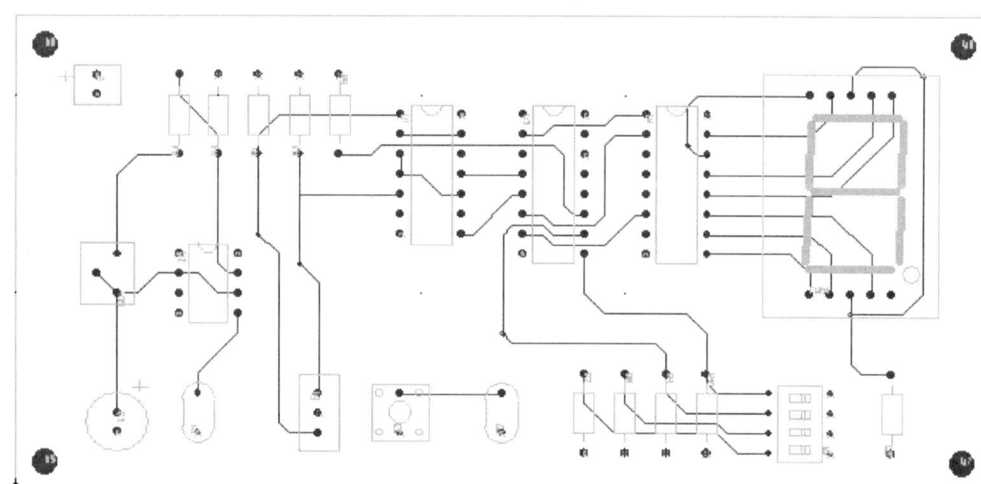

- Bottom 층은 아래 그림을 참고하여 배선한다.

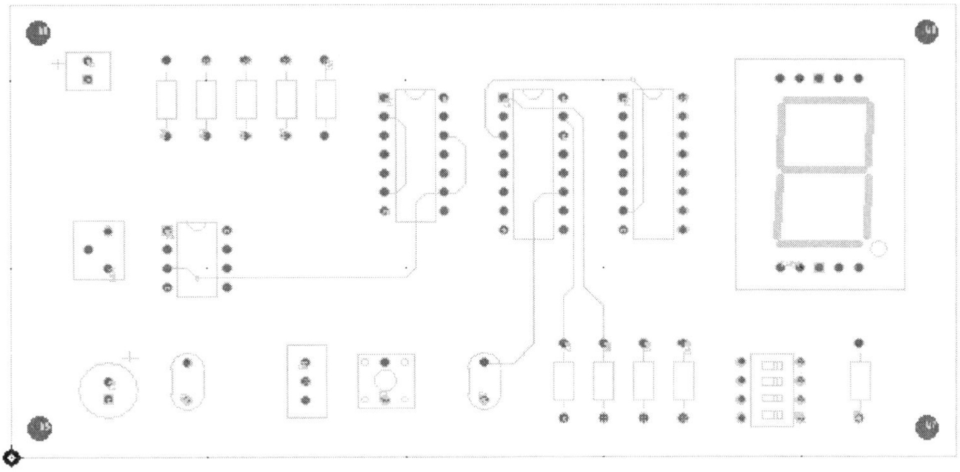

- 전체적으로 완성된 배선은 아래 그림과 같다.

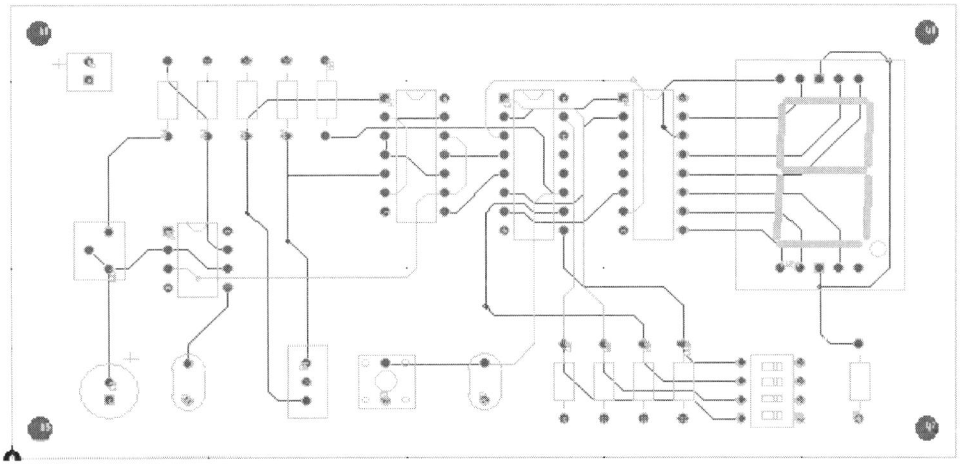

4.1.11 레퍼런스 위치조정

배선 작업이 완료되었으므로 이제는 각 부품의 레퍼런스의 위치를 재조정 해 준다.

- g10을 입력한 후 Enter키를 친다.
- Move Reference Designator Icon( )을 클릭한다.
- J1을 클릭한 후 MRB-Rotate 90을 하여 좌표(380, 2180)에서 클릭한다.
- VR1을 클릭한 후 MRB-Rotate 90을 하여 좌표(410, 1270)에서 클릭한다.
- C3를 클릭한 후 MRB-Rotate 90을 하여 좌표(300, 470)에서 클릭한다.

- R4를 클릭한 후 MRB-Rotate 270을 하여 좌표(780, 1610)에서 클릭한다.
- R3를 클릭한 후 MRB-Rotate 270을 하여 좌표(980, 1610)에서 클릭한다.
- R1을 클릭한 후 MRB-Rotate 270을 하여 좌표(1180, 1610)에서 클릭한다.
- R2를 클릭한 후 MRB-Rotate 270을 하여 좌표(1380, 1610)에서 클릭한다.
- R6를 클릭한 후 MRB-Rotate 90을 하여 좌표(1580, 1610)에서 클릭한다.
- U2를 클릭한 후 MRB-Rotate 90을 하여 좌표(930, 1280)에서 클릭한다.
- C1을 클릭한 후 MRB-Rotate 270을 하여 좌표(750, 470)에서 클릭한다.
- U1을 클릭한 후 MRB-Rotate 90을 하여 좌표(2030, 1980)에서 클릭한다.
- U3를 클릭한 후 MRB-Rotate 90을 하여 좌표(2630, 1980)에서 클릭한다.
- U4를 클릭한 후 MRB-Rotate 90을 하여 좌표(3230, 1980)에서 클릭한다.
- FND1을 클릭한 후 좌표(4050, 2160)에서 클릭한다.
- R5를 클릭한 후 MRB-Rotate 270을 하여 좌표(4280, 100)에서 클릭한다.
- S1을 클릭한 후 MRB-Rotate 270을 하여 좌표(3820, 580)에서 클릭한다.
- R10을 클릭한 후 MRB-Rotate 90을 하여 좌표(3380, 100)에서 클릭한다.
- R9을 클릭한 후 MRB-Rotate 90을 하여 좌표(3180, 100)에서 클릭한다.
- R8을 클릭한 후 MRB-Rotate 90을 하여 좌표(2980, 100)에서 클릭한다.
- R7을 클릭한 후 MRB-Rotate 90을 하여 좌표(2780, 100)에서 클릭한다.
- C2를 클릭한 후 MRB-Rotate 270을 하여 좌표(2530, 470)에서 클릭한다.
- S3를 클릭한 후 MRB-Rotate 270을 하여 좌표(1880, 170)에서 클릭한다.
- S2를 클릭한 후 MRB-Rotate 180을 하여 좌표(1480, 130)에서 클릭한다.
- 레퍼런스 위치 조정 후의 결과는 아래와 같다.

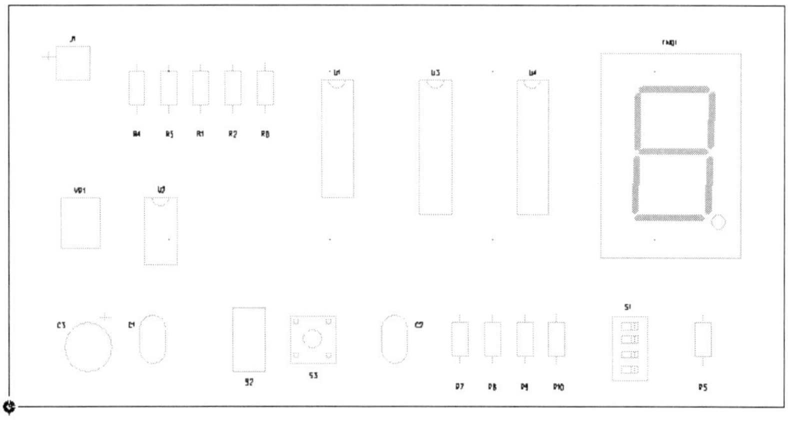

- g100을 입력하고 Enter키를 친다.

PCB 실크 데이터를 생성할 때 과제이름이나 버전 등의 정보를 나타나게 하기 위하여 Text 추가 작업을 한다.

- Text Icon()을 클릭한 후 Preset_4_Ver01 by kdhong을 입력한 후 좌표(300, 100)에 배치한다.
- File〉Save를 한다.

4.1.12 설계 규칙 점검

원하는 PCB 작업이 완성되었으므로 설계 규칙에 맞도록 되었는지 점검해야 한다.

- Tools〉Verify Design...을 선택한다.

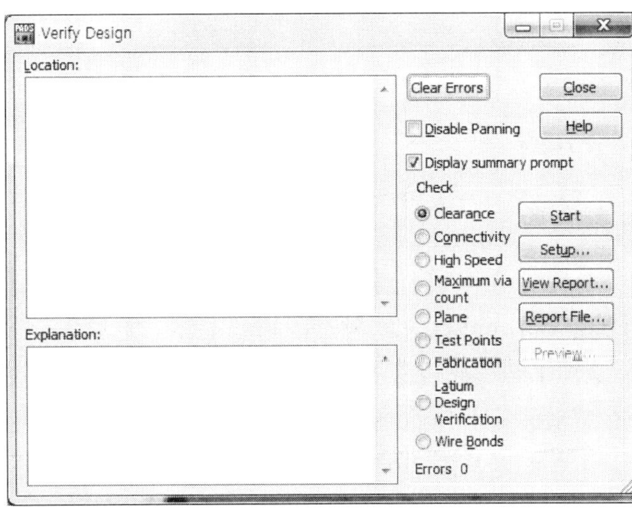

- Verify Desing 팝업창이 나타나면 Clearance 항목이 선택되었는지 확인한 후 Start 버튼을 누른다.
- 에러가 없는 경우 아래 그림과 같은 팝업창이 나타난다.

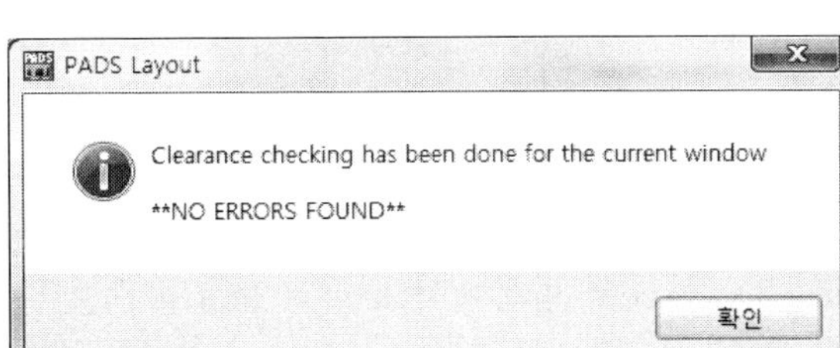

- 확인 버튼을 누른 후 팝업창을 닫고 작업 화면으로 돌아와서 Save Icon을 눌러 파일을 저장한다.

4.2 CAM File 추출

PCB Layout 작업이 완성되었으므로 생산 공정에 필요한 모든 데이터를 추출하는 CAM Data를 작성해야 한다.

- File〉CAM...을 선택하여 팝업창을 연다.
- 팝업창 아래 부분의 CAM 항목에서 콤보 상자를 열어 〈create〉를 선택하면 아래와 같이 CAM Question 팝업창이 나타난다. 이 창의 빈 칸에 cam_preset_4 폴더를 입력한 후 OK 버튼을 누른다.

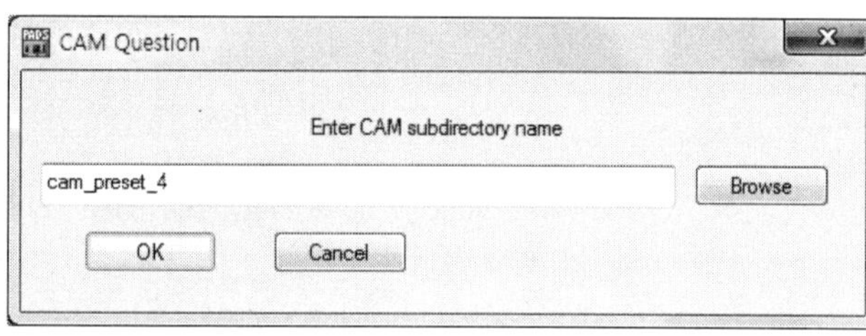

- 이전의 팝업창에서 cam_preset_4를 확인한 다음 Add... 버튼을 누른다.
- 우선 Top면에 부품의 외형과 부품이름이 나타나도록 Silkscreen을 만든다.
- Add Document 팝업창에서 Document 항에는 top_silk를 입력한다.
- Document Type의 콤보 상자를 열어 Silkscreen을 선택하고 팝업창이 나타나면 Layer를 Top으로 하고 OK 버튼을 누른다.

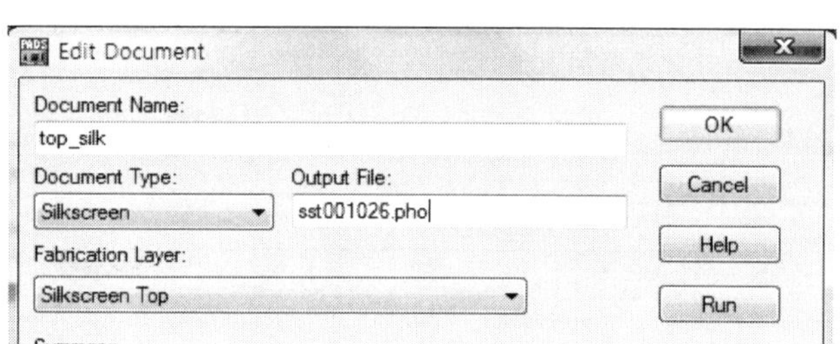

- 팝업창의 Customize Document 항목에서 Layers Icon을 누른다.
- Select Items 팝업창에서 Other 항목의 Board Outline을 체크, Component outlines 항목의

Top Mounted를 체크, Selected 항목에서 Top를 클릭, Items on Primary 항목에서 Ref.Des.와 Outlines, Text를 체크한 후 [Preview] 버튼을 누르면 CAM Preview 팝업창이 나타난다.

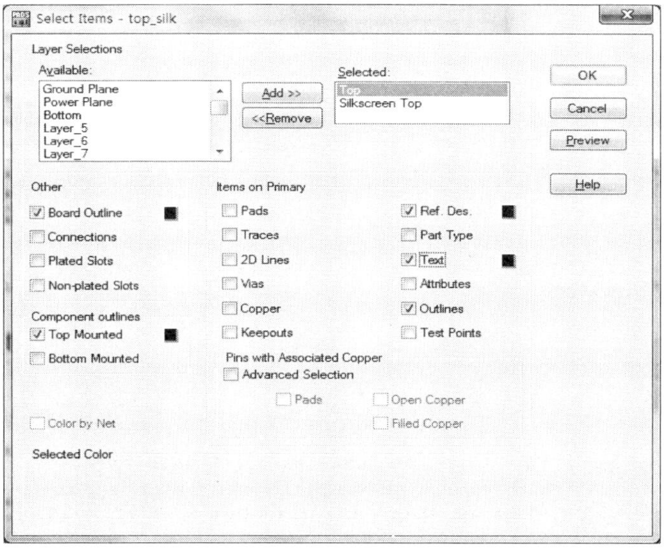

– 이 팝업창에서 [Board] 버튼을 눌러 Silkscreen에 필요한 데이터들이 나타나는지 면밀하게 확인한다. 필요한 데이터들이 나타나지 않으면 작업을 진행하지 말고 보완 작업을 한 후 진행해야 한다.

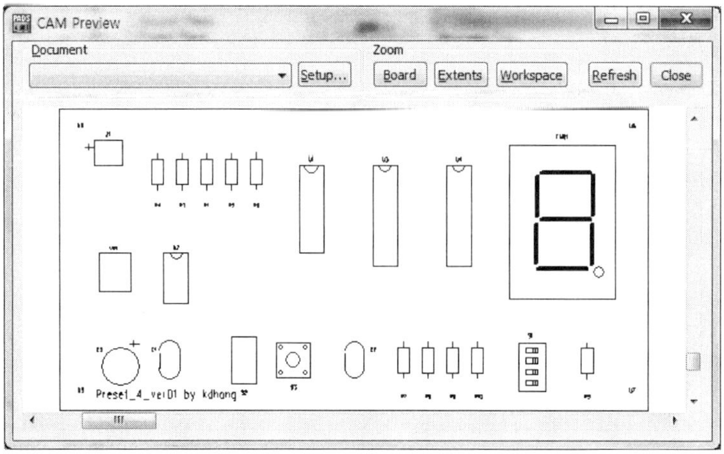

– 이상이 없으면 [Close] 버튼을 누르고 다시 이전 팝업창에서 [OK] 버튼을 누르고 다시 이전 팝업창에서 [OK] 버튼을 누른다.

– 이번에는 Top면의 Solder Mask를 작성한다.

– Define CAM Documents 팝업창에서 Add... 버튼을 누른다.

– Add Document 팝업창에서 Document 항에는 top_soldermask를 입력한다.

– Document Type의 콤보 상자를 열어 Solder Mask를 선택하고 팝업창이 나타나면 Layer를 Top으로 하고 OK 버튼을 누른다.

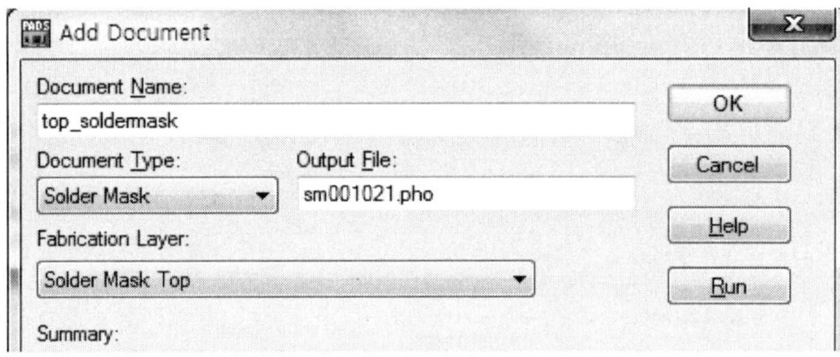

– 팝업창의 Customize Document 항목에서 Layers Icon을 누른다.

– Select Items 팝업창에서 Other 항목의 Board Outline을 체크, Selected 항목에서 Top를 클릭, Items on Primary 항목에서 Pads를 체크한 후 Preview 버튼을 누르면 CAM Preview 팝업창이 나타난다.

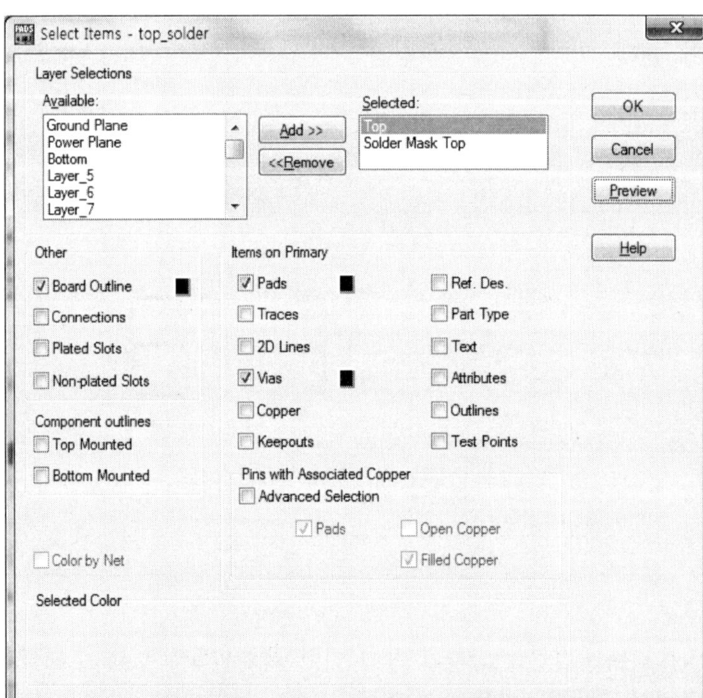

- 이 팝업창에서 Board 버튼을 눌러 top_soldermask에 필요한 데이터들이 나타나는지 면밀하게 확인한다. 필요한 데이터들이 나타나지 않으면 작업을 진행 하지 말고 보완 작업을 한 후 진행해야 한다.

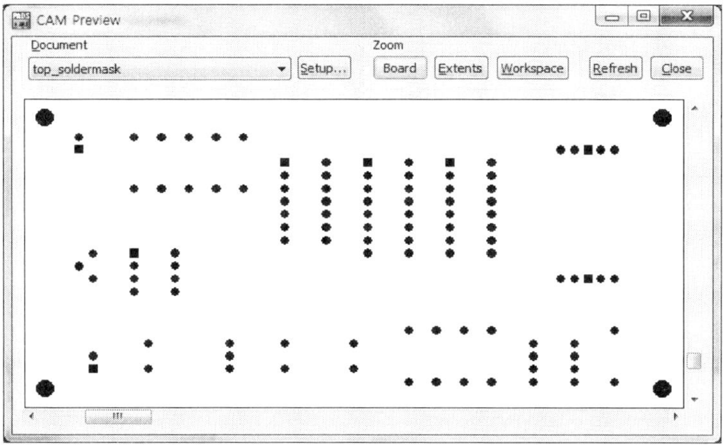

- 이상이 없으면 Close 버튼을 누르고 다시 이전 팝업창에서 OK 버튼을 누르고 다시 이전 팝업창에서 OK 버튼을 누른다.
- 이번에는 Bottom면의 Solder Mask를 작성한다.
- Define CAM Documents 팝업창에서 Add... 버튼을 누른다.
- Add Document 팝업창에서 Document 항에는 btm_soldermask를 입력한다.
- Document Type의 콤보 상자를 열어 Solder Mask를 선택하고 팝업창이 나타나면 Layer를 Bottom으로 하고 OK 버튼을 누른다.

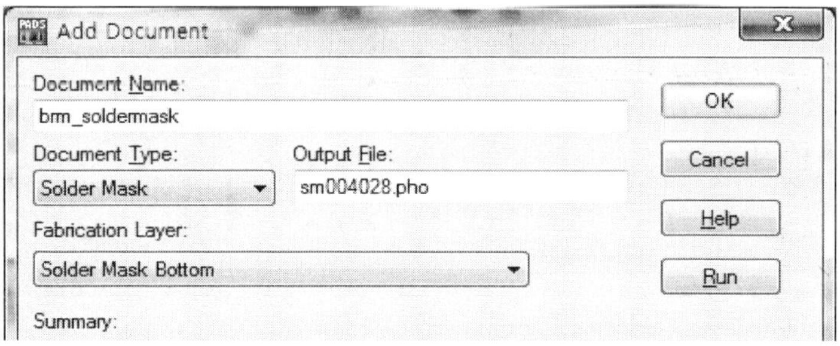

- 팝업창의 Customize Document 항목에서 Layers Icon을 누른다.
- Select Items 팝업창에서 Other 항목의 Board Outline을 체크, Selected 항목에서 Bottom을 클릭, Items on Primary 항목에서 Pads를 체크한 후 Preview 버튼을 누르면 CAM Preview 팝업창이 나타난다.

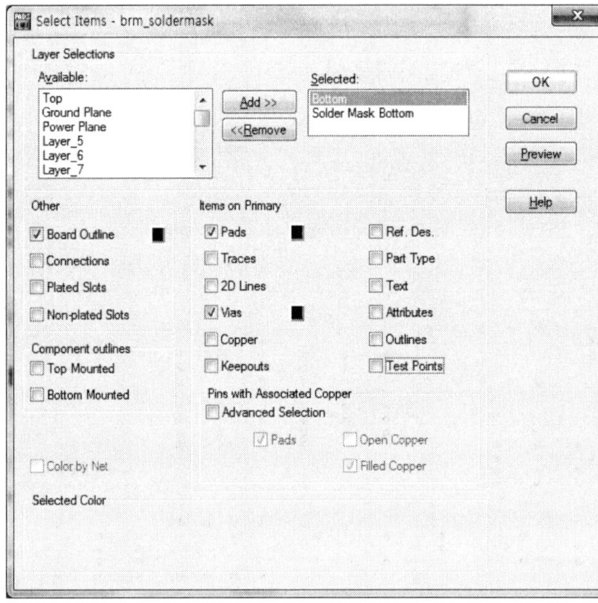

– 이 팝업창에서 Board 버튼을 눌러 btm_soldermask에 필요한 데이터들이 나타나는지 면밀하게 확인한다. 필요한 데이터들이 나타나지 않으면 작업을 진행하지 말고 보완 작업을 한 후 진행해야 한다.
– 위의 top_soldermask와 같게 나타난다.

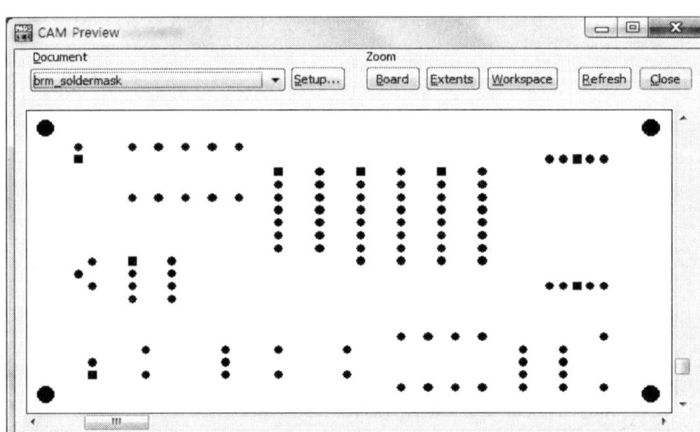

– 이상이 없으면 Close 버튼을 누르고 다시 이전 팝업창에서 OK 버튼을 누르고 다시 이전 팝업창에서 OK 버튼을 누른다.
– 이번에는 Top면의 routing을 작성한다.
– Define CAM Documents 팝업창에서 Add... 버튼을 누른다.
– Add Document 팝업창에서 Document 항에는 top_routing을 입력한다.

– Document Type의 콤보 상자를 열어 Routing/Split Plane을 선택하고 팝업창이 나타나면 Layer를 Top으로 하고 [OK] 버튼을 누른다.

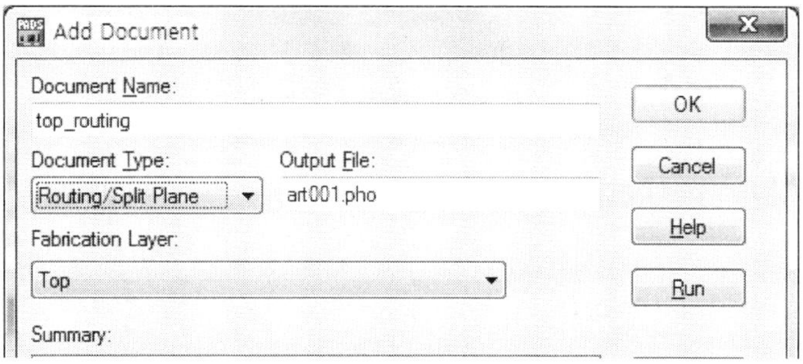

– 팝업창의 Customize Document 항목에서 Layers Icon을 누른다.

– Select Items 팝업창에서 Other 항목의 Board Outline을 체크, Selected 항목에서 Top을 클릭, Items on Primary 항목에서 Pads, Traces, Vias를 체크한 후 [Preview] 버튼을 누르면 CAM Preview 팝업창이 나타난다.

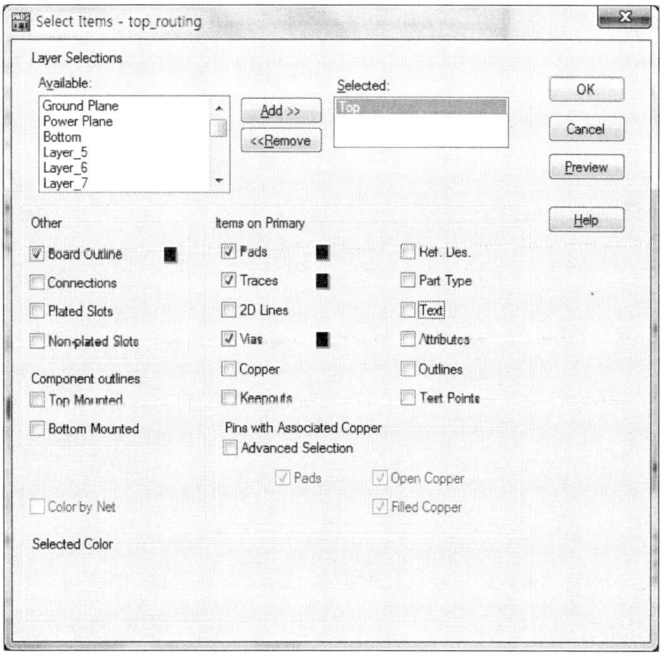

– 이 팝업창에서 [Board] 버튼을 눌러 top_routing에 필요한 데이터들이 나타나는지 면밀하게 확인한다. 필요한 데이터들이 나타나지 않으면 작업을 진행하지 말고 보완 작업을 한 후 진행해야 한다.

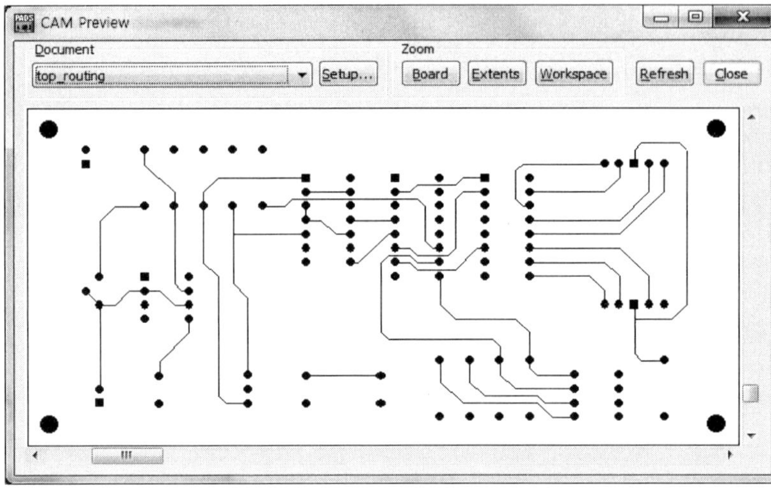

- 이상이 없으면 [Close] 버튼을 누르고 다시 이전 팝업창에서 [OK] 버튼을 누르고 다시 이전 팝업창에서 [OK] 버튼을 누른다.
- 이번에는 Bottom면의 routing을 작성한다.
- Define CAM Documents 팝업창에서 [Add...] 버튼을 누른다.
- Add Document 팝업창에서 Document 항에는 btm_routing을 입력한다.
- Document Type의 콤보 상자를 열어 Routing/Split Plane을 선택하고 팝업창이 나타나면 Layer를 Bottom으로 하고 [OK] 버튼을 누른다.

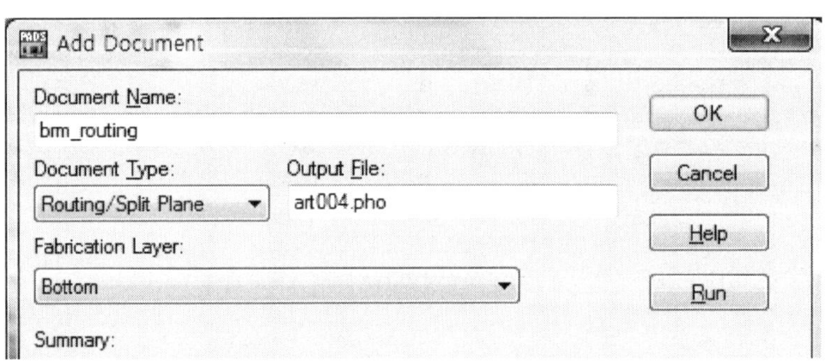

- 팝업창의 Customize Document 항목에서 Layers Icon을 누른다.
- Select Items 팝업창에서 Other 항목의 Board Outline을 체크, Selected 항목에서 Bottom을 클릭, Items on Primary 항목에서 Pads, Traces, Vias, Copper를 체크한 후 [Preview] 버튼을 누르면 CAM Preview 팝업창이 나타난다.

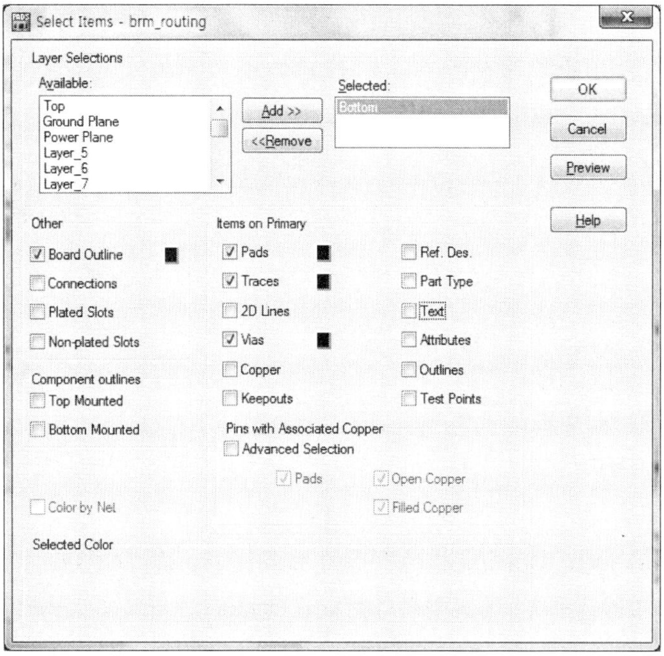

– 이 팝업창에서 [Board] 버튼을 눌러 btm_routing에 필요한 데이터들이 나타나는지 면밀하게 확인한다. 필요한 데이터들이 나타나지 않으면 작업을 진행하지 말고 보완 작업을 한 후 진행해야 한다.

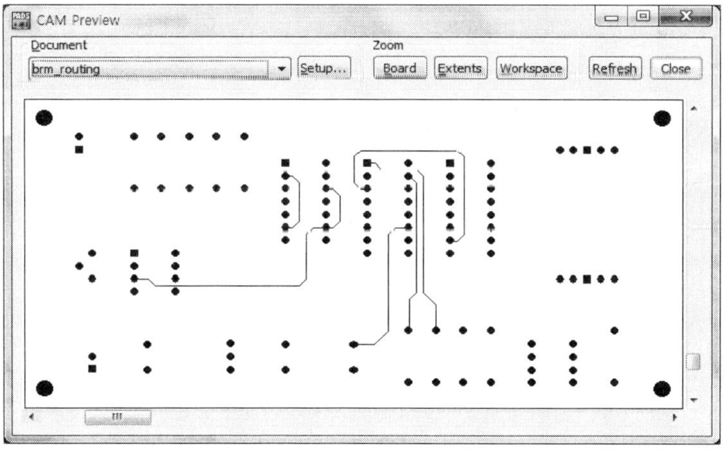

– 이상이 없으면 [Close] 버튼을 누르고 다시 이전 팝업창에서 [OK] 버튼을 누르고 다시 이전 팝업창에서 [OK] 버튼을 누른다.
– 이번에는 Ground층의 배선도를 작성한다.
– Define CAM Documents 팝업창에서 [Add...] 버튼을 누른다.

- Add Document 팝업창에서 Document 항에는 ground_routing을 입력한다.
- Document Type의 콤보 상자를 열어 CAM Plane을 선택하고 팝업창이 나타나면 Layer를 Ground Plane으로 하고 [OK] 버튼을 누른다.

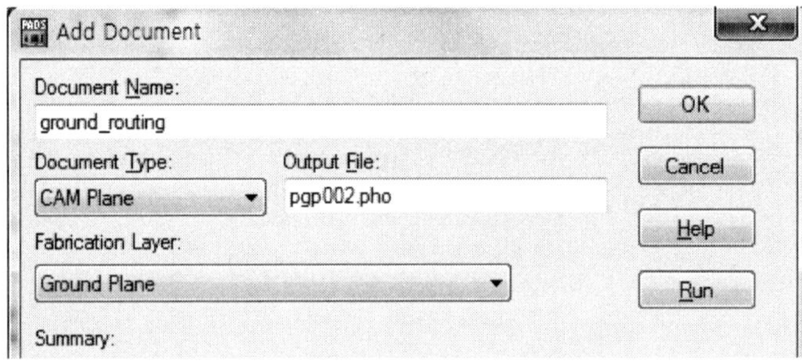

- 팝업창의 Customize Document 항목에서 Layers Icon을 누른다.
- Select Items 팝업창에서 Other 항목의 Board Outline을 체크, Selected 항목에서 Bottom을 클릭, Items on Primary 항목에서 Pads, Traces, Vias, Copper를 체크한 후 [Preview] 버튼을 누르면 CAM Preview 팝업창이 나타난다.

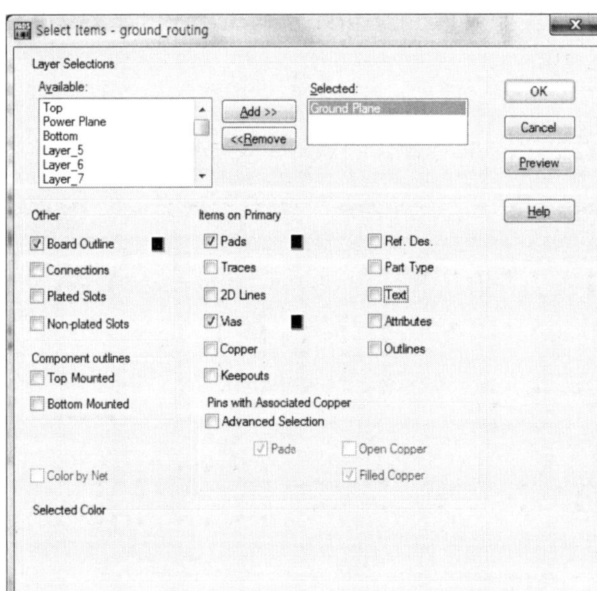

- 이 팝업창에서 [Board] 버튼을 눌러 ground_routing에 필요한 데이터들이 나타나는지 면밀하게 확인한다. 필요한 데이터들이 나타나지 않으면 작업을 진행하지 말고 보완 작업을 한 후 진행해야 한다.

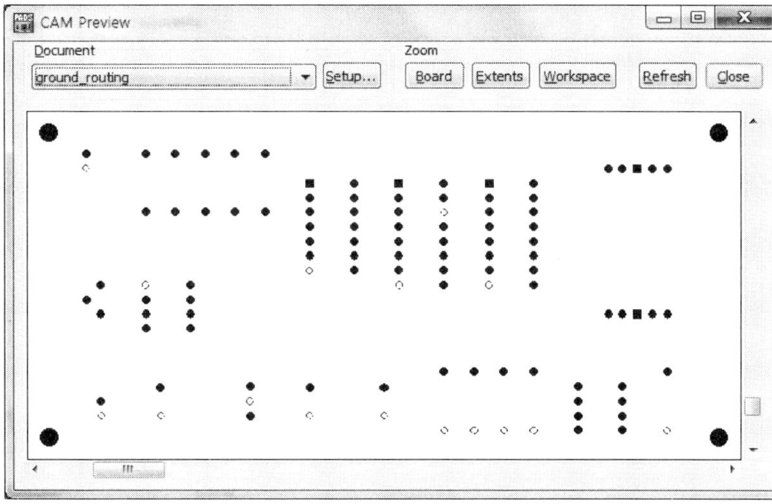

- 이상이 없으면 [Close] 버튼을 누르고 다시 이전 팝업창에서 [OK] 버튼을 누르고 다시 이전 팝업창에서 [OK] 버튼을 누른다.
- 이번에는 Power층의 배선도를 작성한다.
- Define CAM Documents 팝업창에서 [Add...] 버튼을 누른다.
- Add Document 팝업창에서 Document 항에는 power_routing을 입력한다.
- Document Type의 콤보 상자를 열어 CAM Plane을 선택하고 팝업창이 나타나면 Layer를 Power Plane으로 하고 [OK] 버튼을 누른다.

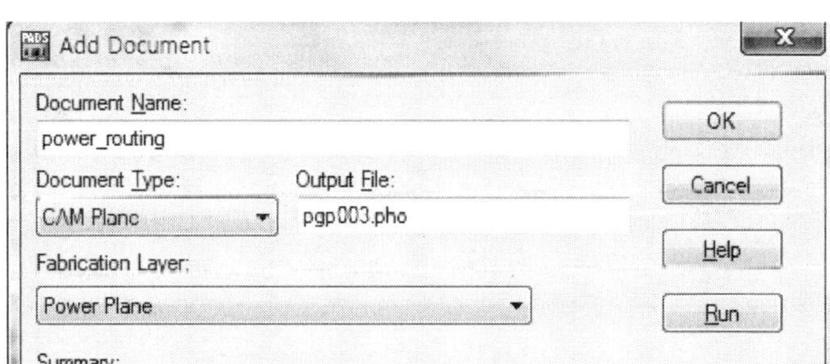

- 팝업창의 Customize Document 항목에서 Layers Icon을 누른다.
- Select Items 팝업창에서 Other 항목의 Board Outline을 체크, Selected 항목에서 Bottom을 클릭, Items on Primary 항목에서 Pads, Traces, Vias, Copper를 체크한 후 [Preview] 버튼을 누르면 CAM Preview 팝업창이 나타난다.

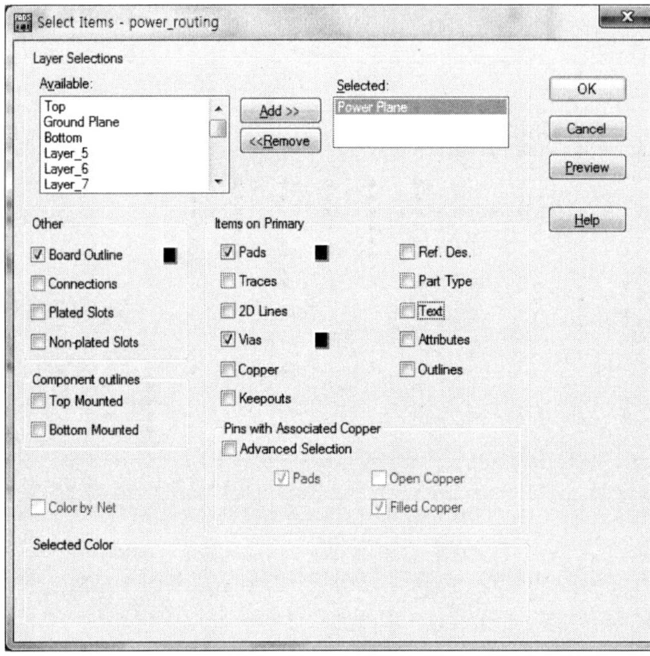

- 이 팝업창에서 Board 버튼을 눌러 power_routing에 필요한 데이터들이 나타나는지 면밀하게 확인한다. 필요한 데이터들이 나타나지 않으면 작업을 진행하지 말고 보완 작업을 한 후 진행해야 한다.

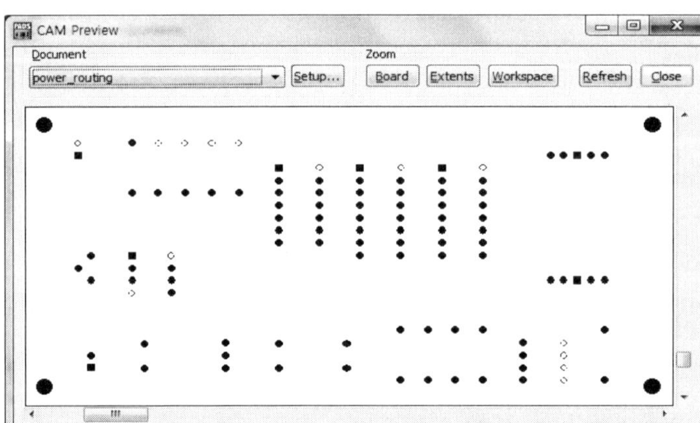

- 이상이 없으면 Close 버튼을 누르고 다시 이전 팝업창에서 OK 버튼을 누르고 다시 이전 팝업창에서 OK 버튼을 누른다.
- 이번에는 Drill Drawing을 작성한다.
- Define CAM Documents 팝업창에서 Add... 버튼을 누른다.
- Add Document 팝업창에서 Document 항에는 drill_drawing을 입력한다.

- Document Type의 콤보 상자를 열어 Drill Drawing을 선택하고 팝업창이 나타나면 Layer를 Top으로 하고 OK 버튼을 누른다.

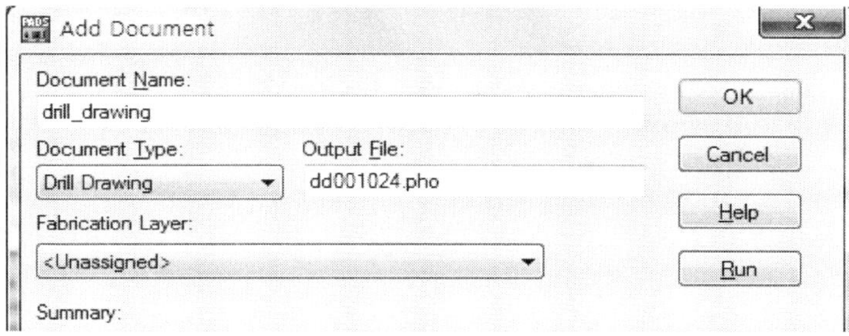

- 팝업창의 Customize Document 항목에서 Layers Icon을 누른다.
- Select Items 팝업창에서 Other 항목의 Board Outline을 체크, Selected 항목에서 Drill Drawing을 클릭, Items on Primary 항목은 모두 해제한 후 Preview 버튼을 누르면 CAM Preview 팝업창이 나타난다.

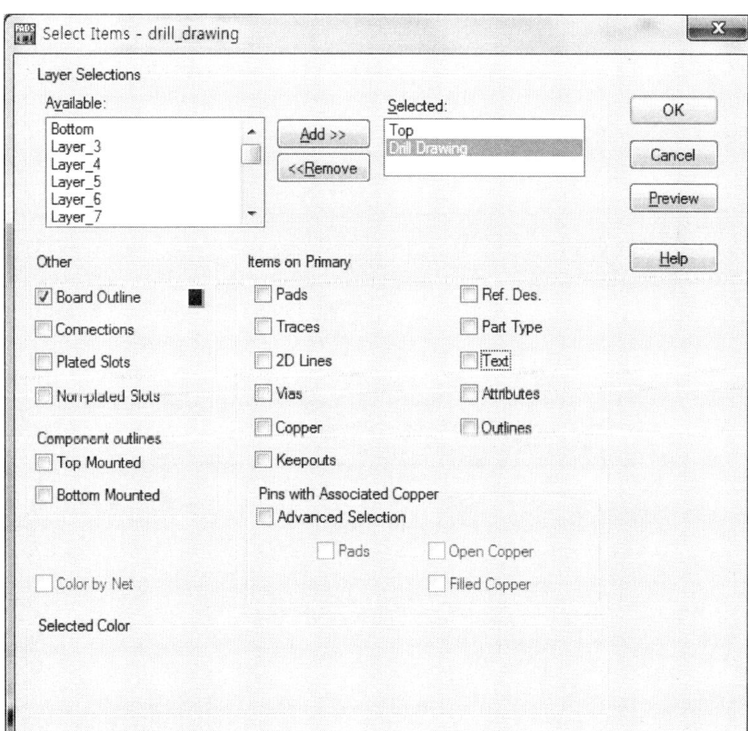

- 이 팝업장에서 Board 버튼을 눌러 drill_drawing 데이터들을 확인한다.
- 데이터가 겹쳐 있음을 볼 수 있다.

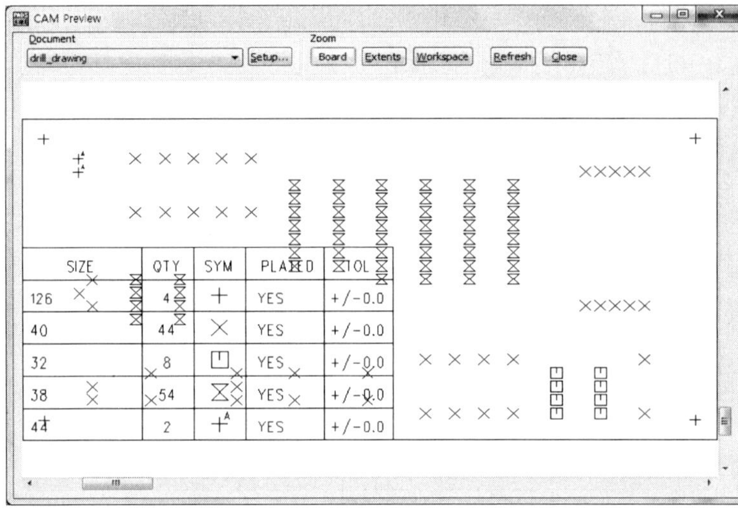

- Close , OK 버튼을 눌러 Edit Document 팝업창으로 돌아온다.
- 팝업창의 Customize Document 항목에서 Options Icon을 누른다.
- Plot Options 팝업창에서 Drill Symbols... 버튼을 누른다.

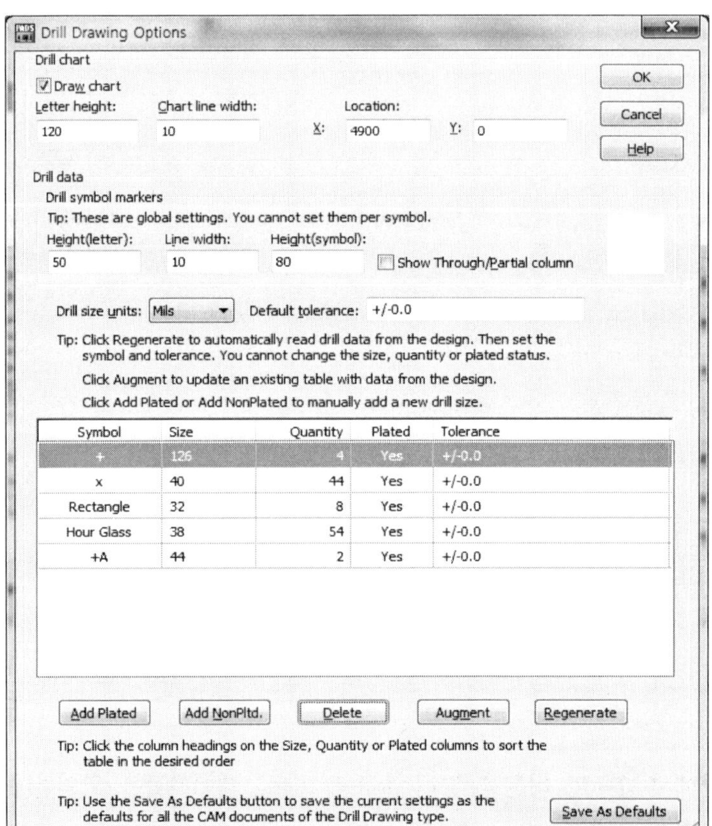

- 팝업창의 Location을 X:4900을 입력한 후 Augment 버튼을 누른다. 다시 예(Y) 버튼을 누른다.
- OK, OK 버튼을 누른 후 Customize Document 항목에서 Layers Icon 을 누르고 Preview 버튼을 눌러 확인한다.

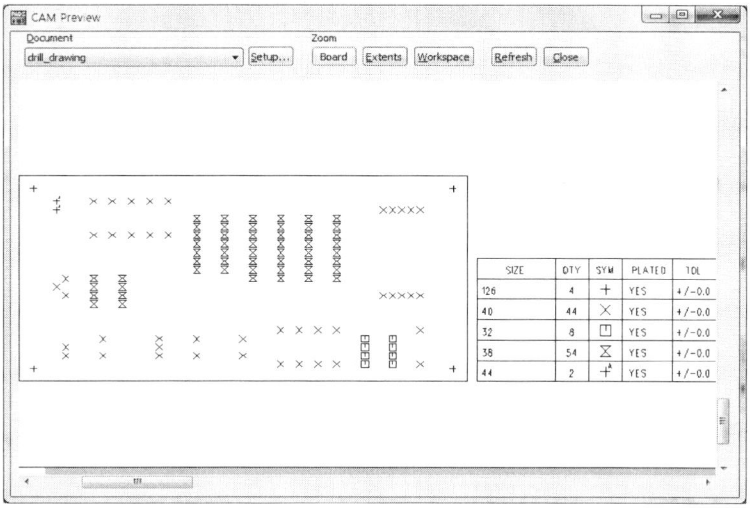

- 이상이 없으면 Close 버튼을 누르고 다시 이전 팝업창에서 OK 버튼을 누르고 다시 이전 팝업창에서 OK 버튼을 누른다.
- 이번에는 NC Drill을 작성한다.
- Define CAM Documents 팝업창에서 Add... 버튼을 누른다.
- Add Document 팝업창에서 Document 항에는 nc_drill을 입력한다.
- Document Type의 콤보 상자를 열어 NC Drill을 선택한다.

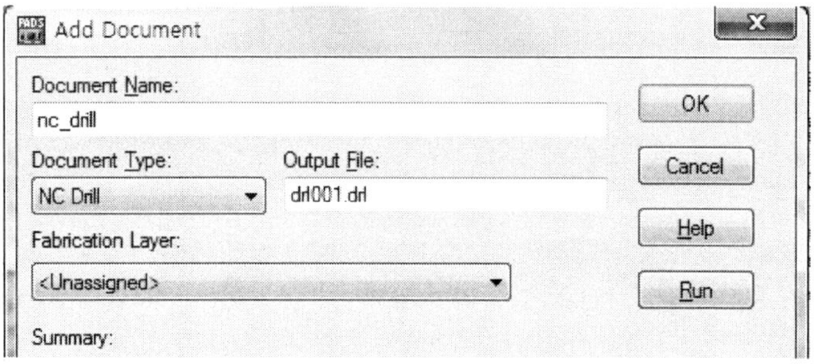

- Preview Selections 버튼을 누른다.
- 이 팝업창에서 Board 버튼을 눌러 NC_drill을 확인한다.

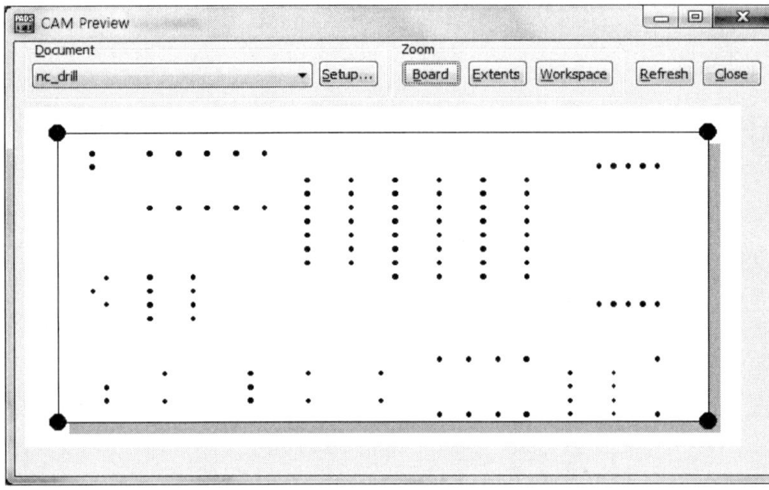

– Close, OK 버튼을 눌러 Define CAM Documents 팝업창으로 돌아온다.
– 이제까지 만든 Document들을 드래그하여 선택한 후 Run 버튼을 누른다.

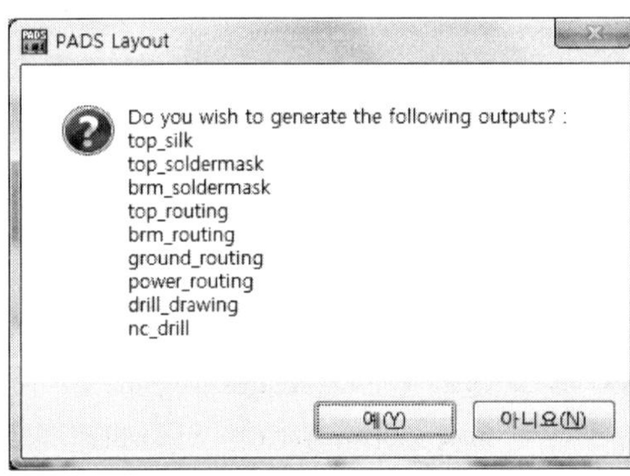

– CAM 파일을 일괄적으로 출력하겠는가 하는 메시지가 나오는데 예(Y) 버튼을 눌러 진행한다.

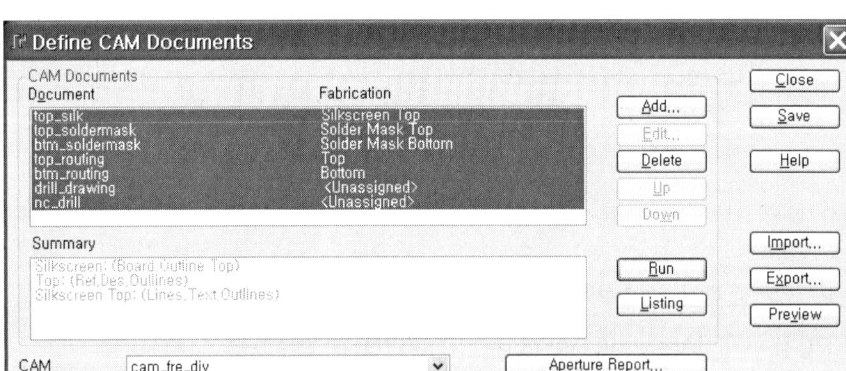

- [Save] 버튼과 [Close] 버튼을 눌러 CAM을 빠져 나온다.
- 윈도우즈 탐색기를 열어 작성된 파일을 확인한다.

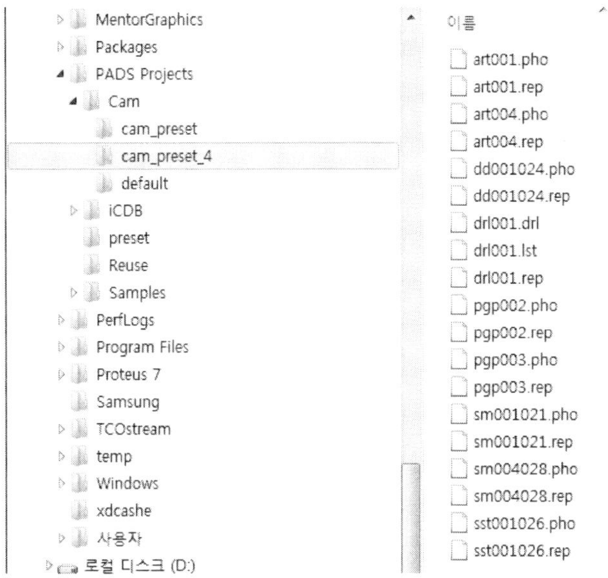

- 이 파일들을 PCB 제작업체에 보내주면 일차적인 작업을 마치게 된다.

부 록

회로 동작 설명

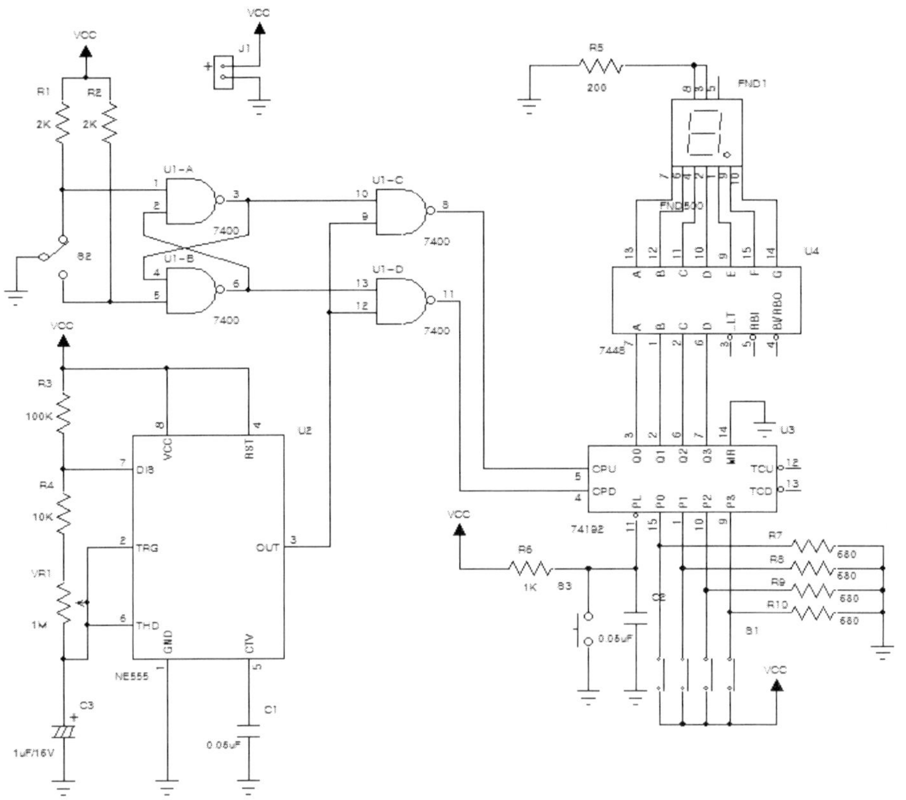

1. NE555를 이용한 비안정 멀티바이브레이터 회로의 3번 핀 출력에서

Tmax = 0.693*1*10-6(100*103 + 2*(10*103+1*106)) = 1.46916[sec]

Tmin = 0.693*1*10-6(100*103 + 2*10*103) = 0.08316[sec] 이므로

결국 약 0.68 ~ 12[Hz]의 구형파가 발생되며 이는 FND로 표시되는 숫자의 속도를 조절하는 역할을 하게 된다.

2. S2를 위로 놓았을 경우에는 NAND Gate를 이용한 R-S Latch회로의 출력 3번 핀이 High가 되고(이 때 6번 핀은 Low) NE555의 출력과 작용하게 되어 U1-C의 10번 핀으로만 구형파를 내보내며 이 파형이 74192 IC의 5번 핀으로 입력됨에 따라 FND에 표시되는 숫자가 업 카운트를 하게 된다.

S2를 아래로 하였을 경우에는 위의 경우와 반대로 U1-C의 13번 핀으로만 구형파를 내보내며 이 파형이 74192 IC의 4번 핀으로 입력됨에 따라 FND에 표시되는 숫자가 다운 카운트를 하게 된다.

3. Dip Switch S1을 이용하여 숫자를 셋팅하며, S3 Switch는 셋팅된 숫자부터 업 혹은 다운 카운팅을 하게 하는 용도이다.

4. FND500은 카운팅 되는 숫자를 표시하는 소자로 Common Anode Type이며 7448 IC와 함께 사용하면 효율적이 된다.

이상에서 알 수 있듯이 Dip Switch S1을 사용하여 임의의 수를 셋팅한 후 S2의 상태에 따라 업 혹은 다운 카운팅을 하며 NE555 비안정 멀티바이브레이터 회로의 가변저항 값을 바꾸어 주면 표시되는 숫자의 속도를 가변할 수 있다.

Data Sheet 및 부품 Site

- www.alldatasheet.co.kr
- www.datasheet4u.net
- www.datasheetlocator.com/ko
- www.devicemart.co.kr
- www.ic114.com
- www.partsworld.co.kr
- www.eleparts.co.kr

실무와 예제로 배우는

PCB 설계

4판 1쇄 2023년 3월 6일

저 자 홍춘선
발행인 송광헌
발행처 복두출판사
주 소 서울특별시 영등포구 경인로82길 3-4
센터플러스 807호 (우) 07371
전 화 02-2164-2580
FAX 02-2164-2584
등 록 1993. 11. 22. 제 10-902 호

정가 : 22,000원

ISBN : 979-11-6675-280-3 93560

한국과학기술출판협회 회원사